utb 5731

Eine Arbeitsgemeinschaft der Verlage

Brill | Schöningh – Fink · Paderborn
Brill | Vandenhoeck & Ruprecht · Göttingen – Böhlau Verlag · Wien · Köln
Verlag Barbara Budrich · Opladen · Toronto
facultas · Wien
Haupt Verlag · Bern
Verlag Julius Klinkhardt · Bad Heilbrunn
Mohr Siebeck · Tübingen
Narr Francke Attempto Verlag – expert verlag · Tübingen
Ernst Reinhardt Verlag · München
transcript Verlag · Bielefeld
Verlag Eugen Ulmer · Stuttgart
UVK Verlag · München
Waxmann · Münster · New York
wbv Publikation · Bielefeld
Wochenschau Verlag · Frankfurt am Main

Kirchengeschichte Latein

100 Schlüsseltexte von der Antike bis zur Gegenwart

Kommentiert und übersetzt von
Florian Durner und Susanne Kochs,
mit Einleitungen versehen von Katharina Bracht

Mohr Siebeck

Katharina Bracht, geboren 1967; Studium der Ev. Theologie in Münster, München und Berlin; 1998 Promotion; 2011 Habilitation; seit 2011 Professorin für Kirchengeschichte an der Theologischen Fakultät der Friedrich-Schiller-Universität Jena.

Florian Durner, geboren 1987; Studium der Ev. Theologie, der Lateinischen Philologie und der Erziehungswissenschaften in Erlangen, München und Rom; 2014–2020 Promotionsstudent und wissenschaftlicher Mitarbeiter an der Theologischen Fakultät der Friedrich-Schiller-Universität Jena; 2019 Promotion; seit 2021 im Bayerischen Schuldienst.

Susanne Kochs, geboren 1972; Studium der Klassischen Philologie (Griechisch und Latein), Ev. Religionslehre und Erziehungswissenschaften; 2001 Promotion; 2003–2007 Gymnasiallehrerin für Latein, Griechisch, Ev. Religion; 1996–2001 und seit 2006 Dozentin für Latein und Griechisch an der Friedrich-Schiller-Universität Jena.

ISBN 978-3-8252-5731-6 (UTB Band 5731)

Online-Angebote oder elektronische Ausgaben sind erhältlich unter www.utb-shop.de.

Die Deutsche Nationalbibliothek verzeichnet diese Publikation in der Deutschen Nationalbibliographie; detaillierte bibliographische Daten sind im Internet über *http://dnb.dnb.de* abrufbar.

Das Buch wurde von epline in Böblingen gesetzt.

Coverabbildung: Ausschnitte (von links nach rechts) aus Titulus der Martina, Trier St. Matthias, 4. Jh., Inv. G. 115c, © GDKE/Rheinisches Landesmuseum Trier, Foto: Th. Zühmer; Aurelius Augustinus schreibt sein Werk De civitate Dei. Illumination. Universitätsbibliothek Basel, Aleph H III 32:1 (1439). – Abdruck mit freundlicher Genehmigung der Universitätsbibliothek Basel; Papst Benedikt XVI. unterzeichnet am 3. Dezember 2007 seine zweite Enzyklika mit dem Titel „Spe salvi", © KNA-Bild.

Printed in Germany.

HIC QUIESCIT IN PACE
MARTINA DULCISSIMA
PUELLA QU(A)E VIXIT AN(NOS)
XVI ET ME(NSEM) 1 PATR⟨E=I⟩S TITU
LUM POSUERUNT

Hier ruht in Frieden
Martina, das süßeste
Mädchen, das gelebt hat
16 Jahre und 1 Monat. Die Eltern
haben den Grabstein gesetzt.

Titulus der Martina, Trier St. Matthias, 4. Jh.

Insultat Babylon, Syon urbs ut sancta resultet.
In Sathane sedem Cayn illam condidit urbem.
Urbs dicata Deo: Abel fundatur sanguine iusti.

Babylon spottet, damit die heilige Stadt Zion widerhalle.
Zum Wohnsitz Satans hat Kain jene Stadt gegründet.
Die Gott geweihte Stadt: durch das Blut des gerechten Abel gründet sie sich.

Illumination aus einer Textausgabe von Augustins De civitate Dei, 1439

Spe salvi facti sumus – ait sanctus Paulus Romanis et nobis quoque.

Auf Hoffnung hin sind wir gerettet – sagt der heilige Paulus den Römern und auch uns.

Papst Benedikt XVI., Enzyklika „Spe salvi“, 2007

Vorwort

Das römische Mädchen Martina – der Kirchenvater Augustin – Papst Benedikt XVI.: Von diesen und vielen anderen Menschen, von diesen und vielen anderen Christinnen und Christen von der Antike bis zur Gegenwart und ihrer Bedeutung für die Kirchen- und Theologiegeschichte zeugen die 100 lateinischen Schlüsseltexte dieses Studienbuches. Das Cover visualisiert eindrücklich die weite Spanne, die sie umfassen.

Das vorliegende Studienbuch ist ein Buch aus der Praxis für die Praxis. Aus langjähriger Erfahrung universitären Lehrens und Prüfens im Fach Kirchengeschichte an der Theologischen Fakultät Jena hervorgegangen, richtet es sich an Studierende und Dozierende der Theologie aller Konfessionen, der Geschichtswissenschaften und der Philosophie. Es zielt darauf, an zentralen kirchenhistorischen Quellentexten die fachspezifischen lateinischen Sprachkompetenzen der Studierenden zu stärken, um sie auf diese Weise in humanistischer Tradition – *ad fontes*! – zu einem selbstständigen Quellenstudium zu befähigen.

Dabei schließt es an die Lateinkenntnisse der heutigen Studierenden an, die meist das Latinum nicht mehr von der Schule mitbringen, sondern in den ersten Studiensemestern Latein lernen. In allen Entstehungsphasen des Buches arbeiteten Studierende der Theologie und der Latinistik mit und sorgten mit ihren Ideen und ihrem kritisch-konstruktiven Echo für die didaktische „Bodenhaftung".

Ausgewählt wurden 100 kirchen- und theologiegeschichtliche Quellentexte von konfessionenübergreifender Relevanz, spezifisch unter der didaktischen Rücksicht, dass an ihnen ein grundsätzlicher Sachverhalt exemplarisch deutlich wird. Doch „wer die Wahl hat, hat die Qual" – die Beschränkung auf die Zahl 100 machte es nötig, dass viele lateinische „Klassiker" der theologischen Lehre und andere wichtige Quellentexte ausgelassen werden mussten. Bei der Entscheidungsfindung spielte daher weiterhin eine Rolle, die Schlüsseltexte von den sprachlichen Herausforderungen her auf das Niveau von Studierenden mit abgeschlossenem Latinum abzustimmen. So kam eine ausgewogene Auswahl zustande, die Bekanntes und Unbekanntes bietet, unterschiedliche Gattungen von der päpstlichen Bulle über den Traktat bis hin zum privaten Brief präsentiert, Debatten und Positionen abbildet und Entwicklungslinien aufzeigt.

Jedem Quellentext ist eine knappe Einführung vorangestellt, die in wenigen Zeilen seine kirchenhistorische Relevanz und Verortung aufzeigt sowie zum Quellentext hinführt. Die Quellentexte selbst sind aus den einschlägigen kritischen Ausgaben zitiert und mitunter in sprachdidaktischer

Verantwortung gekürzt. Die lateinische Rechtschreibung wurde der Edition entsprechend beibehalten, auch wenn sie von der klassischen Rechtschreibung abweicht, um erfahrbar zu machen, dass die lateinische Sprache sich durch die Jahrhunderte weiterentwickelt hat – bis hin zum modernen gesprochenen Kirchenlatein, das in der Rücktrittsrede von Papst Benedikt XVI. (2013) über einen Youtube-Link hörbar ist. Mittels des anschließenden sprachlichen Kommentars wird jeder Quellentext didaktisch so aufbereitet, dass die Nutzerinnen und Nutzer des Buches bald zu einem flüssigen Lesen der lateinischen Texte kommen, das ihnen die Konzentration auf die Inhalte ermöglicht. Im zweiten Teil des Buches werden Übersetzungen geboten, die auf dem Kommentar aufbauen, das eigene Übersetzen wo nötig unterstützen und der Selbstkontrolle dienen.

Praktische Serviceleistungen runden den Band ab: Sorgsam ausgewählte Literaturangaben weisen auf Standardliteratur zur Examensvorbereitung, klassische Aufsätze und aktuelle, weiterführende Monographien zum jeweiligen Thema hin. Neben den kritischen Texteditionen sind moderne Übersetzungen angeben, in denen Interessierte sich über den weiteren Kontext eines Quellentextes orientieren können. Ein Verweissystem und ein Index zeigen thematische Querverbindungen auf, was etwa bei der Vorbereitung von Referaten oder Schwerpunktthemen im Examen hilfreich sein kann. Ein theologisch-philosophischer Wortschatz, der das spezifische Vokabular der Quellentexte umfasst, ist online verfügbar und kann je nach Lerngewohnheit auf Vokabelkärtchen ausgedruckt oder in eine Vokabel-Lern-App integriert werden.

Das Studienbuch konnte nur im Zusammenspiel der kirchenhistorischen, philologischen und didaktischen Profile des Jenaer Autorenteams entstehen, das von vielen Seiten wertvolle Unterstützung erhielt. So danken wir unseren römisch-katholischen KollegInnen Prof. Dr. Julia Knop (Erfurt), Dr. Matthias Daufratshofer (Münster) und Dr. Piotr Kubasiak (Regensburg) herzlich für ihre Beratung in ökumenischem Vertrauen, Studienrätin Linda Immler (München) für viele nützliche Hinweise und das gründliche Korrekturlesen sowie den studentischen Hilfskräften Celine Dinda, Josephine Hallecker, Florian Klein, Lara Wasilew und Franz Wendler für ihre hilfsbereite, tatkräftige Unterstützung. Ein großes Dankeschön geht auch an die Studierenden unserer Lehrveranstaltungen, die mit Freude und Engagement die ersten Entwürfe erprobt haben. Der Evangelischen Kirche in Mitteldeutschland danken wir für einen großzügigen Druckkostenzuschuss. Schließlich danken wir Herrn Tobias Stäbler vom Verlag Mohr Siebeck in Tübingen für die überaus kompetente und freundliche Betreuung der Drucklegung.

Im März 2021 Florian Durner, Susanne Kochs und Katharina Bracht

Inhaltsverzeichnis

Leitfaden zur Benutzung

a) Textauswahl und -gestalt

Die Textpassagen wurden so ausgewählt, dass konkrete Sachverhalte bzw. Problemstellungen kohärent und schlüssig nachvollziehbar sind und ein möglichst zusammenhängender Text zustande kommt. Die lateinischen Texte entstammen den gängigen Editionen. Die bibliographischen Angaben werden am Ende einer jeden thematischen Einheit geboten.

[...] Bei der Auswahl der Textpassagen war es unumgänglich, Kürzungen vorzunehmen. Dies betrifft meist den größeren Kontext, komplizierte Passagen sowie Redundanzen. Derartige Kürzungen im Textkorpus wurden mit Auslassungszeichen [...] kenntlich gemacht.

⟨⟩ Redaktionelle Einfügungen wurden mit Klammern ⟨⟩ gekennzeichnet. Derartige Einfügungen, die nicht in den lateinischen Editionen vorkommen, sollen Bezüge klarer machen und das Erkennen von Textzusammenhängen erleichtern.

. ? ! , ; – Im Bereich der Interpunktion wurden in den lateinischen Texten an einigen Stellen in Orientierung an den Regeln der deutschen Grammatik und der Übersetzung Veränderungen und Hinzufügungen vorgenommen. So wurden v.a. Kommata, Semikola und Gedankenstriche sparsam als Gliederungshilfen eingefügt.

„..." Auch wurden zur besseren Identifikation direkter unabhängig Reden von den Editionen Anführungszeichen gesetzt.

Entwicklungsbedingte Eigenheiten bzw. Varianten des Lateinischen blieben in den Quellentexten unangetastet, nicht nur um den überlieferten Texten treu zu bleiben, sondern auch den Sprachwandel des Lateinischen bewusst zu machen:

oe/e ae/e Eine Besonderheit in der lateinischen Sprachgeschichte v. a. nicht-antiker lateinischer Texte ist: *oe* und *ae* werden zu *e* verkürzt.
Häufige Beispiele hierfür sind *paenitentia/poenitentia*, das zu *penitentia* verkürzt wird, Dativ- und Genitivendungen (z. B. *divinae* → *divine*) sowie plurale Nominativendungen (z. B. *publicae* → *publice*) etc. Derartig veränderte Formen werden im Kommentar dann angegeben, wenn Wortformen andernfalls nicht mehr eindeutig erkennbar wären.

b) Übersetzung

Allen lateinischen Quellentexten ist eine neue Übersetzung in deutscher Sprache beigefügt. Im Sinne der Transparenz und Nachvollziehbarkeit wurde eine ausgangssprachenorientierte Übersetzungsweise vorgezogen. Dadurch gegebenenfalls entstandene „sperrige" Ausdrücke und Satzstellungen wurden in Kauf genommen, um (auch) dem Charakter eines Übungsbuches zu entsprechen. Nur an wenigen Stellen weicht die Übersetzung von den Kommentarhilfen ab, um der deutschen Idiomatik zu entsprechen. Zusätzlich zur beigegebenen Übersetzung des Quellentextes wird – soweit vorhanden – auf moderne deutsche Übersetzungen des jeweiligen Gesamtwerks verwiesen.

Um innerhalb der 100 Texte Einheitlichkeit zu wahren, wurden – wo möglich – häufig vorkommende lateinische Wörter und wichtige theologische Termini mit den stets gleichen deutschen Äquivalenten übersetzt. Auf einige Besonderheiten der Übersetzungen, die in vielen Texten begegnen, sei vorab hingewiesen:

anathema sit: Die vom griech. ἀνάθεμα ἔστω („er sei dahingegeben", d. h. dem Gericht Gottes übergeben, vgl. Gal 1,8; 1 Kor 16,22 u. a.) übernommene Formel schließt seit dem 4. Jh. regelmäßig die Lehrmeinungen von Konzilien ab. Die feierliche Verhängung der Exkommunikation durch den Fluch wird meist mit der gebräuchlichen Formel: „(er) sei mit dem Anathema belegt" abgeschlossen.

fides: Der Terminus *fides* ist bei Plinius mit „Treue" wiederzugeben und erfährt in der Regel in christlichen Texten die Bedeutungsverengung „Glaube".

definire: Aufgrund seiner besonderen Bedeutung v. a. für die Dogmenverkündung der römisch-katholischen Kirche des 19. und 20. Jahrhunderts wird das Verbum *definire* stets mit der Übersetzung „festsetzen", das Substantiv *definitio* in diesem Zusammenhang mit der Übersetzung „Festsetzung" wiedergegeben.

pontifex: Den Titel des *Pontifex (maximus)*, des höchsten römischen Priesters, trugen traditionellerweise die Kaiser. Ab dem Pontifikat des römischen Bischofs Damasus (366–384 n.Chr.) gilt die Bezeichnung als traditioneller Papsttitel. *Pontifex summus* bzw. *maximus* wird daher regelmäßig mit „Papst" übersetzt; allein wenn der Titel neben *papa* erscheint, dem etymologischen Ursprung von „Papst", wurde auf die sinngemäße Übersetzung verzichtet.

catholicus: Eine Sonderstellung nimmt das Adjektiv *catholicus, a, um* ein: In einem Gros der Texte wird dieses Wort mit der deutschen Übersetzung „katholisch" wiedergegeben, wobei aber der ursprüngliche Sinn der Allgemeinheit von griech. καθολικός gemeint ist. Dies wurde auch stets im Kommentar berücksichtigt. Allein in den Texten der römisch-katholischen Kirche der Moderne, die das Adjektiv in konfessioneller Verengung benutzen, wurde auf eine Anmerkung verzichtet.

habebit: Bisweilen kann, v. a. in nichtklassischen Texten, das Futur in der zweiten und dritten Person einen Befehl bzw. eine Bitte wiedergeben. Derartige Fälle wurden stillschweigend mit dem Iussiv übersetzt.

c) Didaktischer Kommentar

Der sprachlich-didaktische Kommentar soll die Übersetzungsarbeit entlasten und Hilfen geben, die den Lesefluss und das Verständnis der Texte erleichtern. An notwendigen Stellen informiert der Kommentar über Interpretationen und Hintergründe, das vorrangige Ziel ist die transparente Übersetzungsarbeit. Um dies zu unterstützen, wurden im Kommentar unterschiedliche Anmerkungen genutzt.

Vokabelangaben: Zum einen werden theologische Termini angegeben, die das inhaltliche Verständnis der Texte gewährleisten. Derartige Termini werden gesondert in einem Lernwortschatz (siehe d) aufgeführt. Zum anderen werden Vokabeln angeboten, die dazu neigen, vergessen zu werden, oder in einem ganz bestimmten Sinn zu verstehen sind.

grammatikalische Phänomene: Besonderheiten und komplizierte Phänomene, etwa schwer zu erkennende *Ablativi absoluti* oder Konkretisierungen von *Genitiven*, werden im Kommentar eigens erläutert.

Übersetzungshilfen: Sehr schwierige und unübersichtliche Passagen werden mit sparsam angewendeten Übersetzungsangeboten entlastet.

Ordnungsvorschläge: Bei längeren Passagen und komplizierten Wortstellungen werden den ÜbersetzerInnen Lösungen präsentiert, die helfen, die Textstruktur zu durchschauen.

inhaltliche Erläuterungen: An wenigen Stellen werden Verständnishilfen und inhaltliche Erläuterungen geboten, die den Kontext oder historische Hintergründe erschließen.

d) Wortschatz

Aus den Vokabelangaben des didaktischen Kommentars wurde eine Auswahl spezifischer theologischer Begriffe getroffen. Ergänzt um einige basale theologische Termini soll diese Sammlung von 500 Wörtern als Lerngrundlage und Aufbauwortschatz bei der über die hier gebotenen Texte hinausgehenden Quellenarbeit behilflich sein.

Dieser Wortschatz kann als Bonus-Material zum Buch in Form einer PDF oder als Excel-Datei über https://www.utb.de/doi/book/10.36198/9783838557311 heruntergeladen werden.

e) Hilfsmittel

Auch wenn mit Hilfe des didaktischen Kommentars selbst anspruchsvolle Passagen übersetzbar sein sollten, kann und soll der Griff zum Wörterbuch oder zur Grammatik nicht vollständig erspart bleiben.

Wörterbücher

Langenscheidts Großes Schulwörterbuch. Lateinisch-Deutsch, München 2017.

PONS Wörterbuch für Schule und Studium. Latein-Deutsch, Stuttgart 2016.

Stowasser. Lateinisch-deutsches Schulwörterbuch, München 2016.

K. E. Georges, Ausführliches lateinisch-deutsches Handwörterbuch. 2 Bände, Hannover ^{8}1912/18 (kostenfrei einsehbar unter http://www.zeno.org/Georges-1913).

A. Sleumer/J. Schmid, Kirchenlateinisches Wörterbuch, Hildesheim ^{6}2015.

E. Habel/F. Gröbel/H.-D. Heimann, Mittellateinisches Glossar. Unveränderter Nachdruck. Mit einer neuen Einführung versehener, im Wörterbestand unveränderter Nachdruck der 2. Auflage 1959, Paderborn 2008.

P. G. W. Glare, Oxford Latin Dictionary, Oxford 1982.

Grammatik

K. Bayer/J. Lindauer, Lateinische Grammatik, Bamberg ^{2}2001.

H. Menge, Lehrbuch der lateinischen Syntax und Semantik, neu hg. v. T. Burkard/M. Schauer, Darmstadt ^{6}2020.

H. Rubenbauer/J. B. Hofmann/R. Heine, Lateinische Grammatik, München ^{12}1995.

f) Weiterführende Literatur

Zur Kontextualisierung der kurz gehaltenen Einführungstexte wurden den Kapiteln drei bis vier Literaturempfehlungen angefügt, die einerseits den Einstieg und das Verständnis der Einzeltexte erleichtern, andererseits weiterführende Informationen und Darstellungen zum Kapitelthema bieten sollen. Diese Literaturangaben verstehen sich als Empfehlungen und erheben keinesfalls den Anspruch auf Vollständigkeit.

Die *erste Literaturangabe* bezieht sich auf die entsprechenden Passagen in gängigen Lehrwerken:

Für die Bereiche I. Antike und II. Mittelalter wurde dabei zurückgegriffen auf W.-D. Hauschild/V. H. Drecoll, Lehrbuch der Kirchen- und Dogmengeschichte, Band 1: Alte Kirche und Mittelalter, 5., vollständig überarbeitete Neuausgabe, Gütersloh 2016 mit Paragraphenangabe.

Für die Bereiche III. Reformation bis V. Moderne wurden neben W.-D. Hauschild, Lehrbuch der Kirchen- und Dogmengeschichte, Bd. 2: Reformation und Neuzeit, Gütersloh [3]2005 weitere Standardwerke herangezogen.

In den *weiteren Literaturangaben* wird auf einschlägige Publikationen und Monographien zum Themengebiet sowie auf spezifisch quellenbezogene Artikel und Abschnitte verwiesen.

g) Verweise

Die Quellentexte werden, in Kapitel geordnet, in chronologischer Reihenfolge geboten. Ein Verweissystem erschließt unterstützend thematische Querverbindungen.

Um ergänzend zum historischen Durchgang verschiedene Themenlinien und Abhängigkeiten aufzuzeigen, findet sich unter jedem Kapitel eine Reihe von Verweisen auf verwandte, assoziierte oder themenähnliche Kapitel.

Ein **Index** erschließt nach Art eines theologischen Sachregisters alle unter dem jeweiligen Stichwort vernetzbaren Quellentexte.

h) Abkürzungen

Abkürzungen im didaktischen Kommentar

aaO.	am angegebenen Ort
Abl. abs.	Ablativus absolutus
Adv.	Adverb
Akk.	Akkusativ
attr.	attributiv
Fut.	Futur
Dat.	Dativ
Dat. fin.	Dativus finalis
Gen.	Genitiv
Gen. obi.	Genitivus obiectivus
i. A.	in Auszügen
Imp.	Imperativ
Impf.	Imperfekt

Ind.	Indikativ
indekl.	indeklinabel
ind. Rede	indirekte Rede
Inf.	Infinitiv
Konj.	Konjunktiv
Lok.	Lokativ
Nom.	Nominativ
Pass.	Passiv
Perf.	Perfekt
Pl.	Plural
Plqpf.	Plusquamperfekt
rel.	relativ
sc.	scilicet („das heißt")
Sg.	Singular
Subj.	Subjekt
subst.	substantiviert
Vok.	Vokativ

Abkürzungen in den Literaturangaben

AAS	Acta Apostolicae Sedis
ARG	Archiv für Reformationsgeschichte
ASS	Acta Sanctae Sedis
BhTh	Beiträge zur historischen Theologie
CCath	Corpus Catholicorum
CCCM	Corpus Christianorum. Continuatio mediaevalis
CCSL	Corpus Christianorum. Series Latina
CorPat	Corona Patrum
CR	Corpus Reformatorum
CSCO.S	Corpus scriptorum Christianorum orientalium. Subsidia
CSEL	Corpus scriptorum ecclesiasticorum Latinorum
DH	Kompendium der Glaubensbekenntnisse und kirchlichen Lehrentscheidungen. Enchiridion symbolorum definitionum et declarationum de rebus fidei et morum, hg. v. H. Denzinger u. P. Hünermann, Freiburg i. Br. 42 2009
EKK	Evangelisch-katholischer Kommentar zum Neuen Testament
FC	Fontes Christiani
JThS	Journal of theological studies
MGH	Monumenta Germaniae historica
MThZ	Münchener Theologische Zeitschrift
PL	Patrologia Latina
RBS	Regulae Benedicti studia
SC	Sources chrétiennes
ThQ	Theologische Quartalschrift
TU	Texte und Untersuchungen
WA	Weimarer Ausgabe
ZKG	Zeitschrift für Kirchengeschichte
ZNW	Zeitschrift für die neutestamentliche Wissenschaft
ZThK	Zeitschrift für Theologie und Kirche

I. Antike

Abb. 1: Halbkreisförmiges Bankett – eine eucharistische Darstellung? Sieben Esser liegen zu Tisch, darauf zwei Teller mit je einem Fisch, davor 8 (Brot)-Körbe. In Katakomben oder auf Sarkophagen konnten solche Mahldarstellungen in paganer Bildtradition als Totenmahl verstanden werden, waren aber bei entsprechendem ikonographischem Kontext offen für ein christliches Verständnis, etwa als himmlisches Mahl oder möglicherweise als Sinnbild der Eucharistie.

Fresko in der sog. Sakramentskapelle der Katakombe S. Callisto, Rom, 3. Jh., entnommen aus: Joseph Wilpert (Hg.), Die Malereien der Katakomben Roms. Tafelband, Freiburg i. Br. 1903, Tafel 41.3.

1. Antike

I.0 Die Entstehung der Kirche

Der Auftrag des Auferstandenen: Hieronymus, Mt 28,16–20 Vulgata (80 bzw. 383 n. Chr.)

1

✎ 191

Die Frage, wann die Kirche entstand und somit der Anfangspunkt für die Kirchengeschichtsschreibung anzusetzen ist, wird unterschiedlich beantwortet. Als eine Möglichkeit gilt der Sendungsbefehl Mt 28,16–20, der seit dem Hallenser Missionswissenschaftler Gustav A. Warneck (1892) als „Missionsbefehl“ verstanden wird. Der Evangelist Matthäus (80/90 n. Chr., Syrien) legt die Aufforderung Jesu, dass seine elf Jünger (der Verräter Judas ist nicht mehr dabei; Mt 27,3–10) alle Völker zu Jüngern machen sollen (μαθητεύσατε), dem Auferstandenen in den Mund und verleiht ihr dadurch besonderes Gewicht. Die lateinische Übersetzung des Hieronymus von Stridon (382–485 n. Chr.), der im Jahr 383 die alte lateinische Übersetzung der Evangelien nach griechischen Handschriften überarbeitete, macht besonders deutlich, dass der christliche Glaube durch Lehre bzw. Unterricht weitergegeben wird. Später wurden Hieronymus’ Revision der lateinischen Übersetzung der Evangelien und seine Übersetzung der hebräischen Bibel mit Rezensionen der anderen neutestamentlichen Schriften aus der Feder weiterer Bearbeiter zur sogenannten Vulgata vereint.

(28,16) undecim autem discipuli abierunt in Galilaeam in montem, ubi constituerat illis Iesus (17) et videntes eum adoraverunt; quidam autem dubitaverunt.

(18) et accedens Iesus locutus est eis dicens: „data est mihi omnis potestas in caelo et in terra, (19) euntes ergo docete omnes gentes baptizantes eos in nomine Patris et Filii et Spiritus Sancti, (20) docentes eos servare omnia, quaecumque mandavi vobis. et ecce, ego vobiscum sum omnibus diebus usque ad consummationem saeculi“.

constituere: bestimmen **adorare**: anbeten (*griech.* προσκυνεῖν: sich anbetend niederwerfen) **quidam** Pl.: einige **accedere**: herantreten **euntes**: *übersetze parallel zu* docete *mit Imp.* **baptizare**: taufen **servare**: bewahren **omnia, quaecumque**: alles, was **mandare**: gebieten **consummatio, onis** f.: Vollendung **saeculum, i** n.: Welt

W.-D. Hauschild/V. Drecoll, Alte Kirche und Mittelalter, § 2,1–3.8; § 5,1.3.

U. Luz, Das Evangelium nach Matthäus (Mt 26–28), EKK I/4, Düsseldorf/Zürich/Neukirchen-Vluyn 2002, 427–459 (z. St.).

A. Fürst, Hieronymus. Askese und Wissenschaft in der Spätantike, Freiburg i. Br. 2016, 79–144.

W. Reinbold, „Gehet hin und machet zu Jüngern alle Völker“? Zur Übersetzung und Interpretation von Mt 28,19f, ZThK 109 (2012), 176–205.

➚ I.3; II.1; IV.2; IV.6; V.5

Quellen

Biblia Sacra Iuxta Vulgatam Versionem, hg. v. R. Weber, fünfte, verbesserte Auflage, hg. v. R. Gryson, Deutsche Bibelgesellschaft, Stuttgart, 2007, 1574 (z. St.).

Übersetzungen

Sophronius Eusebius Hieronymus, Biblia sacra vulgata – lateinisch-deutsch. Bd. V: Evangelia – Actus Apostolorum – Epistulae Pauli – Epistulae Catholicae – Apocalypsis – Appendix, Sammlung Tusculum, Berlin, Boston 2018.

I.1 Christenverfolgungen

Der Brief des Plinius über die Christen: Plinius, Epistula 10,96,1–9 (111–113 n. Chr.)

2

191

In den ersten drei Jahrhunderten (bis zur sogenannten Konstantinischen Wende 312/324 n. Chr.) kam es zu Verfolgungen von Christen im Römischen Reich. Die Unklarheit der Rechtslage bis zur Mitte des 3. Jh. spiegelt sich in dem Briefwechsel zwischen dem kaiserlichen Gesandten Gaius Plinius Caecilius Secundus, bekannt als Plinius der Jüngere (61/62 – vor 117), und Kaiser Trajan (98–117 n. Chr.). Als Plinius von 111 bis 113 n. Chr. in der Provinz Bithynien-Pontus (in der heutigen Türkei) als Statthalter die Regierungsaufgaben wahrnahm, sah er sich mit Anzeigen gegen Christen konfrontiert. Weil er keine Erfahrung als Richter in Christenprozessen hatte, wandte er sich brieflich an den Kaiser um Rat und stellte ihm die Problematik präzise dar. Unter anderem berichtet Plinius über das Verhör, dem er die Christen unterzog. In diesem Zusammenhang findet sich eine der frühesten Schilderungen des christlichen Gottesdienstes und der christlichen Mahlgemeinschaft in einer nichtchristlichen Quelle.

C. PLINIVS TRAIANO IMPERATORI.

(1) Sollemne est mihi, domine, omnia, de quibus dubito, ad te referre. [...] cognitionibus de Christianis interfui numquam. [...] (2) nec mediocriter haesitavi, sit ne aliquod discrimen aetatum, an quamlibet teneri nihil a robustioribus differant, ⟨ne⟩ detur paenitentiae venia, an ei, qui omnino Christianus fuit, desisse non prosit, ⟨ne⟩ nomen ipsum, si flagitiis careat, an flagitia cohaerentia nomini puniantur.

interim ⟨in⟩ iis, qui ad me tamquam Christiani deferebantur, hunc sum secutus modum. (3) interrogavi ipsos, an essent Christiani. confitentes iterum ac tertio interrogavi supplicium minatus; perseverantes duci iussi. [...]

sollemnis, e: üblich **referre**: berichten **cognitio, onis** f.: (gerichtliche) Untersuchung **mediocriter** (*Adv.*): wenig **haesitare**: schwanken **ne ... an ...**: ob ... oder ob ... **discrimen, inis** n.: Unterschied **quamlibet**: noch **teneri, orum** m.: junge Menschen **robustiores, um** m.: Erwachsene **paenitentia, ae** f.: Reue **venia, ae** f.: Straflosigkeit **omnino** (*Adv.*): überhaupt einmal **desisse** = desivisse → desinere (desino, desii, desitum): ablassen (von etwas) **nomen, inis** n.: *hier* Bezeichnung (*gemeint ist „Christ"*) **cohaerere** *mit Dat.*: zusammenhängen mit **deferre**: anzeigen **modus, i** m.: Vorgehen **confiteri**: gestehen **iterum ac tertio**: ein zweites und drittes Mal **supplicium minari**: die Todesstrafe androhen **perseverare**: beharren **ducere**: *hier* abführen

(5) Propositus est libellus sine auctore multorum nomina continens. qui negabant esse se Christianos aut fuisse, cum praeeunte me deos appellarent et imagini tuae, quam propter hoc iusseram cum simulacris numinum adferri, ture ac vino supplicarent, praeterea maledicerent Christo – quorum nihil cogi posse dicuntur, qui sunt re vera Christiani – dimittendos esse putavi. [...]

(7) Adfirmabant autem hanc fuisse summam vel culpae suae vel erroris, quod essent soliti stato die ante lucem convenire carmenque Christo quasi deo dicere secum invicem seque sacramento non in scelus aliquod obstringere, sed ne furta, ne latrocinia, ne adulteria committerent, ne fidem fallerent, ne depositum appellati abnegarent. quibus peractis morem sibi discedendi fuisse rursusque coeundi ad capiendum cibum, promiscuum tamen et innoxium; [...]

(8) nihil aliud inveni quam superstitionem pravam, immodicam. [...]

(9) ideo dilata cognitione ad consulendum te decurri. visa est enim mihi res digna consultatione, maxime propter periclitantium numerum; multi enim omnis aetatis, omnis ordinis, utriusque sexus etiam, vocantur in periculum et vocabuntur. neque civitates

libellus, i m.: Anzeige **praeeunte me** (*Abl. abs.*): unter meiner Anleitung **imago tua**: dein Bild (*gemeint ist die Statue des Kaisers Trajan*) **simulacrum, i** n.: Standbild **tus, ris** n.: Weihrauch **supplicare**: opfern **maledicere** *mit Dat.*: *jemanden* beleidigen **quorum nihil cogi posse dicuntur, qui ...**: *übersetze* wozu man, wie es heißt, die nicht zwingen kann, die ... **re vera**: wirklich **dimittere**: gehen lassen **adfirmare** *mit AcI*: versichern, dass **summa, ae** f.: Gesamtheit **solere** (soleo, solitus sum): die Gewohnheit haben **stato die**: an einem bestimmten Tag **carmen dicere secum invicem**: im Wechsel Lieder singen **sacramentum, i** n.: *hier* Eid **obstringere in/ne**: sich verpflichten zu *etwas*/dass nicht **furtum, i** n.: Diebstahl **latrocinium, i** n.: Raub **adulterium, i** n.: Ehebruch **fides, ei** f.: *hier* Treue **ne depositum appellati abnegarent**: *übersetze* dass sie, wenn sie aufgefordert werden, anvertrautes Gut nicht verweigern **quibus peractis** (*Abl. abs.*): wenn diese Dinge getan seien **morem ... fuisse**: *indirekte Rede* **rursus** (*Adv.*): wieder **cibus, i** m.: Mahl **promiscuus, a, um**: gewöhnlich **innoxius, a, um**: ungefährlich **superstitio, onis** f.: Aberglaube **pravus, a, um**: schlimm **immodicus, a, um**: maßlos **differre** (differo, distuli, dilatum): verschieben **consulere** *mit Akk.*: *jemanden* um Rat fragen **decurrere**: sich beeilen **consultatio, onis** f.: Beratung **periclitans, ntis**: gefährdet **sexus, us** m.: Geschlecht **in periculum vocari**: sich in Gefahr bringen

tantum, sed vicos etiam atque agros superstitionis istius contagio pervagata est.

vicus, i m.: Dorf **contagio, onis** f.: Seuche **pervagari**: durchdringen

Das Reskript von Kaiser Trajan: Plinius, Epistula 10,97,1–2 (111–113 n. Chr.)

3

192

Kaiser Trajan antwortete seinem Statthalter Plinius Secundus mit einem kurzen offiziellen Schreiben, in dem er Plinius attestierte, dass er im Grunde richtig vorgegangen sei. Gleichwohl nahm er einige Modifikationen vor. So dürfe nicht nach Christen gefahndet werden, ihnen dürfe nur auf eine nicht-anonyme Anzeige hin der Prozess gemacht werden und es solle ihnen Gelegenheit zur Reue gegeben werden. Andere Quellen wie z. B. Märtyrerakten lassen darauf schließen, dass im 2. Jahrhundert nicht nur in Bithynien-Pontus auf diese oder ähnliche Weise gegen Christen vorgegangen wurde.

TRAIANVS PLINIO.

(1) Actum, quem debuisti, mi Secunde, in excutiendis causis eorum, qui Christiani ad te delati fuerant, secutus es. neque enim in universum aliquid, quod quasi certam formam habeat, constitui potest.

(2) ⟨Christiani⟩ conquirendi non sunt; si deferantur et arguantur, puniendi sunt, ita tamen, ut, qui negaverit se Christianum esse idque re ipsa manifestum fecerit, id est supplicando dis nostris, quamvis suspectus in praeteritum, veniam ex paenitentia impetret. sine auctore vero propositi libelli ⟨in⟩ nullo crimine locum habere debent. nam et pessimi exempli nec nostri saeculi est.

actus, us m.: Vorgehen **quem debuisti**: *übersetze* zu dem du verpflichtet warst **excutere causas**: Fälle untersuchen **delati fuerant** → deferre: *entspricht Ind. Plqpf.* **in universum**: für das Allgemeine **quasi** (*Adv.*): gewissermaßen **conquirere**: suchen **arguere**: überführen **re ipsa manifestum facere**: durch eine Tat beweisen **dis** = deis **quamvis**: wenn auch noch so **suspicere** (suspicio, suspexi, suspectum): verdächtigen **in praeteritum**: in Bezug auf die Vergangenheit **venia, ae** f.: Straflosigkeit **paenitentia, ae** f.: Reue **impetrare**: erlangen **crimen, inis** n.: Anklage **locum habere**: Bedeutung haben **et pessimi exempli nec nostri saeculi est**: *übersetze* es ist Zeichen schlechtesten Beispiels und nicht Zeichen unserer Zeit

4 Der Prozess gegen die Märtyrer von Scilli: Passio sanctorum Scillitanorum 1–17 (180 n. Chr.)

✎ 192

Einblick in einen Christenprozess gewähren die Akten der Märtyrer von Scilli – die älteste erhaltene christliche Schrift in lateinischer Sprache –, die in Form eines Verhörprotokolls das Verfahren gegen eine Gruppe von Christen aus dem nordafrikanischen Ort Scilli (im heutigen Tunesien) schildern, das am 17. Juli 180 n. Chr. vor dem Statthalter der Provinz Africa Proconsularis, P. Vigellius Saturninus, in seiner Residenzstadt Karthago stattfand. Saturninus gibt den Angeklagten wiederholt Gelegenheit, ihr Bekenntnis als Christ zu widerrufen, womit sie ihre Freilassung hätten erwirken können. Der Sprecher der Gruppe, Speratus, verweist jedoch auf ihre Gesetzestreue und lehnt das Angebot ab. Ein bemerkenswertes Detail ist die Erwähnung einer wohl lateinischen Übersetzung paulinischer Schriften, die die Christen dabeihaben.

(1) Praesente bis et Claudiano consulibus, XVI Kalendas Augustas, Kartagine in secretario inpositis Sperato, Nartzalo et Cittino, Donata, Secunda, Vestia Saturninus proconsul dixit: „Potestis indulgentiam domni nostri imperatoris promereri, si ad bonam mentem redeatis."

(2) Speratus dixit: „Numquam malefecimus, iniquitati nullam operam praebuimus; numquam malediximus, sed male accepti gratias egimus, propter quod imperatorem nostrum observamus.

(3) Saturninus proconsul dixit: „Et nos religiosi sumus et simplex est religio nostra, et iuramus per genium domni nostri imperatoris et pro salute eius supplicamus, quod et vos quoque facere debetis."

(4) Speratus dixit: „Si tranquillas praebueris aures tuas, dico mysterium simplicitatis."

(5) Saturninus dixit: „Initianti tibi ⟨dicere⟩ mala de sacris nostris aures non praebebo; sed potius iura per genium domni nostri imperatoris."

Praesente bis et Claudiano consulibus, XVI Kalendas Augustas: *übersetze* unter dem zweiten Konsulat des Praesens und dem Konsulat des Claudianus (*fälschlich für Condianus, 180 n. Chr.*), am 17. Juli **secretarium, i n.**: Gerichtssaal **inpositis Sperato, ... Vestia** (*Abl. abs.*): *übersetze* nachdem Speratus, ... und Vestia vorgeführt worden waren **indulgentia, ae f.**: Nachsicht **domni** = domini **promereri**: verdienen **maleficere**: Schlechtes tun **operam praebere**: einen Dienst erweisen **maledicere**: schlecht reden **male accipere**: schlecht behandeln **propter quod**: deswegen, weil **observare**: verehren **simplex, icis**: einfach **iurare per**: schwören *bei* **genius, i m.**: Genius (*gemeint ist der persönliche, innere Schutzgeist*) **et ... quoque**: auch **tranquillas aures praebere**: ein offenes Ohr schenken **mysterium, i n.**: Geheimnis **initiare**: anfangen **potius** (*Adv.*): lieber

(6) Speratus dixit: „Ego imperium huius seculi non cognosco; sed magis illi Deo servio, quem nemo hominum vidit nec videre his oculis potest. furtum non feci, sed, si quid emero, teloneum reddo, quia cognosco domnum meum, imperatorem regum et omnium gentium."

(7) Saturninus proconsul dixit ceteris: „Desinite huius esse persuasionis." Speratus dixit: „Mala est persuasio homicidium facere, falsum testimonium dicere."

(8) Saturninus proconsul dixit: „Nolite huius dementiae esse participes." Cittinus dixit: „Nos non habemus, quem timeamus nisi domnum Deum nostrum, qui est in caelis."

(9) Donata dixit: „Honorem ⟨sit⟩ Caesari quasi Caesari; timorem autem Deo." Vestia dixit: „Christiana sum." Secunda dixit: „Quod sum, ipsud volo esse."

(10) Saturninus proconsul Sperato dixit: „Perseveras Christianus?" Speratus dixit: „Christianus sum"; et cum eo omnes consenserunt.

(11) Saturninus proconsul dixit: „Numquid ad deliberandum vultis spatium?" Speratus dixit: „In re tam iusta nulla est deliberatio."

(12) Saturninus proconsul dixit: „Quae sunt res in capsa vestra?" Speratus dixit: „Libri et epistulae Pauli viri iusti."

(13) Saturninus proconsul dixit: „Moram XXX dierum habete et recordemini!" Speratus iterum dixit: „Christianus sum"; et cum eo omnes consenserunt.

(14) Saturninus proconsul decretum ex tabella recitavit: „Speratum, Nartzalum, Cittinum, Donatam, Vestiam, Secundam et ceteros ritu Christiano vivere confessos, quoniam oblata sibi facultate ad

seculum, i n.: Welt **servire**: dienen **furtum, i** n.: Diebstahl **emero** → emere (emo, emi, emptum): kaufen **teloneum reddere**: die Steuer bezahlen **desinere**: aufhören **persuasio, onis** f.: Überzeugung **homicidium, i** n.: Mord **nolite … esse participes**: *übersetze* habt nicht Anteil an …! **dementia, ae** f.: Wahnsinn **quasi** (*Adv.*): als **ipsud** = ipsum **perseverare**: beharren **consentire cum**: *jemandem* zustimmen **numquid**: wohl? **deliberare**: überlegen **spatium, i** n.: Zeit **deliberatio, onis** f.: Überlegung **capsa, ae** f.: Kästchen (*gemeint ist ein Behältnis für Buchrollen*) **mora XXX dierum**: ein Aufschub von 30 Tagen **recordari**: nachdenken **tabella, ae** f.: Schreibtafel **ritus, us** m.: Religionspraxis **offere** (offero, obtuli, oblatum): anbieten **facultas, atis** f.: Möglichkeit

Romanorum morem redeundi obstinanter perseveraverunt, gladio animadverti placet."

(15) Speratus dixit: „Deo gratias agimus." Nartzalus dixit: „Hodie martyres in caelis sumus. Deo gratias." [...]

(17) Universi dixerunt: „Deo gratias." Et statim decollati sunt pro nomine Christi.

Romanorum mos: Lebensweise der Römer **obstinanter** (*Adv.*): hartnäckig **gladio animadvertere**: mit dem Schwert hinrichten **placet** *mit AcI*: es ist entschieden, dass **universus, a, um**: gemeinsam **decollare**: enthaupten **pro**: um ... willen

W.-D. Hauschild/V. H. Drecoll, Alte Kirche und Mittelalter, § 3,2–9.
W. Kinzig, Christenverfolgung in der Antike, München 2019.
A. Reichert, Durchdachte Konfusion. Plinius, Trajan und das Christentum, ZNW 93 (2002), 227–250.

I.3; I. 5; II.4; II.6; II.9; II.10; IV.4

Quellen

C. Plinii Caecilii Secundi Epistularum ad Traianum liber, hg. M. Schuster, Leipzig 1952, 355–357.
H. Musurillo, The Acts of the Christian Martyrs, 1972, 86–88.

Übersetzungen

Plinius der Jüngere, Briefe. Lateinisch-Deutsch, übers. v. H. Kasten, Zürich u. a. [7]1995.
H. R. Seeliger/W. Wischmeyer (Hgg.), Märtyrerliteratur, TU 172, Berlin/München 2015, 87–101.

I.2 Häresie und Orthodoxie im 2. Jahrhundert

Die „Gegenüberstellungen“ des Markion und die Glaubensregel: Tertullian, Adversus Marcionem 1,2.19–20 (207/208 n. Chr.)

5

✎ 194

Das 2. Jahrhundert war für die junge Kirche eine Phase der Identitätsfindung, in der der christliche Glaube umrissen, der Kanon autoritativer Schriften weitgehend festgelegt und das kirchliche Amtsverständnis geklärt wurde. Die Auseinandersetzung mit den Lehren des Reeders Markion, der ca. 144 n. Chr. aus der Provinz Pontus am Schwarzen Meer nach Rom kam, trug wesentlich zur Entwicklung des christlichen Bibelkanons bei. Markion distanziert sich in seiner Schrift, den Antithesen, von dem Schöpfergott, den er mit dem gerechten Gott des alttestamentlichen Gesetzes identifiziert, und erkennt nur den barmherzigen Vater Jesu Christi, von dem im Evangelium des Neuen Testaments berichtet werde, als seinen Gott an. Die Markioniten berufen sich auf den Apostel Paulus, der den Gegensatz von Gesetz und Evangelium festhalte, im Unterschied zu Petrus (Kephas) und Jakobus, die entgegen dem Evangelium nicht bereit gewesen seien, von der jüdischen Lebensweise und dem jüdischen Gesetz Abstand zu nehmen (Gal 2,7–16). In Abgrenzung von Markions Ansicht bekennt der erste lateinische christliche Schriftsteller Tertullian (ca. 160–220 n. Chr.) den Schöpfergott des Alten Testaments als seinen christlichen Gott und ordnet dieses Schriftenkorpus damit der christlichen Bibel zu. In dem letzten, polemisch gehaltenen Textabschnitt (1,20) geht Tertullian davon aus, dass im Christentum ein traditioneller Konsens über die Inhalte des Glaubens, die sog. Glaubensregel, bestehe, den Markion neugestaltet und dadurch in unzulässiger Weise verändert habe – „wiederhergestellt“, meinen dagegen die Anhänger Markions.

(1,2) Duos Ponticus deos adfert [...]: quem negare non potuit, id est creatorem, id est nostrum ⟨deum⟩, et quem probare non poterit, id est suum ⟨deum⟩; passus ⟨est⟩ infelix huius praesumptionis instinctum de simplici capitulo dominicae pronuntiationis in homines, non in deos disponentis exempla illa bonae et malae arboris, quod neque bona ⟨arbor⟩ malos ⟨fructus⟩ neque mala ⟨arbor⟩ bonos proferat fructus, id est neque mens vel fides bona malas edat operas neque mala ⟨mens vel fides⟩ bonas. [...]

Ponticus, i m.: der Mann aus Pontus (*gemeint ist Marcion*) **probare**: beweisen **passus ⟨est⟩ infelix huius praesumptionis instinctum de ...**: *übersetze* der Unglückliche hat die Eingebung für diese Vorstellung aus ... erhalten **simplex, icis**: *hier* einfach zu verstehen **dominica pronuntiatio**: Verkündigung des Herrn (*gemeint ist das Bildwort aus Lk 6,43*) **in homines, non in deos disponentis illa exempla**: *übersetze* die jene auf Menschen, nicht auf Götter bezogene Beispiele anführt **arbor, oris f.**: Baum **quod** *mit Konj.*: nämlich dass **proferre**: hervorbringen **edere**: erzeugen

(19) [...] Separatio legis et evangelii proprium et principale opus est Marcionis [...].
Nam hae sunt Antitheses Marcionis, id est contrariae oppositiones, quae conantur discordiam evangelii cum lege committere, ut ex diversitate sententiarum utriusque instrumenti diversitatem quoque argumententur deorum. [...]
(20) Aiunt ⟨Marcionites⟩ enim Marcionem non tam innovasse regulam ⟨fidei⟩ separatione legis et evangelii quam retro adulteratam recurasse. [...] Nam et ipsum Petrum ceterosque, columnas apostolatus, a Paulo reprehensos ⟨esse⟩ opponunt, quod non recto pede incederent ad evangelii veritatem.

proprius, a, um: eigentümlich **principalis, e**: hauptsächlich **contraria oppositio**: Gegenüberstellung **discordia, ae** f.: Uneinigkeit **committere**: aufzeigen **sententia, ae** f.: Aussage **instrumentum, i** n.: *hier* Testament **argumentari**: nachweisen **Marcionites, um** m.: Anhänger des Marcion **non tam ... quam**: nicht so sehr ... als vielmehr **innovasse** = innovavisse → innovare: neu gestalten **retro** (*Adv.*): zuvor **adulteratus, a, um**: verfälscht **recurasse** = recuravisse → recurare: wiederherstellen **columna, ae** f.: Säule (*gemeint sind die anderen jüdischen Apostel*) **reprehendere** (reprehendo, reprehendi, reprehensum): tadeln **opponere** *mit AcI*: entgegnen, dass **recto pede**: auf rechtem Weg **ad**: gemäß

6 Der neutestamentliche Kanon: Canon Muratori (um 200 n. Chr.)

✎ 194

Die wohl älteste erhaltene Zusammenstellung der als autoritativ angesehenen christlichen Schriften bietet der sog. Canon Muratori, der 1740 von dem Mailänder Archivar Ludovico Antonio Muratori in einer Pergamenthandschrift des 8. Jh. wiederentdeckt wurde. Die Übersicht, deren Anfang und Schluss verloren sind, spiegelt wahrscheinlich die Praxis gottesdienstlicher Lesungen um das Jahr 200 n. Chr. in Rom wider, weist die als „Hirte" betitelte Schrift des Hermas der Privatlektüre zu und grenzt gnostische, z. B. valentinianische, sowie markionitische Schriften aus. Die Datierung und Lokalisierung der Abfassung dieser Liste neutestamentlicher Schriften sind jedoch umstritten.

tertium evangelii librum ⟨est⟩ secundum Lucam. Lucas iste medicus post ascensum Christi, cum eum Paulus quasi itineris sui socium secum adsumsisset, ⟨evangelium⟩ nomine suo ex opinione ⟨Pauli⟩ conscripsit. [...]

secundum *mit Akk.*: gemäß **ascensus, us** m.: Aufstieg **quasi** (*Adv.*): als **socius, i** m.: Begleiter **secum adsumere**: mit sich nehmen **ex opinione**: nach Meinung

quarti evangeliorum ⟨auctor est⟩ Iohannis ex discipulis. [...] et ideo licet varia singulis evangeliorum libris principia doceantur, nihil tamen differt credentium fidei, cum uno ac principali spiritu declarata sint in omnibus omnia. [...]

apocalypses etiam Iohannis et Petri tantum recipimus, quam quidam ex nostris legi in ecclesia nolunt. Pastorem vero nuperrime temporibus nostris in Urbe Roma Hermas conscripsit, sedente cathedra Urbis Romae ecclesiae Pio Episcopo fratre eius; et ideo legi eum quidem oportet, se publicare vero in ecclesia populo neque inter Prophetas, completo numero, neque inter apostolos, in finem temporum, potest. Arsinoi autem, seu Valentini, vel Mi(l)tiadis nihil in totum recipimus. qui etiam novum Psalmorum librum Marcioni conscripserunt [...].

licet *mit Konj.*: wenn auch **principium, i** n.: Anfang (der Evangelien) **nihil differt** *mit Dat.*: es macht keinen Unterschied *für* **principalis, e**: grundlegend **apocalypsis, is** f.: Offenbarung **tantum** (*Adv.*): nur **quam quidam ex nostris ... nolunt**: *übersetze* von der (*sc. der Apokalypse des Petrus*) manche von uns nicht wollen, dass sie ... **Pastor, oris** m: Hirte (*gemeint ist das apokalyptische Buch des Hermas*) **nuperrime** (*Adv.*): jüngst **sedere** *mit Abl.*: sitzen *auf* **cathedra, ae** f.: (Bischofs-)Stuhl **Pius Episcopus**: Bischof Pius (*gemeint ist Pius I., Bischof der Gemeinde von Rom, gest. um 155 n. Chr.*) **legere**: *hier* privat lesen **se publicare ... potest**: *übersetze* er kann sich ... öffentlich hören lassen **in finem temporum**: in Bezug auf das Ende der Zeiten **Arsinous, Valentinus, Miltiades**: *christliche Gnostiker des 2. Jahrhunderts* **nihil in totum**: überhaupt nichts

Die apostolische Amtssukzession: Irenäus, Adversus haereses 3,3,1–3 (180 n. Chr.)

7

✎ 195

Charismatische Persönlichkeiten wie z. B. Markion, der Gnostiker Valentin, der kleinasiatische „neue Prophet“ Montanus u. a. stellten mit ihren Lehren die junge Kirche vor die Herausforderung, Kriterien für deren Beurteilung zu entwickeln: Was entsprach dem Evangelium Jesu Christi, was war hingegen abzulehnen? Irenäus, Bischof der griechischsprachigen Auslandsgemeinde von Lyon, setzt um 180 n. Chr. den vergleichsweise jungen gnostischen Lehren die sog. apostolische Amtssukzession entgegen, in der der christliche Glaube seit den Aposteln von Bischof zu Bischof in ununterbrochener Folge (und daher unverfälscht) tradiert werde. Obwohl das für jede Kirche in der ganzen Welt gelte, greift Irenäus exemplarisch die römische Kirche heraus, der wegen ihrer Gründungsapostel Petrus und Paulus besondere Orientierungskraft zukomme, und präsentiert eine Aufeinanderfolge von zwölf namentlich genannten römischen Bischöfen, die mit Linus (vgl. 2 Tim 4,21) beginnt und bis zu seiner Gegenwart reicht.

(3,1) Traditionem itaque apostolorum in toto mundo manifestatam in omni ecclesia adest perspicere omnibus, qui vera velint videre; et habemus adnumerare eos, qui ab apostolis instituti sunt episcopi in ecclesiis, et successores eorum usque ad nos, qui nihil tale docuerunt neque cognoverunt, quale ab his ⟨Gnosticis⟩ deliratur.

(2) Sed quoniam valde longum est in hoc tali volumine omnium ecclesiarum enumerare successiones, maximae et antiquissimae et omnibus cognitae, a gloriosissimis duobus apostolis Petro et Paulo Romae fundatae et constitutae ecclesiae eam, quam habet ab apostolis, traditionem et adnuntiatam hominibus fidem per successiones episcoporum pervenientem usque ad nos indicantes, confundimus omnes ⟨Haereticos⟩ [...].

ad hanc enim ecclesiam propter potentiorem principalitatem necesse est omnem convenire ecclesiam – hoc est: eos, qui sunt undique; in qua ⟨ecclesia Romae⟩ semper ab his, qui sunt undique, conservata est ea, quae est ab apostolis traditio.

(3) Fundantes igitur et instruentes beati apostoli ecclesiam, Lino episcopatum administrandae Ecclesiae tradiderunt. [...]

traditionem ... adest perspicere omnibus: *übersetze* die Überlieferung ist für alle zu erkennen **manifestare**: offenbaren **vera, orum** n. Pl.: Wahrheit **habere** *mit Inf.*: in der Lage sein, zu tun **adnumerare**: aufzählen **instituere**: einsetzen **successor, oris** m.: Nachfolger **delirare**: im Wahn faseln **valde longum est**: *übersetze* es wäre zu weitschweifig **volumen, inis** n.: Buch(-rolle) **successio, onis** f.: Amtsfolge **gloriosus, a, um**: berühmt **fundare**: gründen **constituere**: aufbauen **adnuntiare**: verkünden **indicare** *mit Akk.*: verweisen auf **confundere**: widerlegen **potens, ntis**: *hier* überlegen **principalitas, atis** f.: Ursprung (*oder* Autorität; *hier besteht aufgrund der Ambivalenz des Wortes eine doppelte Interpretationsmöglichkeit*) **convenire ad**: übereinstimmen mit **instruere**: einrichten **Linus, i** m.: *Bischof von Rom (67–79 n. Chr.)* **episcopatus, us** m.: Bischofsamt

W.-D. Hauschild/V. H. Drecoll, Alte Kirche und Mittelalter, § 2,6.8.
A. M. Ritter, Die christlichen Lehrentwicklungen bis zum Ende des Spätmittelalters, Göttingen 2011, 56–98.
G. May/K. Greschat (Hgg.), Marcion und seine kirchengeschichtliche Wirkung, TU 150, Berlin/New York 2002.

I.3; I.4; I.7; I.9; I.11; II.2; II.8; II.9; IV.1; IV.2

Quellen

Tertulliani opera. Adversus Marcionem, hg. v. E. Kroymann, CSEL 47, Wien 1906, 290–650, da 292.314–315.

Hans Lietzmann, Das muratorische Fragment. KIT 1, Bonn 1933 (lat/dt).
Irénée de Lyon, Contre les Hérésies III 2, hg. v. A. Rousseau/L. Doutreleau, SC 211, Paris 1974, 30–34.

Übersetzungen

Tertullian, Adversus Marcionem. Gegen Marcion, Bd. 1, übers. v. V. Lukas, FC 61, Turnhout 2015.
Irenäus von Lyon, Adversus Haereses. Gegen die Häresien, Bd. 3, übers. v. N. Brox, FC 8,3, Freiburg i. Br. u. a. 2001.

I.3 Christliche Apologetik

8 Pagane Vorwürfe gegen die christliche Lebensart: Minucius Felix, Octavius 8,4; 9,2–5 (197–250 n. Chr.)

✎ 195

Da sich christliche Gemeinden zum Teil vom gesellschaftlichen und politischen Leben fernhielten, erfuhren sie vor der sog. Konstantinischen Wende Anfeindungen ihrer paganen Zeitgenossen. Der christliche Apologet Minucius Felix überliefert in seiner Schrift Octavius (verfasst zw. 197 und 250 n. Chr.) solche antichristliche Polemik. In diesem Dialog richtet ein nichtchristlicher Gesprächspartner, der Skeptiker Caecilius Natalis, heftige Vorwürfe gegen den Christen Octavius, wie sie in der römischen Gesellschaft des späten 2. Jahrhunderts kursierten. Im Hintergrund stehen vermutlich Halbwissen oder Gerüchte über das Leben in den christlichen Gemeinden, die Auferstehungshoffnung, das Miteinander in christlicher Liebe sowie gottesdienstliche Handlungen, wie z. B. Taufe und Abendmahl.

(8,4) Qui ⟨christiani⟩ de ultima faece collectis inperitioribus et mulieribus credulis sexus sui facilitate labentibus plebem profanae coniurationis instituunt, quae nocturnis congregationibus et ieiuniis solemnibus et inhumanis cibis non sacro quodam, sed piaculo foederantur; ⟨est⟩ latebrosa et lucifugax natio, in publicum muta, in angulis garrula. [...] et dum mori post mortem timent, interim mori non timent. Ita illis pavorem fallax spes solacio redivivo blanditur. [...]

(9,2) [...] Occultis se notis et insignibus noscunt et amant mutuo, paene antequam noverint; passim etiam inter eos velut quaedam

faex, cis f.: Abschaum **collectis inperitioribus et mulieribus credulis ... labentibus** (*Abl. abs.*): *übersetze* nachdem sie ziemlich unerfahrene Menschen und leichtgläubige Frauen, die ... straucheln, gesammelt haben **sexus, us** m.: Geschlecht **facilitas, atis** f.: Einfachheit **plebs, plebis** f.: Volksmasse **profanus, a, um**: frevlerisch **instituere**: *hier* bilden **quae**: die (*gemeint sind die Massen im Pl.*) **congregatio, onis** f.: Zusammenrottung **ieiunium, i** n.: Fasten **sollemnis, e**: feierlich **cibus, i** m.: Mahlfeier **sacrum, i** n.: *hier* Kultopfer **piaculum, i** n.: schuldhaftes Verbrechen **foederari** *mit Abl.*: sich verbünden *durch* **latebrosus, a, um**: versteckt **lucifugax, acis**: lichtscheu **mutus, a, um**: verschwiegen **angulus, i** m.: Ecke **garrulus, a, um**: geschwätzig **pavor, oris** m.: Angst **fallax, acis**: trügerisch **solacium redivivum**: Trost der Auferstehung **blandiri**: *hier* angenehm machen **notum, i** n.: Zeichen **insigne, is** n.: Symbol **mutuo** (*Adv.*): gegenseitig **passim** (*Adv.*): überall **velut quaedam ... religio**: gleichsam eine Art Kult ...

libidinum religio miscetur, ac se promiscue appellant fratres et sorores [...].

(3) [...] audio eos turpissimae pecudis caput, asini, consecratum inepta nescio qua persuasione venerari. [...]

(5) Iam de initiandis tirunculis fabula tam detestanda quam nota est. infans farre contectus, ut decipiat incautos, adponitur ei, qui sacris inbuatur.

miscere: *hier* erregen **promiscue** (*Adv.*): ohne Unterschied **pecus, udis** f.: Tier **asinus, i** m.: Esel **consecratum inepta nescio qua persuasione**: verehrt aus ich weiß nicht welcher ungehörigen Überzeugung **tirunculus, i** m.: Neuling **fabula, ae** f.: *hier* Gerede **detestari**: verachten **infans, ntis** m./f.: Kind **far, farris** n.: Teig **contegere** (contego, contexi, contectum): bedecken **decipere**: täuschen **incautus, a, um**: unbekümmert **adponere**: vorlegen **inbuere** *mit Abl.*: einweihen *in*

Christliche Verteidigung gegen pagane Anfeindungen: Tertullian, Apologeticum 40.50 (197 n. Chr.)

9

✎ 196

Wie eine Reihe anderer griechischer und lateinischer Schriftsteller unternahm es Tertullian in einer an die römische Reichsregierung gerichteten Apologie (197 n. Chr.), die er in die Form eines fiktiven, angriffslustigen Anwaltsplädoyers goss, das Christentum gegen pagane Anfeindungen zu verteidigen. Von den Argumenten, die Tertullian in den folgenden Passagen für das Christentum bringt, sind zwei herausgegriffen: a) Christen gelten als Sündenböcke für kosmische Katastrophen aller Art, womit Tertullian jeden Ruf nach Verurteilung *ad absurdum* führt; b) gerade die Ungerechtigkeit der Statthalter, in deren Zuständigkeitsbereich die Christenprozesse fielen, beweise die Unschuld der Christen und locke neue Gemeindeglieder an.

(40,2) Si Tiberis ascendit in moenia, si Nilus non ascendit in rura, si caelum stetit, si terra movit, si fames, si lues, statim ⟨clamant⟩ „christianos ad leonem!“ [...]

(50,12) Sed hoc agite, boni praesides, ⟨estis⟩ meliores multo apud populum, si illis christianos immolaveritis; cruciate, torquete, damnate, atterite nos: probatio est enim innocentiae nostrae iniquitas vestra! ideo nos haec pati deus patitur. [...] Nec quicquam tamen

Tiberis, is m.: Fluss Tiber **ascendere**: aufsteigen **Nilus, i** m.: Fluss Nil **rus, ris** n.: Feld **stare**: *hier* zum Stehen kommen **movere**: *hier* beben **lues, is** f.: Seuche **praeses, idis** m.: (Provinz-)Statthalter **esse meliores multo** (*iron.*): viel besser sein **illis**: *zu beziehen auf* populum **immolare**: opfern **atterere**: aufreiben **probatio, onis** f.: Beweis **pati**: zulassen

proficit exquisitior quaeque crudelitas vestra: illecebra est magis sectae. Etiam plures efficimur, quotiens metimur a vobis: semen est sanguis Christianorum.

proficere: nützen **exquisitior quaeque crudelitas**: jede noch so ausgeklügelte Grausamkeit **illecebra, ae** f.: Werbung **secta, ae** f.: Gemeinschaft (*gemeint ist die Gemeinde der Christen*) **plures effici**: zahlreicher werden **quotiens**: sooft **metere**: niedermähen

W.-D. Hauschild/V. H. Drecoll, Alte Kirche und Mittelalter, § 3,5–7.
M. Fiedrowicz, Apologie im frühen Christentum. Die Kontroverse um den christlichen Wahrheitsanspruch in den ersten Jahrhunderten, Paderborn ^{3}2003, 49–68.
H. M. Zilling, Tertullian. Untertan Gottes und des Kaisers, Paderborn u. a. 2004, 11–20.86–105.

I.1; I.5; II.7; III.3; III.6; IV.4; V.2; V.5

Quellen

Minucius Felix, Octavius, hg. v. B. Kytzler, Stuttgart 1992, 1–37, da 6–7.
Tertullianus. Apologeticum, hg. v. E. Dekkers, CCSL 1, Turnhout 1954, 85–171, da 153.171.

Übersetzungen

Minucius Felix. Octavius, übers. v. Chr. Schubert, Kommentar zu frühchristlichen Apologeten 12, Freiburg i. Br. 2014.
Quintus Septimius Florens Tertullianus, Apologeticum. Verteidigung des Glaubens, übers. und eingel. v. T. Georges. FC 62, Darmstadt 2015.

I.4 Abendmahl und Taufe im antiken Gottesdienst

Das Eucharistiegebet: Ambrosius, De sacramentis 4,5,21–22; 6,26–27 (vor 397 n. Chr.)

10

196

In der Frühzeit der Kirche entwickelten sich nicht nur die sog. drei katholischen Normen Glaubensregel, Bibelkanon und Amtsverständnis, sondern auch die Sakramente. Die älteste überlieferte Form des lateinischen Eucharistiegebets findet sich bei Ambrosius von Mailand (ca. 333–397 n. Chr.). Sie wurde in ähnlicher Form in das Missale Romanum aufgenommen und wird bis heute in der römisch-katholischen Messe im Rahmen der Opferhandlung gebetet, in deren Mitte die Konsekration (Weihe) und die damit verbundene Wandlung der Elemente Brot und Wein in Leib und Blut Christi steht. Die Wandlung werde dadurch bewirkt, erläutert Ambrosius, dass der Priester die Worte Jesu Christi spreche, die als wörtliche Rede im Rahmen der Einsetzungsworte – hier ein paraphrasierendes Mischzitat von Mt 26,26–28, Lk 22,19–20 und 1 Kor 11,23–25 – zitiert werden. Dadurch würden Brot und Wein zu einem unblutigen Opfer (im Gegensatz zu einem Opfertier), in dem Leib und Blut Christi und damit sein Opfertod so enthalten seien, wie in einem Bild die abgebildete Wirklichkeit enthalten sei. Ambrosius hebt daneben den Aspekt der Eucharistiefeier als Erinnerungsmahl hervor, der später zusammen mit der Interpretation der Einsetzungsworte („Dies ist mein Leib") zum Gegenstand des reformatorischen Abendmahlsstreits zwischen Luther und Zwingli wurde (T 63).

(4,5,21) Vis scire, quam verbis caelestibus consecretur? Accipe, quae sunt verba. Dicit sacerdos: „Fac nobis", inquit, „hanc oblationem scriptam, rationabilem, acceptabilem, quod est figura corporis et sanguinis domini nostri Iesu Christi.

Qui pridie quam pateretur, in sanctis manibus suis accepit panem, respexit ad caelum, ad te, sancte pater omnipotens aeterne deus, gratias agens benedixit, fregit, fractumque apostolis et discipulis suis tradidit dicens: ‚accipite et edite ex hoc omnes; hoc est enim corpus meum, quod pro multis confringetur.'" – Adverte! –

(22) "Similiter etiam calicem, postquam cenatum est, pridie quam pateretur, accepit, respexit ad caelum, ad te, sancte pater omni-

consecrare: die Konsekration bewirken **oblatio, onis** f.: Opfer **scriptus, a, um**: *hier* festgeschrieben **rationabilis, e**: geistig **acceptabilis, e**: annehmbar **figura, ae** f.: Bild **pridie quam …**: am Tag, bevor … **pati**: leiden **respicere**: (auf)blicken **benedicere**: segnen **frangere** (frango, fregi, fractum): brechen **edere**: essen **confringere**: zerbrechen **advertere**: aufmerksam sein **similiter** (*Adv.*): ebenso **calix, icis** m.: Kelch **cenare**: das Mahl abhalten

potens aeterne deus, gratias agens benedixit, apostolis et discipulis suis tradidit dicens: ‚accipite et bibite ex hoc omnes; hic est enim sanguis meus.‘“ […] (6,26) Deinde quantum sit sacramentum, cognosce. Vide, quid dicat: „‚Quotienscumque hoc feceritis, totiens commemorationem mei facietis, donec iterum adveniam.‘“

(27) Et sacerdos dicit: „Ergo memores gloriosissimae eius passionis et ab inferis resurrectionis et in caelum ascensionis offerimus tibi hanc inmaculatam hostiam, rationabilem hostiam, incruentam hostiam, hunc panem sanctum et calicem vitae aeternae. […]“

quantum sit …: *übersetze* welch große Bedeutung hat … **quotienscumque … totiens**: sooft … **commemoriatio, onis** f.: Erinnerung **iterum** (*Adv.*): wieder **memor, oris** *mit Gen.*: in Erinnerung *an* **gloriosus, a, um**: glorreich **inferi, orum** m.: Tote **ascensio, onis** f.: Auffahrt **immaculatus, a, um**: unbefleckt **hostia, ae** f.: Opfergabe **incruentus, a, um**: unblutig

11 Die Tauffragen: Traditio Apostolica 21 (4. Jh.?)

✎ 197

Unmittelbar vor der Taufe, die wie ein Reinigungsbad mit Wasser vollzogen und mit einer Öl-Salbung abgeschlossen wurde, wurde der Täufling auf seinen Glauben an den dreifaltigen Gott, die Kirche und die Totenauferstehung befragt. Diese Tauffragen sind in der sog. *Traditio Apostolica* überliefert. Diese Kirchenordnung, die früher auf die Wende 2./3. Jh. datiert und Hippolyt von Rom zugeschrieben wurde, erweist sich bei Sichtung ihrer Überlieferungsgeschichte als ein so lebendiger, immer wieder fortgeschriebener und übersetzter Text der kirchlichen Praxis, dass zwar sehr alte Traditionen darin erkannt werden, sie aber nicht präzise zu datieren sind. Erst in einer lateinischen Handschrift des 4. Jh. findet sich eine gesicherte Textfassung, die später ihrerseits weiterbearbeitet wurde. Gleichwohl gelten die Tauffragen als frühe Vorläufer der im Wortlaut festgelegten Glaubensbekenntnisse.

Cum ergo descendit, qui baptizatur, in aquam, dicat ei ille, qui baptizat, manum imponens super eum sic: „Credis in deum, patrem omnipotentem?“ Et, qui baptizatur, etiam dicat: „Credo.“

Et statim manum habens in caput eius inpositam baptizet semel. Et postea dicat: „Credis in Christum Iesum, filium dei, qui natus est de spiritu sancto ex Maria virgine et crucifixus sub Pontio Pilato

descendere: hinabsteigen **baptizare**: taufen **manum imponere**: die Hand auflegen **omnipotens, ntis**: allmächtig **semel** (*Adv.*): einmal

et mortuus est et sepultus et resurrexit die tertia vivus a mortuis et ascendit in caelis et sedit ad dexteram patris venturus iudicare vivos et mortuos?" Et cum ille dixerit: „Credo", iterum baptizetur. Et iterum dicat: „Credis in spiritu sancto et sanctam ecclesiam et carnis resurrectionem?" Dicat ergo, qui baptizatur: „Credo." Et sic tertia vice baptizetur.

Et postea cum ascenderit, ungueatur a praesbytero de illo oleo, quod sanctificatum est, dicente: „Ungueo te oleo sancto in nomine Iesu Christi." [...]

Postea in ecclesia ingrediantur. Episcopus vero manum illis inponens invocet dicens: „Domine Deus, qui dignos fecisti eos remissionem mereri peccatorum per lavacrum regenerationis spiritus sancti, inmitte in eos tuam gratiam, ut tibi serviant secundum voluntatem tuam."

sepultus → sepelire (sepelio, sepelivi/sepelii, sepultum): begraben **ascendere**: *hier* aufsteigen **iterum** (*Adv.*): erneut **in spiritu sancto**: *entspricht* in spiritum sanctum **tertia vice**: zum dritten Mal **ascendere**: *hier* (aus dem Wasser) heraussteigen **unguere**: salben **praesbyter, i** m.: Presbyter **oleum, i** n.: Öl **ingredi**: hineingehen **invocare**: rufen **remissionem mereri**: Vergebung verdienen **lavacrum, i** n.: Bad **regeneratio, onis** f.: Wiedergeburt **inmittere**: eingehen lassen **secundum** *mit Akk.*: gemäß

W.-D. Hauschild/V. H. Drecoll, Alte Kirche und Mittelalter, § 2,12.14.
A. Fürst, Die Liturgie der Alten Kirche. Geschichte und Theologie, Münster 2008, 21–218.
W. Kinzig, „... *natum et passum* etc." Zur Geschichte der Tauffragen in der lateinischen Kirche bis zu Luther, in: ders./Chr. Markschies/M. Vinzent (Hgg.), Tauffragen und Bekenntnis, Berlin/New York 1999, 75–115.

↗ I.1; I.5; I.11; II.7; III.4; III.6; IV.1; V.4

Quellen

Ambrosius, De sacramentis, hg. v. O. Faller, CSEL 73, Wien 1955, 15–85, da 55.
Hippolytus Romanus, Traditio Apostolica, hg. v. B. Botte, SC 11bis, Paris 1968, 84–86.

Übersetzungen

Ambrosius von Mailand, De sacramentis. Über die Sakramente, übers. v. J. Schmitz, FC 3, Freiburg i. Br. 1990.
Traditio apostolica. Apostolische Überlieferung, übers. v. W. Geerlings, in: Didache. Zwölf-Apostel-Lehre. Traditio apostolica. Apostolische Überlieferung, hg. und übers. v. G. Schöllgen/ders., FC 1, Freiburg i. Br. 1991.

I.5 Die Konstantinische Wende

12 Die Schlacht an der Milvischen Brücke, 312 n. Chr.: Lactanz, De mortibus persecutorum 44 (313–316 n. Chr.)

198

Die Zeit der Christenverfolgungen endete mit der sog. Konstantinischen Wende. Sie ist mit zwei weichenstellenden Ereignissen verbunden, welche das römische System von vier Herrschern in zwei Reichsteilen (die sog. Tetrarchie) zugunsten Konstantins I. außer Kraft setzten: Im Jahr 312 n. Chr. wurde er Alleinherrscher über das römische Westreich, nachdem er seinen Rivalen Maxentius, gegen den er in einer kriegerischen Auseinandersetzung kämpfte, in der berühmten Schlacht an der Milvischen Brücke besiegt hatte; zwölf Jahre später (324 n. Chr.) besiegte er den Augustus des römischen Ostreichs, Licinius, und wurde so zum Alleinherrscher auch über diesen Reichsteil. Seither konnte Konstantin seine christentumsfreundliche Politik im gesamten römischen Reich ausüben. Der christliche Schriftsteller Laktanz (ca. 250–320 n. Chr.) sieht bereits in Konstantins Sieg an der Milvischen Brücke, die direkt von Rom über den Tiber führte (28. Oktober 312 n. Chr.), die Hand Gottes am Werk.

(44) Iam mota inter eos fuerant arma civilia. [...] Maxentiani milites praevalebant, donec postea confirmato animo Constantinus et ad utrumque paratus copias omnes ad urbem propius admovit et e regione pontis Mulvii consedit. [...]. Commonitus est in quiete Constantinus, ut caeleste signum dei notaret in scutis atque ita proelium committeret. Fecit, ut iussus est, et transversa X littera summo capite circumflexo Christum in scutis notat. Quo signo armatus exercitus capit ferrum. [...]

⟨Maxentius⟩ in aciem venit. Pons a tergo eius scinditur. Eo viso pugna crudescit et manus dei supererat aciei. Maxentianus ⟨exercitus⟩ proterretur, ipse in fugam versus properat ad pontem,

arma civilia movere: den Bürgerkrieg beginnen **Maxentianus, a, um**: *übersetze* des Maxentius **donec** *mit Ind.*: solange bis **animum confirmare**: neuen Mut fassen **ad utrumque paratus**: bereit zu Leben und Tod **e regione**: jenseits **commonere**: ermahnen **quies, etis** f.: Schlaf **notare**: (be)malen **scutum, i** n.: Schild **proelium committere**: die Schlacht beginnen **transvertere**: drehen **X littera**: Buchstabe Chi (*gemeint ist der griechische Buchstabe in der Form eines X*) **summum caput**: das obere Ende **circumflectere**: umbiegen **acies, ei** f.: Schlacht **a tergo eius**: hinter ihm **scindere**: abreißen **eo viso** (*Abl. abs.*): bei seinem (Maxentius') Anblick **crudescere**: heftiger werden **superesse** *mit Dat.*: *über etwas* walten

qui interruptus erat, ac multitudine fugientium pressus in Tiberim deturbatur.

Confecto tandem acerbissimo bello cum magna senatus populique Romani laetitia susceptus ⟨est⟩ imperator Constantinus. [...] Senatus Constantino virtutis gratia primi nominis titulum decrevit.

deturbare: hineinstürzen **conficere**: beenden **acerbus, a, um**: erbittert **suscipere**: empfangen **gratia** (*nachgestellt*) *mit Gen.*: wegen **primi nominis titulus**: der Titel des ersten Namens (*gemeint ist der Titel des „Augustus" des westlichen Reichsteils innerhalb der Tetrarchie*)

Das Dreikaiseredikt „Cunctos Populos", 380 n. Chr.: Codex Theodosianus 16,1,2 (438 n. Chr.)

13

✎ 198

Die sog. Konstantinische Wende brachte eine Zeit der Religionsfreiheit, in der das Christentum sich konsolidieren konnte. Jetzt wurden zentrale theologische Fragen kontrovers diskutiert und auf Synoden entschieden: Ist Christus, der Sohn Gottes, göttlichen Wesens oder ein Geschöpf? Können wir auch den Heiligen Geist als göttlich ansehen? Um das Römische Reich weltanschaulich zu einen, richten die drei zu jener Zeit amtierenden Kaiser am 28. Februar 380 n. Chr. ein Edikt an die Bevölkerung Konstantinopels, in dem sie alle Bevölkerungsgruppen des Römischen Reiches auf die westliche Trinitätslehre verpflichten wollen, die sie auf höchste Autoritäten zurückführen: an erster Stelle auf den Apostel Petrus selbst, sodann auf die in apostolischer Sukzession stehenden Bischöfe Damasus I. von Rom (305–384 n. Chr.) und Petrus II. von Alexandrien – die Zuschreibung des apostolischen Bischofsamtes an letzteren ist eine pikante Behauptung, da Petrus, obwohl designierter Nachfolger des alexandrinischen Bischofs Athanasius, eines maßgeblichen Unterstützers des Nizänums, vom vorherigen oströmischen Kaiser Valens (Regierungszeit 364–378 n. Chr.) nicht anerkannt wurde und er fünf Jahre bei Damasus im römischen Exil verbringen musste (373–378 n. Chr.). Das Edikt lehnt abweichende Meinungen unter Androhung staatlicher Strafen ab.

Imp⟨eratores⟩ Gratianus, Valentinianus et Theodosius Augusti ad populum urbis Constantinopolitanae.

Cunctos populos, quos clementiae nostrae regit temperamentum, in tali volumus religione versari, quam divinum Petrum apostolum tradidisse Romanis religio – usque nunc ab ipso ⟨Petro⟩ insinuata –

Augustus, i m.: *kaiserlicher Titel* *ordne und übersetze*: **volumus cunctos populos, quos ... regit, versari in ...**: wir wollen, dass alle Völker, die ... beherrscht, in ... bleiben **temperamentum, i n.**: rechtes Maß **insinuare**: mitteilen

declarat quamque pontificem Damasum sequi claret et Petrum Alexandriae episcopum virum apostolicae sanctitatis;
hoc est, ut secundum apostolicam disciplinam evangelicamque doctrinam patris et filii et spiritus sancti unam deitatem sub pari maiestate et sub pia trinitate credamus.
Hanc legem sequentes Christianorum catholicorum nomen iubemus amplecti, reliquos vero dementes vesanosque iudicantes ⟨iubemus⟩ heretici dogmatis infamiam sustinere, nec conciliabula eorum ecclesiarum nomen accipere, ⟨iubemus eos⟩ divina primum vindicta, post etiam motus nostri, quem ex caelesti arbitrio sumpserimus, ultione plectendos ⟨esse⟩.

declarat/claret: *jeweils mit AcI* (*in relativer Verschränkung*) **pontifex, icis** m.: Pontifex (*gemeint ist der Titel des höchsten Priesters; seit Damasus der Titel des Bischofs von Rom*) **secundum** *mit Akk.*: gemäß **disciplina, ae** f.: Weisung **deitas, atis** f.: Gottheit **sub** *mit Abl.* (*modal*): in **par, ris**: gleich **maiestas, atis** f.: Würde **sequentes:** *Akk.* **catholicus, a, um**: katholisch (*gemeint ist* allgemein, *von griech.* καθολικός) **nomen, inis** n.: Bezeichnung **amplecti**: annehmen **demens, ntis**: verrückt **vesanus, a, um**: wahnsinnig **iudicantes:** *Nom. Pl.* **dogma, atis** n.: Lehre **infamia, ae** f.: Schande **conciliabulum, i** n.: Versammlungsort **vindicta divina** (*Abl.*): durch göttliche Strafe **motus nostri … ultione plecti:** *übersetze* durch die Rache unserer (kaiserlichen) Kraft bestraft werden **arbitrium, i** n.: Wille **sumere** (sumo, sumpsi, sumptum): erhalten

W.-D. Hauschild/V. H. Drecoll, Alte Kirche und Mittelalter, § 3,9–11.
M. Wallraff, Sonnenkönig der Spätantike. Die Religionspolitik Konstantins des Großen, Freiburg i. Br. 2013.
K. M. Girardet, Die Konstantinische Wende. Voraussetzungen und geistige Grundlagen der Religionspolitik Konstantins des Großen, Darmstadt ²2007.

I.1; I;3; I.7; I.8; II.5; II.10; III.3; IV.4; V.4

Quellen

Lactanz, De mortibus persecutorum, hg. v. J. L. Creed, Oxford 1984, 62–64.
Theodosiani libri XVI, hg. v. Th. Mommsen/P. Meyer, Berlin 1904, 833.

Übersetzungen

Laktanz. De mortibus persecutorum. Die Todesarten der Verfolger, übers. v. A. Städele, FC 43, Turnhout 2003.
A. M. Ritter (Hg.), Alte Kirche, Kirchen- und Theologiegeschichte in Quellen, Bd. I, Göttingen ¹²2019, § 80.

I.6 Die Anfänge des Mönchtums

Das Eremitentum des Antonius, um 300 n. Chr.: Evagrius, Vita Antonii 1–3.7.14 (373 n. Chr.)

14

✎ 199

Anfang des 4. Jh. kam in Ägypten und Palästina-Syrien das Mönchtum zur Entfaltung, das auf seiner Suche nach Vollkommenheit an christliche und pagane Traditionen der Askese anschloss. Als „Vater der Mönche" gilt der Kopte Antonius (gest. 356 n. Chr. im Alter von 105 Jahren), der sich als Eremit immer mehr in die Einsamkeit der Wüste zurückgezogen hat. Athanasius von Alexandrien (ca. 295–373 n. Chr.) verfasste seine Lebensbeschreibung, die schon bald von Evagrius von Antiochia aus dem Griechischen ins Lateinische übersetzt wurde (373 n. Chr.). Dadurch gewannen die Ideale des östlichen Mönchtums auch im Westen des Römischen Reiches Einfluss; beispielsweise spielte Athanasius' *Vita Antonii* eine wichtige Rolle bei Augustins Bekehrung zum Christentum (s. T 19).

(1) Antonius nobilibus religiosisque parentibus ex Aegypto oriundus fuit. [...]

(2) Post mortem autem parentum [...] intravit ecclesiam et accidit, ut tunc Evangelium legeretur, in quo Dominus dicit ad divitem: „Si vis perfectus esse, vade, et vende omnia tua, quaecumque habes, et da pauperibus, et veni, sequere me, et habebis thesaurum in caelis." [...] Statim egressus, possessionem, quam habebat, [...] vicinis largitus est. [...] (3) [...] Ipse iam omnibus saeculi vinculis liber, asperum atque arduum arripuit institutum. Necdum autem tam crebra erant in Aegypto monasteria neque omnino quisquam aviam solitudinem noverat [...].

(7) [...] Et ille Scripturarum doctus eloquio multas esse daemonum captiones, solerti propositum labore servabat. [...]

oriundus esse *mit Abl.*: abstammen von **accidit**: es geschah **tunc** (*Adv.*): genau zu diesem Zeitpunkt **dives, itis**: reich **vendere**: verkaufen **thesaurus, i** m.: Schatz **egredi** (egredior, egressus sum): hinausgehen **vicinus, i** m: Nachbar **largiri**: schenken **vinculum, i** n.: Fessel **asper, a, um**: hart **arduus, a, um**: anstrengend **arripere**: anpacken **institutum, i** n.: Vorhaben (*hier als Umschreibung des griech.* ἄσκησις) **necdum** (*Adv.*): noch nicht **creber, bra, brum**: zahlreich **avius, a, um**: fernab gelegen **Scripturarum doctus eloquio** *mit AcI*: durch das Wort der Schrift gelehrt, dass **captio, onis** f.: Fallstrick **solers, ertis**: klug **propositum, i** n.: Plan

Idcirco magis ac magis subiugabat corpus suum [...]. Pernoctabat in oratione saepissime, edebat semel in die post solis occasum [...]. (14) Sic annis viginti solitarie transactis, atque ab hominum segregatus ⟨erat⟩ aspectibus. Cum magna et propositum imitari cupientum et notorum multitudo concurreret, [...] quasi ex aliquo caelesti aditu consecratus apparuit. [...] Plurimos igitur ab immundis spiritibus et infirmitatibus variis Dei gratia per Antonium liberavit. [...] Nec mora, plures audientium ad humanarum rerum contemptum haec eius suasit oratio, et habitandae eremi istud exordium fuit.

idcirco (*Adv.*): darum **subiugare**: sich untertan machen **pernoctare**: Nächte durchwachen **edere**: essen **semel** (*Adv.*): einmal **solitarie** (*Adv.*): in Einsamkeit **segregatus, a, um**: abgeschieden **notus, i** m.: Bekannter **quasi** (*Adv.*): wie **aditus, us** m.: *hier* Audienz (aditus *ersetzt hier möglicherweise griech.* ἄδυτον, *das „Allerheiligste des Tempels"*) *ordne*: **Dei gratia liberavit per Antonium plurimos ab ...** **immundus, a, um**: unrein **infirmitas, atis** f.: Krankheit **nec mora**: und ohne Zögern **contemptus, us** m.: Verachtung **habitare**: bewohnen **eremus, i** f.: Wüste (*griech.* ἡ ἔρημος) **exordium, i** n.: Beginn

15 Das Koinobitentum des Pachomius, um 325 n. Chr.: Hieronymus, Praecepta Pachomii 49.143.144 (404 n. Chr.)

✎ 199

Schon bald zeigte sich, dass nicht jeder Mönch die harte, einsame Askese des Antonius aushalten konnte. Um die aus der Einsamkeit resultierenden Gefahren zu mindern, gründete der ägyptische Mönch Pachomius 325 n. Chr. in Tabennisi (Oberägypten) ein Koinobium, eine Einsiedlergemeinschaft, aus der noch zu seinen Lebzeiten zahlreiche Monasterien für Männer oder Frauen hervorgingen. Wer nach umfassender Prüfung zum gemeinsamen Leben zugelassen war, musste eine Reihe weiterer Vorschriften lernen und befolgen. Damit begründete Pachomius die erste Regel für das Zusammenleben von Mönchen und initiierte die erste Reformbewegung des Mönchtums.

Praecepta patris nostri Pachomii hominis dei, qui fundavit conversationem coenobiorum a principio per mandatum dei. [...]

(49) Si quis accesserit ad ostium monasterii volens saeculo renuntiare et fratrum adgregari numero, non habebit intrandi libertatem, sed prius nuntiabitur patri monasterii, et manebit paucis diebus

praeceptum, i n.: Regel **fundare**: gründen **conversatio, onis** f.: Lebenswandel **coenobium, i** n.: Koinobium (*von griech.* κοινόβιον, *Ort zum Zusammenleben*) **a principio**: am Anfang **ostium, i** n.: Pforte **saeculum, i** n.: Welt **renuntiare**: entsagen **adgregari**: sich anschließen **habebit**: er soll haben (*übersetze so auch die folgenden Futurformen*)

foris ante ianuam, ac docebitur orationem dominicam et psalmos, quantos potuerit discere, et diligenter sui experimentum dabit, ne forte mali quidpiam fecerit et turbatus ad horam timore discesserit, aut sub aliqua potestate sit, et utrum possit renuntiare parentibus suis et propriam contemnere facultatem.

Si eum viderint aptum ad omnia, tunc docebitur et reliquas monasterii disciplinas. [...] Tunc nudabunt eum vestimentis saecularibus et induent habitu monachorum. [...]

(143) Dicamus et de virginum monasterio. Nemo ad eas vadat visitandas, nisi qui habet ibi matrem vel sororem aut filiam et propinquas [...].

(144) Quicumque ⟨unum⟩ de his mandatis praeterierit, absque ulla recrastinatione, neglegentiae atque contemptus aget publice paenitentiam, ut possidere valeat regna caelorum.

foris (*Adv.*): draußen **ianua, ae** f.: Tür **oratio dominica**: Gebet des Herrn **psalmos, quantos ...**: so viele Psalmen, wie ... **discere**: *hier* auswendig lernen **sui experimentum dare**: einen persönlichen Beweis (seines ernsten Bemühens) erbringen **forte** (*Adv.*): vielleicht **mali quidpiam**: irgendetwas Böses **ad horam**: für den Moment **discedere**: fortgehen **facultas, atis** f.: Vermögen **disciplina, ae** f.: Vorschrift **aliquem nudare** *mit Abl.*: jemandem *etwas* ausziehen **saecularis, e**: weltlich **induere**: ankleiden **habitus, us** m.: Gewand **virgo, inis** f.: Jungfrau **vadere**: gehen **quicumque**: wer auch immer **mandatum praeterire**: ein Gebot übertreten **absque** *mit Abl.*: ohne **recrastinatio, onis** f.: Verzögerung **neglegentia, ae** f.: Unachtsamkeit **contemptus, us** m.: Gleichgültigkeit **paenitentiam agere**: Buße leisten **possidere** *mit Akk.*: einen Platz erhalten *in*

W.-D. Hauschild/V. H. Drecoll, Alte Kirche und Mittelalter, § 6,1–6.
K. S. Frank, Geschichte des christlichen Mönchtums, Darmstadt [6]2010, 1–50.
H. R. Seeliger, Westliches und östliches Mönchtum. Import und Export in der Spätantike, ThQ 190 (2010) 205–215.

↗ I.0; I.8; II.1; II.3; II.8; IV.2; IV.7

Quellen

Vitae Antonii Versiones latinae. Vita beati Antonii abbatis Evagrio interprete. Versio vetustissima, hg. v. L. Gandt/P. H. E. Bertrand, CCSL 170, 2018, 3.5.7.11.20.
Pachominiana latina, hg. v. A. Boon, Leuven 1932, 13–74, da 13.25–26.51–52.

Übersetzungen

Athanasius von Alexandrien, Vita Antonii. Leben des Antonius, übers. v. P. Gemeinhardt, FC 69, Freiburg i. Br. 2018 (griech./dt.).
Die Mönchsregeln der Pachomianer, übers. v. F. Joest, CSCO.S 660, Louvain 2016.

I.7 Der trinitarische Streit

16 Eine frühe Form der Trinitätslehre: Tertullian, Adversus Praxean 8,5–7 (213 n. Chr.)

✎200

Bereits Anfang des 3. Jh. diskutierten Christen die Frage, wie Gottvater, Gottsohn und der Heilige Geist sich zueinander verhalten. Um 213 n. Chr. wendet sich Tertullian (160–220 n. Chr.) gegen den kleinasiatischen Confessor Praxeas (Prax. 1,4), der sich für die Einzigkeit Gottes habe einsetzen wollen, indem er behauptet habe, dass Gottvater mit Gottsohn identisch sei und somit selbst aus der Jungfrau Maria geboren worden sei und selbst gelitten habe (Prax. 1,1). Dagegen setzt Tertullian die Dreifaltigkeit (*trinitas*) Gottes, die er mit drei einprägsamen Metaphern aus den Bereichen Pflanzenwelt, Wasser und Licht illustriert. Auf diese Weise macht er die Unterschiedenheit – keinesfalls: Trennung – und zugleich die Verbundenheit der drei göttlichen Personen vorstellbar.

(8,5) [...] Nec dubitaverim filium dicere et radicis fruticem et fontis fluvium et solis radium, quia omnis origo parens est et omne, quod ex origine profertur, progenies est; multo magis sermo dei, qui etiam proprie nomen filii accepit. Nec frutex tamen a radice nec fluvius a fonte nec radius a sole discernitur, sicut nec a Deo sermo ⟨discernitur⟩.

(6) Igitur secundum horum exemplorum formam profiteor me duos dicere: deum et sermonem eius, patrem et filium ipsius. Nam et radix et frutex duae res sunt, sed coniunctae [...].

(7) Omne, quod prodit ex aliquo, secundum sit eius, necesse est, de quo prodit, non ideo tamen est separatum. Secundus autem ubi est, duo sunt, et tertius ubi est, tres sunt.

Tertius enim est spiritus a deo et filio sicut tertius a radice fructus ex frutice et tertius a fonte rivus ex flumine et tertius a sole apex ex radio.

radix, icis f.: Wurzel **frutex, icis** m.: Schößling **fluvius, i** m.: Fluss **radius, i** m.: Strahl **origo, inis** f.: Ursprung **parens, ntis** m./f.: Erzeuger **proferre**: hervorbringen **progenies, ei** f.: Nachkomme **sermo, onis** m.: das Wort (*gemeint ist der λόγος-Christus*) **proprie** (*Adv.*): im eigentlichen Sinne **secundum** *mit Akk.*: gemäß **dicere**: benennen **secundus, a, um**: zweiter **prodere**: hervorgehen **rivus, i** m.: Bach **apex, icis** m.: Lichtfleck

Nihil tamen a matrice alienatur, a qua proprietates suas ducit. Ita trinitas per consertos et connexos gradus a patre decurrens et monarchiae ⟨Dei⟩ nihil obstrepit et oikonomiae statum protegit.

matrix, icis f.: Ursprung **alienare a**: abtrennen von **proprietas, atis** f.: Eigentümlichkeit **per consertos et connexos gradus a patre decurrens**: *übersetze* über zusammengefügte und miteinander verbundene Grade vom Vater herabkommend **monarchia, ae** f.: Alleinherrschaft **obstrepere** *mit Dat.*: *etwas* stören **oikonomia, ae** f.: Heilsordnung

Das Bekenntnis des Konzils von Nizäa, 325 n. Chr.: Hilarius von Poitiers, Collectanea Antiariana Parisina B II 10 (357/358 n. Chr.)

17

201

Gut 100 Jahre nach Tertullian entzündete sich der sog. trinitarische Streit an der Auffassung des alexandrinischen Presbyters Arius (ca. 256/260 – ca. 336 n. Chr.), der Sohn sei ein vollkommenes Geschöpf des Vaters, womit er die Dreieinigkeit Gottes aufzusprengen drohte. Um die Streitigkeiten innerhalb der Kirche zu schlichten, lud Kaiser Konstantin 325 n. Chr. zu einer Reichssynode in seinen Palast in Nizäa ein. Der Überlieferung nach reisten 318 Bischöfe an und verabschiedeten ein Glaubensbekenntnis, das sog. Nicaenum. Darin betonten sie, dass der Sohn Gottes nicht von Gottvater geschaffen, sondern geboren sei und daher eines Wesens (ὁμοούσιος, in lateinischer Umschrift: *homousios*) mit ihm sei, ein wahrer Gott wie jener. Das Bekenntnis endet mit der Ablehnung von vier Aussagen über den Sohn, die wohl Arius' Bischof und Gegner Alexander von Alexandrien (gest. 328 n. Chr.) als Aussagen des Arius kolportiert hatte, darunter der Wendung, dass der Logos – wie die Geschöpfe (Röm 4,17) – aus Nicht-Seiendem (ἐξ οὐκ ὄντων) geworden sei und es folglich eine Zeit gegeben habe, zu der es ihn noch nicht gab.

Credimus in unum deum patrem omnipotentem visibilium et invisibilium factorem. Et in unum dominum Iesum Christum filium dei, natum de patre, hoc est de substantia patris, deum de deo, lumen de lumine, deum verum de deo vero, natum non factum, unius substantiae cum patre – quod Graeci dicunt „homousion" – per quem omnia facta sunt sive quae in caelo sive quae in terra, qui propter nos homines et propter nostram salutem descendit, incarnatus est, homo factus est, passus est et resurrexit tertia die, ascendit in caelos venturus iudicare vivos et mortuos. Et in spiritum sanctum.

factor, oris m.: Schöpfer **substantia, ae** f.: Wesen **lumen, inis** n.: Licht **unius substantiae cum**: eines Wesens mit (*für griech.* ὁμοούσιος/homousios) **sive … sive …**: sei es … oder …

Eos autem, qui dicunt: „erat, quando non erat“, et: „priusquam nasceretur, non erat“, et quia ex nullis extantibus factus est – quod Graeci „ex uc onton“ dicunt – vel ⟨ex⟩ alia substantia, dicentes mutabilem et convertibilem filium dei, hos anathematizat catholica et apostolica ecclesia.

erat, quando non erat: es war (einmal), als er nicht war (*gemeint ist Christus*) **priusquam** *mit Konj.*: bevor **quia** *mit Ind.*: dass **ex nullis extantibus**: aus Nicht-Seiendem (*für griech.* ἐξ οὐκ ὄντων/ex uc onton) **mutabilis, e**: veränderlich **convertibilis, e**: wandelbar **anathematizare**: mit dem Anathema belegen (*gemeint ist Exkommunikation*)

18 Das Bekenntnis des Konzils von Konstantinopel, 381 n. Chr.: Paulinus von Aquileja, Concilium Foroiuliense (796/797 n. Chr.)

✎ 201

Wirkungsgeschichtlich bedeutsamer als das *Nicaenum* ist das Bekenntnis des Konzils von Konstantinopel (381 n. Chr.), das sog. *Nicaeno-Constantinopolitanum*, das die Anbetung des Heiligen Geistes zusammen mit Gottvater und -sohn, den anderen beiden Personen der göttlichen Dreifaltigkeit, bekennt. Es gilt als das ökumenische Glaubensbekenntnis der Christenheit, das alle Christen über die Grenzen von Raum, Zeit und Konfession miteinander verbindet (s. z. B. Evangelisches Gesangbuch, in der Ausgabe Bayern/Thüringen Nr. 904; Gotteslob 586,2 unter der Bezeichnung „das Große Glaubensbekenntnis“; A. Kallis [Hg.], Liturgie. Die Göttliche Liturgie der Orthodoxen Kirche. Deutsch – Griechisch – Kirchenslawisch, Mainz 1989, 116–121). Allerdings gilt das nur für die altkirchliche Fassung; die mittelalterliche westkirchliche Erweiterung, dass der Heilige Geist nicht nur aus dem Vater, sondern auch aus dem Sohn hervorgehe (das sog. *Filioque*; wie hier im Text des Konzils von Cividale 796/97 n. Chr.), wird von den orthodoxen Kirchen abgelehnt und kann nach lutherischer Auffassung in ökumenischen Gottesdiensten entfallen.

Credo in unum Deum patrem omnipotentem, factorem caeli et terrae, visibilium omnium et invisibilium.

Et in unum dominum Iesum Christum, filium Dei unigenitum, ex patre natum ante omnia saecula, Deum de Deo, lumen de lumine, Deum verum de Deo vero, genitum, non factum, consubstantialem patri, per quem Omnia facta sunt, qui propter nos homines et propter nostram salutem descendit de caelis et incarnatus est de Spiritu sancto et Maria virgine et homo factus est. Crucifixus aetiam pro

factor, oris m: Schöpfer **unigenitus, a, um**: einziggeboren **saeculum, i** n.: Zeit **lumen, inis** n.: Licht **gignere** (gigno, genui, genitum): zeugen **consubstantialis, e**: wesenseins **aetiam** = etiam

nobis sub Pontio Pilato, passus et sepultus est et resurrexit tertia die secundum Scripturas. Ascendit in caelum, sedet ad dexteram patris et iterum venturus est cum gloria iudicare vivos et mortuos, cuius regni non erit finis.

Et in Spiritum Sanctum, dominum et vivificantem, qui ex patre filioque procedit, qui cum patre et filio simul adoratur et conglorificatur, qui locutus est per prophetas. Et unam sanctam catholicam et apostolicam ecclesiam. Confiteor unum baptisma in remissionem peccatorum et expecto resurrectionem mortuorum et vitam futuri saeculi. Amen.

sepelire (sepelio, sepelivi/sepelii, sepultum): begraben **secundum** *mit Akk.*: gemäß **vivificare**: Leben spenden **procedere**: hervorgehen **adorare**: anbeten **conglorificare**: mitverherrlichen **catholicus, a, um**: katholisch (*gemeint ist* allgemein, *von griech.* καθολικός) **confiteri**: bekennen **baptisma, atis** n.: Taufe **remissio, onis** f.: Vergebung **expectare**: erwarten

W.-D. Hauschild/V. H. Drecoll, Alte Kirche und Mittelalter, § 1,6–18.
W. A. Bienert, Dogmengeschichte, Stuttgart u. a. 1997, 154–200.205–225.
R. Staats, Das Glaubensbekenntnis von Nizäa-Konstantinopel. Historische und theologische Grundlagen, Darmstadt [2]1999, 203–278.

I.2; I.4; I.5; I.8; I.10; I.11; II.2; II.7; III.6; III.7; IV.5; V.5

Quellen

Q. S. F. Tertullianus, Adversus Praxean, hg. v. G. Scarpat, CorPat 12, Turin 1985, 160–162.
Hilarius von Poitiers, Collectanea Antiariana Parisina, hg. v. A. Feder, CSEL 65, Wien/Leipzig 1916, 150.
Concilium Foroiuliense a. 796/97, hg. v. A. Werminghoff, MGH Conc. II/l, Hannover 1906, 177–198, da 187.

Übersetzungen

Tertullian, Adversus Praxean. Gegen Praxeas, übers. und eingel. v. H.-J. Sieben, FC 34, Turnhout 2001.
Dekrete der ökumenischen Konzilien. Bd. 1: Konzilien des ersten Jahrtausends, hg. und übers. v. J. Wohlmuth, Paderborn u. a. [3]2002.

I.8 Augustin

19 Die Bekehrung Augustins – die „Gartenszene“: Augustinus, Confessiones 8,12,28–29 (397–401 n. Chr.)

✎202

Augustin (354–430 n. Chr.), Bischof von Hippo Rhegius (im heutigen Algerien), zählt in der römisch-katholischen Kirche zu den vier Kirchenlehrern der Alten Kirche und ist in der gesamten westlichen Tradition eine anerkannte Autorität. In seinen „Bekenntnissen“ (397 n. Chr.), in denen er immer wieder Gott selbst anspricht, schildert er seine Bekehrung zum Christentum. Obwohl er sie präzise im Garten seines Mailänder Wohnhauses lokalisiert und auf einen bestimmten Augenblick datiert, führte der Weg dorthin durch mehrere Phasen, darunter die Lektüre der *Vita Antonii* (T 14). In einer akuten Situation innerer Zerrissenheit bringt die Lektüre der zufällig aufgeschlagenen Bibelstelle Röm 13,13 den entscheidenden Impuls für Augustin, der ihn zum christlichen, asketischen Leben drängt und dazu führt, dass er sich wenige Monate später in der Osternacht 387 n. Chr. taufen lässt. Für seine Mutter Monika, die ihren Sohn christlich erzogen hatte, ohne dass es bis dahin zu seiner Taufe gekommen war, erfüllte sich damit eine langgehegte Hoffnung.

(12,28) [...] ego sub quadam fici arbore stravi me – nescio quomodo – et dimisi habenas lacrimis, et proruperunt flumina oculorum meorum, acceptabile sacrificium tuum, et non quidem his verbis, sed in hac sententia multa dixi tibi: et tu, domine, usquequo? usquequo, domine, irasceris in finem? ne memor fueris iniquitatum nostrarum antiquarum. sentiebam enim eis me teneri. iactabam voces miserabiles: „quandiu, quandiu“, „cras et cras?“, „quare non modo? quare non hac hora finis turpitudinis meae?“

(29) dicebam haec et flebam amarissima contritione cordis mei. et ecce audio vocem de vicina domo cum cantu dicentis et crebro repetentis, quasi pueri an puellae, nescio: „tolle lege, tolle lege“.

ficus, i f.: Feigenbaum **sternere** (sterno, stravi, stratum): hinwerfen **nescio quomodo**: irgendwie **dimittere habenas lacrimis**: den Tränen freien Lauf lassen **prorumpere** (prorumpo, prorupi, proruptum): hervorbrechen **acceptabilis, e**: angenehm **quidem** (*Adv.*): zwar **in hac sententia**: in dem folgenden Sinn **usquequo/quandiu**: wie lange? **irasci**: zürnen **in finem**: bis zum Ende **ne** *mit Konj. Perf.*: *verneinte Aufforderung* (*Prohibitiv*) **iniquitas, atis** f.: Sünde **iactare**: wiederholt ausrufen **modo** (*Adv.*): jetzt **turpitudo, inis** f.: Schande **amarus, a, um**: bitter **contritio, onis** f.: Zerknirschung **cum cantu dicere**: im Gesang sagen **crebro** (*Adv.*): häufig **quasi**: als ob

statimque mutato vultu intentissimus cogitare coepi, utrumnam solerent pueri in aliquo genere ludendi cantitare tale aliquid, nec occurrebat omnino audisse me uspiam repressoque impetu lacrimarum surrexi nihil aliud interpretans divinitus mihi iuberi, nisi ut aperirem codicem et legerem, quod primum caput invenissem. audieram enim de Antonio, quod ex evangelica lectione, cui forte supervenerat, admonitus fuerit, tamquam sibi diceretur, quod legebatur: „vade, vende omnia, quae habes, da pauperibus et habebis thesaurum in caelis; et veni, sequere me", et tali oraculo confestim ad te ⟨eum⟩ esse conversum.

itaque concitus redii in eum locum, ubi sedebat Alypius: ibi enim posueram codicem Apostoli, cum inde surrexeram. arripui, aperui et legi in silentio capitulum, quo primum coniecti sunt oculi mei: „⟨ambulemus⟩ non in comessationibus et ebrietatibus, non in cubilibus et impudicitiis, non in contentione et aemulatione, sed induite dominum Iesum Christum et carnis providentiam ne feceritis in concupiscentiis."

nec ultra volui legere nec opus erat. statim quippe cum fine huiusce sententiae quasi luce securitatis infusa cordi meo omnes dubitationis tenebrae diffugerunt. [...]

mutato vultu (*Abl. abs.*): mit verändertem Gesichtsausdruck **intentus, a, um**: angestrengt **utrumnam** *mit Konj.*: ob denn **cantitare**: singen **occurrere** *mit AcI*: in den Sinn kommen, dass **uspiam** (*Adv.*): irgendwo **represso impetu lacrimarum** (*Abl. abs.*): *übersetze* nachdem ich meinen Tränenfluss unterdrückt hatte **nihil aliud ..., nisi ut**: nichts anderes ..., als dass **interpretari** *mit AcI*: deuten, dass **divinitus** (*Adv.*): durch göttliche Fügung **codex, icis** m.: Buch **caput, itis** n.: *hier* Kapitel **forte supervenire** *mit Dat.*: zufällig stoßen *zu* **admonitus fuerit** → admonere (admoneo, admonui, admonitum): aufrütteln (*entspricht Konj. Perf.*) **tamquam** (*Adv.*): wie wenn **vendere**: verkaufen **thesaurus, i** m.: Schatz **oraculum, i** n.: Gottesspruch **confestim** (*Adv.*): sofort **concitus, a, um**: aufgeregt **Apostolus, i** m.: Apostel (*gemeint ist Paulus*) **coniecti sunt** → conicere (conicio, conieci, coniectum) *mit Abl.*: *auf etwas* stoßen **comessatio, onis** f.: Gelage **ebrietas, atis** f.: Saufen **cubile, is** n.: Schlafzimmer (*gemeint sind sexuelle Ausschweifungen*) **impudicitia, ae** f.: Unzucht **contentio, onis** f.: Streit **aemulatio, onis** f.: Eifersucht **induite** → induere: sich anziehen **carnis providentiam facere**: sich um das Fleisch Sorgen machen **concupiscentia, ae** f.: Begierde **statim quippe cum fine**: sofort mit dem Ende **huiusce**: *verstärktes* huius **quasi luce securitatis infusa** (*Abl. abs.*): *übersetze* wie wenn das Licht der Gewissheit eingegossen worden wäre **tenebrae, arum** f.: Schatten **diffugere**: flüchten

inde ad matrem ingredimur, indicamus: gaudet. narramus, quemadmodum gestum sit: exultat et triumphat et benedicebat tibi, qui potens es ultra, quam petimus et intellegimus, facere [...].

indicare: berichten **exultare**: jubeln **benedicere** *mit Dat.*: *jemanden* preisen

20 Augustins Lehre von den zwei „Bürgerschaften“: Augustinus, De civitate Dei 14,28; 15,1 (413–426 n. Chr.)

✎ 203

Im Jahr 410 n. Chr. erlitt die römische Gesellschaft einen Schock: die ewige Stadt Rom wurden von den Westgoten geplündert. In nichtchristlichen Teilen der Bevölkerung wurden Stimmen laut, die dem Christentum die Schuld an dieser Katastrophe gaben. Die Abwendung von den römischen Göttern, das Desinteresse der Christen an öffentlichen Angelegenheiten und ihr Pazifismus hätten, so die Vorwürfe, die Stadt und das Imperium zugrunde gerichtet. Mit seinem 22 Bücher umfassenden Werk *De civitate Dei* (verfasst 413–426 n. Chr.) antwortet Augustin auf diese Anschuldigungen, indem er eine christliche Geschichtsdeutung vorlegt: Er postuliert die Existenz zweier „Bürgerschaften“ bzw. – modern ausgedrückt – zweier „Staaten“, einer Bürgerschaft Gottes und einer irdischen Bürgerschaft, die ihre Ursprünge in den Urvätern des Menschengeschlechts, i. e. in Adams und Evas Söhnen Abel und Kain, dem Brudermörder, (Gen 4,1–16) haben. Ihre Bürger und Bürgerinnen unterscheiden sich vor allem in ihrer Beziehung zu Gott voneinander.

(14,28) Fecerunt itaque civitates duas amores duo, ⟨civitatem⟩ terrenam scilicet amor sui usque ad contemptum dei, ⟨civitatem⟩ caelestem vero amor dei usque ad contemptum sui. denique illa in se ipsa, haec in domino gloriatur. [...]

in hac ⟨civitate caelesti⟩ autem nulla est hominis sapientia nisi pietas, qua recte colitur verus deus, id expectans praemium in societate sanctorum non solum hominum, verum etiam angelorum, ut sit deus omnia in omnibus. [...]

(15,1) [...] ⟨genus humanum⟩ in duo genera distribuimus, unum ⟨genus⟩ eorum, qui secundum hominem, alterum eorum, qui secundum deum vivunt; quas etiam mystice appellamus civitates

civitas, atis f.: Bürgerschaft **scilicet** (*Adv.*): nämlich **amor sui/amor Dei**: Liebe zu sich selbst/Liebe zu Gott **usque ad ...**: bis zu ... reichend **contemptus, us** m.: Verachtung **denique** (*Adv.*): *hier* kurz gesagt **gloriari in** *mit Abl.*: Ruhm suchen bei **expectare, ut**: erwarten, dass **genus, eris** n.: Geschlecht; Klasse **secundum** *mit Akk.*: gemäß **mystice** (*Adv.*): in mystischer (*gemeint ist* in übertragener) Weise

duas, hoc est duas societates hominum, quarum est una, quae praedestinata est in aeternum regnare cum deo, altera aeternum supplicium subire cum diabolo. [...] natus est igitur prior Cain ex illis duobus generis humani parentibus, pertinens ad hominum civitatem, posterior Abel, ⟨pertinens⟩ ad civitatem dei. [...] prior est natus civis huius saeculi, posterius autem isto peregrinus in saeculo et pertinens ad civitatem dei, gratia praedestinatus, gratia electus, gratia peregrinus deorsum, gratia civis sursum. nam quantum ad ipsum adtinet, ex eadem massa oritur, quae originaliter est tota damnata; sed tamquam figulus deus ex eadem massa fecit aliud vas in honorem, aliud in contumeliam [...].

praedestinare: vorherbestimmen **supplicium subire**: Bestrafung auf sich ziehen **prior ... posterior**: als Erster ... als Späterer **pertinere ad**: gehören zu **posterius** (*Adv.*): später **peregrinus, i** m.: Fremder (hier als Bürger der *civitas Dei peregrinans*, die auf Erden zum Reich Gottes hinpilgert) **saeculum, i** n.: Welt **gratia** (*Abl.*): aus Gnade **electus** → eligere (eligo, elegi, electum): erwählen **deorsum/sursum**: hier unten/dort oben **quantum ad ipsum adtinet:** soweit es ihn an sich betrifft (*gemeint ist in seiner Ursprünglichkeit, unabhängig von den jeweiligen Taten*) **massa, ae** f.: Masse **originaliter** (*Adv.*): von Anfang an **tamquam** (*Adv.*): wie **figulus, i** m.: Töpfer **vas, vasis** n.: Gefäß **contumelia, ae** f.: Schande

Augustins Sakramentenlehre: Augustinus, In Ioannis Evangelium tractatus 80,3 (414–417 n. Chr.)

21

✎ 203

Zwischen 414 und 417 n. Chr. hielt Augustin, seit 396 n. Chr. Bischof von Hippo Rhegius im heutigen Algerien, eine Predigtreihe über das Johannesevangelium, in der er im Anschluss an seine Auslegung von Joh 13,10 seine Sakramentenlehre entfaltet: Was macht das Wasser, mit dem die Täuflinge getauft werden, zum Sakrament, das die Sünde abwäscht? Augustin prägt eine klassische Formulierung, die später immer wieder als Sakramentsdefinition zitiert wird.

(80,3) [...] Detrahe verbum, et quid est aqua nisi aqua? accedit verbum ad elementum, et fit sacramentum, etiam ⟨est⟩ ipsum tamquam visibile verbum. [...] Unde ista tanta virtus aquae, ut corpus tangat et cor abluat, nisi faciente verbo, non quia dicitur, sed quia

detrahere: wegnehmen **accedere**: hinzutreten **etiam**: *hier* und schon **tamquam** (*Adv.*): wie **unde**: woher? **virtus, utis** f.: *hier* Kraft **abluere**: reinwaschen

creditur? Nam et in ipso verbo aliud est sonus transiens, aliud virtus manens. [...] hoc verbum fidei tantum valet in ecclesia dei, ut per ipsum credentem, offerentem, benedicentem, tinguentem, etiam tantillum mundet infantem, quamvis nondum valentem corde credere ad iustitiam, et ore confiteri ad salutem.

offere: (Opfer) darbringen **benedicere**: segnen **tinguere**: eintauchen (*gemeint ist die Taufe*) **tantillus, a, um**: so klein **mundare**: reinigen **infans, ntis** m./f.: Kind **confiteri**: bekennen

W.-D. Hauschild/V. H. Drecoll, Alte Kirche und Mittelalter, § 5,4–9.
P. Brown, Augustin. Eine Biographie, München 2000.
J. Brachtendorf, Augustins „Confessiones", Darmstadt 2005, 155–188.
Chr. Horn, Geschichtsdarstellung, Geschichtsphilosophie und Geschichtsbewußtsein (Buch XII 10–XVIII), in: ders. (Hg.), Augustinus, De civitate dei, Klassiker Auslegen 11, Berlin 1997, 171–194.

I.4; I.5; I.6; I.7; I.9; II.1; II.2; II.5; II.7; II.8; III.2; III.4; III.5; III.7; IV.1

Quellen

Augustinus, Confessionum libri XIII, hg. v. L. Verheijen, CCSL 27, Turnhout 1981, 131–132.
Augustinus, De civitate Dei libri XXII. Bd. 2: Lib. XIV–XXII, hg. v. B. Dombardt, CCSL 48, Stuttgart 1993, 451–452.
Augustinus, In Iohannis Evangelium tractatus CXXIV, t. 80, n. 3, hg. v. R. Willems, CCSL 36, Turnhout 1954, 529.

Übersetzungen

Augustinus, Confessiones. Bekenntnisse, übers., hg. und komm. von K. Flasch/B. Mojsisch, Stuttgart 2009.
Aurelius Augustinus, Vom Gottesstaat, übers. v. W. Thimme, eingel. und komm. v. C. Andresen, Berlin ²2011.
Augustinus, Vorträge über das Evangelium des hl. Johannes, Bd. 3, übers. v. Th. Specht, BKV 19, Kempten u. a. 1914.

I.9 Der Pelagianische Streit

Die Kraft der menschlichen Natur: Pelagius, Epistula ad Demetriadem 2–3.11 (413/414 n. Chr.)

22

✎ 204

Eins der wichtigsten Themen, mit denen Augustin sich im Bischofsamt auseinandersetzen musste, war die Lehre des Pelagius, eines britannischen Asketen (ca. 350/60–418/31 n. Chr.), der seit 380 n. Chr. bis zu seiner Flucht vor den Westgoten unter Alarich im Jahr 410 n. Chr. in hochstehenden christlichen Kreisen Roms als Lehrer wirkte und großes Ansehen genoss. Als sich das adlige römische Mädchen Demetrias kurz vor ihrer Hochzeit überraschend entscheidet, ihr Leben Gott zu weihen und jungfräulich nach dem Evangelium zu leben – welch ein gesellschaftlicher Skandal! –, wendet sich ihre Mutter Juliana u. a. an Pelagius und Augustin, um Rat einzuholen, wie ihre Tochter einen heiligen Lebenswandel führen könne. In seinem Antwortbrief (verfasst 413/414 n. Chr.) möchte Pelagius bei Demetrias Selbstvertrauen in ihre natürlichen Anlagen wecken und sie ermutigen: Der Mensch sei von Gott mit einer besonderen guten Natur, d. h. auch mit dem Gut des Willens, geschaffen worden, die es ihm ermögliche, aus freiem Willen das Gute zu wählen und so geistliche Reichtümer zu erwerben.

(2) Quoties mihi de institutione morum et sanctae vitae conversatione dicendum est, soleo prius humanae naturae vim qualitatemque monstrare et, quid efficere possit, ostendere. [...] Optima enim animi incitamenta sunt, cum docetur aliquis posse, quod cupiat. [...] (3) [...] Volens ⟨erat⟩ namque Deus rationabilem creaturam voluntarii boni munere et liberi arbitrii potestate donare. [...] Licet quippe nobis eligere, refutare, probare, respuere. Nec est ⟨aliud⟩, quo magis rationabilis creatura caeteris praeferatur, nisi quod, cum omnia alia conditionis ⟨bonum⟩ tantum ac necessitatis bonum habeant, haec ⟨rationabilis creatura⟩ sola habeat etiam voluntatis ⟨bonum⟩. [...]

quoties *mit Ind.*: jedes Mal, wenn **institutio, onis** f.: Erziehung **conversatio, onis** f.: (Lebens-)Wandel **incitamentum, i** n.: Anreiz **posse**: *hier* vollbringen können **rationabilis, e**: vernunftbegabt **munus, eris** n.: Gabe **arbitrium, i** n.: Willensvermögen **donare** *mit Abl.*: *mit etwas* beschenken **quippe** (*Adv.*): ja **eligere**: auswählen **refutare**: zurückweisen **respuere**: verwerfen **nec est ⟨aliud⟩, quo**: es gibt nichts ⟨anderes⟩, wodurch **praeferri** *mit Dat.*: *einer Sache* vorgezogen werden **cum** *mit Konj.*: während (*adversativ*) **omnia alia**: alle seienden Dinge (*gemeint ist die gesamte Schöpfung*) **conditio, onis** f.: Schöpfung **necessitas, atis** f.: notwendige Bestimmung

(11) [...] Nam corporalis nobilitas atque opulentia tuorum intelliguntur esse, non tua. Spirituales vero divitias nullus tibi, praeter te, conferre poterit. In his ergo iure laudanda es, in his merito caeteris praeferenda es, quae – nisi ex te – et in te esse non possunt.

corporalis, e: *hier* äußerlich **nobilitas, atis** f.: adlige Herkunft **opulentia, ae** f.: Reichtum **tuorum esse**: von den Deinen stammen (*gemeint ist die Familie als äußere Bedingung.*) **intelliguntur** *mit NcI*: man sieht ein **conferre**: beschaffen

23 Der Vorrang der Gnade: Augustinus, De natura et gratia 3–7 (413–417 n. Chr.)

204

Augustin nimmt an dem letzten Satz des Pelagius (T 22) Anstoß: Die geistlichen Reichtümer stammten keineswegs aus der Jungfrau selbst, protestiert er. Die Jungfräulichkeit sei vielmehr Gottes Geschenk; dafür habe Demetrias Gott zu danken, statt selbst dafür Lob zu empfangen (ep. 188,6). In seiner Schrift „Von Natur und Gnade" (verfasst 413–417 n. Chr.) erläutert Augustin, dass die gute Natur des Menschen, mit der Gott ihn geschaffen habe, im Laufe der Zeit erkrankt und von der Sünde verdunkelt worden sei. Mit einem Wortspiel betont er, dass allein die Gnade (gratia) Christi, die umsonst (gratis) gegeben werde, die Menschen wieder unversehrt machen könne.

(3) natura quippe hominis primitus inculpata et sine ullo vitio creata est; natura vero ista hominis, qua unusquisque ex Adam nascitur, iam medico indiget, quia sana non est.

Omnia quidem bona, quae habet in formatione, vita, sensibus, mente, a summo Deo habet Creatore et artifice suo. vitium vero, quod ista naturalia bona contenebrat et infirmat, ut ⟨natura⟩ illuminatione et curatione opus habeat, non ab inculpabili artifice contractum est, sed est ex originali peccato, quod commissum est libero arbitrio. Ac per hoc natura poenalis ad vindictam iustissimam pertinet. [...]

quippe (*Adv.*): ja **primitus** (*Adv.*): am Ursprung **inculpatus, a, um**: schuldlos **vitium, i** n.: Fehler **indigere** *mit Abl.*: *etwas* benötigen **formatio, onis** f.: Gestaltung **in sensibus, mente**: *übersetze* in Form von Sinnen und Verstand **artifex, icis** m.: Bildner **naturalia bona**: natürliche Güter (*gemeint sind die ursprünglichen Gaben Gottes wie Verstand und Sinne*) **contenebrare**: verdunkeln **infirmare**: schwächen **opus habere** *mit Abl.*: nötig haben **illuminatio, onis** f.: Erleuchtung **curatio, onis** f.: Heilung **inculpabilis, e**: schuldlos **contrahere** (contraho, contraxi, contractum): verursachen **orginalis, e**: ursprünglich **arbitrium, i** n.: Willensvermögen **poenalis, e**: straffällig **vindicta, ae** f.: Strafe **pertinere ad**: führen zu

(4) haec igitur Christi gratia, sine qua nec infantes nec aetate grandes salvi fieri possunt, non meritis redditur, sed gratis datur. [...] Unde hi, qui non per illam ⟨gratiam⟩ liberantur, [...] iuste utique damnantur, quia sine peccato non sunt, vel quod ⟨peccatum⟩ originaliter traxerunt vel quod malis moribus addiderunt; omnes enim peccaverunt – sive in Adam sive in se ipsis. [...]

(5) Universa igitur massa poenas debet et, si omnibus debitum damnationis supplicium redderetur, non iniuste procul dubio redderetur. [...]

(7) evacuatur autem ⟨crux⟩, si aliquo modo praeter illius ⟨crucis⟩ sacramentum ad iustitiam vitamque aeternam pervenire posse dicatur.

infans, ntis m./f.: Kind **aetate grandes**: Erwachsene **reddere**: erstatten **gratis** (*Adv.*): unentgeltlich **unde** (*Adv.*): daher **utique** (*Adv.*): durchaus **originaliter** (*Adv.*): von Anfang an **trahere** (traho, traxi, tractum): *hier* mit sich schleppen **addere**: vermehren **sive ... sive ...**: sei es ... sei es ... **massa, ae** f.: Masse **poenas debere**: Strafen schulden **reddere debitum supplicium** *mit Gen.*: die verschuldete Strafe *für etwas* auferlegen **procul** *mit Abl.*: ohne **evacuare**: entleeren **praeter sacramentum**: am Geheimnis vorbei

Die Verwerfung des Pelagianismus: Generalkonzil von Karthago, Canones 2–3.5 (418 n. Chr.)

24

205

Der sogenannte Pelagianische Streit nahm seinen Anfang, als um 410 n. Chr. ein Pelagius-Schüler namens Caelestius, der aufgrund der pelagianischen Hochschätzung der guten Natur des Menschen die Kindertaufe ablehnte, in Karthago Presbyter werden wollte. Dadurch wurde eine theologische Diskussion um die Sünden- und Gnadenlehre entfacht, zu der Augustin in mehreren Schriften seit 411/12 Stellung bezog. In den nächsten Jahren befassten sich mehrere lokale Synoden mit der Frage, kamen aber zu widersprüchlichen Ergebnissen. Erst im Jahr 418 traf ein Generalkonzil in Karthago eine breit rezipierte Entscheidung: Die Konzilsväter verwarfen drei pelagianische Aussagen und erklärten damit Grundzüge der augustinischen Gnadenlehre als verbindlich.

Can. 2. Item placuit ⟨episcopis⟩, ut, quicumque parvulos recentes ab uteris matrum baptizandos negat aut dicit in remissionem quidem

placuit ⟨episcopis⟩: ⟨die Bischöfe⟩ haben beschlossen (*gemeint sind die auf dem Konzil in Karthago versammelten Bischöfe*) **quicumque**: wer auch immer **recentes ab uteris matrum**: unmittelbar vom Mutterleib her (*gemeint ist sofort nach der Geburt*) **remissio, onis** f.: Vergebung **quidem** (*Adv.*): zwar

peccatorum eos baptizari, sed nihil ex Adam trahere originalis peccati, quod lavacro regenerationis expietur – unde fit consequens, ut in eis forma baptismatis in remissionem peccatorum non vera, sed falsa intellegatur – anathema sit. [...]

Can. 3. Item placuit, ut, quicumque dixerit gratiam dei, qua iustificatur homo per Iesum Christum dominum nostrum, ad solam remissionem peccatorum valere, quae iam commissa sunt, non etiam ad adiutorium, ut non committantur, anathema sit. [...]

Can. 5. Item placuit, ut quicumque dixerit ideo nobis gratiam iustificationis dari, ut, quod facere per liberum iubemur arbitrium, facilius possimus implere per gratiam, tamquam, et si gratia non daretur, non quidem facile, sed tamen possemus sine illa implere divina mandata, anathema sit.

trahere: mit sich schleppen **originale peccatum**: Ursünde **lavacrum regenerationis**: Bad der Wiedergeburt (*gemeint ist das Taufbad*) **expiare**: sühnen **unde fit consequens, ut**: *übersetze* woraus folgt, dass **anathema sit**: (er) sei mit dem Anathema belegt (*gemeint ist Exkommunikation*) **iustificare**: rechtfertigen **per**: um ... willen **valere ad**: Kraft haben zu **committere**: begehen **adiutorium, i** n.: Hilfe **quod facere ... iubemur**: *übersetze* was uns ... zu tun befohlen wird **arbitrium, i** n.: Willensvermögen **implere**: erfüllen **tamquam** (*Adv.*): als ob **mandatum, i** n.: Gebot

W.-D. Hauschild/V. H. Drecoll, Alte Kirche und Mittelalter, § 5,6–7.
P. Brown, Augustin. Eine Biographie, München 2000, 298–319.
V. H. Drecoll, Gnadenlehre, in: ders. (Hg.), Augustin Handbuch, Tübingen 2007, 488–497.

↗ I.6; I.8; II.7; II.8; III.1; III.2; III.4; III.6; IV.1; IV.2; IV.3; IV.7

Quellen

Pelagius ad Demetriadem epistola, hg. v. J. P. Migne, PL 30, Paris 1846, 16–18.
Augustinus, De natura et gratia, hg. v. C. F. Vrba/J. Zycha, CSEL 60, Wien 1913, 233–299, da 235–327.
Canones Apostolorum et Conciliorum saeculorum IV. V. VI. VII. Pars Prima, hg. v. H. Bruns, Berlin 1839, 111–202, da 189–190.

Übersetzungen

G. Greshake/W. Geerlings, Quellen geistlichen Lebens. Bd.1: Die Zeit der Väter, Mainz 1980.
A. Maxsein/A. Zumkeller, Sankt Augustinus, der Lehrer der Gnade, Bd. 1: Schriften gegen die Pelagianer, Würzburg 1971.
DH 222–230.

I.10 Der christologische Streit

Der Lehrbrief des römischen Bischofs Leo I.: Tomus Leonis ad Flavianum 2–5 (449 n. Chr.) 25

✎ 205

Nachdem der christologische Streit des 5. Jahrhunderts, in dem es zunächst darum ging, ob Maria als Gottes-, Menschen- oder Christusgebärerin anzusehen sei, sich zwischen 428 und 448 n. Chr. auf den Osten des Reiches konzentriert hatte, wurde in der zweiten Phase des Streits („eutychianischer Streit" 448–451 n. Chr.) der Westen mit einbezogen. Drei Protagonisten – a) Kaiser Theodosius II., b) der miaphysitische Archimandrit Eutyches, der nur eine, nämlich die göttliche Natur des Inkarnierten annahm, und c) Flavian, der dyophysitische Bischof von Konstantinopel, der annahm, dass der Inkarnierte zwei Naturen habe, nämlich die göttliche und die menschliche Natur – baten unabhängig voneinander den römischen Bischof Leo I. (gest. 461 n. Chr.) um ein Gutachten in dieser Angelegenheit. Leo verfasste einen umfangreichen Lehrbrief, den er an Flavian schickte (13. Juni 449 n. Chr.). Auf die existentielle Frage, ob Jesus Christus ein Mensch wie alle anderen sei oder als Gott den Menschen Heil bringen könne, gibt Leo eine differenzierte Antwort. Über die Vorstellung, dass die Eigenschaften der göttlichen und der menschlichen Natur auch von der jeweils anderen Natur aussagbar seien (sog. *communicatio idiomatum*), gelingt es ihm, die Einheit der Person Jesu Christi mit der Zweiheit seiner Naturen zu verbinden.

(2) [...] Idem vero ⟨filius⟩ sempiterni genitoris unigenitus sempiternus natus est de spiritu sancto et Maria virgine; quae nativitas temporalis illi nativitati divinae et sempiternae nihil minuit, nihil contulit [...].

(3) Salva igitur proprietate utriusque naturae et in unam coeunte personam suscepta est a maiestate humilitas, a virtute infirmitas, ab aeternitate mortalitas; et ad resolvendum conditionis nostrae debitum natura inviolabilis naturae est unita passibili, ut, quod nostris remediis congruebat, unus atque idem mediator dei et hominum,

sempiternus, a, um: ewig **genitor, oris** m.: Erschaffer **unigenitus, a, um**: einziggeboren **nativitas temporalis**: zeitliche Geburt (*gemeint ist die geschichtliche Menschwerdung des λόγος-Christus*) **minuere**: wegnehmen **conferre** (confero, contuli, collatum): hinzufügen **salva igitur proprietate ... et in unam coeunte personam** (*Abl. abs.*): *übersetze* während also die Eigentümlichkeit ... unversehrt blieb und in einer Person zusammenkam **suscipere**: aufnehmen **humilitas, atis** f.: Niedrigkeit **infirmitas, atis** f.: Schwachheit **resolvere debitum**: die Schuld tilgen **conditio, onis** f.: Zustand **unire** *mit Dat.*: vereinen *mit* **passibilis, e**: leidensfähig **quod nostris remediis congruebat**: was für unsere Heilung notwendig war **mediator, oris** m.: Mittler

homo Christus Iesus, et mori posset ex uno et mori non posset ex altero. In integra ergo veri hominis perfectaque natura verus natus est deus, totus in suis, totus in nostris. [...]

(4) [...] Qui enim verus est deus, idem verus est homo. Et nullum est in hac unitate mendacium, dum in invicem sunt et humilitas hominis et altitudo deitatis. Sicut enim deus non mutatur miseratione, ita homo non consumitur dignitate. [...]

(5) Propter hanc ergo unitatem personae in utraque natura intellegendam et filius hominis legitur descendisse de caelo, cum filius dei carnem de ea virgine, de qua est natus, adsumpserit, et rursum filius dei crucifixus dicitur ac sepultus ⟨esse⟩, cum haec non in divinitate ipsa, qua unigenitus consempiternus et consubstantialis est patri, sed in naturae humanae sit infirmitate perpessus.

ex uno ... ex altero: einerseits ... andererseits **integer, gra, grum**: unversehrt **in suis ... in nostris**: im Seinen ... im Unsrigen **mendacium, i** n.: Täuschung **in invicem esse**: in Wechselseitigkeit stehen **deitas, atis** f.: Gottheit **miseratio, onis** f.: Mitleid **consumere**: verschlingen **intellegere**: bedenken **et ... legitur ... et rursum ... dicitur** (*jeweils mit NcI*): einerseits liest man ... andererseits wiederum sagt man **cum** *mit Konj.*: während (*adversativ*) **adsumere**: annehmen **unigenitus**: *übersetze prädikativ* **consempiternus, a um**: gleichewig **consubstantialis, e**: wesenseins **perpeti** (perpetior, perpessus sum): erleiden

26 Die Glaubensentscheidung des Konzils von Chalcedon, 451 n. Chr.: Rusticus, Gestorum Chalcedonensium versio V,34 (um 564–565 n. Chr.)

✎ 206

Im Jahr 451 berief Kaiser Markian ein Konzil nach Chalcedon, nahe seinem Regierungssitz Konstantinopel, ein, um die Verwirrung in Glaubensdingen zu beenden. Die Konzilsväter verabschiedeten ein sorgfältig komponiertes Glaubensbekenntnis, das Stellung zu der Ausgangsfrage des christologischen Streits bezieht, indem es Maria als Gottesgebärerin bezeichnet. Doch zugleich werden in dem ausbalancierten Text andere Stimmen aufgenommen, u. a. aus dem *Tomus Leonis ad Flavianum*, und nur extreme Positionen abgelehnt. Im Zentrum steht dabei die soteriologische Relevanz des Streits (Zeile 14: *propter nos et propter salutem nostram*).

Sequentes igitur sanctos patres
unum eundemque confiteri filium

sequentes igitur sanctos patres ... confiteri ... docemus: *übersetze* den heiligen Vätern (*gemeint sind die Konzilsväter von Nizäa 325*) also folgend lehren wir ... zu bekennen

dominum nostrum Iesum Christum
consonanter omnes docemus
eundem perfectum in deitate,
eundem perfectum in humanitate,
Deum vere et hominem vere,
eundem ex anima rationali et corpore,
consubstantialem patri secundum deitatem
et consubstantialem nobis eundem secundum humanitatem,
per omnia nobis similem absque peccato,
ante saecula quidem de patre genitum secundum deitatem,
in novissimis autem diebus
eundem propter nos et propter salutem nostram
ex Maria virgine, Dei genetrice, secundum humanitatem,
unum eundemque Christum filium dominum unigenitum,
in duabus naturis
inconfuse, immutabiliter, indivise, inseparabiliter agnoscendum,
nusquam sublata differentia naturarum propter unitionem
magisque salva proprietate utriusque naturae
et in unam personam atque subsistentiam concurrente,
non in duas personas partitum sive divisum,
sed unum et eundem filium unigenitum
Deum Verbum dominum Iesum Christum,
sicut ante prophetae de eo
et ipse nos Iesus Christus erudivit
et patrum nobis symbolum tradidit.

consonanter (*Adv.*): übereinstimmend **humanitas, atis** f.: Menschheit **vere** (*Adv.*): wahrhaft **anima rationalis**: Vernunftseele **consubstantialis, e** *mit Dat.*: wesenseins *mit* **secundum** *mit Akk.*: gemäß **absque** *mit Abl.*: außer **saeculum, i** n.: Zeit **quidem** (*Adv.*): gewiss **gignere** (gigno, genui, genitum): zeugen **in novissimis diebus**: in den letzten Tagen **Dei genetrix, icis** f.: Gottesgebärerin (vgl. *griech.* Θεοτόκος) **inconfuse** (*Adv.*): unvermischt **immutabiliter** (*Adv.*): unverwandelt **agnoscendum** (*attr. Gerundiv*): zu erkennen **nusquam sublata differentia ... magisque salva proprietate ... et ... concurrente** (*Abl. abs.*): *übersetze* wobei die Unterscheidung ... nirgends aufgehoben ist ... und vielmehr die Eigentümlichkeit unversehrt bleibt und ... zusammentritt **unitio, onis** f.: Einheit **sive**: oder **subsistentia, ae** f.: Hypostase **erudire**: unterrichten **symbolum, i** n.: (Glaubens-)Symbol (*Glaubensbekenntnis von Nizäa, s. T 17*)

W.-D. Hauschild/V. H. Drecoll, Alte Kirche und Mittelalter, § 4,5–10.
A. Grillmeier, Jesus der Christus im Glauben der Kirche, Bd. 1: Von der Apostolischen Zeit bis zum Konzil von Chalcedon (451), Freiburg i. Br. 1979, 734–764.
K. Schatz, Allgemeine Konzilien – Brennpunkte der Kirchengeschichte, Paderborn/Stuttgart ²2008, 49–70.

I.7; I.11; III.4; III.7; IV.5

Quellen

Conciliorum Oecumenicorum Generaliumque Decreta. Editio critica, Bd. 1: The Oecumenical Councils from Nicaea I to Nicaea II (325–787), hg. v. G Alberigo, Turnhout 2006, 127–132.
aaO. 133–138, da 136–137.

Übersetzungen

Dekrete der ökumenischen Konzilien. Bd. 1: Konzilien des ersten Jahrtausends, hg. und übers. v. J. Wohlmuth, Paderborn u. a. ³2002.

I.11 Weitere altkirchliche Bekenntnisse

Das apostolische Glaubensbekenntnis: Pirmin, Scarapsus 10 (um 725–750 n. Chr.)

27

207

Das *Symbolum apostolicum/apostolorum* ist das bekannteste der altkirchlichen Glaubensbekenntnisse, denn es wird von den westlichen Kirchen allgemein anerkannt und regelmäßig in Gottesdienst und Messe gesprochen. Die Bezeichnung leitet sich von der spätantiken Überlieferung her, dass die Apostel, bevor sie nach Christi Himmelfahrt in die Welt zogen, um das Evangelium zu verkündigen, geisterfüllt ihre gemeinsamen Überzeugungen zu einem „Symbol" zusammenstellten (z. B. Rufin, *Expositio symboli* 2, verfasst um 404 n. Chr.). Der Text ist in der vorliegenden Gestalt erstmals im sogenannten *Scarapsus* bezeugt, einem kurzen Katechismus für bereits getaufte Christen, der wahrscheinlich von dem Klostergründer Pirmin (Organisator der Klöster Reichenau, Murbach und Hornbach; gest. ca. 755 n. Chr.) verfasst wurde. Doch ist das *Apostolicum* wohl aus dem altrömischen Bekenntnis (4. oder 3. Jh. n. Chr.) hervorgegangen.

(10) Tunc ipsi discipuli domini reversi sunt Hierisolima [...]. Et apparuerunt illis dispertite lingue tanquam ignis, sedetque supra singulos eorum, et repleti sunt omnes spiritu sancto et ceperunt loqui aliis linguis, prout spiritus sanctus dabat eloqui illis, et cumposuerunt symbulum, hoc est:

Petrus dixit: Credo in deum patrem omnipotentem, creatorem coeli et terrae.

Iohannes ait: Et in Iesum Christum, filium eius unicum, dominum nostrum.

Iacobus dixit: Que conceptus est de spiritu sancto, natus ex Maria virgine.

Andreas ait: Passus sub Pontio Pilato, crucifixus, mortuus et sepultus.

Filippus dixit: Discendit ad inferna.

Hierisolima, orum n. Pl.: Jerusalem **dispertite lingue** = dispertitae linguae: zerteilte Zungen **tanquam** (*Adv.*): wie **ignis, is** m.: Feuer (*hier Gen.*) **prout** (*Adv.*): wie **eloqui**: reden **cumponere**: zusammenstellen **symbulum, i** n.: (Glaubens-)Symbol (*gemeint ist das Glaubensbekenntnis*) **que** = qui **concipere** (concipio, concepi, conceptum): empfangen **pati** (patior, passus sum): leiden **sepeliri** (sepelio, sepelivi/sepelii, sepultum): begraben **discendere**: hinabsteigen **inferna, orum** n.: Unterwelt

Thomas ait: Tertia die resurrexit a mortuis.

Bartholomeus dixit: Ascendit ad celos, sedit ad dexteram dei patris omnipotentis.

Matheus ait: Inde venturus ⟨est⟩ iudicare vivos et mortuos.

Item Iacobus Alfei dixit: Credo in spiritum sanctum.

Simon Zelothis ait: Sanctam ecclesiam catholicam.

Iudas Iacobi dixit: Sanctorum communionem, remissionem peccatorum.

Item Thomas ait: Carnis resurrectionem, vitam aeternam.

ascendere: aufsteigen **celos** = coelos **inde** (*Adv.*): von dort **item** (*Adv.*): wiederum *ergänze* **Alfei ⟨filius⟩** **Zelothis, ae** m.: Zelot **catholicus, a, um**: katholisch (*gemeint ist* allgemein, *von griech.* καθολικός) *ergänze* **Iacobi ⟨filius⟩** **communio, onis** f.: Gemeinschaft **remissio, onis** f.: Vergebung

28 Das pseud-athanasianische Glaubensbekenntnis: Symbolum Quicumque 1–4.24–25.28–30 (530–679 n. Chr.)

✎ 207

Das *Athanasianum*, nach seinem Anfangswort auch *Symbolum Quicumque* genannt, gehört mit dem *Nicaeno-Constantinopolitanum* und dem *Apostolicum* zu den drei altkirchlichen Bekenntnissen, die 1580 in das Konkordienbuch aufgenommen wurden. Obwohl es in der Überlieferung Athanasius von Alexandrien (ca. 300–373 n. Chr.), der im trinitarischen Streit gegen die Arianer kämpfte, zugeschrieben wird, ist seine Verfasserschaft ungeklärt und seine Datierung unsicher (Anfang 6. Jh. oder früher). In der karolingischen Reform wurde es für die Ausbildung der Priester verwendet, die lernen sollten, dass der Glaube an den trinitarischen Gott und die Inkarnation heilsnotwendig sei.

(1) Quicumque vult salvus esse, ⟨ei⟩ ante omnia opus est, ut teneat catholicam fidem; (2) quam nisi quisque integram inviolatamque servaverit, absque dubio in aeternum peribit.

(3) Fides autem catholica haec est, ut unum deum in trinitate et trinitatem in unitate veneremur (4) neque confundentes personas neque substantiam separantes. [...]

quicumque: wer auch immer **tenere**: halten **catholicus, a, um**: katholisch (*gemeint ist* allgemein, *von griech.* καθολικός) **quisque**: jeder **integer, gra, grum**: unversehrt **absque** *mit Abl.*: ohne **perire**: verloren gehen **venerari**: verehren **confundere**: vermischen

(24) ⟨Est⟩ unus ergo pater, non tres patres; unus filius, non tres filii; unus spiritus sanctus, non tres spiritus sancti.

(25) in hac Trinitate nihil prius aut posterius, nihil maius aut minus, sed totae tres personae coaeternae sibi sunt et coaequales. [...]

(28) Qui vult ergo salvus esse, ita de Trinitate sentiat.

(29) Sed necessarium est ad aeternam salutem, ut incarnationem quoque domini nostri Iesu Christi fideliter credat.

(30) Est ergo fides recta, ut credamus et confiteamur, quia dominus noster Iesus Christus, dei filius, et deus pariter et homo est [...].

coaeternus, a, um: gleichewig **coaequalis, e**: gleichrangig **sentire**: eine Überzeugung haben **incarnatio, onis** f.: Fleischwerdung **fideliter** (*Adv.*): *hier* ehrlich **quia**: dass **pariter** (*Adv.*): in gleicher Weise

W.-D. Hauschild/V. H. Drecoll, Alte Kirche und Mittelalter, § 1,18; § 2,9.

W. Kinzig, Das Apostolische Glaubensbekenntnis. Leistung und Grenzen eines christlichen Fundamentaltextes, Hans-Lietzmann-Vorlesungen 17, Berlin 2018.

H. C. Brennecke, Das Athanasianum – ein Text aus dem Westgotenreich? Überlegungen zur Herkunft des Symbolum quicumque, in: U. Heil (Hg.), Das Christentum im frühen Europa. Diskurse – Tendenzen – Entscheidungen, Berlin/Boston 2019, 317–338.

I.4; I.7; I.10; III.6; IV.3

Quellen

Pirmin, Scarapsus, hg. v. E. Hauswald, MGH.QG 25, Hannover 2010, 30–33.

C. H. Turner, A Critical Text Of The Quicumque vult, JThS 11 (1910), 401–411, da 407–409.

Übersetzungen

U. Engelmann, Der heilige Pirmin und sein Pastoralbüchlein, Sigmaringen 1976.

I. Dingel (Hg.), Die Bekenntnisschriften der Evangelisch-Lutherischen Kirche. Vollständige Neuedition, Göttingen 2014, 52–56.

II. Mittelalter

Abb. 2: Auf dem Höhepunkt des Investiturstreits: Papst Gregor VII. exkommuniziert König Heinrich IV. Zeichen dafür ist die brennende Kerze, erkennbar an der roten Flamme, die Gregor VII. (hier inmitten anderer Bischöfe dargestellt) in der Hand hält – bläst er sie aus, vollzieht er die Exkommunikation.

Federzeichnung. Thüringer Universitäts- und Landesbibliothek Jena, Ms. Bos. q. 6: Otto Frisingensis, Annales Marbacenes, Neuburg bei Hagenau im Elsass, 2. Hälfte 12. Jh./1. Hälfte 13. Jh., fol. 79r (Detail)

II. Mittelalter

[illegible]

[illegible]

II.1 Benedikt von Nursia

Das Leben des Benedikt: Gregor der Große, Dialogi, Prologus 1; 36 (593/594 n. Chr.)

29

209

Benedikt von Nursia (480/90–550/60) gilt als Begründer des westlichen Mönchtums. Nach seinem Studium in Rom suchte er die Einsamkeit der Askese in Mittelitalien auf und gründete später das Kloster Monte Cassino (529 n. Chr.). Papst Gregor I. (der Große; 540–604 n. Chr.) beschreibt ca. zwei Generationen später in seinen „Dialogen über das Leben und die Wunder der italischen Väter" (593/94 n. Chr.) seinem fiktiven Gesprächspartner, einem Diakon namens Petrus, Benedikt als Idealtypus eines charismatischen Asketen. Schon als junger Mann soll er ein vorbildliches Leben geführt haben. Benedikt habe zahlreiche Mönche um sich geschart und ihnen eine Anleitung zum Zusammenleben gegeben. Diese Regel zeichnete sich durch einen differenzierten Blick (*discretio*) auf die Schwächen und Stärken der Klostermitglieder aus.

(Prol. 1) Fuit vir vitae venerabilis, gratia benedictus et nomine, ab ipso pueritiae suae tempore cor gerens senile. Aetatem quippe moribus transiens, nulli animum voluptati dedit [...].

Qui liberiori genere ex provincia Nursiae exortus, Romae liberalibus litterarum studiis traditus fuerat. Sed cum in eis ⟨studiis⟩ multos ire per abrupta vitiorum cerneret, eum, quem quasi in ingressum mundi posuerat, retraxit pedem, ne, si quid de scientia eius adtingeret, ipse quoque postmodum in inmane praecipitium totus iret.

Despectis itaque litterarum studiis, relicta domo rebusque patris, soli deo placere desiderans, sanctae conversationis habitum quaesivit. Recessit igitur scienter nescius et sapienter indoctus. [...]

venerabilis, e: ehrwürdig **gratia benedictus et nomine**: *übersetze* der Gnade und dem Namen nach gesegnet (*Gregor spielt hier auf die Bedeutung des Namens* Benedictus *von* benedicere *„segnen" an*) **senilis, e**: altehrwürdig **quippe** (*Adv.*): ja **transire**: überschreiten **liber, a, um**: *hier* nobel **exoriri** (exorior, exortus sum): entstammen **Romae** (*Lok.*): in Rom **litterae, arum** f.: Wissenschaft **per abrupta**: in die Abgründe **vitium, i** n.: Laster **quasi** (*Adv.*): gleichsam **ingressus, us** m.: Eingang **retrahere** (retraho, retraxi, retractum): zurückziehen **postmodum** (*Adv.*): danach **inmanis, e**: schrecklich **in praecipitium ire**: in die Tiefe stürzen **despicere** (despicio, despexi, despectum): verschmähen **conversatio, onis** f.: (Lebens-)Wandel **habitus, us** m.: Gewand (*gemeint ist die Mönchstracht*) **recedere** (recedo, recessi, recessum): sich zurückziehen

(36) Libet adhuc de hoc venerabili patre multa narrare, sed quaedam eius studiose praetereo [...]. Hoc autem nolo te lateat, quod vir dei inter tot miracula, quibus in mundo claruit, doctrinae quoque verbo non mediocriter fulsit. Nam scripsit monachorum regulam discretione praecipuam, sermone luculentam.

libet: es würde mir gefallen **adhuc** (*Adv.*): noch weiter **studiose** (*Adv.*): *hier* mit Absicht **te latet**: dir ist verborgen **clarescere** (claresco, clarui): berühmt werden **non mediocriter** (*Adv.*): außergewöhnlich **fulgere** (fulgeo, fulsi): strahlen **discretio, onis** f.: Unterscheidungsfähigkeit **praecipuus, a, um**: besonders **luculentus, a, um**: klar

30 Die Schule für den Herrendienst: Regula Benedicti, Prologus; 5.48 (um 540 n. Chr.)

✎ 209

Die Klosterregel, die Benedikt um 540 n. Chr. unter Verwendung älterer Regeln für das Kloster Monte Cassino verfasste, wurde vom fränkischen Kaiser Ludwig dem Frommen (Nachfolger Karls des Großen 814–840 n. Chr.) und dem Abt Benedikt von Aniane (vor 750–821) ab 816 n. Chr. zur verbindlichen einzigen Regel für die Klöster im Frankenreich gemacht. Sie wird heute weltweit von ca. 7.500 Mönchen und 13.725 Nonnen im Benediktinerorden (Stand 2018) befolgt. Sie enthält Anweisungen für die Klosterfamilie, die in Gehorsam unter dem Abt wie unter einem Vater versammelt ist, um durch Askese den Weg zu geistlicher Vollkommenheit zu gehen, d. h. zu dem Zustand, den Gott für den Menschen gewollt hat. Im Kloster üben die Mönche (und Nonnen) wie in einer Schule den Gehorsam ein, um für den Dienst an Christus zu leben. Der Tagesablauf im Kloster ist von dem regelmäßigen Wechsel zwischen Stundengebet (mit Lesung aus der Bibel) und Arbeit geprägt, der später mit dem Motto *ora et labora* bezeichnet wurde.

(Prol. 1) Obsculta, o fili, praecepta magistri, et inclina aurem cordis tui, et admonitionem pii patris libenter excipe et efficaciter conple, (2) ut ad eum per oboedientiae laborem redeas, a quo per inoboedientiae desidiam recesseras. [...] (45) constituenda est ergo nobis dominici scola servitii. (46) In qua institutione nihil asperum, nihil grave nos constituturos speramus. [...]

(50) ab ipsius numquam magisterio discedentes, in eius doctrinam usque ad mortem in monasterio perseverantes, passionibus Chris-

obscultare = auscultare *mit Akk.*: auf etwas hören **praeceptum, i** n.: Regel **inclinare**: neigen **admonitio, onis** f.: Ermahnung **efficaciter** (*Adv.*): tatkräftig **conple** = comple → complere: erfüllen **oboedientia, ae** f.: Gehorsam **desidia, ae** f.: Trägheit **recedere**: sich zurückziehen **scola, ae** f.: Schule **asper, era, erum**: hart **gravis, e**: *hier* beschwerlich **ipsius** = Dei **magisterium, i** n.: Unterweisung **perseverare**: verharren

ti per patientiam participemur, ut et regno eius mereamur esse consortes. Amen. [...]

Caput 5: De oboedientia. Primus humilitatis gradus est oboedientia sine mora. Haec convenit his, qui nihil sibi a Christo carius aliquid existimant. [...]

Caput 48: De opera manuum cotidiano. Otiositas inimica est animae, et ideo certis temporibus occupari debent fratres in labore manuum, certis iterum horis in lectione divina. [...] Si autem necessitas loci aut paupertas exegerit, ut ad fruges recolligendas per se occupentur, non contristentur, quia tunc vere monachi sunt, si labore manuum suarum vivunt, sicut et patres nostri et apostoli.

participari *mit Dat.*: *an etwas* teilhaben **regno eius ... consortes**: Teilhaber an seinem Reich **humilitas, atis** f.: Demut **gradus, us** m.: Stufe **mora, ae** f.: Zögern **convenit** *mit Dat.*: es gehört sich *für jemanden* **a Christo carius aliquid**: etwas Wertvolleres als Christus **existimare**: erachten **otiositas, atis** f.: Müßiggang **certus, a, um**: *hier* festgelegt **occupari**: sich beschäftigen **exigere** (exigo, exegi, exactum): erfordern **per se**: selbst **recolligere**: einsammeln **occupare**: in Beschlag nehmen **contristari**: traurig sein

W.-D. Hauschild/V. H. Drecoll, Alte Kirche und Mittelalter, § 6,7.
G. Melville, Die Welt der mittelalterlichen Klöster, München 2012, 31–52.
A. de Vogüé, Die Regula Benedicti. Theologisch-spiritueller Kommentar, RBS. Suppl. 16, Hildesheim 1983.

I.6; I.8; I.10; II.3; II.8; IV.7

Quellen

Grégoire le Grand, Dialogues, introduction, bibliographie et cartes, tome I, hg. v. A. de Vogüé, SC 260, Paris 1978, 126.
Die Regel des Benedikt, Bd. 1–2, hg. v. A. de Vogüé/J. Neufville, SC 181/182, Paris 1972, 412.422–424.464.598–600.

Übersetzungen

Gregor der Große, Vita Benedicti. Das Leben und die Wunder des verehrungswürdigen Abtes Benedikt, lat.-dt., hg. v. G. Vollmann-Profe, Stuttgart 2015.
Die Benediktsregel, lat.-dt., hg. im Auftrag der Salzburger Äbtekonferenz, Beuron 1992.

II.2 Das Verhältnis von West- und Ostkirche

31 Der Bilderstreit: Libri Carolini, Prologus; 2,21; 3,16 (790 n. Chr.)

✎210

Schon im 3. Jh. finden sich in den christlichen Katakomben Roms Bilder; seit dem 5./6. Jh. werden zunehmend Kirchen bildlich ausgeschmückt. Kritiker argumentieren mit dem Bilderverbot Ex 20,4, Befürworter u. a. pädagogisch (Belehrung für Analphabeten) und christologisch (Gott wurde Mensch und ist als solcher abbildbar). Im byzantinischen Reich wird die Diskussion besonders intensiv geführt, bis das 2. Konzil von Nizäa sich 787 n. Chr. für die Verehrung (προσκύνησις) der Bilder ausspricht, weil die Verehrung des Abbildes auf das Urbild übergehe – eine Anbetung (λατρεία) hingegen wird explizit abgelehnt. Eine lateinische Übersetzung dieses Dekrets, die Karl den Großen erreicht, verwischt den Unterschied zwischen προσκύνησις und λατρεία, indem sie προσκύνησις (Verehrung) mit *adoratio* (Anbetung) übersetzt. Da *adoratio* aber allein Gott zukomme, missversteht Karl aufgrund des Übersetzungsfehlers die Entscheidung des Konzils und protestiert in den von seinem Berater Theodulf von Orleans verfassten *Libri Carolini* (790 n. Chr.) dagegen: Bilder in den Kirchen seien keineswegs nachteilig für den Glauben (und daher erlaubt), weil bekannt sei, dass sie nicht zum Heil dienen – deshalb sei es unerheblich, ob sie zur Erinnerung und Zierde da seien.

(Prol.) In nomine Domini et salvatoris nostri Iesu Christi incipit opus inlustrissimi et excellentissimi seu spectabilis viri Caroli, nutu dei regis Francorum [...] contra synodum, que in partibus graetiae pro adorandis imaginibus stolide sive arroganter gesta est. [...]

(2,21) Solus igitur Deus colendus, solus adorandus, solus glorificandus est. [...] Cuius etiam sanctis, qui triumphato diabolo cum eo regnant, sive quia viriliter certaverunt [...], sive quia eandem ecclesiam suffragiis et intercessionibus adiuvare noscuntur, veneratio exhibenda est.

Imagines vero omni sui cultura et adoratione seclusa, utrum in basilicis propter memoriam rerum gestarum et ornamentum sint

incipere: beginnen **inlustris, e**: berühmt **seu**: und **spectabilis, e**: angesehen **nutus, us** m.: Wille **que** = quae (*zu beziehen auf* synodus, i f.) **partes graetiae**: Gebiete Griechenlands **adorare**: anbeten (*verfälschende Übersetzung von griech.* προσκυνεῖν) **stolidus, a, um**: töricht **gerere**: abhalten **glorificare**: verherrlichen **triumphato diabolo** (*Abl. abs.*): nach dem Sieg über den Teufel **sive ... sive ...**: sei es ... oder ... **viriliter** (*Adv.*): tapfer **suffragium, i** n.: Fürbitte **intercessio, onis** f.: Vermittlung **adiuvare noscuntur**: *übersetze* man weiß, dass sie unterstützen **veneratio, onis** f.: Ehrerbietung **exhibere**: entgegenbringen **omni sui cultura et adoratione seclusa** (*Abl. abs.*): *übersetze* weil ihre Verehrung und Anbetung gänzlich ausgeschlossen sind **res gestae**: historische Ereignisse

an etiam non sint, nullum fidei catholicae adferre poterunt preiudicium, quippe cum ad peragenda nostrae salutis mysteria nullum penitus officium habere noscantur. [...]

(3,16) Usitatissimum et oppido familiarissimum illis, qui in adorandis imaginibus aestuant, hoc est, ut credant et asserant imaginis honorem in eandem formam posse transire, cuius imago est. Quod quidem quomodo fieri valeat, et utrum fieri valeat, nulla ratione percipitur, nec divinorum eloquiorum testimoniis approbatur.

catholicus, a, um: katholisch (*gemeint ist* allgemein, *von griech.* καθολικός) **preiudicium, i** n.: Nachteil **quippe cum** *mit Konj.*: da ja **peragere**: vollziehen **mysterium, i** n.: Geheimnis (*gemeint sind die Sakramente*) **penitus** (*Adv.*): überhaupt **officium habere ad**: zu etwas einen Beitrag leisten **usitatus, a, um**: gebräuchlich **oppido** (*Adv.*): bei weitem **familiaris, e**: typisch **aestuare in**: glühen für **asserere**: behaupten **forma, ae** f.: Gestalt **honor, oris** m.: Ehrung **transire in**: übergehen auf **quod** (*rel. Satzanschluss*): dies **quidem** (*Adv.*): allerdings **valere**: können **percipere**: erfassen **eloquium, i** n.: Wort **approbare**: beweisen

Das Schisma von 1054: Bannbulle des Humbert von Silva Candida gegen Michael Kerullarios (1054)

32

✎ 211

Die zunehmende theologische und liturgische Entfernung der Ost- und Westkirchen voneinander, die u. a. bereits im Bilderstreit zum Ausdruck kam (s. T 31), führte in Verbindung mit politischen Konflikten schließlich zum Eklat: Am 16. Juli 1054 betreten drei Legaten Papst Leos unter der Leitung von Kardinal Humbert von Silva Candida die Hagia Sophia, die Hauptkirche des konstantinopolitanischen Patriarchats in der kaiserlichen Residenzstadt, und legen ein Schriftstück auf den Hauptaltar, das die mittelalterliche Kircheneinheit sprengen sollte. Es handelt sich um eine Bannbulle, mit der Humbert den Patriarchen von Konstantinopel, Michael Kerullarios, aufgrund einer Reihe von Vorwürfen exkommuniziert: u. a. Priesterehe (im Westen galt der Zölibat), Genuss gesäuerten Brotes in der Eucharistie (im Westen wurde ungesäuertes Brot in Form von Hostien verwendet) und die „Entfernung" des Filioque aus dem Glaubensbekenntnis (obwohl die Wendung, dass der Heilige Geist aus dem Vater und dem Sohn hervorgehe, erst im frühen Mittelalter von westlichen Synoden in die von der östlichen Kirche verwendete ursprüngliche Fassung eingefügt worden war, s. T 18).

Michael antwortet einige Tage später mit einer Bulle, in der er seinerseits die drei Legaten exkommuniziert. Da in der Folgezeit die beiden persönlichen Bannbullen als Anfang des „Großen Schismas" zwischen Ost- und Westkirche galten, haben Papst Paul VI. und Patriarch Athenagoras von Konstantinopel während des Zweiten Vatikanischen Konzils (7. Dezember 1965) gemeinsam erklärt, dass sie die Bullen aus dem Gedächtnis der Kirchen tilgen möchten.

Humbertus, Dei gratia cardinalis, episcopus sanctae Romanae ecclesiae [...], omnibus catholicae ecclesiae filiis.

[...] quantum ad columnas imperii et honoratos ejus cives sapientes ⟨regia urbs⟩ Christianissima et orthodoxa est civitas.

Quantum autem ad Michaelem abusive dictum patriarcham, et ejus stultitiae fautores, nimia zizania haereseon quotidie seminantur in medio eius. [...] sicut Nicolaitae carnales nuptias concedunt et defendunt sacri altaris ministris; [...] sicut Pneumatomachi vel Theumachi absciderunt a symbolo Spiritus sancti processionem a Filio; sicut Manichaei inter alia quodlibet fermentatum fatentur animatum esse; [...]

Unde nos – quidem sanctae primae apostolicae sedis inauditam contumeliam et iniuriam non ferentes catholicamque fidem subrui multis modis attendentes – auctoritate sanctae et individuae Trinitatis atque apostolicae sedis, cuius legatione fungimur, et ⟨auctoritate⟩ cunctorum orthodoxorum Patrum ex conciliis Septem atque totius ecclesiae catholicae anathemati, quod dominus noster, reverendis-

catholicus, a, um: katholisch (*gemeint ist* allgemein, *von griech.* καθολικός) **quantum ad ...**: soweit es ... betrifft **columna, ae** f.: Säule (*gemeint sind die byzantinischen Kaiser*) **ejus**: *zu beziehen auf* ⟨regia urbs⟩ (*gemeint ist die Kaiserstadt Konstantinopel*) **orthodoxus, a, um**: rechtgläubig (*von griech.* ὀρθόδοξος) **abusivus, a, um**: unrechtmäßig **stultitia, ae** f.: Dummheit **fautor, oris** m.: Förderer **zizania, orum** n. Pl.: Unkraut **haereseon** (Gen. Pl. *nach griech.* αἱρέσεων): Häresien **seminare**: sähen **Nicolaitae, arum** m.: Nikolaiten (*Anhänger der Priesterehe nach Offb 2,6.15*) **nuptiae, arum** f.: Ehe **concedunt et defendunt** *etc.*: *Subjekt sind Michael und seine Anhänger* **Pneumatomachi vel Theumachi**: Pneumatomachen oder Theomachen (*Bestreiter der Gottheit des Geistes*) **abscindere a** (abscindo, abscidi, abscissum): abschneiden *von* **symbolum, i** n.: (Glaubens-)Symbol (*gemeint ist das seit dem Mittelalter durch das* filioque *ergänzte Bekenntnis von Nizäa-Konstantinopel, s. T 18*) **processio, onis** f.: Hervorgehen **Manichaei, orum** m.: Manichäer **inter alia**: unter anderem **quodlibet fermentatum**: *übersetze* jegliches Gesäuertes (*gemeint ist Brot aus Sauerteig*) **animatus, a, um**: beseelt **unde** (*Adv.*): daher **nos anathemati subscribimus**: *übersetze* wir geben dem Anathema unsere Unterschrift (*gemeint ist die Exkommunikation*) **inauditus, a, um**: unerhört **contumelia, ae** f.: Schmach **ferre**: ertragen **subruere** (subruo, subrui, subrutum): untergraben **attendere** *mit AcI*: bemerken, dass **legatione fungi**: einen Auftrag als Gesandtschaft ausführen **Patres ex Septem conciliis**: die (Kirchen-)Väter der sieben (ökumenischen) Konzilien **reverendus, a, um**: ehrwürdig

simus papa, itidem Michaeli et suis sequacibus, nisi resipiscerent, denuntiavit, ita subscribimus: Michael abusivus patriarcha, neophytus, et solo humano timore habitum monachorum adeptus, nunc etiam criminibus pessimis a multis diffamatus, [...] et omnes sequaces [...], sint anathema Maranatha [...] cum omnibus haereticis, imo cum diabolo et angelis eius, nisi forte resipuerint. Amen, amen, amen.

itidem (*Adv.*): auf gleiche Weise **sequax, acis** m.: Anhänger **resipiscere** (resipisco, resipui): wieder zu Vernunft kommen **denuntiare**: androhen **neophytus, i** m.: Neugetaufter **habitus monachorum**: Mönchsgewand **adipisci** (adispiscor, adeptus sum): annehmen **crimen, inis** n.: Vorwurf **diffamare**: in Verruf bringen **anathema Maranatha esse**: mit dem Anathema „Maranatha“ belegt sein (*von aram.* māra-nā ’ṯā „Unser Herr, komm [zum Gericht]!“, *vgl. 1 Kor 16,22; gemeint ist Exkommunikation*) **imo** (*Adv.*): ja sogar **forte** (*Adv.*): etwa

Das Unionsdekret von Ferrara-Florenz: Bulle „Laetentur caeli“ i. A. (1439)

33
✎211

Wegen der fortwährenden Bedrohung durch die Osmanen suchte Byzanz Unterstützung durch den Westen, doch die kirchliche Trennung durch das „Große Schisma“ erschwerte ein politisch-militärisches Bündnis. Daher bemühten sich der konstantinopolitanische Patriarch und der römische Papst wiederholt darum, die Spaltung zwischen Ost- und Westkirche zu überwinden. Auf dem Konzil von Ferrara-Florenz wurde am 6. Juli 1439 feierlich mit der Unterzeichnung des Dekrets *Laetentur caeli* (wie alle Bullen nach ihren Anfangsworten bezeichnet, hier ein Zitat von Ps 95,11 Vulgata) die Union geschlossen, doch war sie nicht von langer Dauer. Zwar gestand man sich gegenseitig zu, dass in der Eucharistie sowohl gesäuertes als auch ungesäuertes Brot zum Leib Christi werde. Doch bezüglich des Hervorgehens des Heiligen Geistes aus Vater und Sohn (*Filioque*) verständigte man sich im Anschluss an altkirchliche Theologen darauf, dass der Heilige Geist durch den Sohn aus dem Vater hervorgehe, setzte aber durch die Verwendung unterschiedlicher philosophischer Begrifflichkeiten eher die griechische und die lateinische Interpretation (*per*/durch im Sinne von *causa*/Ursache oder *principium*/Ursprung) nebeneinander, als dass man zu einer tragfähigen Einigung kam.

Letentur caeli et exultet terra. Sublatus est enim de medio paries, qui occidentalem orientalemque dividebat ecclesiam, et pax atque concordia rediit. [...]

letari = laetari: sich freuen **exultare**: jubeln **tollere** (tollo, sustuli, sublatus): wegnehmen **paries, etis** m.: Mauer

In nomine igitur Sanctae Trinitatis, Patris et Filii et Spiritus Sancti, hoc sacro universali approbante Florentino Concilio, diffinimus [...], quod Spiritus Sanctus ex Patre et Filio aeternaliter est, et essentiam suam suumque esse subsistens habet ex Patre simul et Filio, et ex utroque aeternaliter tamquam ab uno principio et unica spiratione procedit;

declarantes, quod id, quod sancti Doctores et Patres dicunt, ex Patre per Filium procedere Spiritum Sanctum, ad hanc intelligentiam tendit, ut per hoc significetur, Filium quoque esse secundum Graecos quidem causam, secundum Latinos vero principium subsistentiae Spiritus Sancti, sicut et Patrem. [...]

Diffinimus insuper, explicationem verborum illorum ‚Filioque' veritatis declarandae gratia, et imminente tunc necessitate, licite ac rationabiliter Symbolo fuisse appositam.

Item ⟨diffinimus⟩, in azimo sive fermentato pane triticeo corpus Christi veraciter confici.

approbare: zustimmen **Florentinum Concilium**: Konzil von (Ferrara-)Florenz (1431–1445) **diffinire**: festsetzen **aeternaliter** (*Adv.*): ewiglich **suum esse subsistens**: sein selbstständiges Sein **simul** (*Adv.*): zugleich **tamquam** (*Adv.*): wie **principium, i** n.: Ursprung **spiratio, onis** f.: Aushauchung **procedere**: hervorgehen **declarantes**: *übersetze* und wir erklären (*beiordnend*) **sancti Doctores et Patres**: die heiligen (Kirchen-)Lehrer und (Kirchen-)Väter **tendere ad**: *auf etwas* abzielen **significare**: zeigen **secundum** *mit Akk.*: gemäß **quidem** (*Adv.*): zwar **causa, ae** f.: Ursache **subsistentia, ae** f.: Dasein (*für griech.* ὑπόστασις) **insuper** (*Adv.*): darüber hinaus **explicatio, onis** f.: Erklärung **gratia** (*nachgestellt*) *mit Gen.*: wegen **imminere**: drängen **licite** (*Adv.*): mit Recht **symbolum, i** n.: (Glaubens-)Symbol (*gemeint ist das seit dem Mittelalter durch das* filioque *ergänzte Bekenntnis von Nizäa-Konstantinopel, s. T 18*) **azimus, a, um**: ungesäuert **sive**: und **fermentatus, a, um**: gesäuert **panis triticeus**: Weizenbrot **veraciter** (*Adv.*): wahrhaft **conficere**: bereiten

W.-D. Hauschild/V. H. Drecoll, Alte Kirche und Mittelalter, § 5,13–14; § 8,8.
G. Haendler, Die lateinische Kirche im Zeitalter der Karolinger, Leipzig [2]1992, 89–97.
H. G. Thümmel, Karl der Große, Byzanz und Rom. Eine Positionsbestimmung am Beispiel des Bilderstreits, ZKG 120 (2009) 58–70.
A. Bayer, Spaltung der Christenheit. Das sogenannte Morgenländische Schisma von 1054, Böhlau 2004, 63–116.

I.7; I.8; I.10; II.6; II.9; V.5

Quellen

Opus Caroli regis contra synodum (Libri Carolini), hg. v. A. Freeman/P. Meyvaert, MGH Conc. II, suppl. I, Hannover 1998, 97–558, 97.274–275.407.

Acta et scripta quae de controversiis ecclesiae Graecae et Latinae saeculo undecimo composita extant, hg. v. C. Will, Leipzig/Marburg 1861, 153–154.

Concilium Florentinum: Documenta et scriptores, series A, Bd. 1: Epistolae pontificiae ad Concilium Florentinum spectantes II, hg. v. G. Hofmann, Rom 1944, 71–73.

Übersetzungen

A. M. Ritter/B. Lohse/V. Leppin (Hgg.), Mittelalter, Kirchen- und Theologiegeschichte in Quellen, Bd. II, Neukirchen-Vluyn [8]2014, § 31a.

Dekrete der ökumenischen Konzilien, Bd. 2: Konzilien des Mittelalters, hg. und übers. v. J. Wohlmuth, Paderborn u. a. [3]2002.

II.3 Iroschottische und angelsächsische Mission

34 Die Klosterregel des Columban: Columban, Regula coenobialium fratrum 1,1–2 (um 595 n. Chr.)

✏212

Mitte des 6. Jh. entstanden in Irland, wo es spätestens seit den Gemeindegründungen des Missionars Patrick (gest. 460/490 n. Chr.) Christen gab, zahlreiche Großklöster. Die Mönche waren vom Ideal asketischer Heimatlosigkeit geprägt, der sog. „Pilgerschaft um Christi willen" (*peregrinatio propter Christum*), die sie aus der Heimat fortführte. Der irische Missionar Columban d. J. (ca. 534/547–615/616 n. Chr.) pilgerte nach Gallien und Norditalien, wo er u. a. die Klöster Luxeuil und Bobbio gründete. Unter dem Namen Columbans wurden zwei Klosterregeln verfasst: die eine ordnet das Zusammenleben der Mönche („Brüder"), die andere gibt Anweisungen für asketische Spiritualität. Die erste Regel beginnt mit der Organisation der Beichte. Eine Besonderheit besteht in der detaillierten Beichte auch kleiner Vergehen, etwa Unaufmerksamkeiten während der Lesung, sowie in der genauen Angabe von Bußstrafen, die Columban in Form von körperlicher Züchtigung vorschreibt.

Incipit ipsa regula coenobialis fratrum.

(1,1) Statutum est, fratres carissimi, a sanctis patribus, ut demus confessionem ante mensam sive ante lectorum introitum aut quandocumque fuerit facile, quia confessio et paenitentia de morte liberant. Ergo nec ipsa parva a confessione sunt neglegenda peccata, quia scriptum est: „Qui parva neglegit, paulatim defluit." Ergo, qui non custodierit ad mensam benedictionem et non responderit „Amen", sex percussionibus emendare statuitur. Simili modo, qui locutus fuerit comedens non necessitate alterius fratris, VI ⟨percussionibus⟩ emendare statuitur. [...]

(2) Si non signaverit lucernam, [...] IV percussionibus ⟨emendetur⟩. [...] Simili modo, qui perdiderit micas, oratione in ecclesia emendetur.

incipere: beginnen **coenobialis, e**: gemeinschaftlich **confessio, onis** f.: Beichte **mensa, ae** f.: Essen **sive**: oder **lectus, i** m.: Bett **introitus, us** m.: Gang **quandocumque fuerit facile**: *übersetze* wann immer es möglich ist **paenitentia, ae** f.: Buße **neglegere**: vernachlässigen **paulatim** (*Adv.*): allmählich **defluere**: hinabgleiten **custodire** (custodio, custodii, custoditum): *hier* abwarten **benedictio, onis** f.: Segen **percussio, onis** f.: Schlag **emendare statuitur**: es wird festgelegt (denjenigen) zu züchtigen **locutus fuerit** → loqui (loquor, locutus sum): *entspricht Konj. Perf.* **comedere**: gemeinsam essen **non necessitate**: außer in der Notlage **signare** *mit Akk.*: das (Kreuz-)Zeichen machen über **lucerna, ae** f.: Kerze **mica, ae** f.: Krümel **perdere** (perdo, perdidi, perditum): verlieren

Bonifatius fällt die Donar-Eiche, 723 n. Chr.: Willibald, Vita Bonifatii 6 (vor 769 n. Chr.)

35

212

Der angelsächsische Mönch Winfrid Bonifatius (672–754 n. Chr.) verließ wegen der „Pilgerschaft um Christi willen" (*peregrinatio propter Christum*), die er vom iroschottischen Mönchtum übernahm, seine Heimat und missionierte auf dem europäischen Festland. Aufgrund seiner immensen Erfolge im nichtchristlichen Germanien wird er auch der „Apostel der Deutschen" genannt. Er gründete mit päpstlicher Autorisierung Klöster in Hessen und in Thüringen und versorgte als Missionsbischof zahlreiche Gemeinden. Sein Biograph Willibald schildert wenige Jahre nach Bonifatius' Tod die Fällung der „Donar-Eiche" bei Geismar, dem heutigen Fritzlar (723 n. Chr.). Dieser Baum, der dem germanischen Gott Donar geweiht war, wurde von der nichtchristlichen Bevölkerung als Stütze des Himmels verehrt. Indem Bonifatius den Baum fällte und das Holz für die Errichtung einer Kirche für den heiligen Petrus verwendete, setzte er die Macht des christlichen Gottes den paganen Bräuchen entgegen.

(6) [...] Cum vero Hessorum iam multi catholica fide subditi [...] manus inpositionem acciperunt, et alii quidem, nondum animo confortati, intemeratae fidei documenta integre percipere rennuerunt, alii etiam lignis et fontibus clanculo, alii autem aperte sacrificabant; [...] alii etiam, quibus mens sanior inerat, [...] nihil horum commiserunt.

Quorum consultu atque consilio ⟨Bonifatius⟩ roborem quendam mirae magnitudinis, qui prisco paganorum vocabulo appellatur robor Iobis, in loco, qui dicitur Gaesmere, servis Dei secum adstantibus succidere temptavit.

Cumque mentis constantia confortatus arborem succidisset, magna quippe aderat copia paganorum, qui et inimicum deorum suorum intra se devotabant. Sed ad modicum quidem arbore praeciso, confestim inmensa roboris moles, divino desuper flatu exagitata, [...] corruit. [...]

cum *mit Ind.*: damals, als **catholicus, a, um**: katholisch (*gemeint ist* allgemein, *von griech.* καθολικός) **subdere**: unterwerfen **inpositio, onis** f.: die Auflegung (*gemeint ist der Ritus der Handauflegung bei der Taufe*) **quidem** (*Adv.*): natürlich **confortare**: stärken **intemeratus, a, um**: unbefleckt **documentum, i** n.: Zeugnis **integre percipere**: vollständig annehmen **rennuere**: sich weigern **committere**: unternehmen **lignum, i** n.: *hier* Baum **clanculo** (*Adv.*): heimlich **consultus, us** m.: Rat **priscus, a, um**: alt **robor, oris** m.: Eiche **Iobis** = Iovis: *Gen. von* Iuppiter (*gemeint ist der germanische Gott Donar, der mit Iuppiter gleichgesetzt wird*) **succidere**: anschneiden **temptare** *mit Inf.*: daran gehen *etwas zu tun* **quippe** (*Adv.*): allerdings **devotare**: verfluchen **ad modicum praecidere**: ein wenig anschneiden **confestim** (*Adv.*): sofort **moles, is** f.: Masse **desuper** (*Adv.*): von oben her **flatus, us** m.: Wind **exagitare**: ins Wanken bringen **corruere**: zusammenbrechen

Quo viso prius devotantes pagani etiam versa vice benedictionem Domino [...] credentes reddiderunt. Tunc autem summae sanctitatis antistes [...] ligneum ex supradictae arboris metallo oratorium construxit eamque in honore sancti Petri apostoli dedicavit.

versa vice: umgekehrt **benedictionem reddere**: den Lobgesang darbringen **antistes, stitis** m.: Bischof **ligneus, a, um**: hölzern **metallum, i** n.: *hier* Material (*gemeint ist das Holz*) **oratorium, i** n.: Bethaus **eamque**: *zu beziehen auf* arbor, is f. **dedicare**: weihen

W.-D. Hauschild/V. H. Drecoll, Alte Kirche und Mittelalter, § 6,7; § 7,6.
A. Angenendt, Das Frühmittelalter, Stuttgart u. a. 1990, 203–232.
L. von Padberg, Bonifatius. Missionar und Reformator, München 2003.

I.6; I.8; II.1; II.4; II.8; II.10; IV.2

Quellen

Sancti Columbani Opera, hg. v. G. S. M. Walker, SLH 2, Dublin 1956, 144–146.
Vita Bonifatii auctore Willibaldo, hg. v. W. Levison, MGH SS rer. Germ. 57, 1–48, da 30–32.

Übersetzungen

A. M. Ritter/B. Lohse/V. Leppin (Hgg.), Mittelalter, Kirchen- und Theologiegeschichte in Quellen, Bd. II, Neukirchen-Vluyn ^{8}2014, § 9d.
Briefe des Bonifatius. Willibalds Leben des Bonifatius nebst einigen zeitgenössischen Dokumenten, unter Benützung der Übers. v. M. Tangl/Ph. H. Külb, neu bearb. v. R. Rau, Darmstadt 1968.

II.4 Karl der Große

Die Kaiserkrönung Karls, 800 n. Chr.: Einhard, Vita Karoli Magni 28 (814 – ca. 836 n. Chr.)

36

213

Unter Karl dem Großen (768–814 König des Fränkischen Reichs) wurde die Vormachtstellung des Frankenreichs im lateinischen Westen in zahlreichen Kriegen ausgeweitet und gesichert. Die besondere Legitimation des Herrschaftsanspruchs über das Großreich erhielt Karl der Große, als er am Weihnachtstag des Jahres 800 in der alten Petersbasilika in Rom durch Papst Leo III. zum Kaiser gekrönt wurde. Karls Biograph Einhard berichtet in der *Vita Karoli Magni* (814 – ca. 836), dass Leo III. zuvor Karl um Schutz vor aufständischen römischen Gegnern gebeten habe, die ihm die Augen ausgestochen und die Zunge herausgerissen hätten. Er berichtet weiter über Karls angeblich widerwillige Annahme des Kaisertitels und die ablehnende Reaktion der oströmischen Kaiser. Tatsächlich akzeptierte erst Michael I. (regierte 811–813) Karls Anspruch auf das Kaisertum. Mit der Kaiserwürde beanspruchte Karl zugleich die Erneuerung des einstigen römischen Reiches, das 476 im Westen untergegangen war. Somit stand fortan den byzantinischen Kaisern im Osten, die sich als Herrscher des „zweiten Rom“ verstanden, wieder eine römische Kaiserkrone im Westen gegenüber.

(28) [...] Romani Leonem pontificem multis affectum iniuriis [...] fidem regis implorare compulerunt. Idcirco Romam veniens propter reparandum, qui nimis conturbatus erat, ecclesiae statum ibi totum hiemis tempus extraxit.

Quo tempore imperatoris et augusti nomen accepit. Quod primo in tantum aversatus est, ut adfirmaret se eo die, quamvis praecipua festivitas esset, ecclesiam non intraturum ⟨fuisse⟩, si pontificis consilium praescire potuisset.

Invidiam tamen suscepti nominis, Romanis imperatoribus super hoc indignantibus, magna tulit patientia. Vicitque eorum contumaciam magnanimitate, qua eis procul dubio longe praestantior

pontifex, icis m.: Papst **fidem implorare**: *hier* treuen Schutz erflehen **compellere** (compello, compuli, compulsum): nötigen **idcirco** (*Adv.*): deshalb **reparare**: wiederherstellen **nimis** (*Adv.*): allzusehr **hiems, is** f.: Winter **tempus extrahere**: Zeit verbringen **augustus, i** m.: „Augustus“ (*als Bestandteil des Titels*/nomen *des Kaisers*) **in tantum**: so sehr **aversari**: von sich weisen **praecipua festivitas**: wichtiges Fest (*gemeint ist das Weihnachtsfest 800*) **consilium, i** n.: Absicht **praescire**: vorher wissen **invidia, ae** f.: Missgunst **suscipere**: übernehmen **indignari super**: sich empören über **contumacia, ae** f.: Widerwillen **magnanimitas, atis** f.: Großmut **procul** *mit Abl.*: ohne **praestans, ntis**: vortrefflich

erat, mittendo ad eos crebras legationes et in epistolis ‚fratres' eos appellando.

creber, bra, brum: zahlreich

37 Die Karolingische Reform: Admonitio Generalis, Prologus; 68.70.80; Epilogus (789 n. Chr.)

✎213

Dem kulturell hochinteressierten Karl war es ein Anliegen, sein Reich durchgängig zu christianisieren und zu diesem Zwecke die Zustände in den kirchlichen Institutionen umfassend zu reformieren sowie die Bildung bei Hofe und in den Klöstern zu verbessern. Im Jahr 789 erließ Karl ein Reformprogramm in Form einer „allgemeinen Ermahnung", die in Aachen von seinem Berater Alkuin verfasst worden war. Dieses Kapitular, dem Gesetzesrang zukam, richtete sich an alle geistlichen und weltlichen Amtsträger. Im Zentrum stand die Hebung der Klerikerbildung: Die Geistlichkeit sollte sich darum kümmern, dass Schulen eingerichtet würden, dass die Textfassungen der liturgischen Bücher verbessert würden und dass die Priester in den örtlichen Gemeinden geprüft würden, ob sie u. a. das Glaubensbekenntnis, das Vaterunser und die anderen lateinischen Gebete sprechen und verstehen und die Psalmen singen könnten. Die weltlichen Herrscher und Adligen, die als Grundherrn nicht nur die wirtschaftliche Verfügungs-, sondern auch die geistliche Leitungsgewalt über Kirchen auf ihrem Grundbesitz (sogenannte „Eigenkirchen") innehatten, waren mit aufgerufen darauf zu achten, dass die Eigenkirchenpriester nicht willkürlich, sondern schriftgemäß predigten.

(Prol.) Ego Carolus, gratia Dei eiusque misericordia donante rex et rector regni Francorum et devotus sanctae ecclesiae defensor humilisque adiutor, omnibus ecclesiasticae pietatis ordinibus seu saecularis potentiae dignitatibus in Christo domino [...] salutem ⟨dico⟩.

[...] nostros ad vos direximus missos, qui ex nostri nominis auctoritate una vobiscum corrigent, quae corrigenda essent; sed et aliqua capitula ex canonicis institutionibus [...] subiunximus.

Ne aliquis, quaeso, huius pietatis ammonitionem esse praesumtiosam iudicet, qua nos errata corrigere, superflua abscidere, recta

gratia Dei eiusque misericordia donante: *übersetze* durch die schenkende Gnade Gottes und seine (schenkende) Barmherzigkeit **rector, oris** m.: Lenker **devotus, a, um**: ergeben **humilis, e**: demütig **adiutor, oris** m.: Helfer **ordo, inis** m.: Stand **seu**: und **saecularis, e**: weltlich **dignitas, atis** f.: *hier* Würdenträger **missos dirigere**: Gesandte schicken **ex**: aufgrund **una ... cum**: mit **capitulum ex canonicis institutionibus**: Kapitel aus den kanonischen Unterweisungen **subiungere**: unten hinzufügen **ne aliquis, quaeso, ... iudicet**: Niemand soll bitte meinen, ... **praesumtiosus, a, um**: zu gewagt **erratum, i** n.: Irrtum **superfluus, a, um**: überflüssig **abscidere**: abschneiden

cohortare studemus [...]. Nam legimus in regnorum libris, quomodo sanctus Iosias regnum sibi a Deo datum circumeundo, corrigendo, ammonendo ad cultum veri Dei studuit revocare. [...]

Et hoc cum magno studio ammonete [...]:

68. Sacerdotibus. Ut episcopi diligenter discutiant per suas parrochias presbiteros, eorum fidem, baptisma et missarum celebrationes, ut et fidem rectam teneant et baptisma catholicum observent et missarum preces bene intellegant; et ut Psalmi digne [...] modulentur et dominicam Orationem ipsi intellegant [...].

70. [...] Et ut scolae legentium puerorum fiant. Psalmos, notas, cantus, compotum, grammaticam per singula monasteria vel episcopia et libros catholicos bene emendate, quia saepe, dum bene aliqui Deum rogare cupiunt, sed per inemendatos libros male rogant. [...]

80. Omnibus. Sed et vestrum videndum est, dilectissimi et venerabiles pastores et rectores ecclesiarum Dei, ut ⟨presbiteri⟩ [...] recte et honeste praedicent; et non sinatis nova vel non canonica aliquos ex suo sensu et non secundum scripturas sacras fingere et praedicare populo. [...]

Ideo, dilectissimi, toto corde praeparemus nos in scientia veritatis, ut possimus contradicentibus veritati resistere, et divina donante gratia verbum Dei crescat et currat et multiplicetur in profectum

cohortare: unterstützen **regnorum libri**: Bücher der Königreiche (*gemeint sind im Folgenden die Auffindung des Gesetzes und die Kultreform Josias in 2 Kön 22–23 = 4 Reg [Regnorum] 22–23 Vulgata*) **circumire**: reisen **cultus, us** m.: Verehrung **ammonete** = admonete (*angesprochen sind die Bischöfe*) **discutere**: prüfen **per parrochias.**: *hier* in den Pfarreien **presbiter, eri** m.: Priester **missa, ae** f.: Messe **celebratio, onis** f.: Feier **catholicus, a, um**: katholisch (*gemeint ist* allgemein, *von griech.* καθολικός) **observare**: beachten **prex, cis** f.: Gebet **modulare**: melodisch singen **dominica Oratio**: Herrengebet (*gemeint ist das Vaterunser*) **ipsi**: *zu beziehen auf* presbiteri **scola, ae** f.: Schule **notae, arum** f.: Noten **cantus, us** m.: Gesang **compotus, us** m.: Rechnen (*gemeint sind die kalendarischen Zeitberechnungen, z. B. für den Ostertermin*) **per singula monasteria vel episcopia**: in den einzelnen Klöstern und Bistümern **bene emendare**: ordentlich verbessern *ordne*: **quia saepe aliqui, dum** **inemendatus, a, um**: unverbessert **rogare**: bitten **sed**: *hier* dennoch **vestrum videndum est, ut**: *übersetze* es ist eure Aufgabe darauf zu achten, dass **venerabilis, e**: ehrwürdig **praedicare**: predigen **sinere** *mit AcI*: zulassen, dass **ex suo sensu**: nach eigenem Verständnis **secundum** *mit Akk.*: gemäß **fingere**: erdichten **praeparare**: bereit machen **currere**: *hier* fortschreiten **in profectum**: zum Erfolg

sanctae Dei ecclesiae et salutem animarum nostrarum et laudem et gloriam nominis domini nostri Iesu Christi.

W.-D. Hauschild/V. H. Drecoll, Alte Kirche und Mittelalter, § 9,3.
J. Fried, Karl der Große. Gewalt und Glaube. Eine Biographie, München 2013, 254–372.
J. Ehlers, Die Reform der Christenheit. Studium, Bildung und Wissenschaft als bestimmende Kräfte bei der Entstehung des mittelalterlichen Europa, in: ders. (Hg.), Deutschland und der Westen Europas im Mittelalter, Stuttgart 2002, 177–209.

I.5; I.11; II.1; II.2; II.5; II.10; III.3; IV.2

Quellen

Einhardi Vita Karoli Magni, hg. v. G. H. Pertz/G. Waitz, Hannover/Leipzig 1911, 32.
Die Admonitio generalis Karls des Großen, hg. v. H. Mordek u. a., MGH Leg. 8, Fontes iuris Germanici antiqui in usum scholarum separatim editi 16, Hannover 2012, 180–183.220–221. 224–225.234–235.238–239 (lat./dt.).

Übersetzung

E. S. Firchow, Einhard. Vita Karoli Magni. Das Leben Karls des Großen, Stuttgart 1968.

II.5 Kaiser und Papst, Königtum und Priestertum

Die „Konstantinische Schenkung“: Constitutum Constantini 1.10–18 (780–798 n. Chr.)

38

✎214

Zur Zeit Karls des Großen strebte auch der Papst eine souveräne Stellung, losgelöst von jedweder anderen weltlichen Macht, an. Einen deutlichen Ausdruck findet diese Entwicklung in der sogenannten „Konstantinischen Schenkung“. Dabei handelt es sich um eine gefälschte Urkunde, der zufolge Kaiser Konstantin I. beim Aufbruch zu seiner neuen Hauptresidenz Byzanz im Jahr 330 n. Chr. dem damaligen Papst Silvester und seinen Nachfolgern den Lateranpalast, die Stadt Rom, sogar Italien und den ganzen Westteil des römischen Imperiums überlassen habe und ihm Macht und Ehrerbietung, wie sie einem Kaiser gebühren, habe zuteil werden lassen. Diese Fälschung wurde ca. 780, spätestens 798 in Rom angefertigt und seit der Jahrtausendwende gern zur Begründung des päpstlichen Primats verwendet. Erst im Humanismus wurde die Fälschung als solche entlarvt. Der Text ist als ein Schreiben Konstantins des Großen an Papst Silvester konzipiert. Im Hintergrund steht die Legende, dass Silvester Konstantin auf wunderbare Weise vom Aussatz geheilt habe, woraufhin dieser sich zum Christentum bekehrt habe und von Silvester habe taufen lassen. Aus Dankbarkeit, so die Urkunde, habe Konstantin dem Papst diese Schenkung gemacht.

Imperator Caesar Flavius Constantinus [...] sanctissimo ac beatissimo patri patrum, Silvestrio urbis Romae episcopo et Papae, atque omnibus eius successoribus, qui in sede beati Petri usque in finem saeculi sessuri sunt. [...] (1,10) prima itaque die post perceptum sacri baptismatis mysterium et post curationem corporis mei a leprae squalore agnovi non esse alium Deum nisi Patrem et Filium et Spiritum Sanctum, quem beatissimus Silvester papa praedicat trinitatem in unitate, unitatem in trinitate. [...] (11) [...] Et sicut nostra est terrena imperialis potentia, eius sacrosanctam Romanam ecclesiam decrevimus veneranter honorare et amplius quam nostrum imperium et terrenum thronum sedem

Silvestrio: *Dat. von* Silvester (*Adressat*) **successor, oris** m.: Nachfolger **sedes, is** f.: Stuhl **in finem saeculi**: bis ans Ende der Zeit **sedere** (sedeo, sedi, sessum): sitzen **mysterium, i** n.: Geheimnis (*gemeint ist das Sakrament*) **curatio, onis** f.: Heilung **lepra, ae** f.: Aussatz **squalor, oris** m.: Schmutz **agnoscere**: erkennen **praedicare**: predigen **eius** = Dei **sacrosanctus, a, um**: hochheilig **veneranter honorare**: gebührend ehren **amplius** (*Adv.*): weitreichender

sacratissimam beati Petri gloriose exaltari, tribuentes ei potestatem et gloriae dignitatem atque vigorem et honorificentiam imperialem. (12) atque decernentes sancimus, ut principatum teneat tam super quattuor praecipuas sedes – Antiochenam, Alexandrinam, Constantinopolitanam et Hierosolymitanam – quamque etiam super omnes in universo orbe terrarum Dei ecclesias [...].

(14) [...] pro quo concedimus ipsis sanctis apostolis, dominis meis, beatissimis Petro et Paulo et per eos etiam beato Silvestrio [...] et omnibus eius successoribus pontificibus [...] palatium imperii nostri Lateranense. [...]

(16) [...] et tenentes frenum equi ipsius pro reverentia beati Petri stratoris officium illi exhibuimus [...].

(17) [...] tam palatium nostrum [...] quamque Romae urbis et omnes Italias seu occidentalium regionum provincias, loca et civitates saepefato beatissimo pontifici, patri nostro Silvestrio, universali papae, contradentes [...] decernimus ⟨ea esse⟩ disponenda atque iuri sanctae Romanae ecclesiae concedimus permanenda.

(18) unde congruum prospeximus, nostrum imperium et regni potestatem orientalibus transferri ac transmutari regionibus et in Byzantias provincia in optimo loco nomini nostro civitatem aedificari et nostrum illic constitui imperium, quoniam, ubi principatus sacerdotum et christianae religionis caput ab imperatore caelesti

gloriose (*Adv.*): ruhmvoll **exaltare**: erhöhen **tribuere**: zusprechen **vigor, oris** m.: Kraft **honorificentia, ae** f.: Ehrerbietung **imperialis, e**: einem Kaiser gebührend **sancire**: festlegen **principatus, us** m.: Herrschaft **tam ... quam etiam ...**: sowohl ... als auch ... **quattuor praecipuae sedes**: die vier hervorragenden Sitze (*gemeint sind die Patriarchate*) **pro quo**: dafür (*gemeint sind Taufe und Heilung Konstantins*) **concedere**: überlassen **pontifex, icis** m.: Papst **palatium imperii nostri Lateranense**: unser kaiserlicher Lateranspalast **frenum, i** n.: Zügel **reverentia, ae** f.: Ehrfurcht **stratoris officium exhibere**: den Stratordienst erweisen (*gemeint ist der Dienst des Reitknechts, der als Vasall seinem Lehnsherrn den Steigbügel hält und sein Pferd am Zügel führt*) **tam ... quamque**: sowohl ... als auch **Romae urbis**: (den Bereich) der Stadt Rom **italius, a, um**: italisch **seu**: sowie **occidentales regiones**: westliche Gebiete (*gemeint ist der westliche Teil Europas*) **provincia, ae** f.: Bereich; Provinz **saepefatus, a, um**: häufig genannt **contradere**: übergeben **disponere**: ordnen **permanenda**: *übersetze* zum Verbleib **unde** (*Adv.*): daher **prospicere congruum** *mit AcI*: als angemessen voraussehen, dass **orientalibus ... regionibus**: *übersetze* in die östlichen Gebiete **transferre**: übertragen **transmutare**: verlagern **Byzantias**: *Gen. von* Byzantia (Byzanz) **illic** (*Adv.*): dort **imperator caelestis**: der himmlische Herrscher (*gemeint ist Gott*)

constitutum est, iustum non est, ut illic imperator terrenus habeat potestatem.

iustum non est: es wäre nicht recht

Das Selbstverständnis von Papst Gregor VII.: Dictatus papae i. A. (ca. 1075)

39

✐ 215

Im 11. Jh. ist ein Erstarken des päpstlichen Amtsverständnisses zu beobachten, das zu den Voraussetzungen des Investiturstreits zählt. Eine bedeutende Quelle dafür ist der sogenannte *Dictatus papae*, ein nicht für die Öffentlichkeit bestimmtes, undatiertes Grundsatzpapier, das sich im Briefregister von Papst Gregor VII. (1073–1085) zwischen zwei Briefen vom 3. und 4. März 1075 findet. Die 27 jeweils gleich aufgebauten Einzelsätze dokumentieren Gregors Anspruch nicht nur auf Vorrang des römischen Bischofs vor allen anderen Bischöfen, sondern auch auf die Unfehlbarkeit der Kirche und ihre Freiheit gegenüber der weltlichen Gewalt (*libertas ecclesiae*). Sie bilden stets die Ergänzung zum Vordersatz: *dictatus Papae ⟨est⟩, quod* ... („⟨Es ist⟩ Ausspruch des Papstes, dass ..."). Freilich gelang es Gregor VII. nicht, all diese steilen Forderungen in die Praxis umzusetzen. Doch der Anspruch war formuliert und entfaltete später im 12./13. Jh. Wirkung.

I. Quod Romana ecclesia a solo Domino sit fundata.
II. Quod solus Romanus pontifex iure dicatur universalis.
III. Quod ille solus possit deponere episcopos vel reconciliare.
IIII. Quod legatus eius omnibus episcopis presit in concilio etiam inferioris gradus et adversus eos sententiam depositionis possit dare. [...]
VIII. Quod solus possit uti imperialibus insigniis.
VIIII. Quod solius papae pedes omnes principes deosculentur. [...]
XII. Quod illi liceat imperatores deponere. [...]
XVII. Quod nullum capitulum nullusque liber canonicus habeatur absque illius auctoritate. [...]

fundare: gründen **pontifex, icis** m.: Papst **iure** (*Adv.*): zu Recht **deponere**: absetzen **reconciliare**: wieder aufnehmen **legatus, i** m.: Gesandter (*als Vertreter beim Konzil*) **preesse** = praeesse *mit Dat.*: *jemandem* übergeordnet sein **inferioris gradus** (*Gen. qual.*): niedrigeren Weihegrades (*zu beziehen auf* legatus) **sententia, ae** f.: *hier* Urteil **depositio, onis** f.: Absetzung **insignium, i** n.: Ehrenzeichen **deosculari**: küssen **capitulum, i** n.: Rechtssatz **canonicus, a, um**: kirchenrechtlich verbindlich **absque** *mit Abl.*: ohne

XXII. Quod Romana ecclesia nunquam erravit nec imperpetuum, scriptura testante, errabit. [...]

XXVI. Quod catholicus non habeatur, qui non concordat Romanae ecclesiae.

XXVII. Quod a fidelitate iniquorum subiectos potest absolvere.

imperpetuum = in perpetuum: auf ewig **testari**: bezeugen **catholicus, a, um**: katholisch (*gemeint ist* allgemein, *von griech.* καθολικός) **concordare** *mit Dat.*: übereinstimmen *mit* **fidelitas, atis** f. *mit Gen. obi.*: Treueid *gegenüber jemandem* **iniquus, i** m.: Sünder **subiectus, a, um**: untergeben **absolvere**: lösen

40 Die Rücktrittsaufforderung Kaiser Heinrichs IV. an Papst Gregor VII.: Heinrich IV., Epistula 12 (1076)

216

Die enge Verflechtung von Königtum und Priestertum im Mittelalter zeigte sich symbolisch im Zeremoniell der Amtseinführung des Bischofs, wenn der *König* die Bischöfe mit der Verleihung des Bischofsstabes und -ringes in ihr Amt einsetzte. Der *Bischof* wiederum war an der Amtseinsetzung des Königs beteiligt, indem er die Königssalbung vornahm und ihm die Reichsinsignien überreichte. Im 11. Jh. geriet dieses Verhältnis aus dem Gleichgewicht, da sowohl der weltliche Herrscher als auch der Papst den eigenen Machtanspruch im Bereich der Investitur sichern wollten. Im Jahr 1075 kam es zum Streit, als der deutsche König Heinrich IV., ohne sich mit dem Papst abzustimmen, einen königlichen Kaplan zum Erzbischof von Mailand einsetzte, was Gregor VII. brieflich kritisierte. Der König forderte daraufhin den Rücktritt des Papstes (27. März 1076). Er sprach ihm ab, in apostolischer Sukzession zu stehen, und redete ihn daher nicht mit seinem päpstlichen Namen Gregor, sondern mit seinem schlichten Mönchsnamen Hildebrand an.

Heinricus non usurpative, sed pia Dei ordinatione rex Hildebrando iam non apostolico, sed falso monacho.

[...] tu humilitatem nostram timorem fore intellexisti ideoque et in ipsam regiam potestatem nobis a Deo concessam exurgere non timuisti; quam te nobis auferre ausus es minari: quasi nos a te regnum acceperimus, quasi in tua et non in Dei manu sit vel regnum vel imperium. [...]

usurpative (*Adv.*): durch Missbrauch **pius, a, um**: rechtmäßig **ordinatio, onis** f.: Anordnung **Hildebrando**: *Dat. von* Hildebrand (*gemeint ist der Adressat Papst Gregor VII.*) **apostolicus, a, um**: apostolisch (*gemeint ist das apostolische Papstamt*) **intellegere** *mit AcI*: denken, dass **regius, a, um**: königlich **exurgere in** *mit Akk.*: aufstehen *gegen* **timere** *mit Inf.*: sich scheuen zu tun **audere** (audeo, ausus sum): wagen **minari** *mit AcI*: drohen, dass **quasi** *mit Konj.*: als ob (*ironisch*) **imperium, i** n.: kaiserliche Macht

Tu ergo hoc anathemate et omnium episcoporum nostrorum iudicio et nostro dampnatus descende, vendicatam ⟨a te⟩ sedem apostolicam relinque; alius in solium beati Petri ascendat, qui nulla violentiam religione palliet, sed beati Petri sanam doceat doctrinam. Ego Heinricus rex Dei gratia cum omnibus episcopis nostris tibi dicimus: Descende, descende, per secula dampnande!

anathema, atis n.: Anathema (*Fluch*) **dampnatus** = damnatus **descendere**: herabsteigen **vendicare**: beanspruchen **solium, i** n.: Thron **ascendere**: besteigen **palliare**: verbergen **sanus, a, um**: heilsam **per secula**: auf ewig **dampnande** = damnande (*Vok.*)

Die Exkommunikation Heinrichs IV.: Protokoll der Fastensynode (1076)

41

✎ 216

Papst Gregor VII. ging in die Offensive, indem er nun seinerseits König Heinrich IV. die Herrschaftslegitimität absprach und ihn so politisch handlungsunfähig machte. Um seine Amtsautorität zu bekräftigen, formulierte er sein Dekret als Gebet zu dem Apostel Petrus, als dessen Diener und Stellvertreter er die Binde- und Lösegewalt (die sog. Schlüsselgewalt) im Himmel und auf Erden innehabe. Erst 46 Jahre später gelang es König Heinrich V. und Papst Calixt II., im sog. Wormser Konkordat (1122) einen Kompromiss zu schließen.

Beate Petre, apostolorum princeps, inclina, quaesumus, pias aures tuas nobis et audi me, servum tuum [...].

michi tua gratia est potestas a Deo data ligandi atque solvendi in caelo et in terra. Hac itaque fiducia fretus, pro ecclesiae tuae honore et defensione, ex parte omnipotentis Dei Patris et Filii et Spiritus sancti, per tuam potestatem et auctoritatem Heinrico regi, filio Heinrici imperatoris, qui contra tuam ecclesiam inaudita superbia insurrexit, totius regni Teutonicorum et Italiae gubernacula contradico et omnes christianos a vinculo iuramenti, quod sibi fecerunt vel facient, absolvo et, ut nullus ei sicut regi serviat, interdico.

inclinare: neigen **quaesumus**: wir bitten dich **servus, i** m.: Knecht (*vgl. den Titel des Papstes* servus servorum Dei) **michi** = mihi **ligare**: binden **solvere**: lösen **fiducia, ae** f.: Zuversicht **fretus, a, um** *mit Abl.*: im Vertrauen *auf* **ex parte**: im Namen **Heinricus rex**: König Heinrich IV. (*Sohn von Kaiser Heinrich III.*) **inauditus, a, um**: unerhört **insurgere**: sich auflehnen **Teutonici, orum** m.: Deutsche **gubernacula, orum** n.: *Pl.* Herrschaft **contradicere**: absprechen **vinculum, i** n.: Band **iuramentum, i** n.: Eid **sibi** = Heinrico regi **interdicere, ut nullus ...**: untersagen, dass irgendeiner ...

W.-D. Hauschild/V. H. Drecoll, Alte Kirche und Mittelalter, § 9,6.
J. Fried, Die Konstantinische Schenkung, in: ders./O. B. Rader (Hgg.), Die Welt des Mittelalters. Erinnerungsorte eines Jahrtausends, München 2011, 295–311.
C. Zey, Der Investiturstreit, München 2017.

I.5; II.4; III.3; IV.4; V.1; V.3; V.5

Quellen

Das Constitutum Constantini, hg. v. H. Fuhrmann, MGH Leg. 8,10, Hannover 1968, 55–98, da 56.77–78.81–82.86–87.92–95.
Das Register Gregors VII., Lib. II, 55 a, hg. v. E. Caspar, MGH Epp. sel. II, 1, Berlin 1920, 201–208, da 202–205.207–208.
Heinrici IV epistola Gregorio VII. missa, hg. v. L. Weiland, MGH Const. I, Hannover 1893, 110–111.
Das Register Gregors VII., Lib. III, 10 a, hg. v. E. Caspar, MGH Epp. sel. II, 1, Berlin 1920, 270–271.

Übersetzungen

H. Zimmermann, Die Konstantinische Schenkung, 2007 (URL: http://12koerbe.de/arche/const.htm, Stand 17.03.2021).
F.-J. Schmale, Quellen zum Investiturstreit, Teil 1: Ausgewählte Briefe Papst Gregors VII., Darmstadt 1978.

II.6 Die Kreuzzüge

Papst Urbans II. Aufruf zum Kreuzzug: Brief über die Beschlüsse der Synode von Clermont-Ferrand (1095)

42

✎217

Die Kreuzzüge gegen die Vorherrschaft der islamischen Herrscher im Heiligen Land (1096–1291) verbanden das mittelalterliche Wallfahrtswesen mit politischen Interessen. Ziel des ersten Kreuzzuges war die Befreiung der Stadt Jerusalem, die 637 n. Chr. von den Arabern belagert und erobert worden war, sodass die orientalischen Christen unter der islamischen Oberherrschaft litten.

Die Kreuzzüge waren durch die Unterstützung des Papstes legitimiert, wie der Brief Papst Urbans II. an die Gemeinden Flanderns zeigt, in dem er zum militärischen Einsatz aufruft und als Gegenleistung die vollständige Sündenvergebung in Aussicht stellt. Er bezieht sich damit auf den Beschluss der Synode von Clermont-Ferrand (18.–28.11.1095), mit dem den Kreuzzugsteilnehmern ein sog. Plenarablass in Aussicht gestellt wurde. Dieser Plenarablass bedeutete den Erlass sämtlicher zeitlicher Sündenstrafen im irdischen Leben und im Fegefeuer und stellte daher eine enorme Motivation für den heiligen Krieg dar.

Urbanus episcopus, servus servorum Dei, universis fidelibus tam principibus quam subditis, in Flandria commorantibus, salutem et gratiam et apostolicam benedictionem ⟨dat⟩.

Fraternitatem vestram iam pridem multorum relatione didicisse credimus barbaricam rabiem ecclesias Dei in Orientis partibus miserabili infestatione devastasse, insuper etiam sanctam civitatem, Christi passione et resurrectione inlustratam, suae intolerabili servituti cum suis ecclesiis [...] mancipasse.

Cui calamitati pio contuitu condolentes Gallicanas partes visitavimus eiusque terrae principes et subditos ad liberationem

servus servorum Dei: Knecht der Knechte Gottes (*Titel des Papstes*) **tam ... quam ...**: sowohl ... als auch ... **subditus, i** m.: Untertan **Flandria, ae** f.: Flandern **commorari**: sich aufhalten **vestra fraternitas, atis** f.: eure Bruderschaft (*gemeint ist* ihr Brüder) **iam pridem**: schon längst **relatio, onis** f.: Berichterstattung **rabies, ei** f.: Wüten **in Orientis partibus**: in den (Erd-)Teilen des Ostens **infestatio, onis** f.: Feindseligkeit **devastare**: verwüsten **insuper** (*Adv.*): darüber hinaus **inlustrare**: auszeichnen **mancipasse** → mancipare: unterwerfen **calamitas, atis** f.: Unglück **contuitus, us** m.: Bedacht **condolere** *mit Dat.*: mitfühlen *mit* **Gallicanae partes**: die französischen Provinzen

Orientalium ecclesiarum ex magna parte sollicitavimus et huiusmodi procinctum pro remissione omnium peccatorum suorum in Arvernensi concilio celebriter eis iniunximus.

ex magna parte: unter großer Beteiligung **sollicitare**: aufrufen **procinctus, us** m.: Bereitschaft zum Kampf **remissio, onis** f.: Vergebung **Arvernense concilium**: das Konzil in der Auvergne (*gemeint ist das Konzil in der Hauptstadt der Region, Clermont Ferrand*) **iniungere pro**: *mit etwas* verknüpfen

43 Die Begegnung zwischen Franz von Assisi und Sultan al-Kamil, 1219: Jakob von Vitry, Historia occidentalis 32 (1219–1221)

✎217

Militärisch brachten die Kreuzzüge Niederlagen und zahllose Tote auf beiden Seiten. Doch in wirtschaftlicher und geistesgeschichtlicher Hinsicht kam es zu fruchtbaren Begegnungen, wie z. B. während des Kreuzzugs von Damiette (1219) zu einem Treffen zwischen dem Ordensgründer Franz von Assisi (ca. 1181/82–1226) und dem Sultan Al-Malik al-Kamil Måuhammad (ca. 1176/80– 1238), das den wahren Kern des zeitgenössischen Berichts von Kardinal Jakob von Vitry in seiner *Historia occidentalis* (verfasst 1219–1221) bildet. Jakob schildert die innere Wandlung, die der muslimische Sultan unter dem Eindruck der persönlichen Begegnung mit Franziskus erfahren und die sich konkret auf seinen Umgang mit seinem christlichen Gegenüber ausgewirkt habe.

(32) Vidimus primum huius ordinis fundatorem et magistrum, cui tanquam summo Priori suo omnes alii obediunt, virum simplicem et illiteratum, dilectum Deo et hominibus, fratrem Francinum nominatum, ad tantum ebrietatis excessum et fervorem spiritus raptum fuisse, quod, cum ad exercitum Christianorum ante Damiatam in terra Aegipti devenisset, ad soldani Aegypti castra intrepidus et fidei clypeo communitus accessit.

Quem cum in via Saraceni tenuissent, „Ego", inquit, „christianus sum. Ducite me ad dominum vestrum". Quem cum ante ipsum pertraxissent, videns eum bestia crudelis – in aspectu viri Dei

fundator, oris m.: Gründer **Prior, oris** m.: Vorsteher **obedire**: gehorchen **illiteratus, a, um**: ungebildet **Francinum**: *fälschliche Schreibweise für* Franciscum **ad tantum ebrietatis excessum et fervorem spiritus raptum**: zu solch großer berauschter Verzückung und glühendem Geist hingerissen **Damiata, ae** f.: Damiette (*ägyptische Mittelmeerstadt*) **devenire**: gelangen **soldanus, i** m.: Sultan **intrepidus, a, um**: furchtlos **clypeus, i** m.: Schild **communitus, a, um**: gestärkt **accedere** (accedo, accessi, accessum): sich nähern **Saraceni, orum** m.: Sarazenen (*seit der Zeit der Kreuzzüge als Begriff für alle islamischen Völkerschaften verwendet*) **tenere**: *hier* gefangen nehmen **pertrahere** (pertraho, pertraxi, pertractum): schleppen **bestia crudelis**: wildes Tier (*gemeint ist der Sultan*)

in mansuetudine conversa – per dies aliquot ipsum sibi et suis Christi fidem predicantem attendissime audivit.

Tandem vero, metuens ne aliqui de exercitu suo, verborum eius efficacia ad dominum conversi, ad christianorum exercitum pertransirent, ⟨Franciscum⟩ cum omni reverentia et securitate ad nostrorum castra reduci precepit, dicens ei in fine: „Ora pro me, ut deus legem illam et fidem, qu⟨a⟩e magis sibi placet, mihi dignetur revelare."

in mansuetudine conversa: zu einem zahmen Wesen verwandelt **aliquot** (*indekl.*): einige **sibi**: *gemeint ist der Sultan* **predicare**: predigen **attendissime** (*Adv.*): mit größter Aufmerksamkeit **de**: *hier wie* ex **efficacia, ae f.**: Wirksamkeit **pertransire**: überlaufen **reverentia, ae f.**: Ehrerbietung **precipere** *mit AcI*: befehlen, dass **sibi**: *gemeint ist* Gott **dignari** *mit Inf.*: für würdig erachten zu tun **revelare**: offenbaren

W.-D. Hauschild/V. H. Drecoll, Alte Kirche und Mittelalter, § 9,8; § 6,13.
P. Thorau, Die Kreuzzüge, München 2012.
V. Leppin, Franziskus von Assisi, Darmstadt 2018, 187–198.

I.1; II.3; II.10; III.1; V.4

Quellen

H. E. Mayer (Hg.), Idee und Wirklichkeit der Kreuzzüge, Germering 1965, 10.
Analekten zur Geschichte des Franciscus von Assisi, hg. v. H. Böhmer, Tübingen 1904, 94–105, da 104–105.

Übersetzung

A. M. Ritter/B. Lohse/V. Leppin (Hgg.), Mittelalter, Kirchen- und Theologiegeschichte in Quellen, Bd. II, Neukirchen-Vluyn [8]2014, § 34b.

II.7 Die Scholastik

44 Die mittelalterliche Satisfaktionslehre: Anselm von Canterbury, Cur deus homo 1,1.11.20; 2,6 (1098)

✎218

Der Benediktinermönch und Bischof Anselm von Canterbury (1033–1109) gilt als Wegbereiter der Scholastik, jener mittelalterlichen Denkweise, die sich im Zuge des großen Rationalitätsschubs im 12. Jh. herausbildete und ihren „Sitz im Leben" an den neu entstehenden Universitäten hatte. Anselm will mit logischen Argumentationen zeigen, dass die christlichen Offenbarungen, an die er glaubt, auch rational nachvollziehbar seien. Sein Motto lautet daher: *Neque enim quaero intelligere, ut credam, sed credo, ut intelligam* („Ich suche nämlich nicht zu verstehen, damit ich glaube, sondern ich glaube, damit ich verstehe"; Proslogion, cap. 1; um 1077/78).

In der Schrift *Cur deus homo* („Warum Gott Mensch geworden ist", um 1098) befasst sich Anselm (A) im Dialog mit seinem Schüler Boso (B) mit Inkarnation, Leiden und Sterben Christi. Anselm geht die theologischen Fragen ohne Rückgriff auf biblische Belege an und zeigt allein in logischer Argumentation auf, weshalb es für das Heil der Gläubigen notwendig ist, dass Gott in Christus Mensch wurde. Anselms Gedankenführung fußt auf der mittelalterlichen Vorstellung der Genugtuung (*satisfactio*): Unter „Sünde" versteht er eine Ehrverletzung, die der sündige Mensch eigentlich durch Zahlung eines „Schmerzensgeldes" wiedergutmachen müsste. Weil es dabei jedoch um *Gottes* Ehre geht, müsste das Schmerzensgeld unendlich hoch ausfallen – weit höher, als ein Mensch es zu leisten vermag. Deshalb kommt Anselm zu der Schlussfolgerung: Die Genugtuung kann nur von einem Gott-Menschen geleistet werden.

(1,1) Capitulum I. Quaestio de qua totum opus pendet

A.: [...] Quam quaestionem solent et infideles nobis simplicitatem Christianam quasi fatuam deridentes obicere, et fideles multi in corde versare: qua scilicet ratione vel necessitate Deus homo factus sit et morte sua, sicut credimus et confitemur, mundo vitam reddiderit, cum hoc aut per aliam personam sive angelicam sive humanam aut sola voluntate facere potuerit. [...]

(11) Capitulum XI. Quid sit peccare et pro peccato satisfacere [...]

A.: non est itaque aliud peccare quam non reddere Deo debitum.

B.: quod est debitum, quod Deo debemus?

pendere de: abhängen von **quasi** (*Adv.*): als **fatuus, a, um**: albern **deridere**: verspotten **obicere**: vorwerfen **versare**: wenden **scilicet** (*Adv.*): nämlich **reddere**: wiedergeben **sive … sive …**: sei es … oder … **angelicus, a, um**: engelhaft **satisfacere**: Genugtuung leisten *ordne:* **non est itaque peccare aliud quam …** **debitum, i** n.: Geschuldetes

A.: omnis voluntas rationalis creaturae subiecta debet esse voluntati Dei. […] hic est solus et totus honor, quem debemus Deo et a nobis exigit Deus. […] hunc honorem debitum qui Deo non reddit, aufert Deo, quod suum est, et Deum exhonorat et hoc est ‚peccare'. quamdiu autem non solvit, quod rapuit, manet in culpa. nec sufficit solummodo reddere, quod ablatum est, sed pro contumelia illata plus debet reddere, quam abstulit. […]

(20) Capitulum XX. Quod secundum mensuram peccati oporteat esse satisfactionem nec homo eam per se facere possit

A.: dic ergo: quid solves Deo pro peccato tuo?

B.: paenitentiam, cor contritum, abstinentias, et multimodos labores corporis et misericordiam dandi et dimittendi et oboedientiam […].

A.: […] Omnia autem ista debes Deo, quae dicis. […]

B.: si me ipsum et, quidquid possum, etiam quando non pecco, illi debeo, ne peccem, nihil habeo, quod pro peccato reddam. […]

(2,6) Capitulum VI. Quod satisfactionem, per quam salvatur homo, non possit facere nisi deus-homo […]

A.: non ergo potest hanc satisfactionem facere nisi Deus […]. sed nec facere illam debet nisi homo, alioquin non satisfacit homo. […] si ergo, sicut constat, necesse est, ut de hominibus perficiatur illa superna civitas, nec hoc esse valet, nisi fiat praedicta satisfactio, quam nec potest facere nisi Deus nec debet nisi homo: necesse est, ut eam faciat deus-homo.

subicere (subicio, subieci, subiectum): unterwerfen **exigere**: fordern **auferre** (aufero, abstuli, ablatum): (weg-)nehmen **exhonorare**: entehren **quamdiu** *mit Ind.*: solange **solvere**: erstatten **sufficere**: ausreichen **solummodo** (*Adv.*): nur **contumelia, ae** f.: Ehrverletzung **inferre** (infero, intuli, illatum): zufügen **quod** *mit Konj.*: dass **secundum** *mit Akk.*: gemäß **mensura, ae** f.: Ausmaß **satisfactio, onis** f.: Genugtuung **paenitentia, ae** f.: Buße **contritus, a, um**: zerknirscht **abstinentia, ae** f.: Enthaltung **multimodus, a, um**: vielerlei **dimittere**: verzeihen **oboedientia, ae** f.: Gehorsam **quidquid**: alles, was **etiam quando**: auch wenn **non/nec … nisi …**: niemand … außer … **alioquin** (*Adv.*): andernfalls **de hominibus perficiatur**: *übersetze* aus den Reihen der Menschen werde vollendet **superna civitas**: himmlische Stadt (*gemeint ist das eschatologische Jerusalem als Ziel der Heilsgeschichte*) **valet esse**: es kann sein **praedictus, a, um**: zuvor genannt

45 Der unbewegte Beweger: Thomas von Aquin, Summa Theologiae 1, quaestio 2, articulus 3 (1265–1273)

219

Der Dominikanermönch Thomas von Aquin (1225–1274) gilt als Hauptvertreter der Scholastik und als bedeutendster Kirchenlehrer der römisch-katholischen Kirche. Er steht für die Verbindung der christlichen Theologie mit der antiken Bildungswelt, insbesondere mit den Schriften des Aristoteles. Mit der *Summa Theologiae* („Zusammenfassung der Theologie", zwischen 1265 und 1273) legt Thomas ein Grundlagenwerk vor, das die gesamte Wirklichkeit und alles Wissen in die von der Kirche gelehrte Wahrheit integrieren will. Die Schrift ist in Artikel (*articuli*) gegliedert, die wiederum aus Fragen (*quaestiones*) und Antworten von Thomas (eingeleitet mit *respondeo*) bestehen. Im Rahmen der Gotteslehre entwickelt Thomas fünf Beweisgänge, um die Existenz Gottes plausibel zu machen. Der erste Gottesbeweis setzt bei der Wahrnehmung an, dass Dinge bewegt werden. „Bewegen" definiert Thomas als „etwas aus einem Sein in Möglichkeit *(in potentia)* in ein Sein in Wirklichkeit *(in actu)* zu überführen", wie z. B. ein brennbares Holzscheit zunächst nur der Möglichkeit nach heiß ist, bevor es vom Feuer „bewegt", d. h. entzündet wird und dann in Wirklichkeit heiß ist. Die Rückfragen danach, wer oder was nun das Feuer von der Möglichkeit zur Wirklichkeit des Brennens bewegt habe, und wer oder was wiederum den Beweger des Feuers bewegt habe, etc., führen zurück zu einem allerersten, absoluten Beweger – und dieser werde gemeinhin als „Gott" verstanden.

Articulus III. utrum Deus sit

[...] Respondeo dicendum ⟨esse⟩, quod Deum esse quinque viis probari potest.

prima autem et manifestior via est, quae sumitur ex parte motus. certum est enim et sensu constat aliqua moveri in hoc mundo. omne autem, quod movetur, ab alio movetur.

Nihil enim movetur, nisi secundum quod est in potentia ad illud, ad quod movetur; movet autem aliquid secundum, quod est ⟨in⟩ actu. Movere enim nihil aliud est quam educere aliquid de potentia in actum; de potentia autem non potest aliquid reduci in actum, nisi per aliquod ens in actu. sicut calidum in actu – ut ignis – facit lignum, quod est calidum in potentia, esse ⟨in⟩ actu calidum, et per hoc movet et alterat ipsum ⟨lignum⟩.

probare: beweisen **manifestus, a, um**: deutlich **viam sumere**: den Weg nehmen (*gemeint ist der erste Beweisgang*) **ex parte** *mit Gen.*: von *etwas* aus **motus, us** m.: Bewegung **sensus, us** m.: sinnliche Wahrnehmung **aliqua** n. Pl.: Dinge **(nisi) secundum quod**: *übersetze* (außer) insofern, dass **potentia, ae** f.: Möglichkeit (*gemeint ist die Potenzialität bzw. das „Möglichsein"*) **actus, us** m.: Wirklichkeit (*gemeint ist die Aktualität bzw. das „Verwirklichtsein"*) **educere**: überführen **ens, ntis** n.: das Seiende **sicut**: so **calidus, a, um**: heiß **ut** (*Adv.*): wie zum Beispiel **alterare**: verändern

non autem est possibile, ut idem sit simul in actu et potentia secundum idem, sed solum secundum diversa; quod enim est calidum in actu, non potest simul esse calidum in potentia, sed est simul frigidum in potentia.

impossibile est ergo, quod secundum idem et eodem modo aliquid sit movens et motum, vel quod moveat seipsum. omne ergo, quod movetur, oportet ab alio moveri. si ergo id, a quo movetur, moveatur, oportet et ipsum ab alio moveri et illud ab alio. hic autem non est procedere in infinitum, quia sic non esset primum movens; et per consequens nec ⟨esset⟩ aliquod aliud movens, quia moventia secunda non movent nisi per hoc, quod sunt mota a primo movente – sicut baculus non movet nisi per hoc, quod est motus a manu. ergo necesse est devenire ad aliquod primum movens, quod a nullo movetur, et hoc omnes intelligunt Deum.

simul (*Adv.*): gleichzeitig **secundum idem/secundum diversa**: *übersetze* in Bezug auf dasselbe/in Bezug auf unterschiedliche Dinge **frigidus, a, um**: kalt **eodem modo**: im selben Maße **seipsum**: sich selbst **hic** (*Adv.*): hier **procedere** (*subst. Inf.*): das Fortschreiten **per consequens**: demzufolge **moventia secunda**: die zweiten Bewegenden **baculus, i m.**: Stock **devenire**: gelangen (*gemeint ist der gedankliche Rückvollzug der Bewegung*)

Die scholastische Gnadenlehre: Bonaventura, Breviloquium 5,2 (1257)

46

✎219

Der Franziskanermönch Johannes Fidanza (Ordensname Bonaventura; 1217–1274), ein Zeitgenosse von Thomas von Aquin, legte 1257 eine „kleine Summa Theologiae" vor, in der er den christlichen Glauben katechismusartig darstellt. Im Kapitel 5 über den Heiligen Geist wird vorausgesetzt, dass Gott und Mensch eng zusammenarbeiten, damit der Mensch zum Heil kommt: Zwar muss der Mensch das Heil kraft eigenen Verdienstes erlangen, aber die göttliche Gnade ist ihm in verschiedener Hinsicht dabei behilflich. a) Zu allererst wird sie in besonderem Sinne als ein Hilfsmittel bezeichnet, das den Menschen bei der Vorbereitung auf den Empfang des Heiligen Geistes unterstützt, welcher wiederum im Menschen die Fähigkeit weckt, gute Werke zu leisten, die Gott als Verdienst ansehen kann. Diese vorbereitende und zuvorkommende Gnade (*gratia praeveniens*) schenkt Gott dem Menschen umsonst. b) Unter Gnade im eigentlichen Sinne versteht Bonaventura die (Gott) wohlgefällig machende Gnade, ohne die kein Mensch Verdienste leisten und zum Heil kommen kann. Um sie zu erlangen, muss der Mensch ein kleines, nur irgendwie angemessenes Verdienst (*meritum de congruo*) vorlegen (zu dem ihn der Heilige Geist befähigt hat, s. o.). Wenn Gott ihm daraufhin die wohlgefällig machende Gnade eingießt, hilft sie als nachfolgende Gnade (*gratia subsequens*) dem Menschen dabei, mit freiem Willen durch gute Werke an seinem Heil mitzuarbeiten und ein wirklich gleichwertiges Verdienst *(meritum de condigno)* zu leisten, das c) wiederum die Gnade weiter wachsen lässt, etc. – eine Spirale der Habitualisierung zum Guten bis hin zum ewigen Leben im Himmel. Die göttliche, gratis gegebene Gnade steht für Bonaventura also a) am Anfang der Vorbereitung als auch b) am Anfang des eigentlichen Weges zum Heil, und folgt c) auf das gute Handeln des Menschen.

(5,2) De gratia, in quantum iuvat ad bonum meritorium

[...] Specialiter dicitur gratia adiutorium divinitus datum, ut quis praeparet se ad suscipiendum spiritus sancti donum, quo perveniat ad meriti statum; et talis dicitur „gratia gratis data" et sine hac nullus sufficienter facit, quod in se est, ut se praeparet ad salutem.

Proprie vero gratia dicitur adiutorium datum divinitus ad merendum, quod quidem dicitur donum „gratiae gratum facientis", sine quo nullus potest mereri nec in bono proficere nec ad aeternam pervenire salutem. Ipsa enim tanquam radix merendi omnia merita antecedit, propter quod dictum est, quod ⟨gratia gratum faciens⟩ praevenit voluntatem, ut ⟨voluntas⟩ velit; ⟨gratia⟩ subsequitur autem, ne frustra velit.

Unde nullus ipsam ⟨gratiam⟩ mereri potest merito condigni, sed ipsa meretur augeri a deo in via ⟨vitae⟩, ut aucta mereatur et perfici in patria et gloria sempiterna ab ipso deo, cuius est gratiam infundere, augere et perficere secundum cooperationem voluntatis nostrae et secundum propositum sive beneplacitum praedestinationis aeternae. [...] liberum arbitrium cooperatur gratiae et, quod

in quantum: inwieweit **meritorium, i** n.: Verdiensterwerb **specialiter** (*Adv.*): im besonderen Sinn **adiutorium, i** n.: Hilfsmittel **divinitus** (*Adv.*): durch göttlichen Willen **quis** = aliquis **praeparare**: vorbereiten **suscipere**: annehmen **meriti status**: Zustand des Verdienstes (*gemeint ist die Möglichkeit, Verdienste leisten zu können*) **gratis** (*Adv.*): unentgeltlich **sufficienter** (*Adv.*): in ausreichendem Maße **proprie** (*Adv.*): im eigentlichen Sinn **mereri**: Verdienste leisten; verdienen **gratus, a, um**: wohlgefällig **proficere**: Fortschritte machen **tanquam** (*Adv.*): gleichsam **radix, icis** f.: Wurzel **antecedere** *mit Akk.*: *jemandem* vorausgehen **praevenire** *mit Akk.*: *jemandem* zuvorkommen **subsequi**: unmittelbar nachfolgen **frustra** (*Adv.*): vergeblich **unde** (*Adv.*): daher **meritum (con)digni**: gleichwertiges Verdienst (*gemeint ist ein Verdienst, das rechtmäßigen Anspruch auf den vollen Lohn hat; Gegensatz zum* meritum de congruo, *das auf die Gnade Gottes zurückgeht*) **augere**: vergrößern **patria, ae** f.: (himmlische) Heimat **cuius** (sc. Dei) **est** *mit Inf.*: *übersetze* dem (sc. Gott) es zukommt *zu tun* **infundere**: eingießen **secundum** *mit Akk.*: gemäß **cooperatio, onis** f.: Mitwirkung **propositum, i** n.: Plan **sive**: oder **beneplacitum, i** n: Belieben **praedestinatio, onis** f.: Vorherbestimmung **arbitrium, i** n.: Willensvermögen **cooperari** *mit Dat.*: zusammenwirken *mit jemandem*

est gratiae, suum facit. Et ideo non tantum liberum arbitrium per gratiam meretur gratiae augmentum in statu viae ⟨vitae⟩ merito digni, verum etiam ⟨gratiae⟩ complementum in statu patriae merito condigni.

suum facere: zu Seinem machen **non tantum ... verum etiam**: nicht nur, ... sondern auch **liberum arbitrium**: *Subj.* **in statu viae ⟨vitae⟩**: auf dem Weg ⟨des Lebens⟩ **complementum, i** n.: Vervollständigung **in statu patriae**: in der (himmlischen) Heimat

W.-D. Hauschild/V. H. Drecoll, Alte Kirche und Mittelalter, § 10,2.10–13.
V. Leppin, Theologie im Mittelalter, Leipzig 2007, 96–127.
N. Slenczka, Gotteslehre, in: V. Leppin (Hg.), Thomas Handbuch, Tübingen 2016, 291–306.

I.7; I.8; I.10; III.1; III.2; III.4; III.6; III.7; IV.1; IV.3; IV.5; IV.6; V.1; V.2

Quellen

Anselm, Cur Deus Homo, hg. v. F. S. Schmitt, Opera omnia, Bd. II, Edinburgh 1946, 37–133, da 47.68.86–87.101.

Thomas von Aquin, Gottes Dasein und Wesen. 1,1–13, in: Die deutsche Thomas-Ausgabe, Bd. 1, übers. v. Dominikanern und Benediktinern Deutschlands und Österreichs, hg. vom Kath. Akademikerverband, Graz [3]1982, 43–45 (lat./dt.).

Bonaventura, Opera omnia, Bd. V, hg. v. PP. Collegium a S. Bonaventura, Florenz 1891, 201–291, da 253–254.

Übersetzungen

Anselm von Canterbury, Cur Deus Homo. Warum Gott Mensch geworden. Lateinisch und deutsch, besorgt u. übers. v. F. S. Schmitt, Darmstadt [4]1986.

Bonaventura, Breviloquium, übers. v. M. Schlosser, Einsiedeln 2006.

II.8 Die mittelalterliche Mystik

47 Der mystische Aufstieg zur Gottesschau: Guigo, Scala Claustralium 1.5 (vor 1193)

✎ 220

Guigo II. der Kartäuser (gest. 1193) war Mönch und Vermögensverwalter der Grande Charteuse (der „großen Kartause"), dem im Südosten Frankreichs gelegenen Mutterkloster des Kartäuserordens. Als Vertreter der mittelalterlichen christlichen Mystik strebt er danach, zu dem verborgenen Gott aufzusteigen, ihn zu schauen und eins mit ihm zu werden. In seiner Schrift *Scala claustralium* („Leiter der Mönche") setzt Guigo das geistliche Leben der Mönche mit der alttestamentlichen Himmelsleiter (Gen 28,12) gleich. Um Gott zu schauen und so die mystische Einung mit Gott zu erreichen, muss der Mönch vier Stufen der geistlichen Übung erklimmen: a) Das Lesen der Heiligen Schrift, b) das Meditieren darüber, um das Gelesene zu verstehen, c) das Gebet zu Gott und schließlich d) die Kontemplation. Die ersten drei Stufen müssen vom Menschen selbst erklommen werden, doch bei der vierten Stufe ist Gott der Aktive, der dem Menschen entgegenkommt und ihn zu sich emporhebt. Die fleischlichen Leidenschaften würden dann von der Seele absorbiert, so dass der Mensch ganz geistlich werde.

(1) Cum die quadam, corporali manuum labore occupatus, de spiritualis hominis exercitio cogitare coepissem, quatuor spirituales gradus animo cogitanti se subito obtulerunt: scilicet Lectio, Meditatio, Oratio et Contemplatio. Haec est Scala Claustralium, qua de terra in coelum sublevantur. [...]

Est autem Lectio sedula Scripturarum cum animi intentione inspectio. Meditatio est studiosa mentis actio occultae veritatis notitiam ductu propriae rationis investigans. Oratio est devota cordis intentio in Deum pro malis amovendis et bonis adipiscendis. Contemplatio est mentis in Deum suspensae elevatio aeternae dulcedinis gaudia degustans. [...]

occupari *mit Abl.*: *mit etwas* beschäftigt sein **gradus, us** m.: Stufe **se offerre**: sich zeigen **subito** (*Adv.*): plötzlich **scilicet** (*Adv.*): nämlich **scala, ae** f.: Leiter **claustralis, e**: klösterlich; *subst.* der Mönch **sublevare**: emporheben **sedulus, a, um**: emsig **intentio, onis** f.: Aufmerksamkeit **inspectio, onis** f.: Anschauen **studiosus, a, um**: eifrig **notitia, ae** f.: Kenntnis **ductus, us** m.: Leitung **investigare** *mit. Akk.*: suchen *nach* **devotus, a, um**: ergeben **intentio, onis** f.: Hinwendung **pro** *mit Gerundiv*: um zu **elevatio, onis** f.: Emporhebung **suspensus, a, um in** *mit Akk.*: auf etwas gestützt **dulcedo, inis** f.: Lieblichkeit (*gemeint ist die himmlische Seligkeit*) **degustare**: kosten

(5) Dominus autem [...] non expectat, donec ⟨animae⟩ sermonem finierint, sed medium orationis cursum interrumpens festinus ingerit se, et animae desideranti festinus occurrit [...]; merito in hac superna contemplatione ita consumuntur et absorbentur carnales motus ab anima, ut in nullo ⟨homine⟩ caro spiritui contradicta ⟨sit⟩, et fit homo quasi totus spiritualis.

expectare, donec *mit Konj.*: warten, bis **sermo, onis** m.: Rede (*gemeint ist das der Kontemplation vorangehende Gebet*) **festinus, a, um**: eilend **se ingerere**: sich hineindrängen **occurere**: entgegenlaufen **supernus, a, um**: vom Himmel herabkommend **consumere**: zerstören **absorbere**: verschlingen **motus, us** m.: Empfindung **contradictus, a, um** *mit Dat.*: im Widerspruch stehend *mit* **quasi** (*Adv.*): gleichsam

Schriftauslegung in Visionen: Hildegard von Bingen, Scivias, Protestificatio (1141–1150)

48

✎221

Die Benediktinerin Hildegard von Bingen (1098–1179) gilt als bedeutende Vertreterin der deutschen Mystik des Mittelalters. Die Universalgelehrte entwickelt in ihrem dreiteiligen Hauptwerk *Scivias* („Wisse die Wege", verfasst zwischen 1141 und 1150) in insgesamt 26 einzelnen Visionen eine heilsgeschichtliche Gesamtschau, die von der Erschaffung der Welt bis zu ihrer eschatologischen Vollendung reicht. Vorab legt sie in einer Eröffnungsvision, die bereits in den Handschriften als *protestificatio* überschrieben ist, Zeugnis darüber ab, wie sie in ihrem 43. Lebensjahr in einer Vision den göttlichen Auftrag empfing, all ihre Visionen aufzuschreiben: den Sinn der biblischen Schriften sowohl des Alten als auch des Neuen Testaments, wie er ihr offenbart wurde.

Et ecce quadragesimo tertio temporalis cursus mei anno, cum caelesti visioni magno timore et tremula intentione inhaererem, vidi maximum splendorem, in quo facta est vox de caelo ad me dicens: „O homo fragilis, et cinis cineris, et putredo putredinis, dic et scribe, quae vides et audis. [...]"

Et repente intellectum expositionis librorum, videlicet psalterii, evangelii et aliorum catholicorum tam veteris quam novi testamenti voluminum sapiebam [...].

cursus temporalis: zeitliche Lebensbahn **tremulus, a, um**: zitternd **inhaerere** *mit Dat.*: *etwas* verhaftet sein **intentio, onis** f.: Anspannung **splendor, oris** m.: Schein **fragilis, e**: gebrechlich **cinis, eris** m.: Asche **putredo, inis** f.: Fäulnis **repente** (*Adv.*): plötzlich **intellectum sapere**: die tiefe Erkenntnis haben **expositio, onis** f.: Auslegung **videlicet** (*Adv.*): nämlich **catholicus, a, um**: katholisch (*gemeint ist* allgemein, *von griech.* καθολικός) **tam ... quam ...**: sowohl ... als auch ... **volumen, inis** n.: Schrift(rolle)

Virtutem autem et mysterium secretarum et admirandarum visionum a puellari aetate [...] in me senseram sicut et adhuc, quod tamen nulli hominum – exceptis quibusdam paucis et religiosis, qui in eadem conversatione vivebant, qua et ego eram – manifestavi. [...]

Visiones vero, quas vidi, non eas in somnis, nec dormiens [...], percepi, sed eas vigilans et circumspecta in pura mente, oculis et auribus interioris hominis, in apertis locis, secundum voluntatem Dei accepi. [...]

Et dixi et scripsi haec non secundum adinventionem cordis mei aut ullius hominis, sed ut ea in caelestibus vidi, audivi et percepi per secreta mysteria Dei.

Et iterum audivi vocem de caelo mihi dicentem: „Clama ergo et scribe sic“.

virtus, utis f.: Kraft **mysterium, i** n.: Geheimnis **secretus, a, um**: verborgen **admirandus, a, um**: bewundernswert **puellaris, e**: Mädchen- **adhuc** (*Adv.*): bis jetzt **exceptis quibusdam paucis et religiosis** (*Abl. abs.*): *übersetze* wenige bestimmte Ordensleute ausgenommen **conversatio, onis** f.: (klösterlicher) Lebenswandel **manifestare**: offenbaren **in somnis** = in somniis → somnium, i n.: Traum **dormire**: schlafen **percipere**: wahrnehmen **vigilare**: wach sein **circumspectus, a, um**: aufmerksam **in apertis locis**: *übersetze* in aller Öffentlichkeit **secundum** *mit Akk.*: gemäß **adinventio, onis** f.: Erfindung **caeleste, is** n.: himmlische Sphäre **iterum** (*Adv.*): erneut **clamare**: laut bezeugen

49 Die Verurteilung der Beginen und Begarden in Vienne: Konstitution „Ad nostrum qui“ (1311/1312)

✎ 221

Die mystische Bewegung fasste nicht nur im Mönchtum, sondern auch in semireligiösen Kreisen Fuß. Seit Anfang des 13. Jh. führten Frauen ein geistliches Leben in klosterähnlichen Gemeinschaften, ohne ein auf Dauer angelegtes Gelübde abzulegen oder einer kirchlich approbierten Klosterregel zu folgen. Die Herkunft ihrer Bezeichnung als „Beginen“ (*beguinae*) ist nicht geklärt; ebenso wenig die Bezeichnung „Begarden“ (*beguardi*) für Männer, die in vergleichbaren Lebensgemeinschaften lebten. Mitunter wurden in solchen Gemeinschaften mystische Frömmigkeitsformen gepflegt, die einen Aufstieg zu Vollkommenheit und Sündlosigkeit, unterstützt vom Heiligen Geist, bereits im irdischen Leben für möglich hielten. Kirchlichen Autoritäten waren die Beginen und Begarden daher suspekt, denn sie befürchteten nicht nur häretische Irrlehren, sondern auch, dass daraus sittlicher Libertinismus sowie Ungehorsam der Kirche gegenüber erwüchse. Das Konzil von Vienne (Stadt an der Rhône; 1311–1312) führte das Aufkommen der Bewegung im Deutschen Reich (*regnum Alemanniae*) auf den Teufel zurück und verurteilte die mystischen Lehren der Beginen und Begarden.

Ad nostrum, qui desideranter in votis gerimus, ut fides catholica nostris prosperetur temporibus et pravitas haeretica de finibus fidelium exstirpetur, non sine displicentia grandi pervenit auditum, quod secta quaedam abominabilis quorundam hominum malignorum, qui beguardi, et quarundam infidelium mulierum, quae beguinae vulgariter appellantur, in regno Alemanniae procurante satore malorum operum damnabiliter insurrexit tenens et asserens doctrina sua sacrilega et perversa inferius designatos errores:

Primo videlicet quod homo in vita praesenti tantum et talem perfectionis gradum potest acquirere, quod reddetur penitus impeccabilis et amplius in gratia proficere non valebit. Nam, ut dicunt, si quis semper posset proficere, posset aliquis Christo perfectior inveniri. [...]

Secundo, quod ieiunare non oportet hominem nec orare, postquam gradum perfectionis huiusmodi fuerit assecutus, quia tunc sensualitas est ita perfecte spiritui et rationi subiecta, quod homo potest libere corpori concedere, quicquid placet.

Tertio, quod illi, qui sunt in praedicto gradu perfectionis et spiritu libertatis, non sunt humanae subiecti oboedientiae nec ad aliqua praecepta ecclesiae obligantur, quia, ut asserunt, ubi spiritus domini, ibi libertas ⟨est⟩.

ordne und übersetze: **ad nostrum ... auditum pervenit**: es ist uns ... zu Ohren gekommen **desideranter** (*Adv.*): sehnsüchtig **in votis gerere**: im Herzen tragen **catholicus, a, um**: katholisch (*gemeint ist* allgemein, *von griech.* καθολικός) **prosperari**: gedeihen **pravitas, atis** f.: Verkommenheit **fines, ium** m. Pl.: Bereich **exstirpare**: herausreißen **displicentia, ae** f.: Missfallen **secta, ae** f.: Sekte **abominabilis, e**: verabscheuungswürdig **malignus, a, um**: bösartig **vulgariter** (*Adv.*): im Volksmund **procurante satore malorum operum**: *übersetze* unter der Fürsorge des Sämanns böser Werke (*gemeint ist* durch das Werk des Teufels) **damnabiliter** *(Adv.):* auf verdammenswerte Weise **insurgere**: auftreten **tenere**: behaupten **asserere**: vertreten **sacrilegus, a, um**: frevelhaft **inferius designatus**: unten beschrieben **videlicet** (*Adv.*): nämlich **gradus, us** m.: Grad **acquirere, quod**: erreichen, dass **reddi** (*Inf. Pass.*): werden **penitus** (*Adv.*): völlig **impeccabilis, e**: sündlos **proficere**: vorankommen **ieiuniare**: fasten **fuerit assecutus** → assequi (assequor, assecutus sum): erreichen (*entspricht Konj. Perf.*) **sensualitas, atis** f.: Sinnlichkeit **subicere** (subicio, subieci, subiectum): unterwerfen **libere** (*Adv.*): ungehindert **concedere**: gewähren **quicquid**: was auch immer **praedictus, a, um**: zuvor genannt **oboedientia, ae** f.: Gehorsam **praeceptum, i** n.: Vorschrift **obligari ad**: sich binden an

W.-D. Hauschild/V. H. Drecoll, Alte Kirche und Mittelalter, § 6,12; § 10,5.15.18.
V. Leppin, Die christliche Mystik, München 2007, 56–112.
P. Dinzelbacher, Deutsche und niederländische Mystik des Mittelalters, Berlin/Boston 2012, 47–62.82–111.153–174.

I.2; I.6; I.8; II.1; II.3; II.7; III.2; IV.2; IV.7

Quellen

Guigo II, Epistola De Vita Contemplativa (Scala claustralium), hg. v. E. Colledge/J. Walsh, SC 163, Paris 1970, 82–123, da 84.96.
Hildegard von Bingen, Scivias, hg. v. A. Führkötter/A. Carlevaris, CCCM 43, Turnhout 1978, 3–6.
Conciliorum Oecumenicorum Decreta, hg. v. G. Alberigo u. a., consultante H. Jedin, Bologna 1973, 336–401, da 383.

Übersetzungen

D. Tibi, Guigo, Scala claustralium. Die Leiter der Mönche zu Gott. Eine Hinführung zur lectio divina, Nordhausen ²2009.
M. Heieck, Wisse die Wege. Liber Scivias. Eine Schau von Gott und Mensch in Schöpfung und Zeit, Beuron ³2013.
DH 891–908.

II.9 Kirchenkritik und Konzilien

Das Konzil von Konstanz: Dekret „Haec Sancta" (1415)

50

✎ 222

Das Konzil von Konstanz (1414–1418) gilt als ein Weltereignis, das schon 100 Jahre vor Martin Luther den päpstlichen Primatsanspruch der Autorität eines Konzils unterordnete. In dem Dekret *Haec Sancta,* das die Konzilsväter, die aus dem gesamten Abendland zu dem „Gipfeltreffen des Mittelalters" in der Stadt am Bodensee zusammengekommen waren, am 6. April 1415 verabschiedeten, beansprucht das Konstanzer Konzil, seine Vollmacht unmittelbar von Christus erhalten zu haben und daher die gesamte irdische Kirche zu repräsentieren. Deshalb müsse jeder Mensch – auch der Papst – den Entscheidungen Gehorsam zollen, welche die Konzilsväter in den ihnen aufgetragenen drei Arbeitsbereichen treffen würden: in Angelegenheiten a) des Glaubens (*causa fidei*), b) der Überwindung des abendländischen Schismas – es gab damals drei miteinander konkurrierende Päpste – zur Einung der Kirche (*causa unionis*) und c) der allgemeinen Kirchenreform (*causa reformationis*).

Haec sancta synodus Constantiensis [...] ad laudem omnipotentis Dei in Spiritu sancto legitime congregata [...] ordinat, diffinit, statuit, decernit, et declarat, ut sequitur:

Et primo declarat ⟨synodus⟩, quod ipsa in Spiritu sancto legitime congregata generale concilium faciens et ecclesiam catholicam militantem repraesentans potestatem a Christo immediate habet; cui ⟨synodo⟩ quilibet, cuiuscumque status vel dignitatis – etiam si papalis ⟨dignitas⟩ exsistat –, obedire tenetur in his, quae pertinent ad fidem et exstirpationem dicti schismatis ac generalem reformationem dictae ecclesiae dei in capite et in membris [...].

Item, declarat ⟨synodus⟩, quod quicumque cuiuscumque conditionis, status, dignitatis – etiam si papalis existat –, qui mandatis,

synodus, i f.: Synode **Constantiensis, e:** zu Konstanz gehörig, von Konstanz **legitime** (*Adv.*): rechtmäßig **congregare:** versammeln **ordinare:** anordnen **diffinire:** festsetzen **catholicus, a, um:** katholisch (*gemeint ist* allgemein, *von griech.* καθολικός) **militare:** streiten **immediate** (*Adv.*): unmittelbar **quilibet ... obedire tenetur:** *übersetze* jeder ... ist zu Gehorsam verpflichtet **cuiuscumque status vel dignitatis:** *übersetze* von welchem Stand oder Würde auch immer **papalis, e:** päpstlich **exsistere:** sein **pertinere ad:** *etwas* betreffen **exstirpatio, onis** f.: Ausrottung **reformatio, onis** f.: Reform **membrum, i** n.: Glied **item** (*Adv.*): zweitens **quicumque ..., qui:** jeder ..., der **conditio, onis** f.: *hier* Beruf **mandatum, i** n.: Weisung

statutis seu ordinationibus aut praeceptis huius sacrae synodi et cuiuscumque alterius concilii generalis legitime congregati [...] obedire contumaciter contempserit, nisi resipuerit, condignae poenitentiae subiiciatur, et debite puniatur [...].

statutum, i n.: Bestimmung **seu**: oder **ordinatio, onis** f.: Verordnung **praeceptum, i** n.: Vorschrift **obedire**: gehorchen **contumaciter** (*Adv.*): hartnäckig **contemnere** (contemno, contempsi, contemptum): sich weigern **resipiscere** (resipisco, resipui): wieder zu Vernunft kommen (*Potentialis*) **condignus, a, um**: entsprechend **poenitentia, ae** f.: Buße **subiicere**: unterwerfen **debite** (*Adv.*): gebührend

51 Die Causa fidei von Konstanz – John Wyclif und Jan Hus: Bulle „Inter cunctas" 12–14 (1418)

✎ 223

Hinter der *causa fidei,* die eines der Themen des Konstanzer Konzils war, verbirgt sich der Kampf gegen den Prager Hochschullehrer und böhmischen Reformprediger Jan Hus (ca. 1370–6. Juli 1415). Jan Hus hatte scharfe Kritik an der kirchlichen Institution und ihren Amtsträgern geübt: an der weitverbreiteten Priesterehe und der vielgeübten Praxis des Ämterkaufs, am Ablass und den Missbräuchen, die damit verbunden waren. Dagegen setzte er die wahre Kirche, die er als eine unsichtbare und spirituelle Gemeinschaft all derer verstand, die zum Heil auserwählt seien. Damit hatte er sich Feinde gemacht, die – nicht ganz zutreffend – seine Lehren mit denen des radikalen englischen Kirchenkritikers John Wyclif (ca. 1330–1384) gleichsetzten, der kurz zuvor posthum als Häretiker verurteilt worden war. Grund dafür war u. a., dass Wyclif – anders als es schon Ambrosius im Eucharistiegebet überlieferte (s. T 10) – *nicht* annahm, dass sich während der Einsetzungsworte die materielle Substanz von Brot und Wein zu Leib und Blut Christi wandeln würde, wobei die Akzidenzien, d. h. Aussehen, Geschmack, Geruch etc. bestehen blieben. In der Hoffnung, auf dem Konzil seine Rechtgläubigkeit beweisen zu können, folgte Hus einer königlichen Vorladung nach Konstanz. Doch obwohl der König ihm freies Geleit gewährt hatte, wurde er gefangen gesetzt, und statt einer akademischen Disputation erfuhr er die Forderung nach dem Widerruf seiner Thesen. Da Hus auf seinem Standpunkt beharrte, wurde er am 6. Juli 1415 als „starrköpfiger Ketzer" verurteilt und öffentlich verbrannt. Damit hatten die Konzilsväter aus ihrer Sicht der *causa fidei* Genüge getan. Die päpstliche Bulle *Inter cunctas* (22. Februar 1418) bestätigt die Verwerfungen, indem sie nicht nur Lehrsätze von Wyclif und Hus wiedergibt, sondern auch aus Fragebögen zitiert, die in Häretikerprozessen Verwendung finden sollten.

(12) Tenor Articulorum Joannis Wyclif

1. Substantia panis materialis et similiter substantia vini materialis remanent in sacramento altaris.

tenor, oris m.: Inhalt **substantia, ae** f.: Substanz (*gemeint ist das dauerhafte, Eigenschaften tragende Wesen*) **similiter** (*Adv.*): ebenso **remanere**: erhalten bleiben

2. Accidentia panis non manent sine subiecto in eodem sacramento.

3. Christus non est in eodem sacramento identice et realiter in propria praesentia corporali. [...]

10. Contra Scripturam sacram est, quod viri ecclesiastici habeant possessiones. [...]

30. Excommunicatio Papae vel cuiuscumque praelati non est timenda, quia est censura antichristi.

31. Peccant fundantes claustra, et ingredientes sunt viri diabolici. [...]

(13) Tenor Articulorum Joannis Huss

1. Unica est sancta universalis Ecclesia, quae est praedestinatorum universitas. [...]

11. Non oportet credere, quod iste, quicumque est Romanus Pontifex, sit caput cuiuscumque particularis ecclesiae sanctae, nisi Deus eum praedestinaverit. [...]

13. Papa non est verus et manifestus successor Apostolorum principis Petri, si vivit moribus contrariis Petro: et si quaerit avaritiam, tunc est vicarius Iudae Iscarioth. [...]

(14) Tenor Interrogatoriorum, iuxta quae Haeretici aut de haeresi suspecti interrogari debent [...]:

8. [...] utrum credat, teneat, asserat, Iohannem Wicleff de Anglia, Iohannem Hus de Bohemia et Hieronymum de Praga fuisse haereticos et pro haereticis nominandos ac deputandos ⟨esse⟩, et libros et doctrinas eorum fuisse et esse perversos, propter quos et quas, et

accidentia, ium n. Pl.: Akzidenzien (*gemeint sind die äußeren Eigenschaften, z. B. das Aussehen des Brotes*) **subiectum, i** n.: Subjekt (*gemeint ist die unter den äußeren Eigenschaften liegende materielle Substanz, z. B. das Brot an sich*) **identice** (*Adv.*): auf identische Weise **quicumque:** welcher auch immer **praelatus, i** m.: Kirchenführer **censura, ae** f.: Urteil **fundare**: gründen **claustrum, i** n.: Kloster **universitas, atis** f.: Gesamtheit **praedestinare**: vorherbestimmen **particularis ecclesia**: Teilkirche **manifestus, a, um**: offenbart **successor, oris** m.: Nachfolger **avaritia, ae** f.: Habgier **vicarius, i** m.: Stellvertreter **interrogatorium, i** n.: Fragebogen **iuxta** *mit Akk.*: gemäß **de haeresi suspecti**: *übersetze* der Häresie verdächtigte Personen **tenere**: behaupten **asserere**: vertreten **Anglia, ae** f.: England **Bohemia, ae** f.: Böhmen **nominare/deputare pro**: bezeichnen/ansehen *als*

⟨propter⟩ eorum pertinacias, per sacrum Concilium Constantiense pro haereticis sunt condemnati.

pertinacia, ae f.: Starrköpfigkeit **condemnare pro**: verurteilen als

W.-D. Hauschild/V. H. Drecoll, Alte Kirche und Mittelalter, § 8,13–14.
B. Schmidt, Die Konzilien und der Papst. Von Pisa (1409) bis zum Zweiten Vatikanischen Konzil (1962–65), Freiburg i. Br./Basel/Wien 2013, 37–62.
P. Soukup, Jan Hus. Prediger – Reformator – Märtyrer, Stuttgart 2014.

I.0; I.1; I.2; II.2.; II.5; II.7; III.1; III.2; III.4; III.6; III.7; IV.1; IV.2; V.1, V.5

Quellen

Conciliorum oecumenicorum generaliumque decreta. The General Councils of Latin Christendom. 2,1: From Constantinople IV to Pavia-Siena (869–1424), hg. v. A. García y García, Turnhout 2013, 537.546–548.
Bullarum, diplomatum et privilegiorum sanctorum Romanorum pontificum Taurinensis editio, Bd. 4, Turin 1896, 669–673.

Übersetzungen

Dekrete der ökumenischen Konzilien, Bd. 2: Konzilien des Mittelalters, hg. und übers. v. J. Wohlmuth, Paderborn u. a. [3]2002.
DH 1151–1195.1201–1230.1247–1279.

II.10 Die neue Welt

Die Legitimation der Conquista durch Papst Alexander VI.: Bulle „Inter cetera" II i. A. (1493)

52

✎ 223

Am 12. Oktober 1492 entdeckte Christoph Kolumbus Amerika, als er auf einer Insel der Bahamas an Land ging. Um das Ziel dieser ersten und weiterer Entdeckungsreisen sowie die Eigentumsverhältnisse zu klären, ließ Papst Alexander VI. eine Urkunde, die Bulle *Inter cetera* (4. Mai 1493), ausfertigen, in der er dem Königspaar von Kastilien, das Kolumbus beauftragte hatte, nicht nur die bereits entdeckten, sondern auch die noch zu entdeckenden Gebiete westlich und südlich einer genau definierten gedachten Linie übereignete. Damit beansprucht der Papst, „Obereigentümer" der Erde zu sein, in dessen Befugnis es stehe, Teile davon zu verschenken oder als Lehen zu geben. Mit der Übereignung verbindet er nicht nur das Ziel, die nichtchristlichen Völker zu unterdrücken, sondern aus Fürsorge für das Seelenheil vor allem den Auftrag, dass das Königspaar ihnen Missionare senden solle, um sie zum christlichen Glauben zu bekehren und ihnen „gute Sitten" beizubringen.

Inter cetera divine maiestati beneplacita opera et cordis nostri desiderabilia illud profecto potissimum existit, ut fides catholica et christiana lex, nostris presertim temporibus, exaltetur ac ubilibet amplietur et dilatetur, animarumque salus procuretur ac barbare nationes deprimantur et ad fidem ipsam deducantur. [...] vestrum dilectum filium Christophorum Colon [...] destinastis, ut terras firmas et insulas remotas et incognitas huiusmodi per mare, ubi hactenus navigatum non fuerat, diligenter inquireret; [...] gentes ipsae in insulis et terris praedictis habitantes credunt unum Deum creatorem in Coelis esse, ac ad fidem Catholicam amplexandum, et bonis moribus imbuendum satis apti videntur. [...]

divine = divinae (*Dat.*) **beneplacitus, a, um**: wohlgefällig **desiderabilis, e**: wünschenswert **profecto**: tatsächlich **potissimum**: am stärksten **existere**: hervortreten **catholicus, a, um**: katholisch (*gemeint ist* allgemein, *von griech.* καθολικός) **presertim** (*Adv.*): vor allem **exaltare**: erhöhen **ubilibet** (*Adv.*): überall **ampliare**: vermehren **dilatare**: verbreiten **procurare**: sorgen für **barbare** = barbarae **deprimere**: unterdrücken **Christophorus Colon**: *Christopher Columbus* **destinastis** → destinare: senden (*angesprochen sind Ferdinand von Aragon und Isabella von Kastilien*) **terrae firmae**: Länder **remotus, a, um**: entfernt **hactenus** (*Adv.*): bisher **navigatum fuerat** → navigare: segeln (*entspricht Ind. Plqpf. Pass.*) **praedictus, a, um**: zuvor genannt **amplexari**: annehmen **imbuere** *mit Abl.*: unterweisen *in* **aptus, a, um**: geeignet

omnes insulas et terras firmas inventas et inveniendas, detectas et detegendas [...] cum omnibus illarum dominiis, civitatibus, castris, locis et villis, iuribusque et iurisdictionibus ac pertinentiis universis, vobis heredibusque et successoribus vestris [...] donamus, concedimus, et assignamus [...].

Et insuper mandamus vobis in virtute sanctae obedientiae, ut, sicut pollicemini, [...] ad terras firmas et insulas predictas viros probos et Deum timentes, doctos, peritos, et expertos, ad instruendum incolas et habitatores prefatos in fide Catholica et bonis moribus imbuendum destinare debeatis [...].

detegere: entdecken **dominium, i** n.: Besitztum **civitas, atis** f.: Stadt **locus, i** m.: *hier* Siedlung **villa, ae** f.: Gehöft **iurisdictio, onis** f.: gerichtliche Zuständigkeit **pertinentiis** = pertinentibus → pertinere: dazugehören **heres, edis** m.: Erbe **assignare**: übereignen **insuper** (*Adv.*): darüber hinaus **in virtute**: kraft **obedientia, ae** f.: Gehorsam **polliceri**: versprechen **probus, a, um**: tugendhaft **peritus, a, um**: kundig **incola, ae** m./f.: Eingeborener **habitator, oris** m.: Bewohner **prefatus, a, um**: zuvor genannt

53 Papst Paul III. über die Rechte der Indios: Bulle „Veritas Ipsa" i. A. (1537)

✎ 224

Da die Menschenwürde der Indios und ihre Fähigkeit, christlich zu glauben, in den ersten Jahrzehnten der Conquista umstritten waren, bezog Papst Paul III. mit der Bulle *Veritas ipsa* (2. Juni 1537) kraft seiner apostolischen Autorität Stellung zu dieser Frage. Unter Berufung auf den Sendungsbefehl Mt 28,19 (T 1) ordnet er an, dass die Indios als „wirkliche Menschen" wie alle anderen Völker in Freiheit leben sollen, nicht in die Sklaverei geführt werden dürfen und zum Glauben an Christus eingeladen werden sollen.

Veritas ipsa, quae nec falli, nec fallere potest, cum Praedicatores fidei ad officium praedicationis destinaret, dixisse dignoscitur: „euntes docete omnes gentes". „Omnes" dixit, absque omni defectu, cum omnes fidei disciplinae capaces existant [...].

veritas, atis f.: Wahrheit (*gemeint ist Christus*) **fallere**: täuschen **Praedicator, oris** m.: Prediger (*gemeint sind die Jünger in Mt 28,16–20*) **destinare**: bestimmen **dignoscitur** *mit NcI*: es ist bekannt, dass **euntes**: *übersetze parallel zu* docete *mit Imp.* **absque omni defectu**: *übersetze* ohne jede Ausnahme **capax, acis** *mit Gen.*: empfänglich *für* **existere**: sein

⟨Nos⟩ – attendentes Indos ipsos, ut pote veros homines, non solum Christianae fidei capaces existere, sed, ut nobis innotuit, ad fidem ipsam promptissime currere, ac volentes super his congruis remediis providere – praedictos Indos et omnes alias gentes ad notitiam christianorum in posterum deventuras, licet extra fidem existant, sua tamen libertate ac rerum suarum dominio hujusmodi uti et potiri et gaudere libere et licite posse, nec in servitutem redigi debere [...] ipsosque Indos et alias gentes verbi Dei praedicatione et exemplo bonae vitae ad dictam fidem Christi invitandos fore, Auctoritate Apostolica per praesentes litteras decernimus et declaramus [...].

beachte ⟨**Nos**⟩ **decernimus et declaramus** *mit AcI* **attendere** *mit AcI*: beachten, dass **ut pote** (*Adv.*): selbstverständlich **verus, a, um**: *hier* wirklich **innotescere** (innotesco, innotui): bekannt werden **promptissime** (*Adv.*): mit größtem Eifer **super** (*Adv.*): darüber hinaus **congruus, a, um**: entsprechend **providere alicui aliqua re**: jemanden mit etwas versorgen **praedictus, a, um**: zuvor genannt **in posterum**: in Zukunft **ad notitiam Christanorum devenire**: in Bekanntschaft mit Christen treten **licet** *mit Konj.*: wenn auch **dominium, i n.**: Verfügungsgewalt **potiri**: innehaben **licite** (*Adv.*): mit Recht **in servitutem redigere**: in die Sklaverei führen **invitandos fore**: eingeladen werden sollen **per praesentes litteras**: durch das vorliegende Schreiben

W.-D. Hauschild, Reformation und Neuzeit, § 16,8.
M. Delgado, Missionierendes Christentum und nichtchristliche Religionen im Entdeckungszeitalter, in: ders./V. Leppin/D. Neuhold (Hgg.), Schwierige Toleranz. Der Umgang mit Andersdenkenden und Andersgläubigen in der Christentumsgeschichte, Fribourg/Stuttgart 2012, 181–203.
M. Wriedt, Kirche und Kolonien in der frühen Neuzeit, Saeculum 44 (1993), 220–242.

I.0; I.1; II.3; II.4; II.6; IV.2; IV.7; V.3; V.4; V.5

Quellen

America Pontificia primi saeculi evangelizationis. Documenta pontificia ex registris et minutis praesertim in Archivo Secreto Vaticano existentibus, Bd. 1: 1592–1644, hg. v. J. Metzler, Vatikanstadt 1991, 80–83.
aaO. 364–366.

Übersetzungen

Dokumente zur Geschichte der Vereinigten Staaten von Amerika, hg. v. H. Schambeck/H. Widder/M. Bergmann, Berlin ²2007, 5–10.
K. Koschorke/F. Ludwig/M. Delgado (Hgg.), Außereuropäische Christentumsgeschichte (Asien, Afrika, Lateinamerika) 1450–1990, Kirchen- und Theologiegeschichte in Quellen, Bd. VI, ³2010, § 226.

III. Reformation

Abb. 3: Christus am Kreuz, darunter das Lamm Gottes; links der Auferstandene, der Tod und Teufel besiegt hat; rechts bringen drei Figuren die reformatorischen Grundsätze zum Ausdruck: (von links nach rechts) Johannes der Täufer, auf Christus weisend (*solus Christus*), Lucas Cranach d. Ä., betend (*sola fide*) vom Blutstrahl aus Christi Seitenwunde getroffen (*sola gratia*) die Erlösung empfangend, und Martin Luther, eine aufgeschlagene Bibel in der Hand haltend (*sola scriptura*).

Flügelaltar, Lukas Cranach d. J., Christus am Kreuz, 1554/55; Flügelaltar in der Stadtkirche St. Peter und Paul (Herderkirche) Weimar, Mitteltafel, Evang.-Luth. Kirchengemeinde Weimar; Fotograf: Constantin Beyer

III.1 Der Ablassstreit

Die spätmittelalterliche Lehre vom Ablass: Albrecht von Brandenburg, Instructio Summaria 18–19.37 (1517) 54

225

Der Beginn der Reformation wird gemeinhin auf das Jahr 1517 datiert, in dem Martin Luther sich mit 95 Thesen gegen die zeitgenössische, in der spätmittelalterlichen Frömmigkeit wurzelnde Ablasspraxis wandte. Papst Leo X. hatte mit der Bulle *Sacrosanctis* (1515) zu einem Ablass aufgerufen, der die Finanzierung des Petersdoms in Rom ermöglichen sollte; Albrecht von Brandenburg (1490–1545), neben vielen anderen weltlichen und geistlichen Ämtern auch Erzbischof von Magdeburg und Mainz, hatte es übernommen, diesen Ablass in seinem Zuständigkeitsbereich zu vertreiben. Um seine Subkommissare wie z. B. Johannes Tetzel und die anderen damit betrauten Geistlichen zu instruieren, verfasste er 1517 ein Handbuch, in dem er das richtige Vorgehen der Ablassprediger und den Inhalt der Ablasspredigten erläuterte. Im Zentrum stand die Verkündigung von vier „Hauptgnaden", die durch die Bulle gewährt würden. An erster Stelle steht die vollkommene Vergebung aller Sünden und der Nachlass der daraus folgenden Strafen im Fegefeuer für alle, die Buße tun, d. h. a) ein zerknirschtes Herz haben und Reue empfinden, b) mit dem Mund gebeichtet und ihre Sünden bekannt haben und c) durch ihren finanziellen Beitrag Genugtuung geleistet haben. Daneben werden als zweite Hauptgnade der Beicht- bzw. Ablassbrief, den man zu einer festgesetzten Gebühr erwerben konnte, um zu einem späteren Zeitpunkt von einem beliebigen Beichtvater bei Vorlage Ablass zu erhalten, und als dritte Hauptgnade die Teilhabe der Gläubigen oder ihrer verstorbenen Angehörigen an allen Gütern der Kirche, sobald erstere einen Ablassbrief gekauft haben, genannt. Die vierte Hauptgnade bezieht sich auf die Toten, deren Seelen im Fegefeuer sind. Es sei möglich, für geliebte Verstorbene auch ohne eigene Reue und Beichte Sündenvergebung und Strafnachlass zu erwirken, indem man einen Beitrag zahle.

Instructio summaria ad Subcommissarios, Penitentiarios et Confessores pro executione gratie plenissimarum indulgentiarum ac aliarum amplissimarum facultatum in favorem fabrice ecclesiae seu Basilice principis apostolorum de urbe per Sanctissimum dominum nostrum Papam Leonem decimum [...]

(18) [...] Sequuntur quattuor principales gratie per Bullam apostolicam concesse;

instructio, onis f.: Anweisung **summarius, a, um**: kurzgefasst **Subcommissarius, i** m.: Subkommissar (*Beauftragter des Bistums*) **Penitentiarius, i** m.: Ablassprediger **Confessor, oris** m.: Beichtvater **gratie** = gratiae **indulgentia, ae** f.: Ablass **amplus, a, um**: weitreichend **facultas, atis** f.: Gnadenmittel **in favorem fabric(a)e**: *übersetze* zugunsten des Baus **seu**: beziehungsweise **Basilice** = Basilicae **de urbe**: *übersetze* der Stadt Rom **principalis, e**: Haupt- **bulla apostolica**: *gemeint ist die Bulle* Sacrosanctis **concesse** = concessae → concedere (concedo, concessi, concessum): gewähren

[...] predicatores summam suam diligentiam impendere et facere debent, ⟨ut facultates⟩ singulas fidelibus efficacissime insinuando [...] interpretentur.

(19) Prima gratia est plenaria remissio omnium peccatorum; qua quidem gratia nihil maius dici potest, eo quod homo peccator et divinia gratia privatus per illam ⟨gratiam⟩ perfectam remissionem et Dei gratiam denuo consequitur. [...]

(37) Quarta principalis gratia est pro animabus in purgatorio existentibus plenaria omnium peccatorum remissio. Quam remissionem Papa dictis animabus in purgatorio existentibus per modum suffragii largitur et concedit, ita videlicet, quod pro eis in capsam ⟨talis⟩ contributio per viventes fiat, qualem unus dare aut facere pro se haberet. [...] Nec opus est, quod contribuentes pro animabus in capsam sint corde contriti et ore confessi, cum talis gratia innitatur charitati, in qua defunctus decessit, et contributioni viventis, prout ex textu Bulle claret.

predicator, oris m.: Prediger **impendere**: aufwenden **singulus, a, um**: im Einzelnen **efficacissime insinuando**: durch eindringlichstes Zureden **interpretari**: erklären **plenarius, a, um**: vollständig **remissio, onis** f.: Vergebung **quidem** (*Adv.*): gewiss **eo, quod**: deswegen, weil **privare** *mit Abl.*: berauben **denuo** (*Adv.*): von neuem **animabus** (*Dat./Abl. Pl.*) → anima **purgatorium, i** n.: Fegefeuer **existere**: sein **suffragium, i** n.: Fürbitte **largiri**: schenken **videlicet** (*Adv.*): nämlich **capsa, ae** f.: Kästchen (*gemeint ist der Geldkasten*) **contributio, onis** f.: Beitrag **unus**: *gemeint ist der Verstorbene* **dare aut facere haberet**: er hätte eigentlich zu geben und zu leisten **contritus, a, um**: reuig **confiteri**: beichten **inniti** *mit Dat.*: sich stützen *auf* **defunctus, i** m.: Verstorbener **decedere**: fortgehen **prout**: so wie **Bulle** = Bullae

55 Die 95 Thesen: Martin Luther, Disputatio pro declaratione virtutis indulgentiarum i. A. (1517)

✎ 225

Martin Luther kannte die *Instructio Summaria* Albrechts von Brandenburg (vgl. T 54), als er am 31. Oktober 1517 einem Brief an deren Verfasser 95 Thesen beifügte, in denen er gegen den geschäftsmäßigen Handel mit dem Ablass Stellung bezog. Sie bildeten die Vorlage für eine Disputation an der Universität Wittenberg, in der er die Missstände klar benannte und dagegen argumentierte: Die von Jesus geforderte Buße (Mt 4,17) beziehe sich nicht auf das vom Priester vollzogene Sakrament, sondern auf das gesamte Leben der Gläubigen, in dem sie Christus in seinen Leiden nachfolgen sollten. Luther spricht dem Papst die Fähigkeit ab, von Sünden loszusprechen oder andere Strafen

(z. B. Strafen Gottes) zu erlassen als die, die er selbst infolge seiner kirchlichen Rechtsprechung auferlegt habe. Der kirchlichen Lehre, dass die Gläubigen durch den Ablass am sogenannten „Kirchenschatz", i. e. den überschüssigen Verdiensten Christi und der Heiligen, Anteil (und dadurch Zugang zum Heil) bekämen, setzt Luther eine neue Definition des „Kirchenschatzes" entgegen, welche die zentrale Rolle des Evangeliums für die Rechtfertigung des Sünders hervorhebt. Die Thesen traten eine Kette von Ereignissen los, die zur Reformation führten.

Amore et studio elucidandae veritatis: haec subscripta disputabuntur Wittenberge Presidente Reverendo Patre Martino Lutther: Artium et Sanctae Theologie Magistro: eiusdemque ibidem Lectore Ordinario. [...]

1. Dominus et magister noster Iesus Christus dicendo: „Penitentiam agite." etc. omnem vitam fidelium penitentiam esse voluit.

2. Quod verbum de penitentia sacramentali (id est ⟨de penitentia⟩ confessionis et satisfactionis, quae sacerdotum ministerio celebratur) non potest intellegi. [...]

4. Manet itaque pena, donec manet odium sui (id est penitentia vera intus), usque ad introitum regni caelorum.

5. Papa non vult nec potest ullas penas remittere, preter eas, quas arbitrio vel suo vel canonum imposuit. [...]

62. Verus thesaurus ecclesie est sacrosanctum evangelium glorie et gratie dei. [...]

75. Opinari venias papales tantas esse, ut solvere possint hominem, etiam si quis – per impossibile – dei genitricem violasset, est insanire. [...]

94. Exhortandi sunt Christiani, ut caput suum Christum per penas, mortes infernosque sequi studeant;

elucidare: erhellen **haec subscripta**: *übersetze* die folgenden untenstehenden Sätze **Wittenberge** = Wittenbergae (*Lok.*) **reverendus, a, um**: ehrwürdig **ibidem** (*Adv.*): am gleichen Ort **lector ordinarius**: ordentlicher Professor **penitentia, ae** f.: Buße **confessio, onis** f.: Beichte **satisfactio, onis** f.: Genugtuung **sacerdos, otis** m.: Priester **celebrare**: feierlich vollziehen **intellegere de**: verstehen *in Bezug auf* **pena, ae** f.: Strafe **donec** *mit Ind.*: solange **intus** (*Adv.*): innerlich **usque ad** *mit Akk.*: bis zu **introitus, us** m.: Eintritt **remittere**: erlassen **arbitrium, i** n.: Urteil **canon, onis** m.: (kirchliches) Gesetz **imponere**: auferlegen **thesaurus, i** m.: Schatz **sacrosanctus, a, um**: hochheilig **glorie** = gloriae **gratie** = gratiae **opinari**: meinen **venia, ae** f.: Ablass **papalis, e**: päpstlich **solvere**: freisprechen (von Sünden) **per impossibile**: *übersetze* den unmöglichen Fall angenommen **genitrix, icis** f.: Mutter **violare**: vergewaltigen **insanire**: verrückt sein **exhortari**: ermutigen **pena, ae** f.: *hier* Leiden **inferni, orum** m.: *Pl.* Hölle

95. Ac sic magis per multas tribulationes intrare caelum quam per securitatem pacis confidant.

magis ... quam ...: eher ... als ... **tribulatio, onis** f.: Trübsal **confidere**: vertrauen

56 Die Bannandrohungsbulle Papst Leos X.: Bulle „Exsurge Domine" i. A. (1520)

✎226

Als Antwort auf Martin Luthers 95 Thesen verabschiedete Papst Leo X. am 15. Juni 1520 eine Bulle, mit der er ihm den Bann, d. h. den Ausschluss aus der Kirche, für den Fall androhte, dass er seine Lehren nicht widerrufe. Nachdem Gott mit einem Mischzitat aus verschiedenen biblischen Schriften angerufen wurde, werden 41 Sätze aus Luthers Schriften zitiert, die ohne weitere Begründung verworfen werden. Dazu zählt Luthers Ablehnung der Auffassung, dass *alle* Menschen (nicht nur die Gläubigen) durch den Empfang der Sakramente gerechtfertigt würden, bis auf diejenigen, die es absichtlich verhinderten. Als weitere Irrtümer Luthers werden seine Sakramentenlehre und seine Ablasskritik genannt. – Luther verbrennt am 10. Dezember 1520 vor dem Elstertor in Wittenberg sein Exemplar der Bannandrohungsbulle zusammen mit einer Ausgabe des päpstlichen „Kanonischen Rechts" *(Corpus Juris Canonici)* und weiteren Schriften. Damit trennt er sich öffentlich von der römischen Kirche.

Exsurge Domine, et iudica causam tuam [...]: inclina aurem tuam ad preces nostras, quoniam surrexerunt vulpes querentes demoliri vineam. [...] Eorum autem errorum aliquos presentibus duximus inserendos, quorum tenor sequitur, et est talis:

(I.) „Haeretica sententia est, sed usitata, sacramenta nove legis iustificantem gratiam illis dare, qui non ponunt obicem. [...]

(V.) Tres esse partes paenitentiae – Contritionem, Confessionem et Satisfactionem – non est fundatum in sacra Scriptura nec antiquis sanctis Christianis Doctoribus. [...]

(XVIII.) Indulgentiae sunt piae fraudes fidelium, et remissiones

exsurgere: sich erheben **iudicare causam**: eine Sache richten **inclinare**: neigen **surgere** (surgo, surrexi, surrectum): sich erheben **vulpes, is** f.: Fuchs (*gemeint sind die Reformatoren in Deutschland*) **querentes** = quaerentes **demoliri**: verwüsten **vinea, ae** f.: Weinberg **ducere** *mit AcI*: glauben, dass **presentibus inserere**: in dem vorliegenden Schreiben anführen **tenor, oris** m.: Inhalt **usitatus, a, um**: *hier* häufig geäußert **nove** = novae **iustificare**: rechtfertigen **obicem ponere**: einen Riegel vorschieben **paenitentia, ae** f.: Buße **contritio, onis** f.: Reue **satisfactio, onis** f.: Genugtuung **fundare in**: begründen *in/bei* **indulgentia, ae** f.: Ablass **fraus, dis** f.: Betrug **remissiones bonorum operum**: *übersetze* Nachlassen in den guten Werken

bonorum operum; et sunt de numero eorum, quae licent, et non de numero eorum, quae expediunt. [...]“

Praefatos omnes et singulos articulos seu errores [...] veritati Catholice obviantes damnamus [...].

Insuper quia errores praefati, et plures alii continentur in libellis seu scriptis Martini Luther, dictos libellos, et omnia dicti Martini scripta seu predicationes [...] similiter damnamus, reprobamus, atque omnino reicimus [...].

[...] mandamus, quatenus [...] ipse Martinus, complices, fautores, adhaerentes [...] a praefatis erroribus, eorumque praedicatione, ac publicatione, et assertione, defensione quoque et librorum seu scripturarum editione super eisdem, sive eorum aliquo omnino desistant, librosque ac scripturas omnes et singulas praefatos errores [...] continentes comburant, vel comburi faciant.

esse de: gehören zu **expedire**: nützen **praefatus, a, um**: zuvor genannt **omnes et singulos**: samt und sonders **seu**: beziehungsweise; oder **catholicus, a, um**: katholisch (*gemeint ist* allgemein, *von griech.* καθολικός) **obviare**: widerstreiten (*zu beziehen auf* errores) **insuper** (*Adv.*): darüber hinaus **libellus, i** m.: Buch **praedicatio, onis** f.: Predigt **similiter** (*Adv.*): auf gleiche Weise **reprobare**: verurteilen **reicere**: verwerfen **quatenus** *mit Konj.*: dass **complex, icis** m.: Verbündeter **fautor, oris** m.: Unterstützer **adhaerens, ntis** m.: Anhänger **assertio, onis** f.: Behauptung **editio, onis** f.: Drucklegung **desistere a**: ablassen von **comburere**: verbrennen

V. Leppin, Martin Luther, Darmstadt 2010, 107–164.

Chr. Spehr, Der Ablass am Vorabend der Reformation. Praxis – Theologie – Kritik, in: I. Dingel u. a. (Hgg.), Initia Reformationis. Wittenberg und die frühe Reformation, Leipzig 2017, 15–33.

W. Thönissen, Luthers 95 Thesen gegen den Ablass (1517) ihre Bedeutung für die Durchsetzung und Wirkung der Reformation, in: I. Dingel (Hg.), Meilensteine der Reformation. Schlüsseldokumente der frühen Wirksamkeit Martin Luthers, Gütersloh 2014, 89–99.

I.9; II.3; II.7; II.9; III.2; III.3; III.6; III.7; IV.1; IV.4; V.5

Quellen

Dokumente zur Causa Lutheri (1517–1521), Bd. 1, hg. und komm. v. P. Fabisch/E. Iserloh, CCath 41, Münster 1988, da 257.264–269.

WA 1, 233–238, da 233.236–238.

Dokumente zur Causa Lutheri (1517–1521), Bd. 2, hg. und komm. v. P. Fabisch/E. Iserloh, CCath 41, Münster, 1991, 364–411, da 364.370–372.378.388.394.398–400.404.

Übersetzungen

Martin Luther, Lateinisch-deutsche Studienausgabe, Bd. 2: Christusglaube und Rechtfertigung, hg. v. J. Schilling, Leipzig 2006, 1–15.

DH 1451–1492.

III.2 Martin Luther und seine reformatorische Lehre

Luthers reformatorische Erkenntnis: Martin Luther, Vorrede zu den lateinischen Werken, WA 54,185–186 (1545) 57

✎ 227

Wohl in die Zeit zwischen der Abfassung der 95 Thesen (1517) und der Bannandrohungsbulle (1520), in die Zeit seiner zweiten Psalmenvorlesung, fällt Luthers sogenannte reformatorische Erkenntnis, über die er im Jahr 1545 in der Vorrede zum ersten Band seiner *Opera Latina* in einem autobiographischen Rückblick reflektiert. Er berichtet von seinem Ringen um das Verständnis des Römerbriefs. Bis dahin habe er die im Evangelium offenbarte „Gerechtigkeit Gottes“ (Röm 1,17a) als Eigenschaft Gottes verstanden, kraft derer Gott (aktiv) jedem Menschen zukommen lasse, was ihm gebühre – den vor Gott sündigen und ungerechten Menschen, zu denen Luther sich trotz seines mönchischen Lebenswandels zählte, würde Gott also eine Strafe zuteilen. Als Luther aber die Verbindung zum Kontext beachtet, d. h. den Vers vollständig gelesen habe (Röm 1,17 a+b), habe er erkannt, was Paulus meinte: Die „Gerechtigkeit Gottes“ sei eine Eigenschaft des Menschen, der (passiv) von Gott gerecht gemacht worden sei, indem er nichts mehr tue als an Gott zu glauben. Daraufhin habe Luther auch zahlreiche andere Bibelstellen im neuen Licht der reformatorischen Erkenntnis gelesen.

Interim eo anno iam redieram ad Psalterium denuo interpretandum, fretus eo, quod exercitatior essem, postquam S⟨ancti⟩ Pauli Epistolas ad Romanos, ad Galatas, et eam, quae est ad Ebraeos, tractassem in scholis. Miro certe ardore captus fueram cognoscendi Pauli in epistola ad Rom., sed obstiterat hactenus non frigidus circum praecordia sanguis, sed unicum vocabulum, quod est Cap. 1: „Iustitia Dei revelatur in illo“. Oderam enim vocabulum istud ‚Iustitia Dei‘, quod usu et consuetudine omnium doctorum doctus eram philosophice intelligere de iustitia (ut vocant) formali seu activa, qua Deus est iustus et peccatores iniustosque punit. [...]

Ego autem, qui me, utcunque irreprehensibilis monachus vivebam,

Psalterium, i n.: Buch der Psalmen **denuo** (*Adv.*): von neuem **fretus, a, um** *mit Abl.*: im Vertrauen auf **exercitatus, a, um**: geübt **tractare**: (wissenschaftlich) behandeln **schola, ae** f.: *hier* Vorlesung **mirus, a, um**: wundersam **ardor, oris** m.: Feuer **obstare**: im Wege stehen **hactenus** (*Adv.*): bis dahin **circum** *mit Akk.*: rings um **praecordia, orum** n. Pl.: Herz **revelare**: offenbaren **in illo** = in evangelio **odisse**: hassen **usus et consuetudo**: praktischer Gebrauch **philosophice** (*Adv.*): im philosophischen Sinne **intelligere de**: verstehen *als* **seu**: oder **utcunque** *mit Ind.*: wie auch immer **irreprehensibilis, e**: untadelig **monachus, i** m.: Mönch

sentirem coram Deo esse peccatorem inquietissimae conscientiae, nec mea satisfactione ⟨Deum esse⟩ placatum confidere possem, non amabam, immo odiebam iustum et punientem peccatores Deum [...]. Furebam ita saeva et perturbata conscientia, pulsabam tamen importunus eo loco Paulum, ardentissime sitiens scire, quid S⟨anctus⟩ Paulus vellet.

Donec miserente Deo meditabundus dies et noctes connexionem verborum attenderem: „Iustitia Dei revelatur in illo, sicut scriptum est: Iustus ex fide vivit“, ibi iustitiam Dei coepi intelligere eam, qua iustus dono Dei vivit, nempe ex fide; et ⟨coepi intelligere⟩ esse hanc sententiam: revelari per evangelium iustitiam Dei, scilicet passivam, qua nos Deus misericors iustificat per fidem, „sicut scriptum est: Iustus ex fide vivit.“ Hic me prorsus renatum esse sensi et apertis portis in ipsum paradisum intrasse. Ibi continuo alia mihi facies totius scripturae apparuit.

coram *mit Abl.*: vor **inquietus, a, um**: unruhig **conscientia, ae** f.: Gewissen **placare**: versöhnen **confidere**: vertrauen **immo** (*Adv.*): sondern im Gegenteil **furere**: toben **saevus, a, um**: wütend **pulsare**: abklopfen **importunus, a, um**: unverschämt **ardens, ntis**: brennend **sitire**: durstig sein **donec** *mit Konj.*: als schließlich **meditabundus, a, um**: nachdenkend **connexio, onis** f.: Verbindung **attendere** *mit Akk.*: die Aufmerksamkeit richten *auf* **nempe** (*Adv.*): nämlich **scilicet** (*Adv.*): nämlich **iustificare**: rechtfertigen **prorsus** (*Adv.*): völlig **intrasse** = intravisse **continuo** (*Adv.*): sogleich **facies, ei** f.: Gesicht

58 Von der christlichen Freiheit: Martin Luther, Tractatus de libertate Christiana, WA 7, 49.53 (1520)

✎ 228

Auf die Bannandrohungsbulle reagierte Martin Luther 1520 mit der Schrift „Von der Freyheith eines Christenmenschen“, die er in einer lateinischen Fassung an den gebildeten Papst Leo X. selbst richtete. Vor dem Hintergrund seiner reformatorischen Erkenntnis, dass der Mensch allein durch den Glauben von Gott gerechtfertigt werde, unternahm er es zu erklären, ob bzw. inwiefern der Mensch dann noch gute, gesetzesgemäße Werke tun müsse. Er setzt mit der berühmten paradoxen Doppelthese an, die dem Christenmenschen zugleich Freiheit (im Glauben) und Dienstbarkeit (in der Liebe) zuschreibt. Im ersten Teil der Schrift führt Luther aus, dass ein Christ keiner guten Werke bedarf, damit er von Gott gerechtfertigt werde; der geistliche, innere Mensch unterliege nicht dem Gesetz. Jedoch, so fährt Luther im zweiten Teil fort, bringt der durch den Glauben von Gott gerecht gemachte Mensch spontan – wie ein guter Baum gute Früchte – gute Werke im Dienst am Nächsten hervor.

Quo autem faciliorem viam rudibus (nam iis solis servio) aperiam, duo haec Themata praemitto de libertate et servitute spiritus:
Christianus homo omnium dominus est liberrimus, nulli subiectus.
Christianus homo omnium servus est officiosissimus, omnibus subiectus. [...]
Homo enim duplici constat natura, spirituali et corporali: iuxta spiritualem, quam dicunt animam, vocatur spiritualis, interior, novus homo; iuxta corporalem, quam carnem dicunt, vocatur carnalis, exterior, vetus homo. [...]
⟨Clarum est⟩ homini Christiano suam fidem sufficere pro omnibus nec operibus ei opus fore, ut iustificetur. Quod si operibus non habet opus, nec lege opus habet, si lege non habet opus, certe liber est a lege, verumque est: Iusto non est lex posita. Atque haec est Christiana illa libertas.

quo *mit Konj.*: damit **rudis, e**: unerfahren **Thema, atis** n.: *hier* Satz **subiectus, a, um**: untertan **officiosus, a, um**: dienstbar **duplex, icis**: zweifach **iuxta** *mit Akk.*: gemäß **sufficere**: ausreichen **ei opus fore** (*AcI futuri*) *mit Abl.*: er wird *etwas* nötig haben **iustificare**: rechtfertigen **quod si** *mit Ind.*: wenn aber **opus habet** *mit Abl.*: er hat *etwas* nötig **ponere**: auferlegen

W.-D. Hauschild, Reformation und Neuzeit, § 14,1–4.
R. Schwarz, Luther, Göttingen [4]2014, 35–53.93–112.
D. Korsch, Glaube und Rechtfertigung, in: A. Beutel (Hg.), Luther Handbuch, Tübingen [2]2010, 372–381.

I.8; I.9; II.7; II.8; III.1; III.4; III.6; IV.1; IV.3; IV.7; V.4

Quellen

WA 54, 179–187, da 185–186.
WA 7, 49–73, da 49.53.

Übersetzungen

Martin Luther, Lateinisch-deutsche Studienausgabe, Bd. 2: Christusglaube und Rechtfertigung, hg. v. J. Schilling, Leipzig 2006, 491–509.
aaO. 101–185.

III.3 Lutherische Reformation und katholische Reform

59 Luther auf dem Wormser Reichstag: Acta et res gestae D. Martini Lutheri, WA 7, 834–835.838 (1521)

✎228

Nachdem Luther durch die Bannbulle *Decet Romanum Pontificem* (3. Januar 1521) exkommuniziert worden war, wurde er vor den Reichstag in Worms geladen, auf dem er am 17. und 18. April 1521 vor dem Kaiser und den Fürsten verhört wurde. Am zweiten Tag des Verhörs verwies Luther auf die Frage, ob er seine Schriften widerrufen wolle, auf das Wort, mit dem Jesus selbst, als der Hohepriester Hannas ihn nach seiner Gefangennahme verhörte und ihm unrechte Rede vorwarf, Beweise gefordert habe (Joh 18,23). Daher forderte auch Luther, dass seine Lehren mit (Schrift-)Beweisen als Irrtümer widerlegt würden, denn er sei von den Hl. Schriften besiegt – nicht etwa vom Kaiser oder Papst – und in seinem Gewissen an sie gebunden.

Itaque rogo per misericordiam Dei, S⟨erenissima⟩ Maiestas vestra, Illustrissimae dominationes, aut quicunque [...] possit, reddat testimonium, convincat errores, superet scripturis Propheticis et Evangelicis; paratissimus enim ero – si edoctus fuero – quemcunque errorem revocare, eroque primus, qui libellos meos in ignem proiiciam.

Ex his arbitror liquidum fieri, me satis curasse et ponderasse discrimina et pericula seu studia et dissensiones meae doctrinae occasione in orbe excitata, de quibus heri graviter et fortiter admonitus fui. Mihi plane omnium iucundissima facies ista in rebus est videre, ob verbum dei studia et dissensiones fieri. [...]

Quando ergo S⟨erenissima⟩ Maiestas vestra dominationesque vestrae simplex responsum petunt, dabo illud neque cornutum neque dentatum in hunc modum:

rogare *mit bloßem Konj.*: bitten, dass **per**: bei **S⟨erenissima⟩ Maiestas**: durchlauchtigste Majestät (*gemeint ist Karl V.*) **dominationes, um** f. Pl.: Herrschaften (*gemeint sind die anwesenden Fürsten*) **quicunque**: wer auch immer; jedweder **convincere**: widerlegen **superare**: überwinden **edoctus fuero** → edocere (edoceo, edocui, edoctum): belehren (*entspricht Fut. II Pass.*) **proicere**: werfen **liquidus, a, um**: klar **ponderare**: abwägen **discrimen, inis** n.: Spaltung **seu**: und **studium, i** n.: Leidenschaft **dissensio, onis** f.: Auseinandersetzung **occasione**: aus Anlass **excitata**: *zu beziehen auf* discrimina/pericula/studia/dissensiones **heri** (*Adv.*): gestern **plane** (*Adv.*): geradezu **facies, ei** f.: Anblick **in rebus**: in der Wirklichkeit **ob** *mit Akk.*: wegen **quando**: wenn **neque cornutum neque dentatum**: ohne Hörner und ohne Zähne

Nisi convictus fuero testimoniis scripturarum aut ratione evidente (nam neque Papae neque conciliis solis credo, cum constet eos et errasse sepius et sibiipsis contradixisse), victus sum scripturis a me adductis; et capta conscientia in verbis dei, revocare neque possum nec volo quicquam, cum contra conscientiam agere neque tutum neque integrum sit.

convictus fuero → convincere (convinco, convici, convictum): *entspricht Fut. II Pass.* **evidens, ntis**: einleuchtend **sepius** (*Adv.*): häufiger **contradicere**: widersprechen **adducere**: anführen **capta conscientia**: *Abl. abs.* **capere in** *mit Abl.*: binden an **revocare**: widerrufen **quicquam**: etwas **integer, gra, grum**: redlich

Das Schuldbekenntnis von Papst Hadrian VI.: Instruktion an den Legaten Franz Chieregati für den Reichstag zu Nürnberg i. A. (1522/1523)

60

229

Hadrian VI., am 9. Januar 1522 zum Nachfolger von Papst Leo X. gewählt, entsandte seinen Legaten Francesco Chieregati (1478–1539) zum Nürnberger Reichstag, um die *causa Lutheri* zu klären, und gab ihm eine Instruktion mit (datiert 25. November 1522), die Chieregati am 3. Januar 1523 in Nürnberg verlas. Darin appelliert er zunächst an den Reichstag, Luther und die Seinen wegen Unruhestiftung zu beseitigen, und verweist dafür auf Luthers Kritik an den Konzilien sowie seine Verbrennung eines Exemplars des „Kanonischen Rechts" vor dem Elstertor in Wittenberg am 10. Dezember 1520. Daran schließt er jedoch ein bemerkenswertes Schuldbekenntnis an, das die Verfolgung der Kirche durch die Luther-Bewegung auf die Sünden vor allem der Priester und Prälaten zurückführt, und verspricht die langersehnte Reform der katholischen Kirche, für die sich bereits das Konzil von Konstanz vor gut 100 Jahren eingesetzt hatte.

Cum igitur Lutherus et sui concilia sanctorum patrum condemnant, sacros canones comburant et cuncta pro arbitrio suo confundant ac totum mundum perturbent, manifestum est eos tanquam publice pacis inimicos et perturbatores ab omnibus eiusdem pacis amatoribus exterminandos esse.

Item dices, nos ingenue fateri, quod deus hanc persecutionem

sacri canones: heiliges kanonisches Recht (*gemeint ist ein Exemplar des Corpus Iuris Canonici*) **comburere**: verbrennen **pro arbitrio suo**: nach ihrem Willen **confundere**: durcheinanderbringen **manifestum est** *mit AcI*: es liegt auf der Hand, dass **tanquam** (*Adv.*): als **publice** = publicae **perturbator, oris** m.: Unruhestifter **exterminare a**: entfernen von **dices**: du sollst sagen (*angesprochen ist der päpstliche Nuntius Francesco Chieregati*) **ingenue** (*Adv.*): aufrichtig

ecclesiae suae inferri permittit propter peccata hominum, maxime sacerdotum et ecclesiae praelatorum. [...]
Scimus in hac sancta sede aliquot iam annis multa abominanda fuisse, abusus in spiritualibus, excessus in mandatis, et omnia denique in perversum mutata ⟨esse⟩. Nec mirum ⟨est⟩, si aegritudo a capite in membra, a summis Pontificibus in alios inferiores Praelatos descenderit. Omnes nos (id est Praelati) et Ecclesiastici declinavimus, unusquisque in vias suas, nec fuit iam diu, qui faceret bonum, non fuit usque unum. [...]
Qua in re, quod ad nos attinet, polliceberis nos omnem operam adhibituros, ut primum curia haec, unde forte omne hoc malum processit, reformetur: Ut sicut inde corruptio in omnes inferiores emanavit, ita etiam ab eadem ⟨curia⟩ sanitas et reformatio omnium emanet. Ad quod procurandum nos tanto arctius obligatos reputamus, quanto universum mundum huiusmodi reformationem avidius desiderare videmus. [...]
Subiecimus igitur colla summe dignitati, non ob dominandi libidinem neque ad ditandos propinquos nostros, sed ad divine voluntati parendum, ad deformatam eius sponsam ecclesiam catholicam reformandam, ad subveniendum oppressis, et ⟨ad⟩ doctos ac virtute

(ecclesiae) praelatus, i m.: Kirchenführer **sedes, is** f.: Stuhl (*gemeint ist die Kurie in Rom*) **aliquot iam annis**: bereits einige Jahre lang **abominandus, a, um**: verabscheuungswürdig **abusus, us** m.: Missbrauch **excessus in mandatis**: *hier* Vergehen gegen die (göttlichen) Gebote **omnia denique**: überhaupt alles **aegritudo, inis** f.: Krankheit **membrum, i** n.: Glied **summus Pontifex**: Papst **descendere in**: sich ausbreiten auf **Ecclesiasticus, i** m.: Kleriker **declinare**: abweichen **nec fuit**: es ist keiner mehr da (*resultativ*) **non usque unum**: *übersetze* auch nicht einer **quod ad nos attinet**: soweit es uns betrifft **polliceberis** *mit AcI futuri*: *übersetze* du sollst versprechen, dass **unde**: woher **forte** (*Adv.*): wohl **inde** (*Adv.*): von dort **corruptio, onis** f.: Verderbnis **emanare in** *mit Akk.*: herausfließen auf **sanitas, atis** f.: Heilung **procurare**: sorgen für **nos tanto arctius obligatos reputamus, quanto universum mundum ... avidius desiderare videmus**: *übersetze* wir halten uns für umso fester verpflichtet, je erwartungsvoller sich die gesamte Welt, wie wir sehen, ... sehnt **subicere colla**: den Nacken unterwerfen **summe** = summae **ob** *mit Akk.*: wegen **ditare**: bereichern **divine** = divinae **parere**: gehorchen **deformatus, a, um**: entstellt **sponsa, ae** f.: Braut **catholicus, a, um**: katholisch (*gemeint ist* allgemein, *von griech.* καθολικός) **subvenire**: beistehen

preditos [...] erigendum et ornandum, et denique ad omnia alia gendum, que bonum pontificem et legittimum beati Petri successorem agere oportet.

preditus, a, um *mit Abl.*: ausgestattet mit **erigere**: ermutigen **ornare**: ehren **gendum** (*Gerundium*) → gerere: ausführen **que** = quae **legittimus, a, um**: rechtmäßig

R. Schwarz, Luther, Göttingen ⁴2014, 113–129.

H. Schilling, Martin Luther. Rebell in einer Zeit des Umbruchs. Eine Biographie, München ³2014, 180–236.

E. Iserloh, Die Päpste im Zeitalter der Reformation und das Konzil von Trient, in: M. Greschat (Hg.), Gestalten der Kirchengeschichte Bd. 12: Das Papsttum II. Vom großen Abendländischen Schisma bis zur Gegenwart, Stuttgart 1985, 53–78.

II.5; II.9; III.1; III.2; III.6; IV.1; IV.2; IV.7; V.4; V.5

Quellen

WA 7, 825–887, da 834–835.838.

Deutsche Reichstagsakten. Jüngere Reihe, Reichstagsakten unter Kaiser Karl V. Bd. 3, Gotha 1901, 390–399, da 397–398.

Übersetzungen

Th. Kaufmann (Hg.), Martin Luther, Schriften, Bd.1: Aufbruch der Reformation, Berlin 2014, 427–475.

V. Leppin (Hg.), Reformation, Kirchen- und Theologiegeschichte in Quellen, Bd. III, Neukirchen-Vluyn 2005, § 60a.

61 Luthers Sakramentenlehre: Martin Luther, De captivitate Babylonica ecclesiae i. A. (1520)

✎230

Die Schrift „Von der babylonischen Gefangenschaft der Kirche" zählt neben „Von der Freiheit eines Christenmenschen" und „An den christlichen Adel deutscher Nation von des christlichen Standes Besserung" zu den drei sog. „reformatorischen Hauptschriften" des Jahres 1520. Im thesenhaften Anfang kritisiert Luther, dass das Papsttum die Kirche ihrer Freiheit beraubt habe, wobei er verschiedene „Gefangenschaften" der Sakramente ausmacht. Luther setzt voraus, dass zwei Kriterien für ein Sakrament zusammenkommen müssen: zum einen die Sache, dass nämlich die jeweilige liturgische Handlung Sündenvergebung verheißt, zum anderen das von Christus eingesetzte Zeichen. An der bisherigen Eucharistiefeier kritisiert Luther, a) dass Laien das Zeichen verweigert werde, wenn sie das Abendmahl nicht in beiderlei Gestalt von Brot und Wein empfangen dürften (das Element Brot allein entspricht nach Luthers Ansicht nicht dem Zeichen, das Christus eingesetzt habe; vgl. z. B. Mt 26,26–28, und 1 Kor 11,23–25), b) die auf aristotelischen Vorstellungen basierende Lehre, dass im Abendmahl sich die ganze Substanz des Brotes in die Substanz des Leibes Christi, und die ganze Substanz des Weines in die Substanz seines Blutes wandle (*transsubstantiatio*; s. T 51), und c) dass die Messe als ein gutes Werk verstanden werde. *De captivitate* bildet die Grundlage der evangelischen Sakramentenlehre, mit der Luther in dieser Hinsicht den Bruch mit der katholischen Kirche vollzog.

Principio, neganda mihi sunt septem sacramenta; et tantum tria pro tempore ponenda ⟨sunt⟩: Baptismus, Poenitentia, Panis, et ⟨ponendum est⟩ haec omnia esse per Romanam curiam nobis in miserabilem captivitatem ducta, Ecclesiamque sua tota libertate spoliatam. […]

quae ⟨est⟩ utilitas […] laicis negari utranque speciem, id est, signum visibile, quando omnes concedunt eis rem sacramenti, sine signo? si rem concedunt, quae maior est, cur signum, quod minus est, non concedunt? […] Prima ergo captivitas huius sacramenti est quo ad eius substantiam seu integritatem, quam nobis abstulit Romana tyrannis. […]

principium, i n.: Anfang **et**: nämlich **tantum**: nur **pro tempore**: für den Moment **ponere**: setzen (*als These*) **poenitentia, ae** f.: Buße **spoliare** *mit Abl.*: *einer Sache* berauben **laicus, i** m.: Laie **negare**: verweigern **utraque species**: beiderlei Gestalt (*gemeint sind Brot und Wein*) **quando** *mit Ind.*: wenn **concedere**: zugestehen **quo ad**: hinsichtlich **seu**: beziehungsweise **integritas, atis** f.: Gesamtheit

Altera captivitas eiusdem sacramenti mitior est [...]. cum Evangelistae clare scribant, Christum accepisse panem ac benedixisse [...], verum oportet intelligi panem, verumque vinum, sicut verum calicem. non enim calicem transsubstantiari etiam ipsi dicunt. Transsubstantiationem vero, potestate divina factam, cum non sit necesse poni, pro figmento humanae opinionis haberi ⟨oportet⟩, quia nulla scriptura, nulla ratione nititur [...]. Sed et Ecclesia ultra mille ducentos annos recte credidit, nec usquam nec unquam de ista transsubstantiatione (portentoso scilicet vocabulo et somnio) meminerunt sancti patres, donec cepit Aristotelis simulata philosophia in Ecclesia grassari [...].

Tertia captivitas eiusdem sacramenti est longe impiissimus ille abusus, quo factum est, ut fere nihil sit hodie in Ecclesia receptius ac magis persuasum quam Missam esse opus bonum et sacrificium. [...]

vides, ad Missam digne habendam, aliud non requiri quam fidem, quae huic promissioni fideliter nitatur, Christum in his suis verbis veracem credat, et sibi haec immensa bona esse donata, non dubitet. [...]

Proprie tamen ea sacramenta vocari visum est, quae annexis signis promissa sunt. Caetera, quia signis alligata non sunt, nuda promissa sunt. Quo fit, ut, si rigide loqui volumus, tantum duo sunt in Ecclesia dei sacramenta, Baptismus et panis, cum in his solis et

alter, a, um: zweiter **mitis, e**: mild **Evangelista, ae** m.: Evangelist **benedicere**: segnen **calix, icis** m.: Kelch **transsubstantiare**: verwandeln **pro figmento humanae opinionis habere**: *übersetze* für ein Gespinst menschlicher Einbildung halten **scriptura, ae** f.: *hier* Schriftargument **ratio, onis** f.: *hier* Vernunftgrund **niti** *mit Abl.*: sich stützen *auf* **ultra** *mit Akk.*: mehr als **portentosus, a, um**: missgestaltet **scilicet** (*Adv.*): freilich **somnium, i** n.: Albtraum **meminisse de** *mit Abl.*: *etwas* erwähnen **donec** *mit Ind.*: bis **cepit** = coepit **simulare**: heucheln **grassari**: wüten **longe** (*Adv.*): bei weitem **abusus, us** m.: Missbrauch **fere** (*Adv.*): fast **receptus, a, um**: verbreitet **persuadere** (persuadeo, persuasi, persuasum): einreden **missam digne habere**: die Messe würdig abhalten **requirere**: fordern **promissio, onis** f.: Verheißung **fideliter** (*Adv.*): treu **niti** *hier mit Dat.*: sich stützen auf **verax, acis**: wahrhaftig **immensus, a, um**: unermesslich **proprie** (*Adv.*): im eigentlichen Sinne **vocare** *mit dopp. Akk.*: bezeichen als **visum est** *mit AcI*: *übersetze* es schien richtig, dass **annectere** (annecto, annexui, annexum): verbinden **promittere**: verheißen **alligare**: verknüpfen **nudus, a, um**: leer **rigide** (*Adv.*): streng **tantum** (*Adv.*): nur

institutum divinitus signum et promissionem remissionis peccatorum videamus.

Nam poenitentiae sacramentum, quod ego his duobus accensui, signo visibili et divinitus instituto caret, et aliud non esse dixi, quam viam ac reditum ad baptismum.

instituere (instituo, institui, institutum): einsetzen **divinitus** (*Adv.*): durch göttliche Fügung **remissio, onis** f.: Vergebung **accensere** *mit Dat.*: hinzuzählen *zu* **carere** *mit Abl.*: *etwas* nicht haben **reditus, us** m.: Rückkehr

62 Gesetz und Evangelium, Sünde und Gnade: Philipp Melanchthon, Loci communes, Introductio; 4,4–5.10.46–47 (1521)

✎ 231

Die *Loci communes rerum theologicarum* (Allgemeine Grundbegriffe der Theologie), die Philipp Melanchthon, der Wittenberger Griechischprofessor und Mitarbeiter Martin Luthers, 1521 verfasste, gelten als die erste evangelische Dogmatik, die im Theologiestudium die scholastischen Lehrbücher ersetzen sollte. Die *Loci* basieren auf der Auslegung der Heiligen Schrift. Kernthemen sind das Verhältnis von Gesetz und Evangelium sowie von Sünde und Gnade.

Requiri solent in singulis artibus loci quidam, quibus artis cuiusque summa comprehenditur, qui scopi vice, ad quem omnia studia dirigamus, habentur. [...]

Haec demum christiana cognitio est: scire, quid lex poscat, unde faciendae legis vim, unde peccati gratiam petas, quomodo labascentem animum adversus daemonem, carnem et mundum erigas, quomodo afflictam conscientiam consoleris.

Scilicet ista docent scholastici? Paulus in epistola, quam Romanis dicavit, cum doctrinae christianae compendium conscriberet, num de mysteriis trinitatis, de modo incarnationis, de creatione activa

requirere: heraussuchen **ars, artis** f.: Wissenschaft **locus, i** m.: Grundbegriff **summa, ae** f.: Hauptgegenstand **comprehendere**: erfassen **scopus, i** m.: Ziel **habere vice** *mit Gen.*: ansehen als **dirigere ad**: ausrichten auf **demum** (*Adv.*): schließlich **legem facere**: das Gesetz erfüllen **vis** f.: Kraft **labascere**: schwanken **erigere**: aufrichten **affligere** (affligo, afflixi, afflictum): beschweren **conscientia, ae** f.: Gewissen **consolari**: trösten **scilicet** (*Adv.*): allerdings *ordne und übersetze:* **num Paulus ... philosophabatur?**: hat etwa Paulus ... philosophiert? **dicare**: widmen **compendium, i** n.: Abriss **mysterium, i** n.: Geheimnis

et creatione passiva philosophabatur? At quid agit? Certe ⟨agit⟩ de lege, peccato, gratia, e quibus locis solis Christi cognitio pendet. [...]

4. De evangelio. [...]

(4) Duae in universum scripturae partes sunt, lex et evangelium. Lex peccatum ostendit, evangelium gratiam. Lex morbum indicat, evangelium remedium. [...]

(5) Sed sparsa est evangelii ratio, sparsae sunt promissiones in omnes libros veteris ac novi testamenti [...].

(10) Sicut lex est, qua recta mandantur, qua peccatum ostenditur, ita evangelium est promissio gratiae seu misericordiae dei adeoque condonatio peccati et testimonium benevolentiae dei erga nos. [...]

(46) [...] Lex damnat, quandoquidem per nos ei satisfieri nequit; Christus gratiam peccati donat credentibus.

(47) Saepe quidem legem etiam Christus praedicat, quod sine lege peccatum cognosci non possit, quod, nisi sentiamus ⟨peccatum⟩, vim gratiae et amplitudinem non intelligemus. Proinde simul et lex et evangelium praedicari debet, ostendi debent et peccatum et gratia.

certe (*Adv.*): doch wohl **pendere e**: abhängen von **in universum**: im Ganzen **indicare**: aufzeigen **spargere** (spargo, sparsi, sparsum): verstreuen **ratio, onis** f.: *hier* Lehre **promissio, onis** f.: Verheißung **seu**: und **adeo** (*Adv.*): insofern **condonatio, onis** f.: Vergebung **testimonium, i** n.: Zeugnis **quandoquidem** *mit Ind.*: da ja **satisfieri** → satisfacere: Genugtuung leisten **nequit**: es ist nicht möglich **peccati**: *Gen. obi.* **quidem** (Adv.): freilich **praedicare**: predigen **amplitudo, inis** f.: Größe **proinde** (*Adv.*): deswegen **simul** (*Adv.*): zugleich

Zwinglis Abendmahlsverständnis: Huldrych Zwingli, Commentarius de vera et falsa religione i. A. (1525) 63

✎ 232

Der Zürcher Reformator Huldrych Zwingli verfasste im Jahr 1525 in nur wenigen Monaten sein lateinisches Hauptwerk „Kommentar über die wahre und falsche Religion" und widmete es dem französischen König Franz I., den er zur Konversion bewegen wollte. In 29 Kapiteln stellt Zwingli in dieser ersten evangelisch-reformierten Dogmatik die seines Erachtens wahre Lehre in Abgrenzung von der falschen Lehre der Altgläubigen dar. Gleichzeitig bezieht Zwingli Position gegen die Täufer und klärt sein Verhältnis zur Theologie Martin Luthers. Im Hinblick auf das Abendmahlsverständnis greift Zwingli die Deutung des Niederländers Cornelisz Hendricxz Hoen auf, der 1524 vorschlug, das *est* der Einsetzungsworte (*Hoc est corpus meum*; Lk 22,19) im Sinne von *significat* („bedeutet") zu verstehen.

Videndum ⟨est⟩, inquam, quis sit nativus horum Christi verborum sensus; nam corporeum istum ac grossum habere nequeunt. [...] Difficultas ergo universa non in isto pronomine „hoc" sita est, sed in voce [...] „est". Nam ea in sacris literis non uno loco pro „significat" ponitur. [...]

Videndum ergo nunc est ante omnia, ut omnia quadrent, si ad hunc modum „est" pro „significat" ponamus. [...] Sic ergo habet Lucas [...]: „Et accepto pane gratias egit, fregit et dedit eis, dicens: Hoc significat corpus meum, quod pro vobis datur: Hoc facite in meam commemorationem".

Vide, o fidelis sed absurdis vincta opinionibus anima, ut hic omnia quadrent, ut nihil aut violenter auferatur, nihil addatur, sed omnia sic quadrent, ut mireris te non semper hanc vidisse sententiam. [...] Caena igitur dominica, ut eam Paulus adpellat, mortis Christi commemoratio est, non peccatorum remissio; nam ea solius mortis Christi est. [...]

Falsa ergo religio est, quae docuit huius symbolici panis usum peccata delere; nam Christus solus delet peccata, qum moritur. Mortuus est autem semel tantum [...].

nativus, a, um: ursprünglich **grossus, a, um**: grob (*gemeint ist der wörtliche Sinn*) **nequire**: nicht können **vox, cis** f.: Wort **non uno loco**: *übersetze* an nicht nur einer Stelle **quadrare**: (zusammen-) passen **pro** *mit Abl.*: anstelle **significare**: bedeuten **commemoratio, onis** f.: Gedächtnis, Erinnerung **absurdus, a, um**: unsinnig **vincire** (vincio, vinxi, vinctum): gefangen nehmen **hic** (*Adv.*): hier **nihil aut violenter**: *übersetze* nichts, auch nicht gewaltsam **auferre**: wegnehmen **mirari** *mit AcI*: sich wundern, dass **caena dominica**: Herrenmahl **adpellare**: bezeichnen **remissio, onis** f.: Vergebung **est** *mit Gen.*: es ist Sache *von* **qum** = cum *mit Ind.*: indem **semel** (*Adv.*): einmal **tantum** (*Adv.*): nur

W.-D. Hauschild, Reformation und Neuzeit, § 14,5–11; § 15,4.
O. Bayer, Martin Luthers Theologie. Eine Vergegenwärtigung, Tübingen ³2007, 231–255.
H. Scheible, Melanchthon. Vermittler der Reformation. Eine Biographie, München 2016, 70–120.168–172.
U. Gäbler, Huldrych Zwingli. Eine Einführung in sein Leben und Werk, Zürich ³2004, 61–84.

↗ I.2; I.4; I.8; II.7; II.9; III.2; III.6; III.7; IV.1; IV.3; IV.6; V.4

Quellen

WA 6, 497–573, da 501.504.507–509.512.515.572.
Melanchthons Werke in Auswahl, Bd. 2,1, hg. v. R. Stupperich, Gütersloh 1952, 1–163, da 5.7.66–67.73.
Huldreich Zwinglis sämtliche Werke, Bd. 3, CR 90, Leipzig 1914, 628–911, da 792.798–799.803.

Übersetzungen

Martin Luther, Lateinisch-deutsche Studienausgabe, Bd. 3: Die Kirche und ihre Ämter, hg. v. G. Wartenberg/M. Beyer, Leipzig 2009, 173–375.
Melanchthon, Loci Communes 1521, übers. v. H. G. Pöhlmann, Gütersloh [2]1997.
Huldrych Zwingli, Schriften, Bd. 3, hg. v. Th. Brunnschweiler/S. Lutz, Zürich 1995, 31–452.

III.5 Der reformatorische Streit um die Willensfreiheit

64 Erasmus von Rotterdam und der freie Wille: Erasmus, Diatribe de libero arbitrio 4,16 (1524)

232

Erasmus von Rotterdam (1466/9–1536) hatte, dem humanistischen Ruf „Ad fontes!" folgend, die erste Edition des Neuen Testaments im griechischen Urtext herausgegeben (1516), dessen zweite Auflage (1519) Martin Luther auf der Wartburg als Ausgangstext für seine Übersetzung des Neuen Testaments ins Deutsche diente (1522). Er war ein Reformer, der wie Luther scharfe Kirchenkritik übte. Gleichwohl kamen beide in der zentralen Frage der menschlichen Entscheidungsfreiheit in grundlegenden Konflikt. In seiner Schrift *Diatribe de libero arbitrio* (September 1524) entfaltet Erasmus in Form eines fiktiven Gesprächs die Auffassung, dass die göttliche Gnade zwar am meisten zum Heil des Menschen beitrage, dass aber auch dem menschlichen Willensvermögen ein Quäntchen Verantwortung dafür zukomme. Andernfalls würde Gott als grausamer Urheber des Bösen erscheinen; die Gläubigen würden sich in falscher Heilssicherheit wiegen und sich daher nicht mehr um eine gute Lebensführung bemühen. Zur Unterstützung seines Arguments spielt Erasmus zum einen auf das biblische Bild von Gott als dem Töpfer an, der den Menschen nach seinem Belieben wie Ton formt (vgl. Jer 18,1–6; Röm 9,21), zum anderen auf die scholastische Metapher des Baumeisters, der einem Stein nach seinem Belieben seinen Platz in der Mauer zuweist (vgl. Thomas von Aquin, Summa theologica I, q. 23, art. 5).

(4,16) Mihi placet illorum sententia, qui nonnihil tribuunt libero arbitrio, sed gratiae plurima. [...]

Cur, inquies, datur aliquid libero arbitrio? Ut ⟨aliquid⟩ sit, quod merito imputetur impiis, qui gratiae dei volentes defuerint, ut excludatur a deo crudelitatis et iniustitiae calumnia, ut excludatur a nobis desperatio, ut excludatur securitas, ut exstimulemur ad conandum. Ob has causas ab omnibus fere statuitur liberum arbitrium, sed inefficax absque perpetua dei gratia, ne quid arrogemus nobis.

Dicat aliquis: Ad quid valet liberum arbitrium, si nihil efficiat? Respondeo: Ad quid valet totus homo, si sic in illo agit deus, quem-

nonnihil: manches **tribuere**: zugestehen **arbitrium, i** n.: Willensvermögen **imputare**: anrechnen **impius, a, um**: gottlos; *subst.* Gottloser **deesse** *mit Dat.*: an einer Sache nicht teilhaben **excludere a**: fernhalten von **calumnia, ae** f.: falsche Anklage **securitas, atis** f.: Sich-in-Sicherheit-Wiegen **exstimulare**: anspornen **conari**: sich anstrengen **ob** *mit Akk.*: wegen **fere** (*Adv.*): fast **inefficax, cacis**: unwirksam **absque** *mit Abl.*: ohne **sibi arrogare**: sich anmaßen **valere**: nützlich sein

admodum figulus agit in luto et quemadmodum agere poterat in silice.

figulus, i m.: Töpfer **lutum, i** n.: Ton **silex, icis** m.: Stein

Luther und der unfreie Wille: Martin Luther, De servo arbitrio, WA 18, 634–635.685–686.783 (1525)

65

✎ 233

Schon der Titel von Martin Luthers Entgegnung *De servo arbitrio* macht deutlich, dass er sich unbeschadet der gemeinsamen humanistischen Prägung entschieden von Erasmus' theologischer Konzeption abgrenzt. Seine Schrift konnte erst im Dezember 1525 erscheinen, weil er durch die zahlreichen Ereignisse des Jahres (u. a. die Bauernkriege und seine Heirat mit Katharina von Bora) nicht eher dazu gekommen war. Luther erachtet den menschlichen Willen als unfrei wie einen Sklaven und misst ihm nichts, der göttlichen Gnade hingegen alles zu, wenn es um das Heil des Menschen geht. Das von Erasmus formulierte Problem, dass Gott ohne Annahme der menschlichen Entscheidungsfreiheit grausam und ungerecht erschiene, da er offenbar nicht alle Menschen erlöse, beantwortet Luther mit der Unterscheidung zwischen dem verkündigten bzw. offenbarten Gott (*Deus praedicatus/revelatus*) und dem verborgenen Gott (*Deus absconditus*): Gott, wie er sich uns im Christus-Logos offenbart hat, erlöst uns – verborgen bleibt uns hingegen Gottes allmächtige Seite, mit der er frei und majestätisch sowohl Leben als auch Tod wirkt.

Si Deus in nobis operatur, mutata et blande assibilata per spiritum Dei voluntas, iterum mera lubentia et pronitate ac sponte sua vult et facit, non coacte [...]. Sic humana voluntas in medio posita est, ceu iumentum; si insederit Deus, vult et vadit, quo vult Deus [...]. Si insederit Satan, vult et vadit, quo vult Satan, nec est in eius arbitrio ad utrum sessorem currere [...], sed ipsi sessores certant ob ipsum ⟨iumentum⟩ obtinendum et possidendum. [...]

Aliter de Deo vel voluntate Dei nobis praedicata, revelata, oblata, ⟨a nobis⟩ culta, et aliter de Deo non praedicato, non revelato, non oblato, non culto disputandum est. Quatenus igitur Deus sese abscondit ⟨et⟩ ignorari a nobis vult, nihil ad nos. [...]

blande (*Adv.*): zärtlich **assibilare**: einhauchen **iterum** (*Adv.*): wiederum **mera lubentia** (*Abl.*): aus reinem Vergnügen **pronitas, atis** f.: Neigung **sponte sua**: aus eigenem Antrieb **coacte** (*Adv.*): unter Zwang **ceu** (*Adv.*): wie **iumentum, i** n.: Lasttier **uter, tra, trum**: einer von beiden **sessor, oris** m.: Reiter **certare ob**: streiten um **obtinere**: einnehmen **quatenus** (*Adv.*): insofern **abscondere**: verbergen **nihil ad nos**: er geht uns nichts an

Relinquendus est igitur Deus in maiestate et natura sua, sic enim nihil nos cum illo habemus agere, nec sic voluit a nobis agi cum eo. Sed quatenus indutus et proditus est verbo suo, quo nobis sese obtulit, cum eo agimus. [...] Sic dicimus: Deus pius non deplorat mortem populi, quam operatur in illo, sed deplorat mortem, quam invenit in populo et amovere studeat. Hoc enim agit Deus praedicatus, ut, ablato peccato et morte, salvi simus. Misit enim verbum suum et sanavit eos. Caeterum Deus absconditus in maiestate neque deplorat neque tollit mortem, sed operatur vitam, mortem, et omnia in omnibus. Neque enim tum verbo suo definivit, sed liberum sese reservavit super omnia. [...]

At nunc cum Deus salutem meam, extra meum arbitrium tollens, in suum receperit, et non meo opere aut cursu, sed sua gratia et misericordia promiserit me servare, securus et certus sum, quod ille fidelis sit et mihi non mentietur. [...] Ita fit, ut – si non omnes – tamen aliqui et multi salventur, cum per vim liberi arbitrii nullus prorsus servaretur, sed in unum omnes perderemur.

induere: mitteilen **prodere**: bekannt machen **deplorare**: beweinen **operari**: bewirken **caeterum** (*Adv.*): im Übrigen **definire**: festlegen **reservare**: bewahren **at**: aber **recipere**: aufnehmen **promittere**: verheißen **securus, a, um**: sorglos **mentiri** *mit Dat.*: *jemanden* täuschen **cum** *mit Konj.*: während (*adversativ*) **vis** f.: Kraft **prorsus** (*Adv.*): überhaupt **in unum**: gemeinsam **perdere**: zugrunde richten

W.-D. Hauschild, Reformation und Neuzeit, § 11,10.

Th. Kaufmann, Luther und Erasmus, in: A. Beutel (Hg.), Luther Handbuch, Tübingen [2]2010, 142–152.

M. Eichhorn, Der Streit Luthers mit Erasmus über die Willensfreiheit, in: N. Fischer (Hg.), Die Gnadenlehre als „salto mortale" der Vernunft? Natur, Freiheit und Gnade im Spannungsfeld von Augustinus und Kant, Freiburg i. Br. 2012, 167–190.

↗ I.8; I.9; II.7; II.8; III.2; III.6; IV.1; IV.3; IV.6

Quellen

Desiderius Erasmus, De libero arbitrio diatribē sive collatio = Gespräch oder Unterredung über den freien Willen, hg. v. W. Lesowsky, 1995 Darmstadt, 188–191 (lat./dt.).

WA 18, 600–787, da 634–635.685–686.783.

Übersetzung

Martin Luther, Lateinisch-deutsche Studienausgabe, Bd. 1: Der Mensch vor Gott, hg. v. W. Härle/J. Schilling/G. Wartenberg, Leipzig 2006, 219–662.

III.6 Der Augsburger Reichstag 1530

Das Augsburger Bekenntnis: Confessio Augustana, Articuli 4.6–7.10.13 (1530)

66

234

Der Reichstag in Augsburg 1530 wurde von Kaiser Karl V. ausgeschrieben, um den Zwiespalt in der Kirche zu beseitigen, doch faktisch trafen die gegensätzlichen Religionsparteien unversöhnlich aufeinander. Johann der Beständige, Kurfürst von Sachsen, beauftragte Philipp Melanchthon damit, eine Bekenntnisschrift zu verfassen, mit der die evangelischen Reichsstände dem Kaiser zeigen wollten, dass die Reformatoren auf dem Boden der katholischen Kirche stehen und sie erneuern, nicht aber ersetzen wollten. Luther selbst konnte auf den Text kaum Einfluss nehmen, weil er sich in Reichsacht befand und daher nicht am Reichstag teilnehmen konnte. Er tat aber gegenüber dem Kurfürsten seine Zustimmung schriftlich kund und würdigte Melanchthons ausgewogene, unpolemische Formulierungen, bevor die „CA" am 25. Juni 1530 öffentlich verlesen wurde. Im theologischen Zentrum der insgesamt 28 Artikel steht Artikel 4, der die Rechtfertigung allein aus Glauben und allein aus Gnade bekennt und dessen Mitte wiederum von der Formel „um Christi willen" gebildet wird. Artikel 6 behandelt die Folgen der Rechtfertigung aus Glauben im Hinblick auf die guten Werke. Die Artikel 7, 10 und 13 befassen sich mit der Kirche und den Sakramenten.

Articulus 4 de iustificatione

Item docent ⟨ecclesiae apud nos⟩, quod homines non possint iustificari coram Deo propriis viribus, meritis aut operibus, sed gratis iustificentur propter Christum per fidem, cum credunt se in gratiam recipi et peccata remitti propter Christum, qui sua morte pro nostris peccatis satisfecit. Hanc fidem imputat Deus pro iustitia coram ipso, Rom. iii et iiii. [...]

Articulus 6 de nova obedientia

Item docent ⟨ecclesiae apud nos⟩, quod fides illa debeat bonos fructus parere, et quod oporteat bona opera mandata a Deo facere propter voluntatem Dei, non, ut confidamus per ea opera iustifica-

iustificatio, onis f.: Rechtfertigung **coram** *mit Abl.*: vor **proprius, a, um**: eigen **vis** f.: Kraft **meritum, i** n.: Verdienst **gratis** (*Adv.*): unentgeltlich **propter**: um ... willen **recipere**: aufnehmen **remittere**: vergeben **satisfacere**: Genugtuung leisten **imputare pro**: anrechnen als **obedientia, ae** f.: Gehorsam **parere**: hervorbringen **mandare**: gebieten **confidere**: vertrauen

tionem coram Deo mereri. Nam remissio peccatorum et iustificatio fide apprehenditur.

Articulus 7 de ecclesia

Item docent ⟨ecclesiae apud nos⟩, quod una sancta ecclesia perpetuo mansura sit. Est autem ecclesia congregatio sanctorum, in qua evangelium recte docetur et recte administrantur sacramenta.
Et ad veram unitatem ecclesiae satis est consentire de doctrina evangelii et administratione sacramentorum. Nec necesse est ubique esse similes traditiones humanas, seu ritus aut cerimonias ab hominibus institutas. Sicut inquit Paulus: „Una fides, unum baptisma, unus Deus et pater omnium" etc. [...]

Articulus 10 de coena domini

De coena Domini docent ⟨ecclesiae apud nos⟩, quod corpus et sanguis Christi vere adsint et distribuantur vescentibus in coena Domini; et improbant secus docentes. [...]

Articulus 13 de usu sacramentorum

De usu sacramentorum docent ⟨ecclesiae apud nos⟩, quod sacramenta instituta sint, non modo ut sint notae professionis inter homines, sed magis ut sint signa et testimonia voluntatis Dei erga nos, ad excitandam et confirmandam fidem in his, qui utuntur, proposita. Itaque utendum est sacramentis ita, ut fides accedat, quae credat promissionibus, quae per sacramenta exhibentur et ostenduntur. Damnant igitur illos, qui docent, quod sacramenta ex opere operato iustificent, nec docent fidem requiri in usu sacramentorum, quae credat remitti peccata.

mereri: verdienen **remissio, onis** f.: Vergebung **apprehendere**: erlangen **perpetuo** (*Adv.*): für immer **manere** (maneo, mansi, mansurus): bleiben **congregatio, onis** f.: Versammlung **administrare**: verwalten **seu**: oder **instituere** (instituo, institui, institutum): einrichten; einsetzen **coena, ae** f.: Mahl **vesci**: essen **improbare**: ablehnen **secus** (*Adv.*): anders **usus, us** m.: Empfang **nota, ae** f.: Erkennungszeichen **professio, onis** f.: Bekenntnis **uti** *mit Abl.*: *hier* empfangen **proponere**: geben **accedere**: hinzutreten **credere** *mit Dat.*: vertrauen *auf* **promissio, onis** f.: Verheißung **exhibere**: vor Augen stellen **operare**: vollziehen **requirere**: verlangen

Die katholische Widerlegung der Confessio Augustana: Confutatio Confessionis Augustanae, Articuli 6.7.10 (1530)

67

235

Kaiser Karl V. beauftragte 20 altgläubige Theologen, die zum Reichstag in Augsburg waren, damit, eine Widerlegung der *Confessio Augustana* (CA) zu verfassen. Diese *Confutatio* wurde fünfeinhalb Wochen nach der CA, am 3. August 1530, vor den Reichsständen verlesen. Darin wird gegen CA 6 die Bedeutung guter Werke für die Rechtfertigung festgehalten. Das Kirchenverständnis aus CA 7 wird mit dem Hinweis auf den böhmischen Reformator Jan Hus korrigiert, der ähnliches gelehrt habe, aber deshalb bereits 115 Jahre zuvor durch das Konzil von Konstanz verurteilt wurde (s. T 51). Dem Artikel über das Abendmahl (CA 10) hingegen stimmen die Verfasser der *Confutatio* auf den ersten Blick weitgehend zu, wollen ihn aber im altgläubigen Sinne präzisieren, indem sie a) die Anwesenheit von Leib und Blut Christi im Abendmahl an die Konsekration (Transsubstantiationslehre) binden, b) die Feier der Eucharistie unter einer Gestalt mit der Berufung auf die scholastische Konkomitanzlehre ermöglichen, der zufolge in der Gestalt des Brotes das Blut Christi den Leib Christi begleite und *vice versa*, und c) die Wandlung der Abendmahlselemente durch die Konsekration als notwendigen Bestandteil der Abendmahlslehre betonen.

Ad ea, quae per electorem et aliquot principes et civitates sacri Romani imperii in negotio et causis christianae et orthodoxae fidei sacrae Caesareae maiestati exhibita fuerunt, hoc christianum responsum reddi potest.

VI. De nova oboedientia

[...] Quod autem in eodem articulo iustificationem soli fidei tribuunt, ex diametro pugnat cum evangelica veritate, opera non excludente [...]. Nam et fides et bona opera sunt dona dei, quibus per misericordiam dei datur vita aeterna. [...]

VII. De ecclesia

Septimus confessionis articulus, quo affirmatur ecclesiam esse congregationem sanctorum, non potest citra fidei praeiudicium admitti, si per hoc segregentur mali et peccatores. Nam articulus ille

elector, oris m.: Kurfürst (*gemeint ist Johann der Beständige*) **aliquot** (*indekl.*): einige **princeps, cipis** m.: Fürst **negotium, i** n.: Sache **sacra Caesarea maiestas**: die heilige kaiserliche Majestät (*gemeint ist Kaiser Karl V.*) **exhibere**: vorlegen **in eodem articulo**: *gemeint ist der sechste Artikel der CA* **iustificatio, onis** f.: Rechtfertigung **tribuere**: zugestehen **ex diametro pugnare cum**: *etwas* völlig widersprechen **affirmare** *mit AcI*: bekräftigen, dass **citra** *mit Akk.*: ohne **praeiudicium, i** n. *mit Gen. obi.*: Nachteil **admittere**: annehmen **segregare**: aussondern

in Constantiensi condemnatus est concilio inter errores damnatae memoriae Joannis Huss et plane contradicit evangelio. [...]

X. De coena Domini

Decimus articulus in verbis nihil offendit, quando fatentur in eucharistia post consecrationem legitime factam corpus et sanguinem Christi substantialiter et vere adesse, si modo credant, sub qualibet specie integrum Christum adesse, ut non minus sit sanguis Christi sub specie panis per concomitantiam quam est sub specie vini et e diverso. [...] Adiicitur unum tamquam ad huius confessionis articulum valde necessarium, ut [...], omnipotenti verbo dei in consecratione eucharistiae substantiam panis in corpus Christi mutari.

Constantiense concilium: Konstanzer Konzil (1415) **damnatae memoriae Joannis Huss**: *übersetze* des Jan Hus, der verdammten Andenkens ist **plane** (*Adv.*): klar **nihil offendit**: *übersetze* er hat nichts Anstößiges **quando** *mit Ind.*: wenn **consecratio, onis** f.: Konsekration **legitime** (*Adv.*): rechtmäßig **substantialiter** (*Adv.*): wesenhaft **si modo** *mit Konj.*: solange **sub qualibet specie**: unter jeder Gestalt **integer, gra, grum**: vollständig **concomitantia, ae** f.: Konkomitanz (*von* concomitari: begleiten, mitwirken) **e diverso**: umgekehrt **adiicere ad**: hinzufügen zu

W.-D. Hauschild, Reformation und Neuzeit, § 15,1–4.
L. Grane, Die Confessio Augustana. Einführung in die Hauptgedanken der lutherischen Reformation, Göttingen 62006.
H. Immenkötter, Der Reichstag zu Augsburg und die Confutatio. Historische Einführung und neuhochdeutsche Übertragung, Münster 21981.

I.4; II.7; II.9; III.2; III.4; III.6; IV.1; IV.2; IV.3; IV.4; V.4

Quellen

I. Dingel (Hg.), Die Bekenntnisschriften der Evangelisch-Lutherischen Kirche. Vollständige Neuedition, Göttingen 2014, 84–225, da 99.101.103.105.109.
Die Confutatio der Confessio Augustana vom 3. August 1530, übers. v. H. Immenkötter, CCath 33, Münster 21981, 73–207, da 77.91.93.95.101 (lat./dt.).

Übersetzung

L. Grane, Die Confessio Augustana. Einführung in die Hauptgedanken der Reformation, Göttingen 62006.

III.7 Der reformierte Protestantismus

Zwinglis Rechenschaft über den Glauben: Huldrych Zwingli, Fidei Ratio, Articuli 5.7 (1530)

68

✎ 236

Die *Confessio Augustana* wurde von den weitaus meisten, aber nicht allen protestantischen Reichsständen getragen. Der Zürcher Reformator Huldrych Zwingli gab dem Kaiser in einem privaten Brief Rechenschaft über seinen Glauben (3. Juli 1530), und auch die vier Städte Straßburg, Konstanz, Memmingen und Lindau verfassten eine eigene Erklärung, die *Confessio Tetrapolitana* (9. Juli 1530). Beide Texte konnten auf dem Reichstag nicht verlesen werden, sondern wurden als Eingabe zu den Reichstagsakten genommen. In seiner *Fidei ratio* positioniert Zwingli sich u. a. sorgfältig und differenziert zur umstrittenen Frage der Kindertaufe. Einerseits hält er fest, dass das (Noch-) Nicht-Getauftsein von Kindern christlicher wie nichtchristlicher Eltern ohne Bedeutung für ihr Heil oder Unheil ist, denn das liege in der freien Erwählung Gottes. Andererseits distanziert er sich explizit von der Wiedertäuferbewegung, mit deren Zürcher Vertretern er bereits 1523 gebrochen hatte, und kritisiert insbesondere ihre Ablehnung der Kindertaufe. Kurz: Zwingli ist der Auffassung, dass man Kleinkinder nicht zu taufen brauche, aber taufen dürfe.

Ad Carolum, Romanorum imperatorem, Germaniae comitia Augustae celebrantem fidei Huldrychi Zuinglii ratio [...]

(5) Quinto hinc constat, si in Christo, secundo Adam, vitae restituimur, quemadmodum in primo Adam sumus morti traditi, quod temere damnamus Christianis parentibus natos pueros, imo gentium quoque pueros. [...] hoc certe adseveramus propter virtutem salutis per Christum praestitae ⟨eos⟩ praeter rem pronunciare, qui eos ⟨pueros gentium⟩ aeternae maledictioni addicunt, cum propter dictam reperationis causam, tum propter electionem dei liberam, quae non sequitur fidem; sed fides electionem sequitur. [...] Non debent igitur temere a nobis damnari, qui fidem per aetatem non habent. [...]

comitium, i n.: *Pl.* Reichstag **Augustae** (*Lok.*): in Augsburg **ratio, onis** f.: Rechenschaft **quinto** (*Adv.*): fünftens **hinc constat, ... quod**: dann steht fest, dass **restituere**: zurückgeben **temere** (*Adv.*): ohne Grund **imo** (*Adv.*): ja sogar **gentes, ium** f. Pl.: Heiden **adseverare**: behaupten **virtus, utis** f.: Kraft **praestare** (praesto, praestiti, praestitum): gewähren **praeter rem pronunciare**: wider die Tatsache predigen **maledictio, onis** f.: Verfluchung **addicere**: zusprechen **cum ... tum ...**: einerseits ... andererseits ... **reperatio, onis** f.: Wiederherstellung (*gemeint ist das durch Christus wiederhergestellte Heil der gesamten Menschheit*) **electio, onis** f.: Erwählung

(7) Credo etiam catabaptistas, dum baptismum negant infantibus fidelium, toto coelo errare, neque hic solum, sed in multis quoque aliis, de quibus non est dicendi locus. Et ad cavendum illorum sive stulticiam sive maliciam, primus contra ipsos – non sine periculo, dei auxilio fretus – et docui et scripsi, ut nunc per illius bonitatem ea lues apud nostros valde remiserit. Tam abest, ut quicquam huius seditiosae factionis receperim, docuerim aut defenderim.

catabaptista, ae m.: Wiedertäufer **dum** *mit Ind.*: *hier* wenn **infans, antis** m./f.: Kleinkind **toto coelo errare**: *übersetze* grob irren **hic** (*Adv.*): hier **cavere** *mit Akk.*: sich hüten *vor* **sive … sive …**: sei es … oder … **stulticia, ae** f.: Dummheit **malicia, ae** f.: Bosheit **fretus, a, um** *mit Abl.*: im Vertrauen *auf* **bonitas, atis** f.: Güte **lues, is** f.: Seuche **remittere**: nachlassen **tam abest, ut**: *übersetze* solchermaßen liegt es mir fern, dass **quicquam**: irgendetwas **seditiosus, a, um**: aufrührerisch **factio, onis** f.: Sekte

69 Calvins Christologie und Prädestinationslehre: Johannes Calvin, Christianae religionis institutio II 13,4; III 21,5.7; 23,12 (1559)

✎ 236

Der Genfer Reformator Johannes Calvin (1509–1564), eine Generation jünger als Martin Luther und Huldrych Zwingli, verfasste nicht nur zahlreiche Bibelkommentare, sondern auch – sein theologisches Hauptwerk – den „Unterricht in der christlichen Religion". Calvin überarbeitete die 1536 zunächst auf Latein erschienene Schrift wiederholt und fertigte jeweils französische Übersetzungen an; die fünfte und letzte, stark erweiterte lateinische Fassung, aus der die folgenden Textabschnitte entnommen sind, erschien 1559. Zwei theologische Themen sind besonders mit dem Namen Calvins verbunden: a) Der von lutherischer Seite geprägte christologische Terminus *Extracalvinisticum* bezeichnet die reformierte Lehre, dass die göttliche Natur Christi nicht etwa seit der Inkarnation im menschlichen Leib Jesu eingeschlossen und darauf begrenzt sei, sondern sich auch außerhalb (*extra*) dessen befinde (s. II 13,4). b) Als „doppelte Prädestinationslehre" wird Calvins Vorstellung bezeichnet, dass Gott in seinem ewigen Ratschluss nicht nur einige Menschen ohne ihr Verdienst zum Heil erwählte, sondern die übrigen Menschen zum Unheil vorherbestimmte (s. III 21,5.7). Luther hatte diese dunkle Kehrseite der Rechtfertigung nicht beleuchtet, sondern in der Verborgenheit des *Deus absconditus* belassen. Ähnlich jedoch wie Luther in der Rechtfertigung sieht Calvin in der Erwählung zum Heil die Motivation, ein gutes Leben zu führen (s. III 23,12).

(II 13,4) […] etsi in unam personam coaluit immensa Verbi essentia cum natura hominis, nullam tamen inclusionem fingimus. Mirabiliter enim e caelo descendit Filius Dei, ut caelum tamen non

coalescere (coalesco, coalui, coalitum): zusammenwachsen **immensus, a, um**: unermesslich **essentia, ae** f.: Wesen **inclusio, onis** f.: Einschließung **fingere**: erdichten **ut** *mit Konj.*: (in solcher Art,) dass

relinqueret: mirabiliter in utero Virginis gestari, in terris versari et in cruce pendere voluit, ut semper ⟨tamen⟩ mundum impleret, sicut ab initio. [...]

(III 21,5) [...] Praedestinationem vocamus aeternum Dei decretum, quo apud se constitutum habuit, quid de unoquoque homine fieri vellet. Non enim pari conditione creantur omnes: sed aliis vita aeterna, aliis damnatio aeterna praeordinatur. Itaque prout in alterutrum finem quisque conditus est, ita vel ad vitam vel ad mortem praedestinatum ⟨esse⟩ dicimus. [...]

(7) [...] Quod ergo Scriptura clare ostendit, dicimus: aeterno et immutabili consilio Deum semel constituisse, quos olim semel assumere vellet in salutem, quos rursum exitio devovere. Hoc consilium quoad electos in gratuita eius misericordia fundatum esse asserimus, nullo humanae dignitatis respectu. [...]

(III 23,12) [...] Si electionis scopus est vitae sanctimonia, ⟨electio⟩ magis ad eam ⟨sanctimoniam⟩ alacriter meditandam expergefacere et stimulare nos debet quam ad desidiae praetextum valere.

mirabiliter (*Adv.*): auf wundersame Weise **uterus, i** m.: Bauch **gestare**: tragen **pendere**: hängen **praedestinatio, onis** f.: Vorherbestimmung **constitutum habere**: entschieden haben **unusquisque**: jeder einzelne **par, paris**: gleich **conditio, onis** f.: Bestimmung **praeordinare**: vorher zuordnen **prout** (*Adv.*): wie **alteruter, tra, trum**: einer von beiden **finis, is** m.: Ziel **condere**: schaffen **consilium, i** n.: Ratschluss **semel** (*Adv.*): einmal **olim** (*Adv.*): einst **assumere**: annehmen **rursum** (*Adv.*): wiederum **exitium, i** n.: Verderben **devovere**: preisgeben **quoad** *mit Akk.*: in Bezug *auf* **fundare in**: gründen in **asserere**: behaupten **respectus, us** m.: Rücksicht **scopus, i** m.: Ziel **electio, onis** f.: Erwählung **sanctimonia, ae** f.: Heiligkeit **alacriter meditare**: eifrig einüben **expergefacere**: ermuntern **stimulare**: anspornen **desidia, ae** f.: Faulheit **ad praetextum valere**: als Vorwand gelten

Ein reformiertes Bekenntnis: Confessio Helvetica posterior 12.30 (1561)

70

237

Das Zweite Helvetische Bekenntnis wurde 1561 von dem Schweizer Reformator Heinrich Bullinger (1504–1575), Nachfolger Zwinglis im Pfarramt am Zürcher Großmünster, zunächst als Privatbekenntnis verfasst, bevor es von den reformierten Kirchen der Eidgenossenschaft (Ausnahme: Basel) sowie von Genf angenommen und 1566 gedruckt wurde. Dieses gesamtschweizerische Bekenntnis wurde zu einem „Meilenstein der Reformation" (Gordon) und erlangte später internationale Bedeutung, als es von den reformierten Kirchen in Österreich, Ungarn, Polen und Schottland übernommen wurde.

Bullinger hatte als Pfarrer an der reformierten Hauptkirche von Zürich das Amt des Antistes (Gemeindeleiters) inne, zu dessen Aufgaben es zählte, zwischen dem Magistrat der Stadt und der Geistlichkeit zu vermitteln. Der Obrigkeit komme die Verantwortung dafür zu, für Ruhe und Frieden zu sorgen und zu diesem Zweck gute Gesetze zu erlassen. Auch das Gesetz Gottes selbst bewertet er – im Unterschied zu Luther und Melanchthon – grundsätzlich positiv, weil es Gottes Willen für alle Lebensbereiche deutlich mache.

De lege Dei. 12.

Docemus Lege Dei exponi nobis voluntatem Dei, quid a nobis fieri velit aut nolit, quid bonum et justum, quidve malum sit et injustum. Bonam igitur et sanctam confitemur esse Legem. [...] Credimus hac lege Dei omnem Dei voluntatem, et omnia praecepta necessaria, ad omnem vitae partem plenissime tradi. [...]

De magistratu. 30.

(1) Magistratus omnis generis ab ipso Deo est institutus ad generis humani pacem ac tranquillitatem, ac ita, ut primum in mundo locum obtineat. [...]

(2) [...] Quod sane nunquam fecerit felicius, quam cum fuerit vere timens Dei ac religiosus [...], veritatis praedicationem et fidem synceram promoverit, mendacia et superstitionem omnem cum omni impietate et idololatria exciderit, ecclesiamque Dei defenderit. Equidem docemus religionis curam imprimis pertinere ad magistratum sanctum.

(3) Teneat ergo ⟨magistratus⟩ ipse in manibus verbum Dei et, ne huic contrarium doceatur, procuret; bonis item legibus ad verbum Dei compositis moderetur populum sibi a Deo creditum, eundemque in disciplina, officio, obedientiaque contineat.

exponere: aufzeigen **quidve** = vel quid **praeceptum, i** n.: Gebot **magistratus, us** m.: Obrigkeit **instituere**: einsetzen **obtinere**: innehaben **sane** (*Adv.*): allerdings **felicius** (*Adv.*): *hier* auf fruchtbarere Weise **praedicatio, onis** f.: Predigt **syncerus, a, um**: rein **promovere**: vorantreiben **mendacium, i** n.: Lüge **superstitio, onis** f.: Aberglaube **impietas, atis** f.: Unglaube **idololatria, ae** f.: Götzendienst **excidere**: ausrotten **equidem** (*Adv.*): jedenfalls **religionis**: *Gen. obi.* **imprimis** (*Adv.*): vor allem **pertinere ad**: *jemanden* angehen **procurare, ne**: dafür sorgen, dass nicht **ad verbum Dei compositus**: auf das Wort Gottes hin zusammengestellt **moderari**: lenken **credere**: anvertrauen **disciplina, ae** f.: Zucht **obedientia, ae** f.: Gehorsam

Th. Kaufmann, Erlöste und Verdammte. Eine Geschichte der Reformation, München [4]2017, 225–257.
F. Blanke, Zwinglis „Fidei ratio“ (1530), ARG 57 (1966), 96–102.
W. Neusser, Prädestination, in: H. J. Selderhuis (Hg.), Calvin Handbuch, Tübingen 2012, 307–317.
B. Gordon, Das Zweite Helvetische Bekenntnis in europäischer Perspektive, in: M. E. Hirzel/F. Mathwig (Hgg.), „... zu dieser dauernden Reformation berufen“. Das Zweite Helvetische Bekenntnis: Geschichte und Aktualität, Zürich 2020, 241–261.

I.5; I.9; I.10; II.7; III.1; III.2; III.4; III.6; IV.7; V.4

Quellen

Huldreich Zwinglis sämtliche Werke, Bd. 6.2, CR 93.2, Zürich 1968, 790–817, da 790.799.805–806.
Ioannis Calvini opera quae supersunt omnia, Bd. 2, hg. v. G. Baum/E. Cunitz/E. Reuss, CR 30, Braunschweig 1864, 352.678.683.686.708.
Reformierte Bekenntnisschriften, Bd. 2/2: 1526–1569, hg. v. A. Mühling/P. Opitz, Neukirchen-Vluyn 2009, 243–345, da 297.344.

Übersetzungen

Huldrych Zwingli, Schriften. Bd. 4, hg. v. Th. Brunnschweiler/S. Lutz, Zürich 1995, 95–131.
Johannes Calvin, Unterricht in der christlichen Religion. Institutio Christianae religionis, übers. v. O. Weber, Neukirchen-Vluyn [6]1997.
Heinrich Bullinger, Das Zweite Helvetische Bekenntnis. Ins Deutsche übertragen v. W. Hildebrandt/R. Zimmermann, Zürich [5]1998.

IV. Das konfessionelle Zeitalter

Abb. 4: Ein kaiserlicher Postreiter empfängt von Merkur, dem Götterboten, die freudige Nachricht vom Westfälischen Frieden, der 1648 in Münster und Osnabrück in zwei komplementären Verträgen ausgehandelt worden war, um sie in alle Lande zu verbreiten. Damit endete der Dreißigjährige Krieg, der in Gestalt mehrerer Religions- und Territorialkriege von 1618–1648 Mitteleuropa verwüstete. Hinter den zerbrochenen Kriegswerkzeugen, die im Vordergrund dargestellt sind, symbolisiert umfangreiches Laubwerk im Mittelgrund die grünende Hoffnung auf bessere Friedenszeiten, die sich u. a. auf die vertragliche Anerkennung vollständiger Rechtsgleichheit für katholische und protestantische Reichsstände gründete.

Flugblatt 1648, Inv.-Nr. HB711, Germanisches Nationalmuseum Nürnberg (Detail)

IV.1 Das Konzil von Trient

Schrift und Tradition: Sessio IV, Dekrete 1.2 (1546)

71

✎238

Schon Ende 1518 hatte Martin Luther an ein Konzil appelliert, und auch von altgläubiger Seite sah man Bedarf, dass ein Konzil auf die Lehren der Reformation reagiere. Es wurde am 13. Dezember 1545 im Dom von Trient, damals zum Römischen Reich deutscher Nation gehörend, eröffnet und fand in drei Tagungsperioden bis 1563 statt. In insgesamt 25 Sitzungen behandelten die Konzilsväter parallel Fragen der Lehre und der Kirchenreform. Sie schlossen diese Debatten ab, indem sie in Dekreten ihre Lehrmeinung feierlich verabschiedeten, andere Auffassungen jedoch in anschließenden Canones verwarfen.

In der vierten Sitzung am 8. April 1546 wird in zwei Dekreten der Bezugsrahmen festgelegt, innerhalb dessen die folgenden Debatten geführt werden sollen: a) Gegen das reformatorische *sola scriptura* wird die Heilige Schrift um die apostolische Tradition als Norm des überlieferten Glaubens ergänzt. b) Gegen den humanistisch-reformatorischen Rückgriff auf die Bibel in den Ursprachen wird die auf Hieronymus (347–420 n.Chr.) zurückgehende, weit verbreitete lateinische Übersetzung als der verbindliche Bibeltext festgelegt (s. T 1). Seine Interpretation liege in der Verantwortung der katholischen Kirche und müsse sich in Übereinstimmung mit der Kirchenväter-Tradition bewegen – Schriftauslegung sei also *nicht* Sache der individuellen Auseinandersetzung einzelner Christen mit der Bibel.

Sacrosancta oecumenica et generalis Tridentina Synodus, in Spiritu Sancto legitime congregata, [...] hoc sibi perpetuo ante oculos proponens ⟨est⟩, ut sublatis erroribus puritas ipsa evangelii in ecclesia conservetur, quod – promissum ante per Prophetas in Scripturis sanctis – Dominus noster Iesus Christus Dei Filius proprio ore primum promulgavit; deinde ⟨evangelium⟩ per suos Apostolos tamquam fontem omnis et salutaris veritatis et morum disciplinae omni creaturae praedicari iussit; perspiciensque ⟨est⟩ hanc veritatem et disciplinam contineri in libris scriptis et sine scripto traditionibus, quae ab ipsius Christi ore ab apostolis acceptae aut ab

sacrosanctus, a, um: hochheilig **Tridentinus, a, um**: zu Trient gehörig, von Trient **synodus, i** f.: Konzil **legitime** (*Adv.*): rechtmäßig **tollere** (tollo, sustuli, sublatum): entfernen **puritas, atis** f.: Reinheit **quod** (*rel.*): *zu beziehen auf* evangelium **promittere**: verheißen **proprius, a, um**: eigen **promulgare**: bekannt machen **tamquam** (*Adv.*): gleichsam als **salutaris, e**: heilsam **praedicare**: verkündigen **perspiciensque** ⟨**est**⟩: *übersetze* und es ⟨ist⟩ sich klar darin **sine scripto traditiones**: ungeschriebene Überflieferungen

ipsis apostolis spiritu sancto dictante quasi per manus traditae ad nos usque pervenerunt. [...]

Insuper eadem sacrosancta Synodus [...] statuit et declarat, ut haec ipsa vetus et vulgata editio, quae longo tot saeculorum usu in ipsa Ecclesia probata est, in publicis lectionibus, disputationibus, praedicationibus et expositionibus pro authentica habeatur [...].

Praeterea ⟨synodus⟩ ad coercenda petulantia ingenia decernit, ut nemo – suae prudentiae innixus, in rebus fidei et morum [...] sacram Scripturam ad suos sensus contorquens – contra eum sensum, quem tenuit et tenet sancta mater Ecclesia, cuius est iudicare de vero sensu et interpretatione Scripturarum sanctarum, aut etiam contra unanimem consensum Patrum ipsam Scripturam sacram interpretari audeat, etiamsi interpretationes nullo unquam tempore in lucem edendae forent.

spiritu sancto dictante (*Abl. abs.*): durch das Diktat des Heiligen Geistes **quasi per manus**: *übersetze* wie von Hand zu Hand **insuper** (Adv.): darüber hinaus **vulgata editio**: die gebräuchliche/Vulgata-Ausgabe **praedicatio, onis** f.: Predigt **expositio, onis** f.: Auslegung **habere pro**: als *etwas* anerkennen **coercere**: zügeln **petulans, ntis**: frech **ingenium, i** n.: Geist **inniti** (innitor, innixus sum) *mit Dat.*: sich stützen auf **contorquere**: verdrehen **tenere**: *hier* festhalten **cuius est** *mit Inf.*: der es zukommt zu ... **unanimis, e**: einmütig **patres, um** m.Pl.: Kirchenväter **audere**: wagen **in lucem edendae forent**: *übersetze* sie sollten zur Veröffentlichung gedacht sein

72 Das Dekret über die Rechtfertigung: Sessio VI, Capitula 5.7 und Canon 9 (1547)

✎ 238

Nach einem fast sieben Monate währenden, vielschichtigen Diskussionsprozess verabschieden die Konzilsväter am 13. Januar 1547 das Dekret über die Rechtfertigungslehre, mit dem sie sich von der „irrigen Lehre über die Rechtfertigung" abgrenzen und mit einer positiven Lehrformulierung auf die protestantische Herausforderung antworten wollen. Diese Antwort entwickeln sie auf der Grundlage ihrer scholastischen Herkunft und Ausbildung neu, wobei sie die Debatte von Beginn an auf einen Spezialfall, nämlich die Rechtfertigung eines Erwachsenen, beschränken. Den Konzilsvätern ist die Mitwirkung des Menschen an seiner Rechtfertigung schon in der Vorbereitungsphase ein Anliegen: Zwar mache auf dem Weg des Menschen zum Heil Gottes Gnade den Anfang, indem sie den sündengeschwächten freien Willen des Menschen erwecke. Dann aber könne er der Gnade zustimmen und sich mit ihrer Hilfe zur Gerechtigkeit vor Gott hinwenden. Von Beginn an müsse also beides zusammenwirken, damit ein Mensch vor Gott gerecht werden könne: Gottes Gnade und der menschliche Wille. Damit heben die Konzilsväter die Mit-Verantwortung der Christinnen und Christen für ihr Heil hervor.

Cap. 5. De necessitate praeparationis ad iustificationem in adultis, et unde sit

Declarat ⟨Synodus⟩ praeterea, ipsius iustificationis exordium in adultis a Dei per Christum Iesum praeveniente gratia sumendum esse [...], ut ⟨ii⟩, qui per peccata a Deo aversi erant, per eius excitantem atque adiuvantem gratiam ad convertendum se ad suam ipsorum iustificationem, eidem gratiae libere assentiendo et cooperando, disponantur [...].

Cap. 7. Quid sit iustificatio impii, et quae eius causae

Hanc dispositionem seu praeparationem iustificatio ipsa consequitur, quae non est sola peccatorum remissio, sed et sanctificatio et renovatio interioris hominis per voluntariam susceptionem gratiae et donorum, unde homo ex iniusto fit iustus et ex inimico amicus. [...]

Can. 9 Si quis dixerit sola fide impium iustificari ita, ut intelligat nihil aliud requiri, quo ad iustificationis gratiam consequendam cooperetur, et ⟨si quis dixerit⟩ nulla ex parte necesse esse eum suae voluntatis motu praeparari atque disponi: a⟨nathema⟩ s⟨it⟩.

iustificatio, onis f.: Rechtfertigung **adultus, i** m.: Erwachsener **unde**: woher **Synodus, i** f.: Konzil **exordium sumere a**: den Anfang machen bei **praevenire**: zuvorkommen **avertere** (averto, aversi, aversum): abwenden **excitare**: erwecken **libere** (*Adv.*): aus freien Stücken **assentire** *mit Dat.*: zustimmen **cooperari** *mit Dat.*: mitwirken mit **disponi ad**: zugerüstet werden für **seu**: oder **praeparatio, onis** f.: Vorbereitung **consequi**: *hier* folgen auf **remissio, onis** f.: Vergebung **voluntarius, a, um**: freiwillig **susceptio, onis** f.: Annahme **requirere**: brauchen **consequi**: *hier* erlangen **nulla ex parte**: auf keinen Fall **a⟨nathema⟩ s⟨it⟩**: er sei mit dem Anathema (*Bann*) belegt

Das Dekret über die Sakramente: Sessio VII, Prooemium; Canones 1.8 (1547)

73

239

In der siebten Sitzung am 3. März 1547 verurteilen die Konzilsväter zahlreiche Aussagen Martin Luthers über die Sakramente, die vor allem seiner Schrift *De captivitate Babylonica ecclesiae* (s. T 61) und der *Confessio Augustana* (s. T 66) entnommen sind, und schließen ihre Vertreter aus der Kirche aus. So wird gegen Luther die Siebenzahl der Sakramente festgehalten. Außerdem betonen die Konzilsväter die Wirksamkeit der Sakramente kraft der vollzogenen Sakramentshandlung und verurteilen die Auffassung, zur Erlangung der Gnade genüge allein der Glaube.

(Prooem.) Ad consummationem salutaris de iustificatione doctrinae, quae in praecedenti proxima sessione uno omnium patrum consensu promulgata fuit, consentaneum visum est, de sanctissimis Ecclesiae sacramentis agere, per quae omnis vera iustitia vel incipit, vel coepta augetur, vel amissa reparatur. [...]

Can. 1.

Si quis dixerit sacramenta novae Legis non fuisse omnia a Iesu Christo Domino nostro instituta, aut esse plura vel pauciora, quam septem, videlicet baptismum, confirmationem, Eucharistiam, paenitentiam, extremam unctionem, ordinem et matrimonium, aut etiam aliquod horum septem non esse vere et proprie sacramentum: a⟨nathema⟩ s⟨it⟩. [...]

Can. 8.

Si quis dixerit per ipsa novae Legis sacramenta ex opere operato non conferri gratiam, sed solam fidem divinae promissionis ad gratiam consequendam sufficere: a⟨nathema⟩ s⟨it⟩.

consummatio, onis f.: Vollendung **salutaris, e**: heilsam **iustificatio, onis** f.: Rechtfertigung **praecedens, ntis**: vorhergehend **uno omnium patrum consensu:** *übersetze* in einmütiger Übereinstimmung mit allen Kirchenvätern **promulgare**: bekannt geben **consentaneus, a, um**: passend **agere de**: verhandeln über **augere**: vergrößern **reparare**: wiederherstellen **nova Lex**: neuer Bund **instituere** (instituo, institui, institutum): einsetzen **videlicet** (*Adv.*): nämlich **confirmatio, onis** f.: Firmung **paenitentia, ae** f.: Buße **unctio, onis** f.: Ölung **ordo, inis** m.: Weihe **matrimonium, i** n.: Ehe **proprie** (*Adv.*): im eigentlichen Sinn **a⟨nathema⟩ s⟨it⟩**: er sei mit dem Anathema (*Bann*) belegt **operare**: vollziehen **conferre**: übertragen **promissio, onis** f.: Verheißung **sufficere**: ausreichen

W.-D. Hauschild, Reformation und Neuzeit, § 16,1–4.

K. Schatz, Allgemeine Konzilien – Brennpunkte der Kirchengeschichte, Paderborn/Stuttgart [2]2008, 165–214.

J. R. Geiselmann, Das Konzil von Trient über das Verhältnis der Heiligen Schrift und der nicht geschriebenen Traditionen, in: M. Schmaus, (Hg.), Die mündliche Überlieferung. Beiträge zum Begriff der Tradition, München 1957, 123–206.

I.0; I.4; I.9; II.7; II.9; III.1; III.3; III.4; III.6; IV.2; V.1; V.4

Quellen

Conciliorum Oecumenicorum Decreta, hg. v. J. Alberigo u. a., consultante H. Jedin, Bologna [3]1973, 660–799, da 663–664.

aaO. 672–673.679.

aaO. 684–685.

Übersetzungen

Dekrete der ökumenischen Konzilien, Bd. 3: Konzilien der Neuzeit, hg. und übers. v. J. Wohlmuth, Paderborn u. a. 2002.

IV.2 Katholische Erneuerung

74 Die Gründung der Societas Jesu: Bulle „Regimini militantis ecclesiae“ 1.4.6 (1540)

✎240

Die Reformation entfaltete zwar große Sprengkraft in Mitteleuropa, aber andere europäische Länder wie z. B. Spanien wurden kaum erfasst. Hier gab es seit dem Spätmittelalter Reformbestrebungen, die u. a. auf die Erneuerung des Ordenslebens zielten. In diesem Kontext gründet der baskische Adelige Ignatius von Loyola die *Societas Jesu*, deren Abkürzung „SJ“ Ordensangehörige bis heute als Erkennungszeichen hinter ihren Namen setzen. Am 27. September 1540 bestätigte Papst Paul III. mit einer Bulle die Ordensgründung und approbierte eine erste Fassung der Ordensregel. Darin wird festgehalten, dass der Jesuitenorden mit militärischem Eifer den christlichen Glauben durch Predigten, karitative Werke, Unterricht und Seelsorge verbreiten soll. Insbesondere verpflichten sich die Jesuiten zu bedingungslosem Gehorsam dem Papst gegenüber, der sie in jener Zeit, in der die Globalisierung des Christentums aufgrund der neuen Entdeckungen bereits in vollem Gange war, zur Mission in jeden beliebigen Winkel der Erde schicken durfte. Noch im gleichen Jahr wurde Franz Xaver (1506–1552), ein Mitbegründer der *Societas Jesu*, als Missionar nach Indien entsandt, wo er zunächst in der portugiesisch-kolonialen Hauptstadt Goa wirkte, bevor er in Südindien, auf den Molukken (einer Inselgruppe im heutigen Indonesien) und in Japan missionierte.

(1) Nuper siquidem accepimus quod dilecti filii, Ignatius de Loyola, et Petrus Faber, ac Iacobus Laynez [...] Spiritu Sancto, ut pie creditur, afflati, iam dudum e diversis mundi regionibus discedentes, in unum convenerunt, et Socii effecti, abdicatis huius saeculi illecebris, eorum vitam perpetuo Domini nostri Jesu Christi, atque Nostro et aliorum successorum Nostrorum Romanorum Pontificum servitio dedicarunt. [...]

(4) Formulae autem [...] tenor sequitur, et est talis:

Quicumque in Societate nostra, quam Iesu nomine insigniri cupimus, vult sub crucis vexillo Deo militare, et soli Domino atque Romano Pontifici, eius in terris Vicario, servire, post solemne

nuper (*Adv.*): vor kurzem **siquidem** (*Adv.*): ja **afflare**: beseelen **dudum** (*Adv.*): lange Zeit **Socius, i** m.: Gefährte **abdicare**: abschwören **saeculum, i** n.: Welt **illecebra, ae** f.: Verlockung **Nostro (servitio)**: (Dienst) an uns (*gemeint ist Papst Paul III.*) **dedicare**: widmen **formula, ae** f.: *hier* Regel **quicumque**: wer auch immer **Societas, atis** f.: Gesellschaft **insignire**: bezeichnen **vexillum, i** n.: Standarte **militare**: kämpfen **Vicarius, i** m.: Stellvertreter **solemnis, e**: feierlich

perpetuae castitatis votum proponat sibi in animo se partem esse Societatis, ad hoc potissimum institutae, ut ad profectum animarum in vita et doctrina christiana, ad fidei propagationem per publicas praedicationes et verbi Dei ministerium, Spiritualia Exercitia et charitatis opera, et nominatim per puerorum ac rudium in christianismo institutionem, ac Christi fidelium in confessionibus audiendis spiritualem consolationem praecipue intendat [...].

(6) [...] Ad maiorem tamen nostrae Societatis humilitatem, ac perfectam unuscuiusque mortificationem et voluntatum nostrarum abnegationem, summopere conducere iudicavimus, singulos nos, ultra illud commune vinculum, speciali voto adstringi; ita ut, quidquid modernus et alii Romani Pontifices pro tempore exsistentes iusserint ad profectum animarum et fidei propagationem pertinens et ad quascumque provincias nos mittere voluerint, sine ulla tergiversatione aut excusatione, illico, quantum in nobis fuerit, exsequi teneamur; sive miserint nos ad Turcas, sive ad quoscumque alios infideles, etiam in partibus, quas Indias vocant, exsistentes, sive ad quoscumque haereticos, seu schismaticos, seu ad quosvis fideles.

castitas, atis f.: Keuschheit **votum, i** n.: Gelübde **sibi in animo proponere** *mit AcI*: sich vor Augen halten, dass **potissimum** (*Adv.*): hauptsächlich **profectum, i** n.: Vorankommen **propagatio, onis** f.: Verbreitung **praedicatio, onis** f.: Predigt **Spiritualia Exercitia**: geistliche Übungen **nominatim** (*Adv.*): namentlich **rudis, is** m.: Ungebildeter **institutio, onis** f.: Unterricht **in confessionibus audiendis**: *übersetze* beim Hören der Beichten **consolatio, onis** f.: Tröstung **praecipue** (*Adv.*): vor allem **intendere ad**: streben nach **humilitas, atis** f.: Demut **unuscuiusque**: eines jeden **mortificatio, onis** f.: Abtötung **abnegatio, onis** f.: Verleugnung **summopere** (*Adv.*): äußerst **conducere**: nützlich sein **ultra** *mit Akk.*: über ... hinaus **vinculum, i** n.: Band **adstringere**: binden *ordne und übersetze*: **ut, quidquid ..., exsequi teneamur**: dass wir uns verpflichten, was auch immer ..., auszuführen **modernus, a, um**: der derzeitige **pro tempore existentes**: je zu ihrer Zeit lebend **ad ... pertinens**: was ... betrifft **quicumque**: welche auch immer **tergiversatio, onis** f.: Zögern **illico** (*Adv.*): auf der Stelle **quantum in nobis fuerit**: *übersetze* soweit es uns möglich ist **sive ... sive .../seu ... seu ...**: sei es ..., sei es ... **partes, quas Indias vocant**: die Regionen, die man „Indische" nennt (*gemeint ist möglicherweise sowohl Indien als auch Amerika*) **schismaticus, i** m.: Schismatiker **ad quosvis fideles**: zu jedweden Gläubigen

75 Ein römisch-katholischer Katechismus: Petrus Canisius, Summa Doctrinae Christianae 65.70.73 (1555)

✎ 240

In Deutschland wirkte der erste deutsche Jesuit, Petrus Canisius (1521–1597; 1543 Eintritt in die *Societas Jesu*), besonders einflussreich für die Erneuerung der römisch-katholischen Kirche in der Gegenreformation. Nicht nur nahm er kirchenpolitische Aufgaben wahr, begleitete Kaiser Ferdinand I. zum Augsburger Reichstag 1555 und nahm am Konzil von Trient teil, sondern er schrieb auch drei Katechismen, darunter die für Studenten verfasste, viel rezipierte *Summa doctrinae christianae* (1555). In insgesamt 213 Fragen und Antworten fasst Canisius in unpolemischer, aber klarer Abgrenzung von den protestantischen Positionen die katholische Lehre zu den Hauptthemen des christlichen Glaubens zusammen. Im Hinblick auf die Ekklesiologie bietet er zunächst eine Definition der Kirche und nennt dann mit fünf Geboten die Eckpfeiler der katholisch-kirchlichen Lebensführung. Schließlich bringt er mit einfachen Worten die Bedeutung der vierten tridentinischen Sitzung für die einfachen Gläubigen auf den Punkt, indem er – unter Berufung auf die Autorität des antiken Kirchenvaters Basilius von Caesarea (330–379 n.Chr.) und implizit gegen das reformatorische *sola scriptura* – darlegt, dass die Heilige Schrift und die kirchliche Tradition von gleicher Bedeutung für die Frömmigkeit seien.

(65) Age vero, quid est ecclesia?

Ecclesia est omnium Christi fidem atque doctrinam profitentium universitas, quam princeps ille pastorum tum Petro apostolo tum huius successoribus pascendam tradidit atque gubernandam. [...]

(70) Quae sunt praecepta ecclesiae?

Praecipua ⟨praecepta⟩ quinque numerantur, cuique christiano et scitu et observatu certe necessaria.

I. Statutos ecclesiae festos dies celebrato.

II. Sacrum missae officium diebus festis reverenter audito.

III. Ieiunia certis diebus temporibusque indicta observato [...].

IIII. Peccata tua sacerdoti proprio annis singulis confitetor.

V. Sacrosanctam eucharistiam ad minimum semel in anno, idque circa festum paschae, sumito. [...]

(73) Quis est doctrinae totius de ecclesiae praeceptis et traditionibus usus ac fructus?

age: wohlan! **pascere:** hüten **gubernare:** lenken **praeceptum, i n.:** Gebot **praecipuus, a, um:** hauptsächlich **quisque:** ein jeder **et scitu et observatu** (*Supin II*): sowohl zu wissen als auch zu beachten **statutus, a, um:** festgelegt **dies festus:** Festtag **celebrato** (*Imp. Fut.*): du sollst feiern (*übersetze so auch die folgenden Imperativ-Formen*) **officium missae:** Amt der Messe **reverenter** (*Adv.*): mit Ehrfurcht **ieiunium, i n.:** Fastentag **indicere:** anordnen **proprius, a, um:** eigen **confitetor** (*2. Sg. Imp. Fut.*) → confiteri: beichten **sacrosanctus, a, um:** hochheilig **ad minimum:** zumindest **festum paschae:** Osterfest

Multus profecto atque inter caeteros primus ⟨usus⟩ est, ut intelligamus nos solis literis vel scripturis minime alligari. […] luculenter dixit Basilius: „Dogmata, quae in ecclesia servantur ac praedicantur, partim ex conscripta doctrina habemus, partim ex apostolorum traditione ad nos delata in mysterio recepimus. Quae utraque eandem ad pietatem vim habent […]“.

profecto (*Adv.*): tatsächlich **seu**: oder **minime** (*Adv.*): keinesfalls **alligare**: binden **luculenter** (*Adv.*): glänzend **Basilius**: *gemeint ist der Kirchenvater Basilius von Caesarea* **dogma, atis** n.: Glaubenslehre **praedicare**: verkündigen **partim** (*Adv.*): zum Teil **deferre** (defero, detuli, delatum): überliefern **in mysterio**: auf dem Weg des Geheimnisses **recipere**: empfangen **vis** f.: Bedeutung

76

✎ 241

Katholische Kontroverstheologie: Robert Bellarmin, Disputationes de controversiis christianae fidei tom. III, c. 2 De militante ecclesia 2 (1593)

Wichtige Beiträge zur Profilierung der römisch-katholischen Theologie angesichts der Herausforderungen der Reformation leistete der Jesuit Robert Bellarmin (1542–1621). Als sein bedeutendstes Werk gelten die *Disputationes de controversiis christianae fidei adversus huius temporis haereticos*, die in drei Bänden 1586–1593 erschienen. Als Theologe der Gegenreformation beschreibt er die Zugehörigkeit zur römischen Kirche mittels dreier Bande: Volle Kirchengliedschaft bestehe in der Gemeinschaft im Glauben, in den Sakramenten und in der Unterordnung unter den römischen Papst. Als Kontroverstheologe zögert er nicht, mit Hilfe dieser Kriterien eine Sortierung vorzunehmen, welche Menschen zur Kirche gehörten und welche ausgeschlossen seien.

(2) […] Nostra autem sententia est ecclesiam unam tantum esse, non duas; et illam unam et veram esse coetum hominum eiusdem Christianae fidei professione et eorundem sacramentorum communione colligatum, sub regimine legitimorum Pastorum, ac praecipue unius Christi in terris vicarii, Romani Pontificis.
Ex qua definitione facile colligi potest, qui homines ad Ecclesiam pertineant, qui vero ad eam non pertineant. […] Excluduntur schismatici, qui habent fidem et Sacramenta, sed non subduntur legitimo

tantum (*Adv.*): nur **coetus, us** m.: Zusammenschluss **professio, onis** f.: Bekenntnis **communio, onis** f.: Gemeinschaft **colligare**: verbunden **regimen, inis** n.: Leitung **legitimus, a, um**: rechtmäßig **praecipue** (*Adv.*): vor allem **vicarius, i** m.: Stellvertreter **colligere**: zusammenfassen **pertinere ad**: gehören zu **excludere**: ausschließen **subdere**: unterwerfen

pastori et ideo foris profitentur fidem et Sacramenta percipiunt. Includuntur autem omnes alii, etiamsi reprobi, scelesti et impii sint. Atque hoc interest inter sententiam nostram et alias omnes, quod omnes aliae requirunt internas virtutes ad constituendum aliquem in Ecclesia, et propterea Ecclesiam veram invisibilem faciunt; nos autem et credimus in Ecclesia inveniri omnes virtutes, Fidem, Spem, Charitatem, et caeteras; tamen, ut aliquis aliquo modo dici possit pars verae Ecclesiae, de qua Scripturae loquuntur, non putamus requiri ullam internam virtutem, sed tantum externam professionem fidei ⟨requiri⟩, et Sacramentorum communionem, quae sensu ipso percipitur. Ecclesia enim est coetus hominum ita visibilis et palpabilis, ut est coetus populi Romani, vel regnum Galliae aut Respublica Venetorum.

foris (*Adv.*): außerhalb **percipere**: empfangen **includere**: einschließen **etiamsi** *mit Konj.*: auch wenn **reprobus, a, um**: schlecht **hoc interest**: darin besteht der Unterschied **requirere**: verlangen **constituere in**: aufnehmen in **percipere**: erfassen **palpabilis, e**: berührbar **regnum Galliae**: Königreich Frankreich **Veneti, orum** m.: Venezianer

W.-D. Hauschild, Reformation und Neuzeit, § 16,1.2.5.8.
M. Friedrich, Die Jesuiten. Aufstieg, Niedergang, Neubeginn, München 2016, 9–25.
H. Filser/St. Leimgruber (Hgg.), Petrus Canisius. Der Große Katechismus. Summa doctrinae christianae (1555), Regensburg 2003, 15–24.35–56.
Th. Dietrich, Robert Bellarmino. Zwischen Tradition und Neuanfang, in: P. Walter/M. H. Jung (Hgg.), Theologen des 17. und 18. Jahrhunderts. Konfessionelles Zeitalter, Pietismus, Aufklärung, Darmstadt 2003, 35–53.

I.0; I.4; I.8; II.3; II.8; II.10; III.3; III.6; IV.1; IV 2; V.1; V.4; V.5

Quellen

C. Mirbt (Hg.), Quellen zur Geschichte des Papsttums und des römischen Katholizismus, Bd. 1: Von den Anfängen bis zum Tridentinum, Tübingen [6]1967, 539–542, da 539–540.
H. Filser/St. Leimgruber (Hgg.), Petrus Canisius. Der Große Katechismus. Summa doctrinae christianae (1555), Regensburg 2003, 122.126.129.254–255 (lat./dt.).
Robert Bellarmin, Opera Omnia, Disputationes de controversiis christianae fidei, Bd. 2, Neapel 1857, 75.

Übersetzungen

V. Leppin (Hg.), Reformation, Kirchen- und Theologiegeschichte in Quellen, Bd. III, Neukirchen-Vluyn 2005, § 60b.
Robert Bellarmin, Disputationen über die Streitpunkte des christlichen Glaubens, Bd. 3: Über den Papst, das Haupt der streitenden Kirche, übers. v. V. Ph. Gumposch, Kulmbach 2014.

IV.3 Innerlutherische Streitigkeiten und ihre Überwindung

Die Bewahrung der reinen lutherischen Lehre: Statuta Collegii facultatis theologicae, in Academia Jenensi, Lex Secunda (1558)

77

242

Nachdem der sächsische Kurfürst Johann Friedrich 1547 aufgrund seiner Niederlage im Schmalkaldischen Krieg die Kurwürde und umfangreiche Gebiete, darunter Wittenberg mit der Universität Luthers und Melanchthons, an Moritz, den bisherigen Herzog von Sachsen, verloren hatte, gründete er zusammen mit seinen drei Söhnen 1548 als Ersatz dafür eine „Hohe Schule" in Jena. Als die Institution am 2. Februar 1558 in eine Universität mit allen Rechten umgewandelt wurde, führte die Theologische Fakultät dieses Erbe fort und sah es als ihre zentrale Aufgabe an, die lutherische Lehre rein und unverfälscht zu bewahren. Davon zeugt ein einzigartiges Dokument: Das sogenannte „Goldene Buch", in das 1558 die insgesamt 16 Statuten der Theologischen Fakultät Jena eingetragen wurden. Darauf haben sich bis zu den Umbrüchen der Wendejahre nach 1989/90 die Professoren und zwei Professorinnen der Theologischen Fakultät mit einem handschriftlichen Eintrag verpflichtet. Das zweite Gesetz benennt die Schriften und Bekenntnisse (*symbola*), die Kaiser Karl V. 1530 vorgelegt wurden und als Norm der „wahren Lehre" gelten, die an der Theologischen Fakultät Jena unterrichtet werden solle. Aufgabe des Professorenkollegiums sei es, diese gegen Änderungen und Anfeindungen zu verteidigen. Ekklesiologisch wird zwischen der einen Kirche Gottes und ihren irdischen Ausprägungen in diversen örtlichen Kirchen unterschieden. Der Wahrheits- und Ewigkeitsanspruch richtet sich nicht nur polemisch gegen die römisch-katholische Kirche, sondern auch gegen Vertreter umstrittener Meinungen innerhalb des Luthertums.

Sit igitur prima cura huius Collegij, tueri ac propagare puram et incorruptam doctrinam de omnibus articulis haustam ex sanctissimis augustissimisq⟨ue⟩ fontibus Israël, h. e. ex scriptis prophetarum, Euangelistarum et Apostolorum; Cuius summa comp⟨re⟩hensa est in symbolis, Apostolico, Niceno, et Athanasiano, et in confessione nostrarum Ecclesiarum, Augustae exhibita Imperatori Augusto Carolo Quinto Anno D⟨omini⟩ 1530, eiusdemque ⟨in⟩ Apologia et

tueri: schützen **propagare**: verbreiten **incorruptus, a, um**: unverfälscht **haurire** (haurio, hausi, haustum): schöpfen **augustus, a, um**: erhaben **h. e.** = hoc est **summa, ae f.**: Hauptinhalt **comprehendere**: zusammenfassen **symbolum, i n.**: (Glaubens-) Symbol (*gemeint sind die altkirchlichen Glaubensbekenntnisse*) **Augustae** (*Lok.*): in Augsburg **exhibere**: vorlegen **Augustus**: „Augustus" (*als Bestandteil des Titels des Kaisers*)

in articulis Smalcaldiae anno Christi 1537 suffragio Theologorum comprobatis. Hoc unum genus doctrinae verum et immotum, quod quidem perpetuus consensus est verae Ecclesiae Dei, doceri et defendi volumus, ac severissime prohibemus, spargi et defendi semina opinionum, pugnantium cum scriptis propheticis et Apostolicis, cum symbolis et cum confessionibus nostrarum Ecclesiarum [...]. Nam et scholae institutio, a principibus nostris Illustrissimis initio suscepta, tota huc spectat, ut et doctrinae coelestis puritas conservari et omnibus in universum fanaticis Dogmatibus obviam iri possit.

Smalcaldia, ae f.: Schmalkalden **suffragium, i** n.: Urteil **comprobare**: anerkennen **immotus, a, um**: unveränderlich **quidem** (*Adv.*): gewiss **perpetuus, a, um**: ewig **severissime** (Adv.): mit größtem Ernst **spargere**: ausstreuen **semen, inis** n.: Saat **huc spectare**: darauf achten **puritas, atis** f.: Reinheit **dogma, atis** n.: Glaubenslehre **obviam ire**: entgegentreten

78 Die Konkordienformel: Formula Concordiae, Epitome 1,1 (1577)

✎ 242

Die Konkordienformel (1577; maßgeblich verfasst von dem Tübinger Theologen Jakob Andreä, 1528–1590) sollte nach jahrzehntelangen innerlutherischen Streitigkeiten um die rechte Interpretation des Augsburger Bekenntnisses *(Confessio Augustana)* eine Einigung herstellen. Das gelang weitgehend, indem ein Kanon autoritativer Bekenntnisschriften festgelegt und zugleich im Verhältnis zur Heiligen Schrift relativiert wurde: Die Bibel Alten und Neuen Testaments sei die einzige Norm, wohingegen es sich bei den verschiedenen Bekenntnisschriften um zeitgebundene Auslegungen derselben handele. Zusammen mit der Konkordienformel wurde der Kanon an Bekenntnisschriften, bestehend aus den drei altkirchlichen Bekenntnissen (*symbola*) *Apostolicum* (s. T 27), *Nicaeno-Constantinopolitanum* (unter der Bezeichnung „*Nicaenum*“, s. T 18) und *Athanasianum* (s. T 28), der *Confessio Augustana* (s. T 66) samt ihrer Apologie, den Schmalkaldischen Artikeln (1537) sowie dem kleinen und dem großen Katechismus Martin Luthers, am 50. Jahrestag der *Confessio Augustana* (25. Juni 1580) im sogenannten Konkordienbuch veröffentlicht. Die Konkordienformel selbst, die von der Mehrzahl der lutherischen Landeskirchen angenommen wurde, besteht aus zwei Teilen: vorangestellt ist ein zusammenfassender Auszug der strittigen Artikel, auf den in einem wiederholenden Durchgang eine ausführliche Erläuterung folgt.

Epitome Articulorum, de quibus controversiae ortae sunt inter Theologos Augustanae Confessionis. Qui ⟨articuli⟩ in repetitione

Epitome, es f.: summarischer Auszug (*griech.* ἐπιτομή) **oriri** (orior, ortus sum): entstehen **repetitio, onis** f.: Wiederholung

sequenti secundum verbi Dei praescriptum pie declarati sunt et conciliati. [...]

(1,1) Credimus, confitemur et docemus unicam regulam et normam, secundum quam omnia dogmata omnesque doctores aestimari et iudicari oporteat, nullam omnino aliam esse quam Prophetica et Apostolica scripta cum Veteris, tum Novi Testamenti [...].

Caetera autem Symbola et alia scripta [...] non obtinent autoritatem Iudicis; haec enim dignitas solis sacris literis debetur: sed duntaxat pro Religione nostra testimonium dicunt eamque explicant ac ostendunt, quomodo singulis temporibus sacrae literae in articulis controversis in Ecclesia Dei a doctoribus, qui tum vixerunt, intellectae et explicatae fuerint et quibus rationibus dogmata cum sacra scriptura pugnantia reiecta et condemnata sint.

praescriptum, i n.: Anleitung **conciliare**: zur Einigung bringen **norma, ae** f.: Richtschnur **secundum** *mit Akk.*: gemäß **dogma, atis** n.: Glaubenslehre **omnino** (*Adv.*): überhaupt **cum ... tum ...**: sowohl ... als auch ... **symbolum, i** n.: (Glaubens-)Symbol (*gemeint sind die altkirchlichen Glaubensbekenntnisse*) **obtinere**: innehaben **iudex, icis** m.: Richter **debere**: schulden **duntaxat** (*Adv.*): lediglich **explicare**: erklären; auslegen **controversus, a, um**: strittig **intellectae et explicatae fuerint**: *entspricht Konj. Perf.* **ratio, onis** f.: Beweggrund **reicere**: verwerfen

Das Schriftprinzip der altlutherischen Orthodoxie: Johann Gerhard, Loci theologici 1,1.12.18.538–539 (1610)

79

243

Der reformatorische Grundsatz *sola scriptura*, dem zufolge die Heilsbotschaft allein durch die Heilige Schrift – ohne Ergänzung durch die kirchliche Tradition – vermittelt werde, bildete im 16. und 17. Jahrhundert eine der Hauptdifferenzen zwischen altgläubigen und protestantischen Theologen. Anfang des 17. Jahrhunderts wurde er u. a. von dem Jenaer Theologieprofessor Johann Gerhard (1582–1637), einem der führenden Vertreter der Epoche der lutherischen Hoch-Orthodoxie, filigran ausgearbeitet. Sein wissenschaftliches Hauptwerk *Loci theologici* (Theologische Grundbegriffe, 1610–1622, 9 Bände) beginnt logisch und chronologisch mit Ausführungen zur Heiligen Schrift, deren verschiedene Aspekte er mit Hilfe der aristotelischen Unterscheidung verschiedener Ursachen-Arten scharf erfassen will. Die Ursache, welche die Heilige Schrift bewirkt, teilt sich nach Gerhard in zwei Aspekte: Den dreieinigen Gott bezeichnet er als Hauptursache, die verschiedenen Verfasser der biblischen Schriften hingegen als ursächliche Werkzeuge, mit denen Gott die Heilige Schrift hervorbringt, indem z. B. der Heilige Geist den jeweiligen Verfasser inspiriert, welchen Wortlaut er aufschreiben solle (vgl. im Gegensatz dazu T 85). Doch Gerhard hält nicht nur die wissenschaftlichen Differenzierungen, sondern auch den praktischen Nutzen der Heiligen Schrift für die Gläubigen fest.

Locus primus de Scriptura Sacra

(1) Cum Scriptura Sacra sit unicum et proprium theologiae principium, ideo ab ea merito initium facimus. [...] (12) Causa efficiens Scripturae est vel principalis vel instrumentalis. Causa principalis est verus deus in essentia unus, in personis trinus, Pater, Filius et Spiritus sanctus. Probatur hoc ex Scripturae materia. Scriptura materialiter accepta nihil aliud est quam Dei verbum. [...]

(18) Causae instrumentales Scripturae S⟨anctae⟩ fuerunt sancti Dei Homines, h. e. homines peculiariter atque immediate a Deo ad id vocati et electi, ut divinas revelationes scripto consignarent, quales fuerunt prophetae in V⟨etere⟩ et evangelistae ac apostoli in N⟨ovo⟩ T⟨estamento⟩, quos propterea merito Dei amanuenses, Christi manus et Spiritus sancti tabelliones vocamus, cum nec locuti fuerint nec scripserint humana sive propria voluntate, sed [...] acti, ducti, impulsi, inspirati et gubernati a Spir⟨itu⟩ sancto. Scripserunt non ut homines, sed ut Dei homines. [...]

(538) [...] Practicus usus est [...], ut Scripturam sacram quotidiana lectione ac meditatione familiarem nobis reddamus. Est enim epistola Dei e coelo ad nos missa, quae de essentia et voluntate ipsius nos instruit ac viam ad coelum nobis monstrat. [...]

(539) Definitio Scripturae sacrae potest tradi ejusmodi: Sacra Scriptura est verbum Dei, ejusdem voluntate a prophetis, evangelistis et apostolis in literas redactum, doctrinam de essentia et voluntate Dei perfecte ac perspicue exponens, ut ex eo homines erudiantur ad vitam aeternam.

locus, i m.: Grundbegriff **proprius, a, um**: eigentlich **principium, i** n.: Grundlage **vel ... vel ...**: einerseits ... andererseits ... **principalis, e**: grundlegend **trinus, a, um**: dreifach **probare**: beweisen **ex**: aufgrund **materia, ae** f.: Materie (*gemeint sind die biblischen Inhalte*) **materialiter** (*Adv.*): in materieller Form **h. e.** = hoc est **peculiariter** (*Adv.*): in besonderer Weise **immediate** (*Adv.*): unmittelbar **revelatio, onis** f.: Offenbarung **scripto consignare**: schriftlich niederlegen **amanuensis, is** m.: Sekretär **tabellio, onis** m.: Notar **gubernare**: steuern **quotidianus, a, um**: täglich **familiarem reddere**: vertraut machen **in literas redigere**: zu Buchstaben machen **perspicue** (*Adv.*): klar **exponere**: erläutern **ex eo**: dadurch (*zu beziehen auf* verbum) **erudire**: erziehen

J. Wallmann, Kirchengeschichte Deutschlands seit der Reformation, Tübingen [7]2012, 89–103.

R. Kolb, Die Konkordienformel. Eine Einführung in ihre Geschichte und Theologie, übers. v. M. Mühlenberg, Göttingen 2011.

L. Lorbeer, Johann Gerhard. Loci theologici, in: R.A. Klein/Chr. Polke/M. Wendte (Hgg.), Hauptwerke der Systematischen Theologie. Ein Studienbuch, Tübingen 2009, 147–165.

I.3; I.11; II.7; II.9; III.2; III.4; III.5; IV.6

Quellen

Statuta Collegii facultatis theologicæ, in Academia Jenensi, Jena 1558–1995, 6–8.

I. Dingel (Hg.), Die Bekenntnisschriften der Evangelisch-Lutherischen Kirche. Vollständige Neuedition, Göttingen 2014, 1184–1607, da 1216–1219 (lat./dt.).

Ioannis Gerhardi Loci theologici cum pro adstruenda veritate tum pro destruenda quorumvis contradicentium falsitate per theses nervose solide et copiose explicati, Bd. 1, hg. v. Fr. Preuss, Berlin 1863, 13.16.18.240.

Übersetzung

Johann Gerhard, Von der Heiligen Schrift, übers. v. M. W. Kummer, Neuendettelsau 2019.

IV.4 Religionsfrieden

80 Der Westfälische Frieden: Instrumentum Pacis Osnabrugensis, Articulum V,1–2.34 (1648)

✎244

Die religiösen Differenzen zwischen Altgläubigen und Protestanten mündeten 1618 in einen Religionskrieg, der sich über die folgenden 30 Jahre zu einem weite Teile Europas umfassenden Territorialkrieg entwickelte. Am 24. Oktober 1648 wurden in Münster/Westfalen zwei komplementäre Friedensverträge unterzeichnet, die zuvor an zwei Orten ausgehandelt worden waren: a) der Osnabrücker Friedensvertrag zwischen dem Kaiser, Schweden und den deutschen Reichsständen, b) der Münstersche Friedensvertrag hingegen zwischen dem Kaiser und Frankreich. Die religionsrechtlichen Bestimmungen waren Kern der in Osnabrück getroffenen Regelungen. Sie bestätigten den Passauer Vertrag (1552; formale Anerkennung des Protestantismus durch den römisch-deutschen König) und den Augsburger Religionsfrieden (1555; freie Religionsausübung auch für die Reichsstände, die der *Confessio Augustana* anhingen, wobei Untertanen, die einer anderen Konfession angehörten als ihre Landesherren, emigrieren durften), entwickelten aber das *ius emigrandi* zu einem Bleiberecht samt Recht auf freie Religionsausübung weiter. Das war wichtig, weil der faktische Konfessionsstand am 1. Januar 1624 verbindliche Gültigkeit haben sollte und trotzdem die Möglichkeit vorgesehen war, dass Landesherren oder Untertanen ihre Konfession wechselten. Der Westfälische Frieden brachte Mitteleuropa eine lange Friedenszeit, indem er den katholischen und protestantischen Reichsständen vollständige Rechtsgleichheit zuerkannte und Gewaltanwendung zwischen den Konfessionsparteien auf immer verbot.

(Art. V) Cum autem praesenti bello magnam partem gravamina, quae inter utriusque religionis electores, principes et status Imperii vertebantur, causam et occasionem dederint, de iis, prout sequitur, conventum et transactum est:

(1) Transactio anno millesimo quingentesimo quinquagesimo secundo Passavii inita et hanc ⟨transactionem⟩ anno millesimo quingentesimo quinquagesimo quinto secuta pax religionis [...] rata habeatur sancteque et inviolabiliter servetur. [...] In reliquis omnibus autem inter utriusque Religionis Electores, Principes,

magnam partem: großenteils **gravamen, inis** n.: Beschwerde **religio, onis** f.: *hier* Konfession **elector, oris** m.: Kurfürst **status** m.Pl.: (Reichs-)Stände **vertere**: *hier* einreichen **prout** (*Adv.*): wie **convenire**: *hier* eine Übereinkunft treffen **transigere** (transigo, transegi, transactum): aushandeln **transactio, onis** f.: Vertrag **Passavii** (*Lok.*): Passau (*gemeint ist der Passauer Vertrag von 1552*) **inire**: eingehen **pax religionis**: Religionsfrieden (*gemeint ist der Augsburger Religionsfrieden von 1555*) **ratus, a, um**: gültig (*zu beziehen auf* transactio *und* pax)

Status omnes et singulos sit aequalitas exacta mutuaque, [...] ita ut, quod uni parti justum est, alteri quoque sit justum, violentia omni et via facti [...] inter utramque partem perpetuo prohibita.
(2) Terminus a quo restitutionis in ecclesiasticis et ⟨illorum⟩, quae intuitu eorum ⟨ecclesiasticorum⟩ in politicis mutata sunt, sit dies prima Januarii anni millesimi sexcentesimi vicesimi quarti. [...]
(34) Placuit porro, ut catholicorum ⟨statuum⟩ subditi Augustanae confessioni addicti ut et catholici Augustanae confessionis statuum subditi, [...] patienter tolerentur et conscientia libera domi devotioni suae sine inquisitione aut turbatione privatim vacare, in vicinia vero, ubi et quoties voluerint, publico religionis exercitio interesse [...] non prohibeantur.

omnes et singulos: samt und sonders **exactus, a, um**: vollkommen **mutuus, a, um**: wechselseitig **pars, tis** f.: *hier* Partei **violentia ... et via ... prohibita**: *Abl. abs.* **via facti**: Tätlichkeit **terminus a quo**: *hier* Referenztag **intuitu** *mit Gen.*: in Rücksicht auf **porro** (*Adv.*): ferner **catholicus, a, um**: katholisch (*hier als Konfessionsbezeichnung*) **subditus, i** m.: Untertan **addictus, a, um**: zugehörig **ut et**: wie auch **patienter** (*Adv.*): mit Verständnis *ordne*: **et non prohibeantur ... vacare, ... interesse** **conscientia, ae** f.: Gewissen **domi** (*Lok.*): zu Hause **devotio, onis** f.: Frömmigkeit **turbatio, onis** f.: Beunruhigung **vacare** *mit Dat.*: sich *etwas* widmen **vicinia, ae** f.: Umfeld **quoties**: so oft

Das ökumenische Konzil: Comenius, Panorthosia 25,1–3 (1656)

81

✎ 244

Johann Amos Comenius (1592–1670) sagte von sich selbst: „Ich bin von Geburt an ein Mähre, der Sprache nach ein Böhme, von Beruf ein Theologe" (Opera Didactica Omnia II, Amsterdam 1657, zw. 830 und 831). Daneben ist er bis heute als Pädagoge und Didaktiker anerkannt. In seiner Schrift „Allverbesserung" (*Panorthosia*, ca. 1656) entwickelt er nur acht Jahre nach dem Ende des Dreißigjährigen Krieges die universale Vision einer Erneuerung der Menschheit, dank der „über das Geschlecht der Menschen nie mehr Finsternis, Wirrnis und Verderben kommen können." Seine Reformvorschläge zielen auf die allgemeine und vollständige Verbesserung des Schulwesens, der Kirche und des Staates. Diese umfassende Reform solle von einem ökumenischen Konzil durchgeführt werden. Damit kann Comenius als Vordenker von Entwicklungen gelten, die im 20. Jahrhundert in die ökumenische Bewegung und den konziliaren Prozess für Frieden, Gerechtigkeit und Bewahrung der Schöpfung münden.

25. Comitia Orbis seu Concilium Oecumenicum, Universalis Reformationis auctoramentum

(1) Oecumenica vocari consueverunt Concilia, ubi congregati ex omnibus Christianis Terris Episcopi de totius Ecclesiae negotiis consultabant. At vero demum vere erit Oecumenicum Concilium, si ex universo (quaqua habitatur) Orbi congregerentur illuminati, sapientia et pietate, prudentiaque caeteris mortalium praeeminentes Viri, Philosophi, Theologi, Politici, de totius Humani generis jam tandem plene procuranda, stabilienda, propagandaque salute consilia inituri.

(2) Finis huius universalissime Congregationis sanctissimus erit, tanto splendore nobis divinitus ostensam Lucem, Pacem, Salutem, ostendere toti reliquo Orbi, atque per id Confusionibus rerum imponere finem, melioremque ubique Rerum inchoare statum. [...]

(3) [...] Neque in Concilio, quod poscimus, congregabitur pars Ecclesiae, aut ⟨pars⟩ Mundi contra reliquas partes [...], sed convenient Omnes cum Omnibus pro Omnibus, commune bonum communibus consiliis procurando unanimiter.

comitia, orum n.Pl.: Versammlung **seu**: oder **auctoramentum, i** n.: *hier* Garant **consuevisse**: gewohnt sein **congregare**: versammeln **negotium, i** n.: Angelegenheit **consultare**: sich beraten **at vero**: aber doch **demum** (*Adv.*): erst **quaqua**: wo auch immer **habitare**: bewohnen **praeeminere**: übertreffen **de ... consilia inituri**: um Beschlüsse zu fassen zu ... **procurare**: sorgen **propagare**: verbreiten **finis, is** m.: Ziel **universalissime** = universalissimae **congregatio, onis** f.: Versammlung **splendor, oris** m.: Glanz **divinitus** (*Adv.*): durch göttliche Fügung **ostendere** (ostendo, ostendi, ostensum): zeigen **confusio, onis** f.: Verwirrung **imponere finem**: ein Ende setzen **inchoare**: einleiten **procurando**: *Dat. fin.* **unanimiter** (*Adv.*): einmütig

A. Hölzern/Th. Kaufmann, Das konfessionelle Zeitalter, in: Th. Kaufmann u. a. (Hgg.), Ökumenische Kirchengeschichte, Bd. 2: Vom Hochmittelalter bis zur frühen Neuzeit, Darmstadt 2008, 331–448.

A. Gotthard, Der Dreißigjährige Krieg. Eine Einführung, Köln u. a. 2016.

V.-J. Dieterich, Johann Amos Comenius. Ein Mann der Sehnsucht 1592–1670. Theologische, pädagogische und politische Aspekte seines Lebens und Werkes, Stuttgart 2003.

↗ I.0; I.5; II.2; III.3; III.6; IV.1; V.4

Quellen

Acta Pacis Westphalicae. hg. von der Nordrhein-Westfälischen Akademie der Wissenschaften in Verbindung mit der Vereinigung zur Erforschung der Neueren Geschichte e. V. durch K. Repgen, Serie III Abt. B: Verhandlungsakten. Bd. 1, Münster 1998, 95–170, da 110–111.121.

Johannis Amos Comenii De rerum humanarum emendatione consultatio catholica, Editio princeps, Tom. 2: Pampaedeiam, Panglottam, Panorthosiam, Pannethusiam, Prag 1966, 205–378, da 360–361.

Übersetzungen

Instrumenta Pacis Westphalicae. Die Westfälischen Friedensverträge 1648. Vollständiger lateinischer Text mit Übersetzung der wichtigeren Teile und Regesten, bearb. v. K. Müller, Bern [3]1975.

Johann Amos Comenius, Allverbesserung (Panorthosia), übers. v. F. Hofmann, Frankfurt a. M. 1995.

IV.5 Der Rationalismus

82 Die vernünftige Gotteserkenntnis: Descartes, Meditationes 1,10; 2,3; 3,22.38 (1641)

245

Mit dem Philosophen René Descartes (1596–1650) endet das Zeitalter, in dem die Philosophie sich damit zufriedengab, die „Magd der Theologie“ zu sein, und mündet in die rationalistische Frühaufklärung. Descartes traut, ähnlich wie der jüngere Baruch de Spinoza, der *Vernunft* die Kraft zu, die Welt vollständig zu erkennen. Das Denken wird sogar zur philosophischen Methode der Gotteserkenntnis, die die göttliche Offenbarung ersetzt. In dem folgenden Auszug aus seinen „Meditationen über die Erste Philosophie, in welcher die Existenz Gottes und die Unsterblichkeit der Seele bewiesen wird“ (1641) setzt Descartes bei dem Gedanken an, dass er selbst, immer wenn er *denke,* dass er existiere, sich dessen gewiss sein könne, und führt ihn bis zu dem logischen Schluss weiter, dass Gott notwendigerweise existiere. Das Hauptargument für diesen Gottesbeweis sieht Descartes darin, dass er offenbar eine Idee von Gott in sich trage, was nur der Fall sein könne, wenn Gott tatsächlich existiere. Damit verschiebt Descartes eine wichtige christlich-neuplatonische Annahme über Gott auf den Menschen: Dachten christliche Philosophen bisher, dass Ideen nur deshalb wirklich seien, weil sie im Geist des Schöpfergottes bestünden, also göttlich seien, so versteht Descartes Ideen als menschliche Vorstellungen bzw. Abbilder von Sachen im *menschlichen* Geist. Das bedeutet im Umkehrschluss, dass man ein Abbild – eine Idee, eine Vorstellung – nur von etwas in sich tragen kann, das wirklich existiert. Habe ich also eine Vorstellung von Gott in mir, dann folgt daraus mit Notwendigkeit, dass Gott existiert! Diese Aufwertung des denkenden Subjekts sollte sich als weichenstellend für die weitere europäische Geistesgeschichte erweisen.

(1,10) [...] Cogor fateri nihil esse ex iis, quae olim vera putabam, de quo non liceat dubitare. [...]

(2,3) [...] pergamque porro, donec aliquid certi, vel, si nihil aliud, saltem hoc ipsum pro certo nihil esse certi cognoscam. [...] Adeo ⟨pergam⟩ ut, omnibus satis superque pensatis, denique statuendum sit hoc pronuntiatum “ego sum, ego existo”, quoties a me profertur vel mente concipitur, necessario esse verum.

(3,22) Dei nomine intelligo substantiam quandam infinitam, independentem, summe intelligentem, summe potentem, et a qua

cogi: sich gezwungen sehen **fateri**: bekennen **olim** (*Adv.*): einst **pergere porro**: weiter fortschreiten **saltem** (*Adv.*): wenigstens *beachte* **hoc ipsum pro certo cognoscam** *mit folgendem AcI* **adeo ut**: soweit, dass **satis superque**: mehr als genug **pensare**: durchdenken **pronuntiatum, i** n.: Grundsatz **quoties**: immer wenn **proferre**: aussprechen **concipere**: fassen **necessario** (*Adv.*): notwendigerweise **Dei nomen**: der Begriff „Gott“ **intelligere** *mit Abl.*: verstehen unter **summe** (*Adv.*): in höchstem Maße

tum ego ipse, tum aliud omne, si quid aliud exstat, est creatum. Quae sane omnia talia sunt, ut, quo diligentius attendo, tanto minus a me solo profecta esse videantur; ideoque ex antedictis, Deum necessario existere est concludendum. [...]

(3,38) Totaque vis argumenti in eo est, quod agnoscam fieri non posse, ut existam talis naturae, qualis sum, nempe ideam Dei in me habens, nisi revera Deus etiam existeret – Deus, inquam, ille idem, cuius idea in me est, hoc est habens omnes illas perfectiones, quas ego non comprehendere, sed quocumque modo attingere cogitatione possum, et nullis plane defectibus obnoxius.

tum ... tum ...: einerseits ... andererseits ... **exstare**: existieren **sane** (*Adv.*): ja **quo ... tanto ...**: je ... desto ... **attendere**: betrachten **proficisci** (proficiscor, profectus sum): den Ursprung nehmen **ex antedictis**: aus dem vorher Gesagten **concludere**: den Schluss ziehen **vis** f.: Kraft **agnoscere**: erkennen **talis naturae/qualis** ⟨**naturae**⟩: *Gen. qual.* **nempe** (*Adv.*): nämlich **idea, ae** f.: Vorstellung **revera** (*Adv.*): tatsächlich **comprehendere**: erfassen **quocumque modo**: auf welche Weise auch immer **attingere**: streifen **plane** (*Adv.*): überhaupt **defectus, us** m.: Fehler **obnoxius, a, um** *mit Abl.*: *etwas* unterworfen

Lebensführung und Glaubensfreiheit: Spinoza, Tractatus theologico-politicus 14,10; 20,1 (1670)

83

✎ 246

Der niederländische Philosoph Baruch de Spinoza (1632–1677), selbst jüdischer Herkunft, suchte nach einer neuen Verhältnisbestimmung zwischen dem vernünftigen Individuum und Gott bzw. zwischen Vernunft und Offenbarung. In seiner Schrift *Tractatus theologico-politicus* (1670) geht er davon aus, dass eine gelingende Lebensführung sich einem absoluten Prinzip unterstellt, das er mit bekannten jüdisch-christlichen Glaubenssätzen beschreibt. Allerdings versteht Spinoza diese Dogmen nicht, wie es bisher üblich war, als offenbarte, unveränderliche Wahrheit oder Glaubensforderung, sondern relativiert sie zugunsten der Ethik: Gerettet würden diejenigen, die Gott – gleich, ob sie ihn als naturhaftes Element wie Feuer, als intelligible Größe wie Geist oder Gedanke, oder noch anders interpretierten – gehorsam seien; der rechte Gottesgehorsam aber bestehe in der Nächstenliebe. Um solche Nächstenliebe leicht üben zu können, solle jeder Mensch die „Glaubensdogmen" nach seiner je persönlichen Auffassungsgabe auslegen, so dass er dann aus ganzem Herzen Gott gehorchen könne. Vor diesem Hintergrund fordert Spinoza im weiteren Verlauf der Schrift, in dem er die Implikationen für Staat und Herrschaft bedenkt, eine staatlich garantierte Glaubens- und Meinungsfreiheit.

14. Quid sit fides [...]

(10) Nec jam verebor fidei universalis dogmata, sive universae Scripturae intenti fundamentalia enumerare [...]:

I. Deum, hoc est ens supremum, summe justum, et misericordem, sive verae vitae exemplar existere. [...]

II. eum esse unicum. [...]

III. eum ubique esse praesentem, vel omnia ipsi patere. [...]

IV. ipsum in omnia supremum habere jus, et dominium, nec aliquid jure coactum, sed ex absoluto beneplacito, et singulari gratia facere. [...]

V. Cultum Dei, ejusque obedientiam in sola Justitia, et Charitate, sive amore erga proximum consistere.

VI. omnes, qui hac vivendi ratione Deo obediunt, salvos tantum esse, reliquos autem, qui sub imperio voluptatum vivunt, perditos. [...]

VII. denique Deum poenitentibus peccata condonare. [...]

Caeterum quid Deus, sive illud verae vitae exemplar sit: an scilicet sit ignis, spiritus, lux, cogitatio etc., id nihil ad fidem [...].

Haec, et similia, inquam, nihil refert in respectu fidei, qua ratione unusquisque intelligat, dummodo nihil eum in finem concludat, ut majorem licentiam ad peccandum sumat, vel ut minus fiat Deo obtemperans; quinimo unusquisque [...] haec fidei dogmata ad suum captum accommodare tenetur, eaque sibi eo modo inter-

vereri: sich scheuen **universalis, e**: allgemeingültig **dogma, atis** n.: Lehre **sive**: *hier* das heißt **Scripturae intenti fundamentalia**: *übersetze* die für die Absicht der Schrift grundlegenden Dinge **enumerare**: aufzählen (*es folgen die Einzelsätze im AcI*) **ens, ntis** n.: das Seiende **summe** (*Adv.*): in höchstem Maße **exemplar, ris** n.: Vorbild **vel**: beziehungsweise **patere**: offenbar sein **cogere** (cogo, coegi, coactum): zwingen **beneplacitum, i** n.: Wohlgefallen **singularis, e**: einzigartig **cultus, us** m.: Verehrung **obedienția, ae** f.: Gehorsam **proximus, i** m.: Nächster **consistere in**: bestehen in **voluptas, atis** f.: Lust **poenitere**: bereuen **condonare**: vergeben **caeterum quid**: was sonstiges **an scilicet**: ob etwa **nihil ad fidem**: *übersetze* es tut nichts zum Glauben – *ordne*: **qua ratione unusquisque haec et similia intelligat, nihil refert in respectu fidei** **nihil refert in respectu**: *übersetze* es ist nicht wichtig in Hinblick auf **unusquisque**: ein jeder **dummodo** *mit* Konj.: solange nur **nihil in finem concludere, ut**: *übersetze* nicht zu dem Schluss kommen, dass **licentia, ae** f.: Freiheit **sumere**: sich herausnehmen **obtemperans, ntis**: gehorsam **quinimo** (*Adv.*): ja im Gegenteil **captus, us** m.: Auffassungkraft **accommodare**: anpassen **teneri**: dazu gehalten sein

pretari, quo sibi videtur eadem facilius, sine ulla haesitatione, sed integro animi consensu amplecti posse, ut consequenter Deo pleno animi consensu obediat. [...]

20. Ostenditur, in libera Republica unicuique et sentire, quae velit, et quae sentiat, dicere licere.

(1) [...] fieri nequit, ut scilicet ⟨hominis⟩ animus alterius juris absolute sit; quippe nemo ⟨potest⟩ jus suum naturale, sive facultatem suam libere ratiocinandi, et de rebus quibuscunque judicandi, in alium transferre, neque ad id cogi potest.

Hinc ergo fit, ut illud imperium violentum habeatur, [...] quando unicuique praescribere vult, quid tanquam verum amplecti, et tanquam falsum rejicere ⟨debeat⟩, et quibus porro opinionibus uniuscujusque animus erga Deum devotione moveri debeat.

Haec enim uniuscujusque juris sunt, quo nemo, etsi velit, cedere potest.

haesitatio, onis f.: die Bedenken **integer, gra, grum**: vollständig **animus, i** m.: Geist **amplecti**: annehmen **nequire**: nicht können **scilicet** (*Adv.*): etwa **alterius juris esse**: unter dem Recht eines anderen stehen **absolute** (*Adv.*): unumschränkt **quippe** (*Adv.*): ja **ratiocinari**: seinen Verstand gebrauchen **quicunque**: *Pl.* sämtliche **transferre in** *mit Akk.*: übertragen auf **hinc** (*Adv.*): daher **habere**: halten für **tanquam** (*Adv.*): als **rejicere**: zurückweisen **porro** (*Adv.*): außerdem **erga Deum devotio**: Verehrung Gottes **cedere** *mit Abl.*: sich *etwas* entziehen

U. Barth, Zäsur: Religion in der europäischen Aufklärung, in: G. M. Hoff/U. H. J. Körtner (Hgg.), Arbeitsbuch Theologiegeschichte. Diskurse, Akteure, Wissensformen, Bd. 2: 16. Jahrhundert bis zur Gegenwart, Stuttgart 2013, 103–120.

Chr. Axt-Piscalar, Was ist Theologie? Klassische Entwürfe von Paulus bis zur Gegenwart, Tübingen 2013, 200–210.

O. Höffe, Spinoza. Theologisch-politischer Traktat, München 2014, 139–156.211–226.

II.6; II.7; IV.1; IV.4; IV.6; V.1; V.2

Quellen

René Descartes, Meditationes de prima philosophia. hg. v. Ch. Adam/P. Tannery 1904, 21.24–25.45.

Spinoza, Opera, Bd. 3, hg. v. C. Gebhardt, Heidelberg 1925, 177–178.239.

Übersetzungen

René Descartes, Meditationes de Prima Philosophia – Meditationen über die Erste Philosophie, lateinisch-deutsche Ausgabe, hg. und übers. v. G. Schmidt, Stuttgart 1986.

Baruch Spinoza, Theologisch-politischer Traktat, neu übers., hg., mit Einleitung und Anmerkungen versehen v. W. Bartuschat, Hamburg 2012.

IV.6 Aufklärungstheologie

84 Natürliche Religion und die Seligkeit der Heiden: Johann Christoph Döderlein, Institutio Theologi Christiani 3.312 (1780/1781)

✎247

Gut 100 Jahre nach Baruch de Spinoza (s. T 83) hatte die neue Bedeutung der Vernunft in der europäischen Geistesgeschichte sicheren Fuß gefasst. In der christlichen Theologie unternahmen fortschrittliche Denker es, die tradierten theologischen Lehrsätze an die neue Zeit anzupassen. Der spätere Jenaer Aufklärungstheologe Johann Christoph Döderlein (1746–1792) verfasste zu diesem Zweck für seine Studenten in Altdorf ein dogmatisches Lehrbuch mit dem programmatischen Titel *Institutio theologi christiani in capitibus religionis theoreticis nostris temporibus accomodata* (1780), das über den vorgesehenen Adressatenkreis hinaus breit rezipiert wurde. Um die theologischen Hauptstücke zeitgemäß darzustellen, bezieht er zeitgenössische Erkenntnisse aus der Exegese, Dogmatik und Philosophie ein. Er misst dem menschlichen Verstand hohe Bedeutung für die natürliche Religion zu, die er neben der offenbarten Religion als einen möglichen, wenn auch nicht als den besten Weg zur Seligkeit ansieht. Allein kraft ihres natürlichen Verstandes könnten die Menschen, denen das Evangelium nicht offenbart wurde, zwar keine Fortschritte in christlicher Erkenntnis und Erfahrung machen, aber doch zumindest die Gottheit achten und sich um eine gute Lebensführung bemühen, so dass Gott sie gnädig zum Heil führen werde.

(3) Divisio religionis in naturalem et revelatam.

Omnis religionis veritas aestimatur e fonte, unde notitiae, quas diximus, hauriuntur. Quodsi ⟨notitiae⟩ naturali quidem ingenii humani vi contingunt hominibus, naturalem ⟨religionem⟩, si aliunde deferuntur a Deo ad homines, revelatam religionem [...] constituunt. [...]

Obs⟨ervatio⟩ 4: Pauca de dignitate religionis naturalis observabimus. [...] Paulus quidem magnifice sentit de facultate iudicandi in rebus divinis Rom. 1,19. hortaturque ea utamur. [...]

revelare: offenbaren **aestimare e**: beurteilen nach **notitia, ae** f.: Kenntnis (*gemeint sind die im vorherigen Paragraphen besprochenen Kenntnisse um Gottes Natur*) **haurire**: schöpfen **quodsi**: wenn nun **quidem** (*Adv.*): gewissermaßen **contingere**: zuteil werden **aliunde** (*Adv.*): anderswoher **deferre**: mitteilen **constituere**: bilden **observatio, onis** f.: Bemerkung **quidem** (*Adv.*): selbstverständlich **magnifice sentire de**: eine großartige Meinung haben von **facultas, atis** f.: Fähigkeit

Unde sperare licet, placere Deo, quisquis, dum caret meliore, institutionem rationis integrae secutus reveretur numen factisque pie colit. [...]

(312) De modo salutis christianae consequendae

Satis cernitur in tanta beneficiorum [...] magnitudine et amplitudine benignitas divina. [...]

Obs⟨ervatio⟩ 1: [...] Neque desperandum erit de salute gentilium, eorum nempe, quibus opportunitas audiendi Evangelium I⟨esu⟩ C⟨hristi⟩ eiusque praestantiam explorandi ac ad puriores notitias sensusque progrediendi nulla conceditur neque ⟨quibus⟩ tamen studia recte vivendi et conatus emendandi animum omnino desunt: non quo felicitatis Christianae universae participes esse queant, sed hactenus, ut Deus propter Christum, communem omnium servatorem, a severitate remittat, peccatis eorum veniam concedat eosque, qui haud repugnant institutis suis, ad coelestes sedes olim admittat.

unde (*Adv.*): daher **placere Deo, quisquis ... reveretur**: *übersetze* dass es Gott gefällt, dass jeder ... achtet **carere** *mit Abl.*: *etwas* nicht haben **institutio, onis** f.: Einrichtung **integer, gra, grum**: rein **consequi**: erlangen **cernere**: erkennen **amplitudo, inis** f.: Ausmaß **benignitas, atis** f.: Güte **neque**: auch nicht **desperare de**: zweifeln an **nempe** (*Adv.*): freilich **praestantia, ae** f.: Vortrefflichkeit **purus, a, um**: rein **sensus, us** m.: Erfahrung **emendare**: korrigieren **deesse**: fehlen **non quo** *mit Konj.*: nicht damit **felicitas, atis** f.: Glückseligkeit **universus, a, um**: vollständig **quire** (*vgl.* ire): können **hactenus** (*Adv.*): soweit **propter**: um ... willen **severitas, atis** f.: Strenge **remittere a**: ablassen von **venia, ae** f.: Nachsicht **haud**: nicht **repugnare**: Widerstand leisten **olim** (*Adv.*): einst **admittere**: Zutritt gewähren

Historische Bibelkritik: Johann Salomo Semler, Apparatus ad liberalem Novi Testamenti interpretationem 36.41.72 (1767)

85

✎ 247

Johann Salomo Semler (1725–1791), während seines Theologiestudiums vom hallischen Pietismus geprägt, legte die Basis für die moderne historisch-kritische Exegese. Seit 1753 Theologieprofessor an der vom Geist der Aufklärung geprägten Universität Halle, vollzog er bereits in seiner 1767 erschienenen Schrift „Werkzeug zur freien Auslegung des Neuen Testaments" den Bruch mit dem altlutherischen Schriftprinzip und der damit verbundenen Lehre von der Verbalinspiration (s. T 79). Vielmehr nimmt er die Schriften des Neuen Testaments als historisch gewordene Dokumente wahr, die von ihren Verfassern in eine konkrete geschichtliche Situation hinein und mit einer konkreten, auf diese Situation bezogenen Absicht geschrieben wurden. Das gelte entsprechend auch von den Worten Jesu und der Apostel. Daraus ergibt sich die exegetische Aufgabe, diese historische Situation zur Zeit der Entstehung der neutestamentlichen Schriften zu erforschen. Dabei erachtet Semler Methoden und Forschungsergebnisse der Profangeschichtsschreibung als wichtige Hilfsmittel. Die Konsequenzen für die Bewertung der biblischen Schriften sind weitreichend: Sie erscheinen ihm nun nicht mehr bis in die Wortwahl vom Heiligen Geist inspiriert und daher von allumfassender Gültigkeit, sondern seien nach menschlichen Maßstäben formuliert.

(36) Auctores sacri omnes doctorum ⟨librorum⟩, quam gerebant, publicam provinciam libris suis continuarunt – suo quisque tempore et loco, suo modo et consilio. [...]

(41) Caremus autem hodie quibusdam adiumentis, quae ad illustrandam seculi primi historicam causam (ut Iudaeorum, tam in Palaestina, quam in cetero romano orbe, fuit) eximie facerent. Ad quam ⟨causam⟩ et universa, quam secutus est Christus atque ⟨secuti sunt⟩ Apostoli, docendi ratio, Epistolarum etiam plerarumque oeconomia, refertur. [...]

Itaque facile patet, ex his quasi historicis documentis multa recte colligi ab interprete de hominum eius temporis opinionibus et usitatis ingenii exercitiis, ad quae [...] tum ipse Christus, tum apostoli non respicere non potuerunt. κατ᾽ἄνθρωπον igitur multa dicebantur, quae a nobis non debent summum quasi in locum evehi, ob temporis indolem. [...]

(72) [...] redeundum nobis est in illorum temporum conditionem et Christi quasi apostolorumque societatem [...]. Christus et apostoli ea oratione usi sunt, quae istis hominibus facilius conveniebat; itaque non omnes sententiae sunt καθολικαί, dictae κυρίως et ὅλως ἀληθῶς; multae sunt ⟨dictae⟩ κατ᾽ἄνθρωπον.

publicam provinciam gerere: einen öffentlichen Wirkungskreis vertreten **continuare** *mit Akk.*: in unmittelbarem Zusammenhang stehen *mit* **quisque**: ein jeder **consilium, i** n.: Absicht **carere** *mit Abl.*: *etwas* nicht haben **adiumentum, i** n.: Hilfsmittel **illustrare**: erklären **causa, ae** f.: *hier* Situation **ut**: wie **tam ... quam ...**: sowohl ... als auch ... **orbis, is** m.: *hier* Reich **eximie facere**: ungemein beitragen **oeconomia, ae** f.: *hier* Struktur **referri ad**: sich beziehen auf **patet** *mit AcI*: es ist erkennbar, dass **quasi** (*Adv.*): gleichsam **colligere**: sammeln **interpres, tis** m.: Exeget **usitatus, a, um**: üblich **exercitia ingenii**: Denkweisen **tum ... tum ...**: erst ..., dann ... **κατ᾽ἄνθρωπον**: nach menschlichen Maßstäben (*gemeint ist* adressatengerecht) **evehere**: emporheben **indoles, is** f.: Eigenart **conditio, onis** f.: Zustand **quasi** (*Adv.*): gleichsam **societas, atis** f.: Gesellschaft **oratio, onis** f.: *hier* Sprechweise **convenire**: entgegenkommen **καθολικαί** Nom.f.Pl.: allumfassend geltend **dictae κυρίως et ὅλως ἀληθῶς**: mit der Autorität des Herrn und vollständig wahr gesprochen

A. Beutel, Kirchengeschichte im Zeitalter der Aufklärung, Göttingen 2009, 112–150.
J. Hilpert, Neologie in Jena, BhTh 196, Tübingen 2020, 192–201.262–269.
G. Hornig, Die Anfänge der historisch-kritischen Theologie. Johann Salomo Semlers Schriftverständnis und seine Stellung zu Luther, Göttingen 1961, 56–115.

I.0; I.2; III.4; IV.3; IV.5; V.2

Quellen

Johann Christoph Döderlein, Institutio Theologi Christiani In Capitibus Religionis Theoreticis. Pars prima, Nürnberg 1787, 3.7; ders., Institutio Theologi Christiani In Capitibus Religionis Theoreticis. Pars secunda, Nürnberg 1787, 496.498.
Johann Salomo Semler, Apparatus ad liberalem Novi Testamenti interpretationem. Illustrationis exempla multa ex Epistola ad Romanos petita sunt, Halle 1767, 48.92–94.182.

Übersetzung

Johann Christoph Döderlein, Kurze Unterweisung in den Lehrwahrheiten der christlichen Religion. Zwei Teile, Nürnberg 1791/1792.

IV.7 Der Pietismus

86 Das Collegium pietatis: Philipp Jakob Spener, Epistula 84 (1670)

248

Die Aufwertung des Subjekts und die Relevanz der Lebensführung waren nicht nur ein Charakteristikum der philosophischen Aufklärung, sondern schlugen sich auch in der zeitgenössischen Frömmigkeit nieder. Philipp Jakob Spener (1635–1705), der „Patriarch des Pietismus" (Wallmann), hielt die Reformation Luthers für nicht vollendet. Vielmehr sah er im Hinblick auf eine lebendige Frömmigkeit und die christliche Lebenspraxis noch Verbesserungsbedarf, um Luthers ursprüngliche Absichten zu verwirklichen. Als junger Pfarrer bereits zum Senior der Frankfurter lutherischen Pfarrerschaft gewählt, gründete er dort 1670 das sogenannte *Collegium pietatis*, eine Gruppe von Frommen, die sich außerhalb des öffentlichen Gottesdienstes, d. h. nicht unter Aufsicht des Predigtamtes, zur eigenen Erbauung in Speners Pfarrhaus traf. Da dieses Konventikel, das an vielen Orten Nachahmer fand, schon früh von Außenstehenden kritisch beäugt wurde, berichtet Spener im gleichen Jahr noch in einem Brief an den Straßburger Theologieprofessor Balthasar Bebel, wie die Versammlungen abliefen, und rechtfertigt sie mit dem Verweis auf Kol 3,15 sowie die lutherische Lehre vom Priestertum aller Gläubigen. Die Sammlung der Frommen in Konventikeln, welche die Kerngemeinde der Kirche bilden sollten, um sie von innen heraus zu verbessern, bezeichnete Spener als *ecclesiola in ecclesia* („das Kirchlein innerhalb der Kirche").

Ab aliquot mensibus nonnulli familiarius mecum colloqui soliti inter alia de hoc indicio pietatis omnino refrigescentis conquerebantur, quod in omnibus congressionibus [...] vix umquam aliquis cogitet etiam de rebus Christianismi aedificationem spectantibus mentionem iniicere; [...] desiderabant, ut saltem illi, quibus talia cordi sunt, occasionem haberent nonnumquam conveniendi et piis colloquiis semet aedificandi. [...]

[...] quia ab oculis Ministerii remoti essent, ipse me ad hoc obtuli, ut me vel aliis etiam nostri collegii, qui vellent, praesentibus bis in

ab *mit Abl.*: seit **aliquot** (*indekl.*): einige **familiaris, e**: vertraut **solere** (soleo, solitus sum): gewohnt sein **indicium, i** n.: Anzeichen **refrigescere**: erkalten **conqueri**: sich beklagen **congressio, onis** f.: (kirchliche) Zusammenkunft **aedificatio, onis** f.: Erbauung **spectare (ad)** *mit Akk.*: abzielen auf **mentionem iniicere de**: *etwas* erwähnen **saltem** (*Adv.*): wenigstens **cordi esse**: am Herzen liegen **semet**: *verstärktes* se **aedificare**: erbauen **ab oculis ... remoti**: vor den Augen ... verborgen **Ministerium, i** n.: (Prediger-)Ministerium (*gemeint ist das Gremium der lutherischen Innenstadt-Prediger Frankfurts*) **se offerre** (offero, obtuli, oblatum): sich zur Verfügung stellen **me vel aliis ... praesentibus**: *Abl. abs.* **praeesse**: den Vorsitz haben **bis in septimana**: zweimal in der Woche

septimana in museo meo convenirent, quo inter nos de rebus ad mutuum profectum spectantibus sermones haberemus familiares. Accepere isti conditionem, atque ita initium factum est eius exercitii, in quo non aliud quaerimus, quam ut colloquiis piis invicem nos erudiamus et ad zelum pietatis, amorem Dei atque exinde profluentem obedientiam nos fraterne instigemus. [...]

Intersunt autem numero non adeo multi, sed non unius ordinis viri, docti, indocti. Ego certe fateri non vereor, quod nunquam collocuti simus, quin me aliquando etiam ex eorum, qui simpliciores videbantur, verbis aedificatum senserim.

Ex hac relatione nuda iam haud dubie vides nihil a nobis suscipi, quod illi rumori vel suspicionibus iustam causam dedisset. Iubet Apostolus ad Coloss. 3, ut verbum divinum in nobis habitet πλουσίως. [...]

Exigit, ad quod omnes a Christo redempti sumus et quod toties inculcat beatus noster Lutherus, munus sacerdotale hoc etiam, ut in lege Domini meditanda et fide sua inde corroboranda quivis sedulus sit [...].

museum, i n.: Studierzimmer **quo** *mit Konj.*: damit dadurch **mutuus, a, um**: gegenseitig **profectus, us** m.: Voranbringen **accepere** = acceperunt **conditio, onis** f.: Bedingung **invicem** (*Adv.*): gegenseitig **erudire**: bilden **zelus, i** m.: Eifer **exinde** (*Adv.*): daraus **profluere**: hervorfließen **obedientia, ae** f.: Gehorsam **instigare**: anspornen **interesse**: teilnehmen **numero**: der Anzahl nach **non adeo**: gar nicht so **vereri**: sich scheuen **quin me ... senserim**: *übersetze* ohne dass ich mich ... gefühlt hätte **relatio, onis** f.: Bericht **nudus, a, um**: schmucklos **haud dubie**: ohne Zweifel **suscipere**: unternehmen **rumor, oris** m.: Gerücht **suspicio, onis** f.: Verdächtigung **πλουσίως** (*Adv.*): reichlich **exigere**: fordern **redimere** (redimo, redemi, redemptum): erlösen **toties** (*Adv.*): so oft **inculcare**: einschärfen **sacerdotalis, e**: priesterlich **meditari**: nachsinnen über **inde** (*Adv.*): dadurch **corroborare**: stärken **quivis**: ein jeder **sedulus, a, um**: eifrig

Das pietistische Programm zur Kirchenreform: Philipp Jakob Spener, Pia Desideria i. A. (1675)

87

↗249

1675 verfasste Spener ein kleines Büchlein mit dem Titel: „Pia desideria oder herzliches Verlangen nach gottgefälliger Besserung der wahren evangelischen Kirche", das zur Programmschrift des Pietismus wurde. Es besteht aus drei Teilen: a) Diagnose – Spener stellt eine innere Zerrüttung der Kirche fest, denn die Gläubigen würden sich durch Missbrauch von Luthers Rechtfertigungslehre in falscher Sicherheit wiegen. Im

Sinne Luthers fordert er, dass der Glaube Früchte bringen müsse. b) Prognose – Spener entfaltet eine optimistische Eschatologie, denn das 1000jährige Reich (Apk 20) stehe unmittelbar bevor. Er wendet sich von der nahen Erwartung des Jüngsten Tages ab, die in der lutherischen Orthodoxie gepflegt wurde, und hofft auf baldige Besserung für die Kirche auf Erden. c) Therapie – Um die zur Verfügung stehende Zeit zu nutzen und den Zustand der Kirche zu bessern, stellt Spener ein Reformprogramm in sechs Punkten auf: 1. Bibellektüre der Laien, 2. Wiederherstellung des Priestertums aller Gläubigen, 3. Betonung guter Lebensführung, 4. Einschränkung theologischer Polemik, 5. Ausrichtung des Theologiestudiums auf die Praxis des Glaubens und des Lebens, 6. Predigten zur Erbauung.

ista consilia in mediam suggero: Videlicet toti Ecclesiae nostrae […] ita inprimis mediante gratia divina consuli, ejusque conditionem meliorem reddi posse:

(I.) si in id sedulo laboraremus, ut verbum Dei opulentius inter nos habitaret. […] Unde totam etiam scripturam, nulla ejus parte excepta, populo notam fieri decebat, si scopum nostrum attingere debeamus. […] Porro […] non sine magno usu fortasse futurum esset, si vetus & Apostolica ratio coetuum Ecclesiasticorum nostro aevo reduceretur […], ut non unus ad docendum surgeret, […] sed alii etiam, donis & cognitione coelitus dotati, […] sermones suos miscerent, & super propositis materiis sententias pie conferrent, coeteri de auditis judicarent. […]

saepe memoratus noster Lutherus, si consulatur, in medium proferet, quod jam secundum ⟨medium⟩ esto:

(II.) restauratio & sedulum exercitium spiritualis sacerdotii. […]

Hisce duobus mediis addendum ⟨est⟩ tertium:

in mediam ⟨rem⟩ suggerere: unmittelbar anraten **videlicet … consuli …-que … meliorem reddi posse** (*ind. Rede*): *übersetze* dass sicherlich … geholfen und … besser gemacht werden könne (*daran schließen sich im weiteren Verlauf* si-*Sätze an*) **inprimis** (*Adv.*): vor allem **mediante gratia divina** (*Abl. abs.*): durch die Mittlerschaft der göttlichen Gnade **conditio, onis** f.: Zustand **sedulo** (*Adv.*): eifrig **laborare in** *mit Akk.*: arbeiten an **opulentus, a, um**: reichlich **unde** (*Adv.*): daher **excipere**: auslassen **decebat** *mit AcI*: es wäre angebracht, dass **scopus, i** m.: Ziel **porro** (*Adv.*): ferner **ratio, onis** f.: *hier* Methode **coetus, us** m.: Versammlung **aevum, i** n.: Zeitalter **reducere**: wiedereinführen **surgere**: sich erheben **coelitus dotatus, a, um**: vom Himmel her reich ausgestattet **miscere**: miteinbringen **super propositis materiis**: über die vorgelegten Inhalte **coeteri** = ceteri **memoratus, a, um**: erwähnt **consulere**: *hier* um Rat fragen **in medium proferre**: in den Mittelpunkt stellen **medium, i** n.: Mittel **esto**: es soll sein (*Imp. Fut.*) **restauratio, onis** f.: Wiederherstellung **hisce** = his

(III.) si multa cura hominibus id inculcetur & a prima aetate persuaderetur, ut credant, scientiam ad Christianismum non sufficere, sed eum in praxi potius consistere. [...]
Huic (IV.) aliud addendum fuerit, ut diligenter observemus, quomodo circa religionis controversias eosque, qui infideles aut heterodoxi sunt, nos gerere oporteat. [...]
(V.) Uti vero ministrorum Ecclesiae in omnibus, quae Ecclesiae emendationem concernunt, praecipue partes sunt, [...] ita eo plus in hoc etiam situm est, ut officium hoc gerant illi, qui ante omnia ipsi veri Christiani divinaque sapientia sint praediti, qua alios in via Domini prudenter manu ducant. [...]
(VI.) Quod ipsum reliquis utpote sextum subjungo medium, quo emendatio Ecclesiae juvaretur: si ab universis conciones ita instituentur, ut finis earum, fides ejusque fructus, apud auditores optimo quovis modo promoverentur.

inculcare: einschärfen **persuadere, ut**: dazu bewegen, dass **sufficere ad**: ausreichen für **in praxi**: in der Praxis (*von griech.* πρᾶξις) **consistere in**: bestehen in **observare**: darauf achten **circa** *mit Akk.*: gegenüber **heterodoxus, i** m.: Andersgläubiger **se gerere**: sich verhalten **uti** (*Adv.*): wie *ordne und übersetze*: **praecipue partes sunt ministrorum Ecclesiae**: die Rolle der Kirchendiener ist die wichtigste **emendatio, onis** f.: Besserung **concernere** *mit Akk.*: abzielen auf **eo plus in hoc etiam situm est**: *übersetze* es ist umso mehr auch daran gelegen **gerere**: übernehmen **praeditus, a, um**: begabt **manu ducere**: an der Hand führen **utpote** (*Adv.*): ja **subjungere**: hinzufügen **concio, onis** f.: Predigt **finis, is** m.: Ziel **optimo quovis modo**: auf bestmögliche Weise **promovere**: befördern

W.-D. Hauschild, Reformation und Neuzeit, § 18,3–11.
J. Wallmann, Der Pietismus, Göttingen 2005.
M. Brecht, Philipp Jakob Spener, sein Programm und dessen Auswirkungen, in: ders. (Hg.), Geschichte des Pietismus. Bd. 1: Der Pietismus vom siebzehnten bis zum frühen achtzehnten Jahrhundert, Göttingen 1993, 281–389.

I.6; I.9; II.3; II.8; II.9; III.2; III.3; IV.2; IV.5; V.1

Quellen

Philipp Jakob Spener, Briefe aus der Frankfurter Zeit 1666–1686. Bd. 1, hg. v. J. Wallmann, Tübingen 1992, 324–329, da 324–326.
Philipp Jakob Spener, Pia Desideria. Deutsch-lateinische Studienausgabe, hg. v. B. von Tschischwitz, Spener-Sonderausgabe, Gießen 2005, 113–115.119.125.127–129.139.161.

V. Moderne

Abb. 5: Das Zweite Vatikanische Konzil, einberufen von Papst Johannes XXIII. und am 11.10.1962 eröffnet, sollte der Anpassung der römisch-katholischen Kirche an die modernen Verhältnisse dienen. Das Foto zeigt einen Auszug von Papst Johannes XXIII. aus dem Petersdom. Eindrücklich ist die Menge der 2540 Konzilsväter, Mitglieder des Bischofskollegiums, zu erkennen. Nach römisch-katholischer Lehre waren sie im Heiligen Geist versammelt und bildeten somit eine geistliche Gemeinschaft, die sich im Konsens der getroffenen Konzilsentscheidungen ausdrückte.

Zweites Vatikanisches Konzil: Auszug von Papst Johannes XXIII. aus dem Petersdom. (Aufnahmedatum unbekannt), Foto: Ernst Herb/KNA

V.1 Neue Dogmen der römisch-katholischen Kirche

Der Jurisdiktionsprimat und die Unfehlbarkeit des Papstes: Dogmatische Konstitution „Pastor Aeternus“ 3–4 (1870) 88

✎251

In der Moderne werden lateinische Texte, die kirchenhistorischen Quellenwert haben, vor allem für offizielle Verlautbarungen der römisch-katholischen Kirche und ihrer Amtsträger verfasst. Das Erste Vatikanische Konzil (eröffnet 8. Dezember 1869, vertagt am 20. Oktober 1870 auf unbestimmte Zeit), das aufgrund seiner dogmatischen Entscheidungen von kirchenhistorischer Bedeutung ist, sollte als allgemeines Konzil der kirchlichen Selbstbehauptung angesichts der von der Aufklärung geprägten Moderne dienen. Um die kirchliche Autorität festzuschreiben, verabschiedeten die Konzilsväter in der vierten Sitzung die dogmatische Konstitution *Pastor aeternus* (18. Juli 1870), ein offizielles Dokument höchsten Ranges, in dem der Glauben der römisch-katholischen Kirche im Anschluss an ihre Tradition zum Ausdruck gebracht wird. Darin erneuerten sie das Dogma des ökumenischen Konzils von Florenz (1439; s. T 33), dass der römische Bischof als Nachfolger des Apostelfürsten Petrus die Vollmacht habe, die gesamte Kirche zu leiten. In diesem Rahmen dogmatisierten sie u. a. a) den Jurisdiktionsprimat des Papstes, d. h. dass er die volle und höchste Gerichtsbarkeit über die gesamte Kirche innehabe, sowie b) seine Unfehlbarkeit in Fragen des Glaubens und der Sitte, sofern er „vom Lehrstuhl (*ex cathedra*) des heiligen Petrus aus“, d. h. als Inhaber des Petrusamtes und daher als oberster Lehrer der Gesamtkirche spreche. Diese dogmatische Entscheidung der Konzilsväter war umstritten; aus der innerkatholischen Widerstandsbewegung dagegen entstanden die alt-katholischen Kirchen in Deutschland, Österreich und der Schweiz.

(3) [...] Docemus proinde et declaramus, Ecclesiam Romanam, disponente Domino, super omnes alias ⟨ecclesias⟩ ordinariae potestatis obtinere principatum, et hanc Romani Pontificis iurisdictionis potestatem, quae vere episcopalis est, immediatam esse. [...] Et quoniam divino Apostolici primatus iure Romanus Pontifex universae Ecclesiae praeest, docemus etiam et declaramus, eum esse iudicem supremum fidelium [...].

(4) [...] Itaque Nos traditioni a fidei christianae exordio perceptae fideliter inhaerendo – ad Dei Salvatoris nostri gloriam, religionis

proinde (*Adv.*): daher **disponere**: anordnen **obtinere**: innehaben **principatus, us** m.: Vorrang **episcopalis, e**: bischöflich **immediatus, a, um**: unmittelbar **primatus, us** m.: Primat **praeesse** *mit Dat.*: *etwas* vorstehen **traditio, onis** f.: Überlieferung **exordium, i** n.: Beginn **percipere**: empfangen **inhaerere** *mit Dat.*: festhalten an

catholicae exaltationem et christianorum populorum salutem – sacro approbante Concilio, docemus et divinitus revelatum dogma esse definimus:

Romanum Pontificem, cum ex cathedra loquitur, id est, cum omnium Christianorum pastoris et doctoris munere fungens pro suprema sua Apostolica auctoritate doctrinam de fide vel moribus ab universa Ecclesia tenendam definit, per assistentiam divinam ipsi in beato Petro promissam, ea infallibilitate pollere, qua divinus Redemptor Ecclesiam suam in definienda doctrina de fide vel moribus instructam esse voluit; ideoque ⟨definimus⟩ eiusmodi Romani Pontificis definitiones ex sese, non autem ex consensu Ecclesiae, irreformabiles esse.

catholicus, a, um: katholisch **exaltatio, onis** f.: Erhöhung **approbare**: zustimmen **divinitus** (*Adv.*): von Gott **revelare**: offenbaren **definire**: festsetzen **Romanum Pontificem ... pollere ...; ideoque ... definitiones ... esse**: *ind. Rede* **cathedra, ae** f.: Stuhl **munere fungi**: ein Amt ausüben **pro** *mit Abl.*: kraft **assistentia, ae** f.: Beistand **infallibilitas, atis** f.: Unfehlbarkeit **pollere** *mit Abl.*: verfügen *über* **Redemptor, oris** m.: Erlöser **in definienda doctrina**: *übersetze* in der Festsetzung der Lehre **instructus, a, um**: ausgestattet **ex sese**: aus sich **irreformabilis, e**: unabänderlich

89 Das Dogma der leiblichen Aufnahme Mariens in den Himmel: Apostolische Konstitution „Munificentissimus Deus" (1950)

✎ 251

Bereits auf dem Ersten Vatikanischen Konzil hatten zahlreiche Konzilsväter vorgeschlagen, die leibliche Aufnahme Mariens in den Himmel, die wie bei ihrem Sohn Jesus Christus unmittelbar nach dem völligen Sieg über den Tod geschehen sei, zu definieren. Die Stimmen mehrten sich in der ersten Hälfte des 20. Jahrhunderts und wurden von Papst Pius XII. aufgenommen, der das entsprechende Dogma am 1. November 1950 verkündete. Im Neuen Testament gibt es keinen Beleg für diese Lehre. Theologisch sollte damit die logische Konsequenz aus dem Verständnis von Maria, die selbst unbefleckt empfangen worden und daher ohne Erbsünde sei (Pius IX., 8. Dezember 1854), als Mutter Gottes (Konzil von Ephesus 431 n. Chr.) und immerwährende Jungfrau, deren Jungfräulichkeit bei der Empfängnis sowie während und nach der Geburt Jesu bewahrt blieb (Konzil von Konstantinopel, 553 n. Chr.), gezogen werden. Diese Dogmenverkündung nahm zum ersten und einzigen Mal die 1870 dogmatisierte Infallibilität des Papstes (vgl. T 88) in Anspruch und bestätigte somit den Feiertag „Mariä Himmelfahrt", der nicht nur in der römisch-katholischen Kirche, sondern auch in den Ostkirchen am 15. August des jeweils gültigen Kalenders begangen wird.

Quapropter, postquam supplices etiam atque etiam ad Deum admovimus preces, ac Veritatis Spiritus lumen invocavimus, – ad Omnipotentis Dei gloriam, qui peculiarem benevolentiam suam Mariae Virgini dilargitus est, ad sui Filii honorem, immortalis saeculorum Regis ac peccati mortisque victoris, ad eiusdem augustae Matris augendam gloriam et ad totius Ecclesiae gaudium exsultationemque – auctoritate Domini Nostri Iesu Christi, Beatorum Apostolorum Petri et Pauli ac Nostra pronuntiamus, declaramus et definimus divinitus revelatum dogma esse: Immaculatam Deiparam semper Virginem Mariam, expleto terrestris vitae cursu, fuisse corpore et anima ad caelestem gloriam assumptam.

Quamobrem, si quis – quod Deus avertat – id vel negare, vel in dubium vocare voluntarie ausus fuerit, quod a Nobis definitum est, noverit se a divina ac catholica fide prorsus defecisse.

quapropter: deswegen **supplex, icis**: flehend **etiam atque etiam**: immer wieder **gloria, ae** f.: Herrlichkeit **peculiaris, e**: besonders **dilargiri**: schenken **saeculum, i** n.: Zeit **augere**: vergrößern **augustus, a, um**: erhaben **exsultatio, onis** f.: Jubel **pronuntiare**: verkünden **definire**: festsetzen **divinitus** (*Adv.*): von Gott **revelare**: offenbaren **immaculatus, a, um**: unbefleckt **Deipara, ae** f.: Gottesmutter **explere**: vollenden **assumere ad**: aufnehmen in **quamobrem**: daher **in dubium vocare**: in Zweifel ziehen **voluntarie** (*Adv.*): absichtlich **ausus fuerit** → audere (audeo, ausus sum): wagen (*entspricht Konj. Perf.*) **prorsus** (*Adv.*): ganz und gar **deficere**: abfallen

P. Neuner, Der lange Schatten des I. Vatikanums, Freiburg i. Br. u. a. 2019, 13–106.
H.-J. Höhn, Päpstliche Unfehlbarkeit – oder: Dogmen als Machtworte, in: J. Knop/ M. Seewald (Hgg.), Das Erste Vatikanische Konzil. Eine Zwischenbilanz 150 Jahre danach, Darmstadt 2019, 137–154.
M. Daufratshofer, Das päpstliche Lehramt auf dem Prüfstand der Geschichte. Franz Hürth SJ als „Holy Ghostwriter" von Pius XI. und Pius XII., Freiburg i. Br. u. a. 2021, 403–535.

II.5; II.9; III.6; IV.1; IV.2; V.5

Quellen

ASS 6 (1870–1871), 40–47, da 43–44.47.
AAS 42 (1950), 753–771, da 770.

Übersetzungen

DH 3050–3075.
DH 3900–3904.

V.2 Die römisch-katholische Kirche und die Moderne

90 Der Antimodernisteneid: Motu Proprio „Sacrorum antistitum" i. A. (1910)

252

Am 1. September 1910 erließ Papst Pius X. „aus eigenem Antrieb" und in eigener Entscheidung ein apostolisches Schreiben, mit dem er den sogenannten Antimodernisteneid einführte, den alle Kleriker der römisch-katholischen Kirche ablegen mussten. Aus dem Anliegen heraus, den Glauben an den dreieinigen Gott und die Kirche zu festigen, beruft sich der Eid auf die Tradierung der Glaubenslehre durch die apostolische Lehrsukzession und wendet sich gegen die „Irrtümer" des sogenannten Modernismus. Mit diesem polemischen Begriff wurden bereits in vorangegangenen lehramtlichen Verurteilungen (Dekret *Lamentabili*, 3. Juli 1907; Enzyklika *Pascendi dominici gregis*, 8. September 1907) die zeitgenössischen Versuche, römisch-katholische Tradition und neuzeitliches, aufgeklärtes Denken miteinander zu verbinden, bezeichnet. Insbesondere wendet sich der Eid gegen die „Rationalisten", gegen einen textkritischen Umgang mit der Bibel, gegen einen historischen Zugang zu den kirchlichen Dogmen und gegen eine aufgeklärte Interpretation der kirchlichen Tradition, die – etwa in Aufnahme von Gedanken Spinozas – „pantheistisch" den Unterschied zwischen Transzendenz und Immanenz, Gott und Natur bzw. Gott und Geschichte nicht hinreichend betone oder sogar aufhebe. Diese Eidesverpflichtung wurde 1967 abgeschafft.

Ego [...] firmiter amplector ac recipio omnia et singula, quae ab inerranti Ecclesiae magisterio definita, adserta ac declarata sunt, praesertim ea doctrinae capita, quae huius temporis erroribus directo adversantur.

Ac primum quidem Deum, rerum omnium principium et finem, naturali rationis lumine per ea, quae facta sunt – hoc est per visibilia creationis opera – tamquam causam per effectus, certo cognosci, adeoque demonstrari etiam posse, profiteor. [...]

Fidei doctrinam ab Apostolis per orthodoxos Patres eodem sensu eademque semper sententia ad nos usque transmissam ⟨esse⟩,

amplecti: anerkennen **recipere**: annehmen **omnia et singula**: samt und sonders **inerrare**: nicht irren **magisterium, i** n.: Lehramt **definire**: festsetzen **adserere**: behaupten **caput, itis** n.: Kapitel **adversari**: entgegenstehen **ac quidem** (*Adv.*): und zwar **principium, i** n.: Ursprung **tamquam** (*Adv.*): gleichsam als **effectus, us** m.: Wirkung **certo** (*Adv.*): sicher **adeo ... etiam**: ja sogar **demonstrare**: beweisen **profiteri** *mit AcI*: bekennen, dass **orthodoxus, a, um**: rechtgläubig **sententia, ae** f.: *hier* Bedeutung **transmittere**: überliefern

sincere recipio; ideoque prorsus reiicio haereticum commentum evolutionis dogmatum, ab uno ⟨senso⟩ in alium sensum transeuntium, diversum ab eo, quem prius habuit Ecclesia. [...]

Reprobo pariter eam Scripturae Sanctae diiudicandae atque interpretandae rationem, quae [...] rationalistarum commentis inhaeret et criticen textus velut unicam supremamque regulam [...] amplectitur. [...]

In universum denique me alienissimum ab errore ⟨esse⟩ profiteor, quo modernistae tenent in sacra traditione nihil inesse divini, aut, quod longe deterius ⟨est⟩, pantheistico sensu illud admittunt [...].

Proinde fidem Patrum firmissime retineo et ad extremum vitae spiritum retinebo ⟨eam⟩ de charismate veritatis certo, quod est, fuit eritque semper in episcopatus ab Apostolis successione.

sincere (*Adv.*): aufrichtig **prorsus** (*Adv.*): völlig **reiicere**: verwerfen **commentum, i** n.: Lüge **evolutio, onis** f.: Entwicklung **transire**: übergehen **reprobare**: verwerfen **pariter** (*Adv.*): in gleicher Weise **diiudicare**: beurteilen **ratio, onis** f.: *hier* Methode **inhaerere** *mit Dat.*: anhaften **criticen** (*griech. Akk.* κριτικήν) **textus**: Textkritik **in universum**: im Allgemeinen **alienus, a, um**: fernstehend **tenere**: behaupten **longe deterius**: bei weitem schlimmer **proinde** (*Adv.*): darum **spiritus, us** m.: Atemzug **charisma, atis** n.: Gnadengeschenk **episcopatus, us** m.: Bischofsamt **successio, onis** f.: Nachfolge

Die „Pillen-Enzyklika“: Enzyklika „Humanae vitae“ 11.14.16 (1968)

91

✎253

1961 kam in Deutschland die erste „Antibaby-Pille“ auf den Markt und ermöglichte in sexueller Hinsicht vielen Frauen die Freiheit, die zum Grundmotiv der Moderne zählt. Die römisch-katholische Kirche stand dieser Entwicklung wie der gesamten Moderne gespalten gegenüber. Die von Papst Paul VI. am 25. Juli 1968 veröffentlichte Enzyklika „Über die rechte Ordnung der Weitergabe menschlichen Lebens“, deren Endgestalt auf ihn persönlich zurückgeht, steht am Ende einer intensiven innerkirchlichen Diskussion. Bereits während des Zweiten Vatikanischen Konzils wurden die Themen Familienplanung und Geburtenregelung diskutiert und eine 60-köpfige Kommission zur Klärung der damit verbundenen Fragen eingesetzt. In ihrem Schlussbericht (26. Juni 1966) empfahl die Kommission mit großer Mehrheit die Freigabe „künstlicher“ Methoden der Empfängnisverhütung unter bestimmten Bedingungen, wohingegen eine kleine Minderheit von vier Kommissionsmitgliedern ausschließlich die Zeitwahlmethode nach Knaus-Ogino zulassen wollte. Nach weiterer eingehender Diskussion der Frage mit Moraltheologen, vor Gynäkologen und in einer „Geheimen Kommission“ bestätigte der Papst die römisch-katholische Lehre, dass die eheliche Liebe und der eheliche Verkehr – außerehelicher Verkehr ist nicht im Blick – auf die Zeugung von Kindern hingeordnet seien, und leitet aus diesem Prinzip konkrete Handlungsanweisungen und -verbote ab.

(11) [...] Verumtamen Ecclesia [...] id docet necessarium esse, ut quilibet matrimonii usus ad vitam humanam procreandam per se destinatus permaneat. [...]

(14) Quare, primariis hisce principiis humanae et christianae doctrinae de matrimonio nixi, iterum debemus edicere, omnino respuendam esse ut legitimum modum numeri liberorum temperandi directam generationis iam coeptae interruptionem, ac praesertim abortum directum, quamvis curationis causa factum ⟨sit⟩. Pariter [...] damnandum est seu viros seu mulieres directo sterilitate, vel perpetuo vel ad tempus, afficere.

Item quivis respuendus est actus, qui, cum coniugale commercium vel praevidetur vel efficitur vel ad suos naturales exitus ducit, id [...] intendat, ut procreatio impediatur. [...]

(16) [...] Si igitur iustae adsint causae, [...] Ecclesia docet, tunc licere coniugibus sequi vices naturales generandi facultatibus immanentes.

verumtamen (*Adv.*): aber **quilibet**: jeglicher **matrimonii usus**: Vollzug der Ehe **procreare**: zeugen **destinatus permanere ad**: bestimmt bleiben zu **primarius, a, um**: grundlegend **hisce**: *verstärktes* his **niti** (nitor, nixus sum) *mit Abl.*: sich stützen *auf* **edicere**: verkünden *beachte*: **respuendam esse ... directam ... interruptionem ac ... abortum directum** **respuere**: ablehnen **ut legitimum modum**: als legitimer Weg **temperare**: beschränken **directus, a, um**: zielgerichtet **generatio, onis** f.: Zeugung **ac praesertim**: und besonders **abortus, us** m.: Abtreibung **quamvis**: auch wenn **curatio, onis** f.: Heilung **pariter** (*Adv.*): in gleicher Weise **sterilitas, atis** f.: Sterilisierung **afficere** *mit Abl.*: versehen *mit* **item** (*Adv.*): ebenso **quivis actus**: jegliche Handlung **coniugalis, e**: ehelich **commercium, i** n.: Geschlechtsverkehr **efficere**: vollziehen **exitus, us** m.: Ausgang **id intendere**: darauf abzielen **procreatio, onis** f.: Zeugung **impedire**: verhindern **igitur** (*Adv.*): nun aber **coniux, gis** m./f.: Ehepartner **vices naturales**: natürlicher Zyklus **generandi facultates**: Anlagen der Zeugung **immanere**: immanent sein

R. A. Siebenrock, Zäsur: Neuscholastik, Antimodernismus, in: G. M. Hoff/U. H. J. Körtner (Hgg.), Arbeitsbuch Theologiegeschichte. Diskurse, Akteure, Wissensformen, Bd. 2: 16. Jahrhundert bis zur Gegenwart, Stuttgart 2013, 185–197.
C. Arnold, Kleine Geschichte des Modernismus, Freiburg i. Br./Basel/Wien 2007.
F. X. Bischof, Fünfzig Jahre nach dem Sturm – Ein historischer Rückblick auf die Enzyklika Humanae vitae, MThZ 68 (2017), 336–354.

II.7; IV.1; IV.5; IV.5; V.1

Quellen

AAS 2 (1910) 669–672.
AAS 60 (1968) 486–492, da 488.490.492.

Übersetzungen

DH 3537–3550.
DH 4470–4479.

V.3 Die römisch-katholische Kirche in der NS-Zeit

92 Papst Pius XI. gegen den Kommunismus: Enzyklika „Divini Redemptoris" i. A. (1937)

253

Im März 1937 nahm Papst Pius XI. zu den aktuellen politischen Bewegungen Stellung. Die Enzyklika vom 19. März 1937 *Divini Redemptoris* steht in engem Zusammenhang mit der nur zwei Tage später in deutscher Sprache veröffentlichen Enzyklika „Mit brennender Sorge" (21. März 1937). In diesem Rundbrief, der wie alle Enzykliken an die „Brüder in Christus" des Papstes, d. h. die Bischöfe des Erdkreises, gerichtet ist, damit sie ihn an die gesamte Kirche weitergeben, wendet er sich gegen den atheistischen Kommunismus. Dabei formuliert er zwei Hauptkritikpunkte: a) Die kommunistische Doktrin beanspruche – wie auch der Nationalsozialismus es tat – eine religiöse Qualität, kraft derer sie das Christentum im Hinblick auf die transzendente Wahrheit und die Erlösung des Menschengeschlechts ersetzen wolle. b) Entgegen diesem Anspruch verbreite sie jedoch Irrtum und Lüge und ziele auf eine immanente „Erlösung" auf Erden ab. Pius XI. sieht, sicherlich auch vor dem Hintergrund der russischen Oktober-Revolution 1917 mit der Machtergreifung durch die Bolschewiki, im Kommunismus eine umstürzlerische Bewegung von bisher ungekannter Radikalität, die die bisherige christliche Gesellschaftsordnung, ja Gott selbst fundamental bedrohe. Die Grundsätzlichkeit des Konflikts bringt er auch damit zum Ausdruck, dass er die jeweiligen Autoritäten gegeneinandersetzt und das bekannte Zitat von Karl Marx, dem prägenden Theoretiker des Kommunismus (Karl Marx, Zur Kritik der Hegelschen Rechtsphilosophie. Einleitung, in: Deutsch-Französische Jahrbücher 1844, 71–85, 72), mit einem Bibel-Zitat aus 2 Thess 2,4 kontert.

(I,3) Vos procul dubio, Venerabiles Fratres, iam perceptum habetis, de quo minaci periculo loquamur; de communismo scilicet bolscevico, quem vocant eodemque „atheo", cuius peculiare propositum eo contendit, ut societatis ordinationem radicitus commisceat, ipsaque christianae urbanitatis fundamenta subvertat. [...]

(II,8) [...] Ac falsa quaedam forma iustitiae, aequabilitatis ac fraternae omnium in operando necessitudinis eorum praescripta eorumque molimina simulato mystico sensu ita pervadit, ut

procul *mit Abl.*: ohne **venerabilis, e**: ehrwürdig **perceptum habere**: bemerkt haben **minax, acis**: drohend **scilicet** (*Adv.*): natürlich **eodem**: ebenso **atheus, a, um**: atheistisch (*von griech.* ἄθεος) **peculiaris, e**: besonders **propositum, i** n.: Plan **eo contendere**: darauf abzielen **radicitus** (*Adv.*): von Grund auf **commiscere**: durcheinanderbringen **urbanitas, atis** f.: Kultur **subvertere**: umstürzen **aequabilitas, atis** f.: Gleichheit **fraterna necessitudo**: brüderliche Verbundenheit **operari**: arbeiten **praescriptum, i** n.: Programm **molimen, inis** n.: Treiben **mysticus, a, um**: mystisch **pervadere**: durchdringen

⟨communismus⟩ illectas pollicitationum fallacia multitudines [...] vehementer inflammet [...].

(9) [...] Haec praescripta docent unam tantummodo esse universamque rem; materiam nempe caecis occultisque viribus conflatam, quae naturae suae decursu fiat arbor, animal, homo. [...]

(14) Habetis ante mentis oculos propositam, Venerabiles Fratres, doctrinam illam, quam communistae bolscevici atque athei quasi novum evangelium, ac quasi salutarem redemptionis nuntium, humano generi praedicant. Inventum videlicet ⟨est⟩, errorum ac praestigiarum plenum, quod veritatibus divinitus patefactis aeque ac humanae rationi adversatur, [...] quod veram Civitatis originem ac naturam verumque finem non agnoscit, quod denique humanae personae iura, dignitatem, libertatem detrectat ac denegat.

(22) [...] primum scilicet, post hominum memoriam, rebellionem videmus, diligenter inita subductaque ratione instructam, adversus „omne, quod dicitur Deus".

Etenim communismi doctrina, suapte natura, cuilibet religioni adversatur, eamque quasi „soporiferum proletariae plebis opium" idcirco reputat, quod eius institutiones atque praecepta, cum vitam sempiternam post mortalis vitae obitum edoceant, a futurae illius beatitatis ordine homines abstrahunt, quem in terris assequi teneantur.

illicere (illicio, illexi, illectum): locken **pollicitationum fallacia** (*Abl.*): *übersetze* mit falschen Versprechungen **tantummodo** (*Adv.*): nur **res, ei** f.: Wirklichkeit **nempe** (Adv.): nämlich **caecus, a, um**: blind **occultus, a, um**: verborgen **conflare**: *hier* antreiben **decursus, us** m.: Evolution **fieri**: werden zu **propositus, a, um**: gesetzt **quasi** (*Adv.*): wie **salutaris, e**: heilbringend **redemptio, onis** f.: Erlösung **praedicare**: predigen **inventum, i** n.: Erfindung **videlicet** (*Adv.*): offensichtlich **praestigia, ae** f.: Täuschung **divinitus** (*Adv.*): durch göttlichen Willen **patefacere**: offenbaren **aeque ac**: wie auch **adversari**: widersprechen **finis, is** m.: Zweck **agnoscere**: anerkennen **persona, ae** f.: *hier* Persönlichkeit **detrectare**: ablehnen **denegare**: leugnen **scilicet** (*Adv.*): ja **post hominum memoriam**: seit Menschengedenken **inita subductaque ratione**: von vorn bis hinten mit Berechnung **instruere**: organisieren **suapte natura** (*Abl.*): ihrer Natur nach **quilibet**: jeglicher **quasi** (*Adv.*): eine Art **soporifer, a, um**: einschläfernd **idcirco** (*Adv.*): darum **reputare**: halten für **quod** *hier mit Konj.*: weil **institutio, onis** f.: *hier* Anweisung **obitus, us** m.: Tod **beatitas, atis** f.: Glückseligkeit **ordo, inis** m.: Ordnung **abstrahere**: ablenken **assequi**: erreichen **teneri** *mit Inf.*: *hier* angehalten sein zu tun

93 Papst Pius XII. gegen Rassenideologie und den totalen Staat: Enzyklika „Summi Pontificatus“ i. A. (1939)

254

50 Tage nach dem Beginn des Zweiten Weltkriegs veröffentlichte Papst Pius XII., seit ca. siebeneinhalb Monaten im Amt, am 20. Oktober 1939 sein erstes Rundschreiben an seine „Brüder in Christo“, die Bischöfe des Erdkreises. Nachdem er in den ersten Monaten seines Pontifikats an der politischen Neutralität festgehalten und vergeblich alle Länder Europas zur Wahrung des Friedens aufgerufen hatte, hebt er nun mit besonderer Sympathie Polen hervor, das durch den deutschen Angriffskrieg Gefallene, Verwundete und Kriegsgefangene in sechsstelliger Zahl erlitt. Er führt den Krieg auf zwei Grundübel zurück: a) Zwischenmenschliche Beziehungen und Nächstenliebe, die aufgrund der naturgesetzlichen Gleichheit aller Menschen unbeschadet ihrer Volkszugehörigkeit sowohl vom Naturgesetz als auch vom Gottesgesetz des neuen Bundes gefordert würden, seien in Vergessenheit geraten; b) der totalitäre Staat habe sich von seiner religiösen Rückbindung an den Schöpfergott gelöst und maße sich nun selbst „göttliche“ Rechte an. Er wirft dem nationalsozialistischen Staat also vor, religiöse Qualität zu beanspruchen (vgl. T 92), und bezieht damit so klar Stellung gegen die nationalsozialistische Rassenideologie, dass die Enzyklika in Deutschland verboten wurde.

(23) Dum, Venerabiles Fratres, has lineas exaramus, terrificus affertur Nobis nuntius nefandum iam belli incendium, quod enixe deprecari conati sumus, miserrime conflatum esse. [...]

(35) ⟨Error⟩ primum [...] oblivione ⟨legis⟩ continetur mutuae illius hominum necessitudinis caritatisque, quam quidem cum communis origo postulat, ac rationabilis omnium hominum naturae aequalitas – ad quaslibet iidem gentes pertineant – tum Redemptionis sacrificium praecipit [...].

(52) [...] At procul dubio nationibus omnibus cunctaeque hominum cuiusvis gentis familiae non minora eorum error detrimenta parit, qui [...] publicae rei potestatem a quolibet nexu cum Sempiterno

venerabilis, e: ehrwürdig **exarare**: schreiben **terrificus, a, um**: Schrecken erregend **nuntius, i** m.: Nachricht **nefandus, a, um**: frevelhaft **enixe** (*Adv.*): inständig **deprecari**: durch Bitten abwenden **conflare**: entfachen **primum** (*Adv.*): erstens **oblivio, onis** f.: Vergessen **mutuus, a, um**: gegenseitig **necessitudo, inis** f.: Beziehung (*gemeint ist Solidarität*) **quidem** (*Adv.*): ja **cum ... tum ...**: sowohl ... als auch ... **ac**: und besonders **rationabilis, e**: vernunftbegabt **aequalitas, atis** f.: Gleichheit **quilibet**: welcher auch immer **pertinere ad**: gehören zu **Redemptio, onis** f.: Erlösung **praecipere**: vorschreiben **at**: aber **procul** *mit Abl.*: ohne **cunctae hominum cuiusvis gentis familiae**: *übersetze* der ganzen Menschheitsfamilie welchen Volkes auch immer **detrimentum, i** n.: Schaden **parere** (pario, peperi, partum): bringen **quilibet**: jeglicher **nexus, us** m.: Verbindung

Numine vindicant. [...] (53) Itaque divina posthabita auctoritate eiusque legis imperio, id necessario consequitur, ut civilis potestas absolutissima nullique obnoxia iura usurpet, quae ad summum Creatorem unice pertinent. [...]
(106) Dum has primas, Venerabiles Fratres, vobis damus Encyclicas Litteras, non una de causa videtur Nobis in homines ingruere hora tenebrarum, qua violentiae discordiaeque turbines veluti ex cruento calice innumeros luctus innumerosque dolores profundunt. [...] Atque tot hominum cruor [...] lugubrem videtur gemitum ex dilecta praesertim ea natione extollere, ex Polonia dicimus, quae ob tenacem suam erga Ecclesiam fidelitatem [...] humanam fraternamque iure meritoque postulat ab omnibus commiserationem.

vindicare: *hier* trennen **divina posthabita auctoritate ... imperio:** *Abl. abs.* **posthabere:** hintanstellen **necessario** (*Adv.*): notwendigerweise **civilis, e:** staatlich **nulli obnoxia:** *übersetze* von nichts gehindert **usurpare** *mit Akk.*: sich *einer Sache* bemächtigen **pertinere ad:** zustehen **Encyclicae Litterae:** Rundschreiben **non una de causa:** nicht nur aus einem Grund **ingruere in:** hereinbrechen über **tenebrae, arum** f.: Finsternis **turbo, inis** m.: Sturm **veluti** (*Adv.*): wie **cruentus, a, um:** blutig **calix, icis** m.: Kelch **luctus, us** m.: Trauer **profundere:** ausgießen **cruor, oris** m.: Blut **lugubris, e:** traurig **gemitus, us** m: Klage **extollere:** erheben **tenax, acis:** beharrlich **fidelitas, atis** f.: Treue **merito** (Adv.): verdientermaßen **commiseratio, onis** f.: Mitgefühl

Papst Pius XII. gegen „Euthanasie“: Dekret des Heiligen Offiziums (1940)

94

✎ 255

Mit einem auf den Tag des Kriegsbeginns am 1. September 1939 zurückdatierten Befehl hatte Adolf Hitler die „Aktion T4“, heute so benannt nach dem Sitz der Organisationszentrale in der Tiergartenstraße 4 in Berlin, in Gang gesetzt, in der bis August 1941 mind. 70.000 kranke oder pflegebedürftige Erwachsene systematisch ermordet wurden (offiziell zynisch als Euthanasie, „guter Tod“, bezeichnet). Aus diesem Anlass wurde an die Kongregation für Glaubenslehre, eine Zentralbehörde der römisch-katholischen Kirche, die zwischen 1908 und 1965 als „Heiliges Offizium“ bezeichnet wurde, die Anfrage gerichtet, ob Krankenmorde an Patienten, die aufgrund eines körperlichen oder psychischen Fehlers angeblich nicht von Nutzen für die deutsche Nation seien, erlaubt seien. Die Kardinäle lehnten diese Gedanken am 27. November 1940 mit dem Hinweis auf das Naturrecht und das Gottesrecht ab. Papst Pius XII. bestätigte die Antwort wenige Tage später, am 1. Dezember 1940, so dass der Schriftwechsel zu einem päpstlichen Dekret wurde und den Rang eines gesetzesgleichen Verwaltungsaktes bekam. Aufgrund dieses Dekrets und anderer Proteste der Kirchen wurde die „Aktion T4“ offiziell beendet, aber dennoch im Verborgenen an Erwachsenen und Kindern fortgesetzt.

Quaesitum est ab hac Suprema Sacra Congregatione:

Num licitum sit, ex mandato auctoritatis publicae, directe occidere eos, qui, quamvis nullum crimen morte dignum commiserint, tamen ob defectus psychicos vel physicos nationi prodesse iam non valent eamque ⟨nationem⟩ potius gravare eiusque vigori ac robori obstare censentur?

[...] Cardinales [...] respondendum ⟨esse⟩ mandarunt:

Negative, cum sit iuri naturali ac divino positivo contrarium.

Et sequenti die dominica, 1 Decembris eiusdem anni S⟨anctissimus⟩ D⟨ominus⟩ N⟨oster⟩ Pius, divina Providentia Papa, XII [...] resolutionem adprobavit, confirmavit et publicari iussit.

quaerere ab: *jemanden* fragen **licitus, a, um**: erlaubt **ex mandato**: auf Befehl **occidere**: töten **quamvis** *mit Konj.*: obwohl **dignus, a, um** *mit Abl.*: *einer Sache* würdig **ob** *mit Akk.*: wegen **defectus, us** m.: Schädigung **prodesse**: nützen **valere**: können **gravare**: belasten **vigor, oris** m.: Kraft **robur, oris** n.: Stärke **obstare**: im Weg stehen **censentur** *mit Inf.*: *übersetze* von denen man meint, dass sie ... **mandarunt** = mandaverunt → mandare: gebieten **negative** (*Adv.*): Nein! **dies dominica**: Sonntag **resolutio, onis** f.: Erklärung **adprobare**: anerkennen

O. Blaschke, Die Kirchen und der Nationalsozialismus, Stuttgart 2014.

Th. Brechenmacher, Der Heilige Stuhl und die totalitären Ideologien. Die März-Enzykliken von 1937 in ihrem inneren Zusammenhang, Historisches Jahrbuch 133 (2013), 342–364.

H. Wolf, Pius XI. und die „Zeitirrtümer“. Die Initiativen der römischen Inquisition gegen Rassismus und Nationalsozialismus, Vierteljahrshefte für Zeitgeschichte 53 (2005), 1–42.

I.1; I.3; I.5; II.6; II.10; IV.4

Quellen

AAS 29 (1937), 65–106, da 66.69.72.76.

AAS 31 (1939), 413–453, da 421.426.431.449.

AAS 32 (1940), 553–554.

Übersetzungen

E. Marmy (Hg.), Mensch und Gemeinschaft in christlicher Schau. Dokumente, Freiburg/Schweiz 1945, 134–174.

AAS 31 (1939), 565–594.

DH 3790.

V.4 Das Zweite Vatikanische Konzil

Über die Kirche: Dogmatische Konstitution „Lumen gentium“ I 8; II 13.15 (1964)

95

✎255

Das Zweite Vatikanische Konzil (eröffnet 11. Oktober 1962, Schlussfeier 8. Dezember 1965) wurde von Papst Johannes XXIII. einberufen, um das seinerzeit vertagte Erste Vatikanische Konzil (1869–70) wiederaufzunehmen. Es sollte dem „Aggiornamento“ der katholischen Kirche, d. h. ihrer Anpassung an und Öffnung für die heutigen Verhältnisse, dienen. Nachdem Johannes XXIII. binnen Jahresfrist nach Konzilsbeginn verstorben war, wurde das Konzil ab dem 21. Juni 1963 von seinem Nachfolger, Papst Paul VI., fortgesetzt. In der fünften öffentlichen Sitzung promulgierte der Papst die dogmatische Konstitution über die Kirche *Lumen gentium* (21. November 1964). Darin wird die Kirche Jesu Christi in Analogie zum fleischgewordenen Logos beschrieben: Das menschliche Element der Kirche, nämlich die sichtbare Versammlung, und das göttliche Element, nämlich die geistliche Gemeinschaft, wüchsen zu einer einzigen komplexen Wirklichkeit zusammen, die konkret in der (römisch-)katholischen Kirche unter Leitung des Papstes bestehe. Dann wird die Perspektive auf Nicht-Katholiken geweitet: Nicht nur die Katholiken gehörten zu dieser Kirche, die als das neue Volk Gottes verstanden wird, sondern in je verschiedener Weise auch alle anderen Christen sowie alle Menschen, die zum Heil berufen seien. Die Verbundenheit mit getauften Christen, die sich vom Papst getrennt haben oder nur Teilaspekte des römisch-katholischen Glaubens bekennen, wird hervorgehoben, was in der Folge große Wirkung für den innerchristlichen ökumenischen Dialog entfaltete.

(I,8) Unicus Mediator Christus Ecclesiam suam sanctam, fidei, spei et caritatis communitatem his in terris ut compaginem visibilem constituit et indesinenter sustentat, qua veritatem et gratiam ad omnes diffundit. Societas autem organis hierarchicis instructa et mysticum Christi Corpus [...] non ut duae res considerandae sunt, sed unam realitatem complexam efformant [...].
Haec Ecclesia, in hoc mundo ut societas constituta et ordinata, subsistit in Ecclesia catholica, a successore Petri et Episcopis in eius communione gubernata, licet extra eius compaginem elementa

mediator, oris m.: Mittler **communitas, atis** f.: Gemeinschaft **compago, inis** f.: Gefüge **constituere**: einrichten **indesinenter** (*Adv.*): ohne Unterlass **sustentare**: tragen **diffundere ad**: ausgießen auf **organum, i** n.: Organ **instruere**: ausstatten **considerare**: betrachten **efformare**: bilden **subsistere**: verwirklicht sein **successor, oris** m.: Nachfolger **communio, onis** f.: Gemeinschaft **gubernare**: lenken **licet** *mit Konj.*: auch wenn

plura sanctificationis et veritatis inveniantur, quae ut dona Ecclesiae Christi propria ad unitatem catholicam impellunt. [...]

(II,13) [...] Ad hanc igitur catholicam Populi Dei unitatem, quae pacem universalem praesignat et promovet, omnes vocantur homines, ad eamque variis modis pertinent vel ordinantur sive fideles catholici, sive alii credentes in Christo, sive denique omnes universaliter homines, gratia Dei ad salutem vocati. [...]

(15) Cum illis, qui, baptizati, christiano nomine decorantur, integram autem fidem non profitentur vel unitatem communionis sub Successore Petri non servant, Ecclesia semetipsam novit plures ob rationes coniunctam. Sunt enim multi, qui sacram Scripturam ut normam credendi et vivendi in honore habent sincerumque zelum religiosum ostendunt, amanter credunt in Deum [...], baptismo signantur, quo Christo coniunguntur, imo et alia sacramenta in propriis Ecclesiis vel communitatibus ecclesiasticis agnoscunt et recipiunt.

proprius, a, um: eigen **impellere**: antreiben **praesignare**: vorzeichnen **promovere**: voranbringen **pertinere ad**: gehören zu **ordinare**: zuordnen **sive ... sive ... sive**: *hier* sowohl ... als auch ... als auch **decorari**: geschmückt sein **integer, gra, grum**: vollständig **unitas, atis** f.: Einheit **semetipsam novit ... coniunctam**: *übersetze* sie weiß sich verbunden **ob** *mit Akk.*: wegen **ratio, onis** f.: Grund **norma, ae** f.: Norm **sincerus, a, um**: echt **zelus, i** m.: Eifer **baptismo signare**: mit dem Zeichen der Taufe versehen **imo** (*Adv.*): ja sogar **ecclesiasticus, a, um**: kirchlich **agnoscere**: anerkennen

96 Über das Verhältnis der Kirche zu den nichtchristlichen Religionen: Declaratio „Nostra aetate" 1.3–4 (1965)

✎ 256

In der siebten öffentlichen Sitzung des Zweiten Vatikanischen Konzils promulgierte Papst Paul VI. die „Erklärung über die Haltung der Kirche zu den nichtchristlichen Religionen" (28. Oktober 1965), die als Neuorientierung auf ein offeneres Verhältnis der römisch-katholischen Kirche zu den anderen Weltreligionen weichenstellend für die interreligiöse Ökumene wurde und insbesondere als die Erneuerung ihrer Verbindung zum Judentum gilt. Ausgehend von dem Glauben, dass alle Völker gemeinsam ihren Ursprung und ihr Ziel in Gott haben, werden zunächst der Hinduismus, der Buddhismus und die übrigen Religionen wertschätzend erwähnt, bevor das Verhältnis der römisch-katholischen Kirche zu Muslimen und Juden bestimmt wird. Beim Islam werden die Anbetung des einen Gottes, die Verehrung Jesu als Prophet und die Anrufung seiner Mutter Maria hervorgehoben. Im weiteren Verlauf der Passage wird dazu aufgerufen, dass Christen und Muslime frühere Feindschaften vergessen, sich um gegenseitiges Verstehen bemühen und sich gemeinsam für soziale Gerechtigkeit, Frieden und Freiheit einsetzen mögen. Im Hinblick auf das Judentum werden die geistliche Verbundenheit und Versöhnung der Kirche Christi mit den Juden betont. Im weiteren Verlauf der Erklärung wird explizit hervorgehoben, dass Gott das Volk des Alten Bundes nicht verworfen hat (vgl. Röm 11,2), und gemahnt, dafür Sorge zu tragen, jeglichem kirchlichen Antijudaismus Einhalt zu gebieten.

(1) Nostra aetate, in qua genus humanum in dies arctius unitur et necessitudines inter varios populos augentur, Ecclesia attentius considerat, quae sit sua habitudo ad religiones non-christianas. [...] Una enim communitas sunt omnes gentes, unam habent originem, cum Deus omne genus hominum inhabitare fecerit super universam faciem terrae [...].

(3) Ecclesia cum aestimatione quoque Muslimos respicit, qui unicum Deum adorant [...]. Iesum, quem quidem ut Deum non agnoscunt, ut prophetam tamen venerantur, matremque eius virginalem honorant Mariam et aliquando eam devote etiam invocant. [...]

(4) Mysterium Ecclesiae perscrutans, Sacra haec Synodus meminit vinculi, quo populus Novi Testamenti cum stirpe Abrahae spiritualiter coniunctus est. Ecclesia enim Christi agnoscit fidei et electionis suae initia iam apud Patriarchas, Moysen et Prophetas, iuxta salutare Dei mysterium, inveniri. Confitetur omnes Christifideles, Abrahae filios secundum fidem, in eiusdem Patriarchae vocatione includi et salutem Ecclesiae in populi electi exitu de terra servitutis mystice praesignari.

in dies: täglich **arctius** (*Adv.*): enger **unire**: vereinen **necessitudo, inis** f.: *hier* Bindung **augeri**: wachsen **considerare**: in den Blick nehmen **habitudo, inis** f.: Haltung **communitas, atis** f.: Gemeinschaft **origo, inis** f.: Ursprung **inhabitare**: bewohnen **facies, ei** f.: Angesicht **aestimatio, onis** f.: Wertschätzung **quidem** (Adv.): natürlich **agnoscere**: anerkennen **venerari**: verehren **virginalis, e**: jungfräulich **honorare**: ehren **aliquando** (Adv.): bisweilen **devote** (Adv.): andächtig **mysterium, i** n.: Geheimnis **perscrutari**: erforschen **Synodus, i** f.: Konzil **vinculum, i** n.: Band **testamentum, i** n.: Bund **stirps, is** f.: Stamm **Abraham, ae**: Abraham **electio, onis** f.: Erwählung **Moysen** (*Akk. Sg.*): Mose **iuxta** *mit Akk.*: gemäß **salutaris, e**: heilsbringend **secundum** *mit Akk.*: gemäß **vocatio, onis** f.: Berufung **includi**: eingeschlossen sein **exitus, us** m.: Auszug (*gemeint ist der Auszug aus Ägypten*) **mystice** (*Adv.*): in geheimnisvoller Weise **praesignari**: vorgezeichnet sein

Quare nequit Ecclesia oblivisci se per populum illum, quocum Deus ex ineffabili misericordia sua Antiquum Foedus inire dignatus est, Revelationem Veteris Testamenti accepisse et nutriri radice bonae olivae, in quam inserti sunt rami oleastri Gentium. Credit enim Ecclesia Christum, Pacem nostram, per crucem Iudaeos et Gentes reconciliasse et utraque in Semetipso fecisse unum.

nequire: nicht können **oblivisci**: vergessen **ineffabilis, e**: unaussprechlich **Foedus, eris** n.: Bund **dignari**: für würdig erachten **Revelatio, onis** f.: Offenbarung **nutrire**: nähren **radix, icis** f.: Wurzel **oliva, ae** f.: Ölbaum **inserere** (insero, inserui, insertum): einpfropfen **ramus, i** m.: Zweig **oleaster, i** m.: wilder Ölbaum **Gentes, ium** f. Pl.: Heiden **reconciliasse** → reconciliare: versöhnen **utraque** (*Akk. Pl.n.*): beide **in Semetipso**: in sich selbst

97 Über die Religionsfreiheit: Erklärung „Dignitatis humanae" 2.12 (1965)

✎256

Die entscheidende Abkehr vom päpstlichen Antimodernismus, der seit 1851 eine bürgerliche Religionsfreiheit verurteilte, vollzog die römisch-katholische Kirche mit der Erklärung *Dignitatis Humanae* (7. Dezember 1965), die Papst Paul VI. in der neunten öffentlichen Sitzung des Zweiten Vatikanischen Konzils promulgierte. Die Konzilsväter sehen das Recht auf freie Wahl und Ausübung der Religion in der Würde der menschlichen Person verankert, die sie wiederum sowohl theologisch-christlich als auch philosophisch-rational begründen. Sie fordern, dass das Recht auf religiöse Freiheit in bürgerliches Recht umgesetzt wird. Dabei berufen sie sich auf die kirchliche Lehrtradition, gestehen aber – sicherlich anspielend auf Verlautbarungen des antimodernistischen Papst Pius IX. – ein, dass die Kirche in der Vergangenheit mitunter anders gehandelt habe.

(2) Haec Vaticana Synodus declarat personam humanam ius habere ad libertatem religiosam. Huiusmodi libertas in eo consistit, quod omnes homines debent immunes esse a coercitione ex parte sive singulorum sive coetuum socialium et cuiusvis potestatis humanae, et ita quidem, ut in re religiosa neque aliquis cogatur ad agendum contra suam conscientiam neque impediatur, quominus iuxta suam

synodus, i f.: Konzil **consistere**: bestehen **immunis, e a**: frei von **coercitio, onis** f.: Zwang **sive ... sive ...**: sei es ... sei es ... **coetus, us** m.: Gruppe **socialis, e**: gesellschaftlich **quivis**: jedweder **quidem** (*Adv.*): zwar **res religiosa**: religiöser Bereich **conscientia, ae** f.: Gewissen **impedire, quominus**: daran hindern, dass **iuxta** *mit Akk.*: gemäß

conscientiam agat privatim et publice, vel solus vel aliis consociatus, intra debitos limites.

Insuper declarat ⟨synodus⟩ ius ad libertatem religiosam esse revera fundatum in ipsa dignitate personae humanae, qualis et verbo Dei revelato et ipsa ratione cognoscitur. Hoc ius personae humanae ad libertatem religiosam in iuridica societatis ordinatione ita est agnoscendum, ut ius civile evadat. [...]

(12) [...] Etsi in vita Populi Dei, per vicissitudines historiae humanae peregrinantis, interdum exstitit modus agendi spiritui evangelico minus conformis, immo contrarius, semper tamen mansit Ecclesiae doctrina neminem esse ad fidem cogendum.

consociatus, a, um *mit Dat.*: in Verbindung *mit* **limes, itis** m.: Grenze **insuper** (*Adv.*): darüber hinaus **revera** (*Adv.*): wirklich **fundare**: gründen **revelare**: offenbaren **iuridica ordinatio**: Rechtsordnung **societas, atis** f.: Gesellschaft **agnoscere**: anerkennen **civilis, e**: bürgerlich **evadere** *mit Akk.*: sich entwickeln *zu* **vicissitudines, um** f.: *Pl.* Wechselfälle **peregrinari**: pilgern **exsistere** (exsisto, exstiti): entstehen **conformis, e** *mit Dat.*: *einer Sache* entsprechend **immo** (*Adv.*): ja

Über die Kirche in der Welt von heute: Pastoralkonstitution „Gaudium et spes" 1.4.44 (1965)

98

✎ 257

In der neunten öffentlichen Sitzung des Zweiten Vatikanischen Konzils kamen die Konzilsväter auf das Grundanliegen von Papst Johannes XXIII. zurück, aus dem heraus er das Konzil einberufen hatte: die Öffnung der Kirche zur Welt. Aus acht intensiv diskutierten Vorformen ist ein umfangreiches Dokument hervorgegangen, das nach seinen ersten Wörtern als *Gaudium et spes* bezeichnet wird. Im ersten Satz wird die Verbundenheit der Kirche mit der gesamten Völkerfamilie programmatisch zum Ausdruck gebracht. Sie rühre daher, dass die Kirche als pilgernde Gemeinschaft auf dem Weg zum Reich Gottes (vgl. T 20) den Auftrag habe, die Heilsbotschaft allen Menschen auszurichten. Von diesem Ausgangspunkt aus wird im weiteren Verlauf der Konstitution die Aufgabe der Kirche in der Welt von heute vor dem Hintergrund von detaillierten Ausführungen zur Menschenwürde des Einzelnen, zu Gesellschaft, Arbeit sowie Ehe und Familie definiert. Insbesondere die Anerkennung der Autonomie der geschaffenen Dinge und der Gesellschaften sowie der Wissenschaften, die dieses beides erforschen, wie auch das Bewusstsein, dass die Kirche von ihnen lernt, spielen für die römisch-katholische Rezeption eine wichtige Rolle.

(1) Gaudium et spes, luctus et angor hominum huius temporis, pauperum praesertim et quorumvis afflictorum, gaudium sunt et spes, luctus et angor etiam Christi discipulorum, nihilque vere humanum invenitur, quod in corde eorum non resonet. Ipsorum enim communitas ex hominibus coalescit, qui, in Christo coadunati, a Spiritu Sancto diriguntur in sua ad Regnum Patris peregrinatione et nuntium salutis omnibus proponendum acceperunt. Quapropter ipsa ⟨communitas⟩ cum genere humano eiusque historia se revera intime coniunctam experitur. [...]

(4) Ad tale munus exsequendum, per omne tempus Ecclesiae officium incumbit signa temporum perscrutandi et sub Evangelii luce interpretandi. [...]

(44) Sicut autem mundi interest Ecclesiam ut socialem realitatem historiae eiusque fermentum agnoscere, ita ipsa Ecclesia non ignorat, quantum ex humani generis historia et evolutione acceperit: Praeteritorum saeculorum experientia, scientiarum profectus, thesauri in variis culturae humanae formis absconditi, quibus ipsius hominis natura plenius manifestatur novaeque viae ad veritatem aperiuntur, Ecclesiae quoque prosunt.

luctus, us m.: Trauer **angor, oris** m.: Angst **praesertim** (*Adv.*): insbesondere **quivis**: jedweder **afflictus, a, um**: niedergeschlagen **vere** (*Adv.*): wahrhaft **resonare**: widerhallen **communitas, atis** f.: Gemeinschaft **coalescere**: zusammenwachsen **coadunatus, a, um**: vereinigt **peregrinatio, onis** f.: Pilgerschaft **nuntius, i** n.: Botschaft **proponere**: ausrichten **quapropter**: daher **se coniunctum experiri**: sich verbunden wissen **revera** (*Adv.*): wirklich **intime** (*Adv.*): aufs engste **munus, eris** n.: Dienst (*gemeint ist der Dienst an der menschlichen Gemeinschaft*) **exsequi**: ausführen **incumbere**: *hier* zufallen **perscrutari**: ergründen **interest** *mit Gen.*: es ist wichtig *für* **fermentum, i** n.: Sauerteig **agnoscere**: anerkennen **non ignorare**: genau wissen **evolutio, onis** f.: Entwicklung **saeculum, i** n.: Zeitalter **experientia, ae** f.: Erfahrung **profectus, us** m.: Fortschritt **thesaurus, i** m.: Schatz **absconditus, a, um**: verborgen **manifestare**: offenbaren

J. Pilvousek, Die katholische Kirche vom Ersten Weltkrieg bis zur Gegenwart, in: Th. Kaufmann u. a. (Hgg.), Ökumenische Kirchengeschichte, Bd. 3: Von der Französischen Revolution bis 1989, Darmstadt 2007, 271–244, 314–344.

O. H. Pesch, Das Zweite Vatikanische Konzil. Vorgeschichte, Verlauf, Ergebnisse, Nachgeschichte, Kevelaer [3]2011.

K. Rahner/H. Vorgrimler, Kleines Konzilskompendium. Sämtliche Texte des Zweiten Vatikanischen Konzils, Freiburg i. Br. [35]2008, 13–50.105–122.349–354.423–448.655–660.

↗ I.3; II.5; II.6, II.9; III.1; III.3; III.6; IV.1; IV.4; V.1; V.2; V.5

Quellen

AAS 57 (1965), 5–64, da 11–12.18.19.
AAS 58 (1966), 740–744, da 740–742.
aaO. 929–936, da 930–931.983.
aaO. 1025–1115, da 1025.1027.1064.

Übersetzungen

DH 4101–4179.
DH 4195–4199.
DH 4240–4245.
DH 4301–4345.

V.5 Die Kirchen in der Gegenwart

99 Die ökumenische Bewegung: Enzyklika „Ut unum sint“ 1–3.95 (1995)

258

Das 20. Jahrhundert gilt als das Jahrhundert der ökumenischen Bewegung, die 1910 mit der Weltmissionskonferenz in Edinburgh begann. 1948 wurde der Ökumenische Rat der Kirchen gegründet. Die römisch-katholische Kirche gehört ihm bis heute nur als Gast an, denn das Zweite Vatikanische Konzil hatte mit dem Dekret über den Ökumenismus *Unitatis redintegratio* (21. November 1964) zwar seinen Willen zum Ausdruck gebracht, die Wiederherstellung der Einheit unter allen Christen zu fördern, zugleich aber festgehalten, dass man ausschließlich durch die katholische Kirche Christi die ganze Fülle der Heilsmittel erlangen könne. Mit der Enzyklika *Ut unum sint* (25. Mai 1995) knüpft Papst Johannes Paul II. rund 30 Jahre später an das Ökumenismus-Dekret an und entwickelt es weiter, indem er nicht-katholische, christliche Märtyrer des 20. Jahrhunderts – dazu könnte z. B. Dietrich Bonhoeffer gezählt werden – anerkennt und eine „Reinigung der historischen Erinnerung“ an die kirchentrennenden Lehrverurteilungen der Vergangenheit fordert. Im Wissen darum, dass sich zwar einerseits in ökumenischen Gesprächen große Fortschritte zwischen Katholiken und Lutheranern im Hinblick auf das strittige Thema der Rechtfertigungslehre abzeichneten (später mündend in die Gemeinsame Erklärung zur Rechtfertigung, 31. Oktober 1999), andererseits aber der Vorrang (*primatus*) des römischen Bischofs als Führer des gesamten Christentums von vielen Kirchen nicht anerkannt wird, sendet Johannes Paul II. ein selbstkritisches, gleichwohl ambivalentes Signal: Er wolle den Primat so ausüben, dass er sich der neuen ökumenischen Situation öffne und doch zugleich auf nichts verzichte, das für das Papsttum wesentlich sei.

(1) Ut unum sint! Haec ad christianorum unitatem cohortatio, quam Concilium Oecumenicum Vaticanum II tanto edidit studio, vehementius usque resonat in credentium animis, praesertim Anno Bis Millesimo imminente [...].

Strenuum tot martyrum huius saeculi testimonium, ad alias quoque Ecclesias et Communitates ecclesiales pertinentium, non in plena cum Ecclesia catholica communione, hortationi conciliari novam inicit vim nosque obligationis commonefacit eandem hortationem accipiendi et perficiendi.

(co-)hortatio, onis f.: Aufruf **studium, i** n.: Engagement **edere** (edo, edidi, editum): vorbringen **resonare**: widerhallen **vehementius usque** (*Adv.*): immer stärker **imminere**: nahe bevorstehen **strenuus, a, um**: entschlossen **testimonium, i** n.: Zeugnis **communitas, atis** f.: Gemeinschaft **pertinere ad**: gehören zu **communio, onis** f.: Gemeinschaft **vim inicere**: Kraft einflößen **obligatio, onis** f.: Verpflichtung **commonefacere** *mit Gen.*: denken lassen *an*

(2) […] Quocirca munus oecumenicum cordium conversione niti debet ac deprecatione, quae inducet etiam ad necessariam memoriae historicae purificationem. […]

(3) […] Ecclesia catholica filiorum suorum infirmitates agnoscit et confitetur, conscia eorum peccata totidem esse proditiones et impedimenta perficiendo consilio Salvatoris allata. Se igitur animadvertens constanter ad renovationem evangelicam vocari, de agenda paenitentia non desistit. […]

(95) […] Quod ad unitatem omnium Communitatum christianarum spectat, in provincia, ut liquet, primatus sollicitudinum inest. Ut Romanus Episcopus probe novimus, idque hisce Litteris encyclicis confirmavimus, vehementer a Christo exoptari plenam visibilemque communionem omnium Communitatum, in quibus propter Dei fidelitatem habitat eius Spiritus. Persuasum habemus peculiari nos officio obstringi, cum potissimum perspiciamus plerasque christianas Communitates oecumenica cupiditate flagrare cumque petitionem nobis subiectam exaudiamus, ut aliquam inveniamus formam primatus exercitii, quae, nihil essentiae suae deponens, in novam tamen condicionem pateat.

quocirca (*Adv.*): daher **munus, eris** n.: Dienst **conversio, onis** f.: Umkehr **niti** *mit Abl.*: sich stützen *auf* **deprecatio, onis** f.: Gebet **inducere ad**: führen zu **purificatio, onis** f.: Läuterung **infirmitas, atis** f.: Schwäche **agnoscere**: erkennen **conscius, a, um** *mit AcI*: wissend, dass **totidem**: ebenso viel **proditio, onis** f.: Verrat **impedimenta afferre** (affero, attuli, allatum): Hindernisse in den Weg legen **consilium, i** n.: Plan **animadvertere** *mit AcI*: bemerken, dass **desistere de**: ablassen von **paenitentia, ae** f.: Buße **quod ad … spectat**: was … betrifft **in provincia … primatus sollicitudinum inest**: es liegt im Bereich der Anliegen des Primats **ut liquet**: wie es deutlich ist **probe** (*Adv.*): *hier* genau **hisce** = *verstärktes* his **litterae encyclicae**: Rundschreiben **exoptare**: wünschen **fidelitas, atis** f.: Treue **persuasum habere**: überzeugt sein **peculiare officium**: besondere Verantwortung **obstringere**: verpflichten **potissimum** (*Adv.*): vor allem **flagrare**: brennen **petitio, onis** f.: Bitte **subicere**: überbringen **exercitium, i** n.: Ausübung **essentia, ae** f.: Wesen **deponere** *mit Akk.*: verzichten auf **condicio, onis** f.: Situation **patere in**: sich (*gegenüber*) *etwas* öffnen

100 Der Rücktritt von Papst Benedikt XVI.: Declaratio „De muneris Episcopi Romae, Successoris Sancti Petri abdicatio" (2013)

258

Am 11. Februar 2013 erklärte Papst Benedikt XVI. – als zweiter Papst der Kirchengeschichte nach Coelestin V. im Jahr 1294 – aus freier Entscheidung seinen Rücktritt von seinem Amt als Oberhaupt der römisch-katholischen Kirche. Zu diesem Zweck hatte er die Vollversammlung der Kardinäle einberufen, auf der er außerdem die Heiligsprechung einer Gruppe von 800 italienischen Märtyrern des 15. Jahrhunderts sowie zweier lateinamerikanischer Ordensgründerinnen des 20. Jahrhunderts ankündigte, die sein Nachfolger Franziskus dann im Mai des Jahres durchführte. In seiner kurzen Rede, die auf den Vortag datiert ist, begründet er seine Entscheidung mit seiner abnehmenden Kraft. Als Termin für seine Amtsniederlegung und den Beginn der Sedisvakanz nennt er den 28. Februar 2013, 20 Uhr. Er erinnert an den darauffolgenden nötigen Schritt, für die Wahl seines Nachfolgers die Versammlung der wahlberechtigten Kardinäle der römisch-katholischen Kirche einzuberufen. Mit dieser Rede, die medial um die Welt ging (s. Link unten), trat das Lateinische als eine lebendige Kirchensprache in das öffentliche Bewusstsein.

Fratres carissimi,

Non solum propter tres canonizationes ad hoc Consistorium vos convocavi, sed etiam ut vobis decisionem magni momenti pro Ecclesiae vita communicem. Conscientia mea iterum atque iterum coram Deo explorata ad cognitionem certam perveni vires meas ingravescente aetate non iam aptas esse ad munus Petrinum aeque administrandum. [...]

Bene conscius sum hoc munus secundum suam essentiam spiritualem non solum agendo et loquendo exsequi debere, sed non minus patiendo et orando. Attamen in mundo nostri temporis rapidis mutationibus subiecto et quaestionibus magni ponderis pro vita fidei perturbato ad navem Sancti Petri gubernandam et ad annuntiandum Evangelium etiam vigor quidam corporis et animae necessarius est, qui ultimis mensibus in me modo tali minuitur,

canonizatio, onis f.: Heiligsprechung **consistorium, i** n.: Konsistorium (*Vollversammlung der Kardinäle*) **decisio, onis** f.: Entscheidung **momentum, i** n.: Bedeutung **communicare**: mitteilen **coram** *mit Abl.*: vor **explorare**: erforschen **ingravescere**: beschwerlicher werden **munus Petrinum**: Petrusdienst **aeque** (*Adv.*): *hier* angemessen **administrare**: ausüben **bene conscius sum** *mit AcI*: ich bin mir wohl bewusst, dass **secundum** *mit Akk.*: *hier* wegen **exsequi**: ausführen **pati**: leiden **attamen** (*Adv.*): aber **subicere**: unterwerfen **quaestio, onis** f.: Fragestellung **pondus, eris** n.: Gewicht; Bedeutung **navis, is** f.: Schiff **gubernare**: steuern **annuntiare**: verkündigen **vigor, oris** m.: Kraft **minui** (*Inf. Pass.*): abnehmen

ut incapacitatem meam ad ministerium mihi commissum bene administrandum agnoscere debeam.

Quapropter bene conscius ponderis huius actus plena libertate declaro me ministerio Episcopi Romae, Successoris Sancti Petri, mihi per manus Cardinalium die 19 aprilis MMV commisso renuntiare, ita ut a die 28 februarii MMXIII, hora 20, sedes Romae, sedes Sancti Petri vacet et Conclave ad eligendum novum Summum Pontificem ab his, quibus competit, convocandum esse.

Fratres carissimi, ex toto corde gratias ago vobis pro omni amore et labore, quo mecum pondus ministerii mei portastis, et veniam peto pro omnibus defectibus meis. Nunc autem Sanctam Dei Ecclesiam curae Summi eius Pastoris, Domini nostri Iesu Christi, confidimus sanctamque eius Matrem Mariam imploramus, ut patribus Cardinalibus in eligendo novo Summo Pontifice materna sua bonitate assistat.

Quod ad me attinet etiam in futuro vita orationi dedicata Sanctae Ecclesiae Dei toto ex corde servire velim.

Ex Aedibus Vaticanis, die 10 mensis februarii MMXIII

incapacitas, atis f.: Unvermögen **committere**: anvertrauen **agnoscere**: anerkennen **quapropter**: aus diesem Grund **actus, us** m.: Akt **plena libertate**: in voller Freiheit **ministerio ... commisso renuntiare**: *übersetze* auf den anvertrauten Dienst verzichten **sedes, is** f.: (Bischofs-)Sitz; Stuhl **vacare**: vakant sein **quibus competit**: *übersetze* denen es zukommt **portastis** = portavistis **venia, ae** f.: Verzeihung **defectus, us** m.: Schwäche **confidere**: anvertrauen **implorare**: inständig bitten **bonitas, atis** f.: Güte **assistere**: beistehen **quod ad me attinet**: *übersetze* was mich betrifft **oratio, onis** f.: Gebet

H. Fuhrmann, Die Päpste. Von Petrus zu Benedikt XVI., München [5]2020.

W. Klaiber, „Ut unum sint". Die Enzyklika Papst Johannes Paul II. und ihr ökumenischer Kontext, Ökumenische Rundschau 46 (1997), 35–56.

W. Stroh, Declaro me ministerio ... renuntiare. – Habemus Papam. Wilfried Stroh zur lateinischen Rücktrittserklärung von Papst Benedikt XVI, Forum Classicum 1 (2013), 45–50.

↗ I.0; II.2; II.5; II.9; III.3; IV.1; IV.2; IV.4; V.1; V.4

Quellen

AAS 87 (1995), 921–982, da 921.923.977–978.

AAS 105.3 (2013), 239–240; Videoaufnahme der lateinischen Verlesung der Rücktrittserklärung: https://www.youtube.com/watch?v=04u251NXCqo (Zugriff: 17.03.2021)

Übersetzungen

Enzyklika Ut unum sint von Papst Johannes Paul II. über den Einsatz für die Ökumene, Verlautbarungen des Apostolischen Stuhls 121, Bonn 1995, 5–80.

http://www.vatican.va/content/benedict-xvi/de/speeches/2013/february/documents/hf_ben-xvi_spe_20130211_declaratio.html (letzter Zugriff: 17.03.2021).

Übersetzungen

I. Antike

I.0 Die Entstehung der Kirche

Der Auftrag des Auferstandenen: 1
Hieronymus, Mt 28,16–20 Vulgata (80 bzw. 383 n. Chr.) 3

(28,16) Die elf Schüler aber gingen weg nach Galiläa auf den Berg, wo Jesus es für sie bestimmt hatte, (17) und als sie ihn sahen, beteten sie ihn an; einige aber zweifelten.
(18) Und Jesus trat heran und sprach zu ihnen und sagte: „Mir ist gegeben alle Macht im Himmel und auf der Erde. (19) Geht also und lehrt alle Völker und tauft sie im Namen des Vaters und des Sohnes und des Heiligen Geistes, (20) und lehrt sie, alles zu bewahren, was ich euch geboten habe. Und siehe, ich bin bei euch an allen Tagen bis zur Vollendung der Welt."

I.1 Christenverfolgungen

Der Brief des Plinius über die Christen: 2
Plinius, Epistula 10,96,1–9 (111–113 n. Chr.) 5

GAIUS PLINIUS AN KAISER TRAJAN
(1) Es ist für mich üblich, Herr, alles, worüber ich im Zweifel bin, dir zu berichten. [...] An gerichtlichen Untersuchungen über Christen habe ich noch nie teilgenommen. [...] (2) Nicht wenig habe ich geschwankt, ob es irgendeinen Unterschied im Alter gibt, oder ob sich noch junge Menschen in nichts von Erwachsenen unterscheiden, ⟨ob⟩ man der Reue Straflosigkeit gewährt, oder ob es für den, der überhaupt einmal Christ gewesen ist, nichts nützt, dass er davon abgelassen hat, ⟨ob⟩ die Bezeichnung selbst, wenn sie von Vergehen frei ist, oder ob die Vergehen, die mit der Bezeichnung zusammenhängen, bestraft werden.

Inzwischen habe ich ⟨bei⟩ denjenigen, die bei mir als Christen angezeigt wurden, folgendes Vorgehen verfolgt: (3) Ich habe sie selbst befragt, ob sie Christen seien. Die, die dies gestanden, habe ich ein zweites und ein drittes Mal befragt, wobei ich die Todesstrafe androhte. Die, die darauf beharrten, ließ ich abführen. [...]
(5) Vorgelegt wurde eine Anzeige ohne Verfasserangabe, die die Namen von vielen enthielt. Die, die leugneten, Christen zu sein oder gewesen zu sein, glaubte ich, als sie unter meiner Anleitung die Götter anriefen und deinem Bild, das ich deswegen mit Statuen der Götter hatte herbeischaffen lassen, mit Weihrauch und Wein opferten, außerdem Christus beleidigten – wozu man,

wie es heißt, die nicht zwingen kann, die wirklich Christen sind –, gehen lassen zu müssen. [...]
(7) Sie versicherten aber, dass die Gesamtheit ihrer Schuld oder ihres Vergehens darin bestand, dass sie die Gewohnheit hatten, an einem bestimmten Tag vor Sonnenaufgang zusammenzukommen und Christus wie einem Gott im Wechsel Lieder zu singen und sich durch einen Eid nicht zu irgendeinem Verbrechen zu verpflichten, sondern dazu, dass sie keinen Diebstahl, keinen Raub oder keinen Ehebruch begehen, dass sie die Treue nicht brechen und dass sie, wenn sie aufgefordert werden, anvertrautes Gut nicht verweigern. Wenn diese Dinge getan seien, sei es bei ihnen Brauch gewesen, auseinanderzugehen und wieder zusammenzukommen, um ein Mahl einzunehmen, aber ein ganz gewöhnliches und ungefährliches. [...]
(8) Nichts anderes habe ich gefunden als schlimmen, maßlosen Aberglauben. [...]
(9) Deswegen habe ich mich, nachdem die Untersuchung verschoben worden war, beeilt, um dich um Rat zu fragen. Mir scheint nämlich die Angelegenheit einer Beratung würdig, besonders wegen der Menge der Gefährdeten; denn viele Menschen jeden Alters, jeden Standes, beiderlei Geschlechts sogar, bringen sich in Gefahr und werden sich in Gefahr bringen. Und nicht nur Städte, sondern auch Dörfer und Felder hat die Seuche dieses Aberglaubens durchdrungen.

3 Das Reskript von Kaiser Trajan:
7 Plinius, Epistula 10,97,1–2 (111–113 n. Chr.)

TRAJAN AN PLINIUS
(1) Du hast ein Vorgehen verfolgt, zu dem du verpflichtet warst, mein Secundus, bei der Untersuchung der Fälle derer, die dir als Christen angezeigt worden waren. Für das Allgemeine nämlich kann nichts festgesetzt werden, was gewissermaßen eine feste Form hätte.
(2) ⟨Christen⟩ dürfen nicht gesucht werden. Wenn sie angezeigt und überführt werden sollten, sind sie zu bestrafen, aber so, dass der, der leugnet, Christ zu sein, und dies durch eine Tat beweist, das heißt durch ein Opfer für unsere Götter, wenn er auch noch so verdächtig in Bezug auf die Vergangenheit sei, aufgrund seiner Reue Straflosigkeit erlange. Anzeigen aber, die ohne Verfasser(angabe) vorgelegt worden sind, sollen in keiner Anklage Bedeutung haben. Denn das ist Zeichen schlechtesten Beispiels und nicht Zeichen unserer Zeit.

4 Der Prozess gegen die Märtyrer von Scilli:
8 Passio sanctorum Scillitanorum 1–17 (180 n. Chr.)

(1) Unter dem zweiten Konsulat des Praesens und dem Konsulat des Claudianus (180 n. Chr.), am 17. Juli, nachdem in Karthago im Gerichtssaal Speratus, Nartzalus, Cittinus, Donata, Secunda und Vestia vorgeführt worden waren, da

sprach der Prokonsul Saturninus: „Ihr könnt die Nachsicht unseres Herrn, des Kaisers, verdienen, wenn ihr wieder zu einer guten Gesinnung zurückkehrt."

(2) Speratus sprach: „Niemals haben wir etwas Schlechtes getan, der Ungerechtigkeit haben wir keinen Dienst erwiesen, niemals haben wir schlecht geredet, sondern wenn wir schlecht behandelt wurden, haben wir gedankt, deswegen, weil wir unseren Kaiser verehren."

(3) Der Prokonsul Saturninus sprach: „Auch wir sind gottesfürchtig, und einfach ist unsere Religion und wir schwören beim Genius unseres Herrn, des Kaisers, und für sein Heil opfern wir, was auch ihr tun müsst."

(4) Speratus sprach: „Wenn du mir dein offenes Ohr schenkst, verrate ich dir das Geheimnis der Einfachheit."

(5) Saturninus sprach: „Wenn du anfängst, Schlechtes über unsere Kulte ⟨zu sagen⟩, werde ich dir kein Gehör schenken. Schwöre aber lieber bei dem Genius unseres Herrn, des Kaisers."

(6) Speratus sprach: „Ich erkenne kein Reich von dieser Welt an, sondern ich diene vielmehr jenem Gott, den kein Mensch gesehen hat und den kein Mensch mit diesen Augen sehen kann [1 Kor 2,9]. Ich habe keinen Diebstahl begangen, sondern ich zahle, wenn ich etwas kaufe, die Steuer, weil ich meinen Herrn kenne, den Herrscher über Könige und alle Völker."

(7) Der Prokonsul Saturninus sprach zu den anderen: „Hört auf, von dieser Überzeugung zu sein!" Speratus sprach: „Es ist eine schlechte Überzeugung, einen Mord zu begehen oder falsches Zeugnis zu reden."

(8) Der Prokonsul Saturninus sprach: „Habt nicht Anteil an solchem Wahnsinn." Cittinus sprach: „Wir haben keinen, den wir fürchten, außer den Herrn, unseren Gott, der im Himmel ist."

(9) Donata sprach: „Ehre ⟨sei⟩ dem Kaiser als Kaiser; Furcht aber Gott [1 Petr 2,17]." Vestia sprach: „Ich bin Christin." Secunda sprach: „Was ich bin, das genau will ich sein."

(10) Der Prokonsul Saturninus sprach zu Speratus: „Beharrst du darauf, Christ zu sein?" Speratus sprach: „Ich bin Christ." Und alle stimmten ihm zu.

(11) Der Prokonsul Saturninus sprach: „Wollt ihr wohl Zeit zum Überlegen?" Speratus sprach: „In einer so gerechten Angelegenheit gibt es keine Überlegung."

(12) Der Prokonsul Saturninus sprach: „Was sind die Dinge in eurem Kästchen?" Speratus sprach: „Bücher und Briefe des Paulus, eines gerechten Mannes."

(13) Der Prokonsul Saturninus sprach: „Habt einen Aufschub von 30 Tagen und denkt nach!" Speratus sprach erneut: „Ich bin Christ." Und alle stimmten ihm zu.

(14) Der Prokonsul Saturninus verlas den Beschluss von einer Schreibtafel: „Es ist entschieden, dass Speratus, Nartzalus, Cittinus, Donata, Vestia und Secunda und die übrigen, die bekannt haben, nach der christlichen Religionspraxis zu leben, da sie, obwohl ihnen die Möglichkeit angeboten worden war, zur Lebensart der Römer zurückzukehren, hartnäckig darauf beharrt haben, mit dem Schwert hingerichtet werden."

(15) Speratus sprach: „Wir danken Gott." Nartzalus sprach: „Heute sind wir Märtyrer im Himmel. Gott sei Dank." [...]
(17) Gemeinsam sprachen sie: „Gott sei Dank." Und sofort wurden sie alle enthauptet um des Namens Christi willen.

I.2 Häresie und Orthodoxie im 2. Jahrhundert

5 Die „Gegenüberstellungen" des Markion und die Glaubensregel: Tertullian, Adversus Marcionem 1,2.19–20 (207/208 n. Chr.)

11

(1,2) Zwei Götter führt der Mann aus Pontus an [...]: den, den er nicht leugnen konnte, das heißt den Schöpfer, das heißt unseren ⟨Gott⟩, und den, den er nicht beweisen können wird, das heißt seinen ⟨Gott⟩. Der Unglückliche hat die Eingebung für diese Vorstellung aus einem einfach zu verstehenden Abschnitt der Verkündigung des Herrn empfangen, die jene auf Menschen, nicht auf Götter bezogenen Beispiele des guten und des schlechten Baums anführt, nämlich dass weder ein guter ⟨Baum⟩ schlechte ⟨Früchte⟩, noch ein schlechter ⟨Baum⟩ gute Früchte hervorbringt (Lk 6,43), das heißt, dass weder ein guter Geist oder Glaube schlechte Werke erzeugt, noch ein schlechter ⟨Geist oder Glaube⟩ gute. [...]
(19) Die Trennung von Gesetz und Evangelium ist das eigentümliche und hauptsächliche Werk Markions [...].
Denn dies sind die Antithesen des Markion, das heißt die Gegenüberstellungen, die versuchen, die Uneinigkeit des Evangeliums mit dem Gesetz aufzuzeigen, um aus der Unterschiedlichkeit der Aussagen der beiden Testamente auch die Unterschiedlichkeit der Götter nachzuweisen. [...]
(20) ⟨Die Anhänger des Markion⟩ behaupten nämlich, dass Markion nicht so sehr die Glaubensregel durch die Unterscheidung von Gesetz und Evangelium neu gestaltet habe, als vielmehr die zuvor verfälschte wiederhergestellt habe. [...] Denn sie entgegnen, dass auch Petrus selbst und die übrigen, (nämlich) die Säulen des Apostelamtes, von Paulus getadelt worden seien, weil sie nicht auf rechtem Weg gemäß der Wahrheit des Evangeliums liefen [Gal 2,7–16].

6 Der neutestamentliche Kanon: Canon Muratori (um 200 n. Chr.)

12

Das dritte Evangelienbuch ⟨ist⟩ das nach Lukas. Lukas, dieser Arzt, hat nach dem Aufstieg Christi, nachdem ihn Paulus als Begleiter auf seiner Reise mit sich genommen hatte, ⟨das Evangelium⟩ in seinem Namen nach der Meinung ⟨des Paulus⟩ verfasst. [...]

⟨Der Autor⟩ des vierten der Evangelien ist Johannes aus der Gruppe der Schüler. [...] Und wenn darum auch von den einzelnen Büchern der Evangelien unterschiedliche Anfänge gelehrt werden, macht es dennoch keinen

Unterschied für den Glauben der Glaubenden, da durch den einen und grundlegenden Geist in allen alles erklärt worden ist. [...]

Auch nehmen wir nur die Offenbarung des Johannes und die des Petrus auf, von der manche von uns nicht wollen, dass sie in der Kirche gelesen wird. Den „Hirten" aber hat erst jüngst in unserer Zeit in der Stadt Rom Hermas geschrieben, als der Bischof Pius, sein Bruder, auf dem Stuhl der Gemeinde der Stadt Rom saß. Und darum soll er zwar privat gelesen werden, aber er kann sich in der Gemeinde dem Volk weder unter den Propheten, da ihre Zahl voll ist, noch unter den Aposteln in Bezug auf das Ende der Zeiten öffentlich hören lassen. Von Arsinous aber, Valentin oder Miltiades nehmen wir überhaupt nichts auf. Diese haben auch ein neues Psalmenbuch für Markion geschrieben. [...]

Die apostolische Amtssukzession: Irenäus, Adversus haereses 3,3,1–3 (180 n. Chr.)

7

13

(3,1) Die Überlieferung der Apostel also, die in der ganzen Welt offenbart worden ist, ist in jeder Kirche für alle, die die Wahrheit sehen wollen, zu erkennen; und wir sind in der Lage, diejenigen, die von den Aposteln in den Kirchen als Bischöfe eingesetzt worden sind, und deren Nachfolger bis zu uns aufzuzählen, die nichts derartiges lehrten noch wussten, was von diesen ⟨Gnostikern⟩ im Wahn gefaselt wird. [...]

(2) Aber da es zu weitschweifig wäre, in einem derartigen Buch die Amtsfolgen aller Kirchen aufzuzählen, verweisen wir auf diejenige Überlieferung der größten und ältesten und allen bekannten, von den berühmtesten beiden Aposteln Petrus und Paulus in Rom gegründeten und errichteten Kirche, eine Überlieferung, die sie von den Aposteln hat, und (wir verweisen) auf den den Menschen verkündeten Glauben, der durch die Amtsfolgen der Bischöfe bis zu uns gelangt, und widerlegen alle ⟨Häretiker⟩. [...]

Mit dieser Kirche nämlich muss aufgrund ihres überlegeneren Ursprungs jede Kirche übereinstimmen – das heißt: diejenigen, die von überall her sind; in dieser ⟨Kirche Roms⟩ ist immer von denjenigen, die von überall her sind, diejenige Überlieferung bewahrt worden, welche die Überlieferung von den Aposteln her ist.

(3) Die seligen Apostel gründeten daher die Kirche und richteten sie ein und übergaben dem Linus das Bischofsamt zur Leitung der Kirche. [...]

I.3 Christliche Apologetik

Pagane Vorwürfe gegen die christliche Lebensart: Minucius Felix, Octavius 8,4; 9,2–5 (197–250 n. Chr.)

8

16

(8,4) Diese ⟨Christen⟩ bilden, nachdem sie aus dem untersten Abschaum ziemlich unerfahrene Menschen und leichtgläubige Frauen, die wegen der Einfachheit ihres Geschlechts straucheln, gesammelt haben, eine Volksmasse von frevlerischer Verschwörung, die sich bei nächtlichen Zusammenrottungen, feierlichem Fasten und unmenschlichen Mahlfeiern nicht durch irgendein Kultopfer verbünden, sondern durch ein schuldhaftes Verbrechen; ⟨es ist⟩ ein verstecktes und lichtscheues Volk, gegenüber der Öffentlichkeit verschwiegen, in den Ecken geschwätzig. [...] Und während sie fürchten, nach dem Tod zu sterben, fürchten sie es nicht, in der Zwischenzeit (sc. im Leben) zu sterben. Auf diese Weise macht die trügerische Hoffnung ihnen die Angst durch den Trost der Auferstehung angenehm.

(9,2) Durch geheime Zeichen und Symbole erkennen sie sich und sie lieben sich gegenseitig, fast bevor sie sich kennengelernt haben. Überall regt sich unter ihnen sogar gleichsam eine Art Kult der Wollust, und ohne Unterschied nennen sie sich Brüder und Schwestern. [...]

(3) [...] Ich höre, dass sie den Kopf des hässlichsten Tieres, des Esels, anbeten, verehrt aus ich weiß nicht welcher ungehörigen Überzeugung. [...]

(5) Schon ist das Gerede über die Initiation von Neulingen genauso zu verachten wie bekannt. Ein Kind, das mit Teig bedeckt ist, um die Unbekümmerten zu täuschen, wird demjenigen vorgelegt, der in den Kult eingeweiht werden soll.

9 Christliche Verteidigung gegen pagane Anfeindungen: Tertullian, Apologeticum 40.50 (197 n. Chr.)

17

(40,2) Wenn der Tiber bis in die Stadtmauern gestiegen ist, wenn der Nil nicht über die Felder gestiegen ist, wenn der Himmel zum Stehen gekommen ist, wenn die Erde gebebt hat, wenn Hunger, wenn Seuche ⟨wütet⟩, dann ⟨rufen sie⟩ sofort: „Die Christen vor den Löwen!" [...]

(50,12) Aber macht dies, ihr guten Statthalter, ⟨ihr seid⟩ viel besser vor dem Volk, wenn ihr die Christen jenen Leuten opfert! Quält, foltert, verurteilt uns, reibt uns auf: Der Beweis nämlich für unsere Unschuld ist eure Ungerechtigkeit! Daher lässt Gott zu, dass wir dies erleiden. [...] Nichts jedoch nützt jede noch so ausgeklügelte Grausamkeit von euch. Sie ist vielmehr eine Werbung für unsere Gemeinschaft. Wir werden sogar zahlreicher, sooft wir von euch niedergemäht werden. Ein Same ist das Blut der Christen.

I.4 Abendmahl und Taufe im antiken Gottesdienst

10 Das Eucharistiegebet: Ambrosius, De sacramentis 4,5,21–22; 6,26–27 (vor 397 n. Chr.)

19

(4,5,21) Willst du wissen, wie durch die himmlischen Worte die Konsekration bewirkt wird? Vernimm, was die Worte sind! Der Priester sagt: „Mache uns", sagt er, „dieses Opfer zu einem festgeschriebenen, geistigen [vgl. Röm 12,1], annehmbaren [vgl. Lev 1,4; Röm 15,16], da es das Bild des Leibes und des Blutes unseres Herrn Jesus Christus ist. Dieser nahm am Tag, bevor er leiden sollte, das Brot in seine heiligen Hände, blickte zum Himmel, zu dir, Heiliger Vater, allmächtiger, ewiger Gott, segnete es dankend, brach es und übergab das gebrochene Brot seinen Aposteln und Schülern mit den Worten: ‚Nehmt und esst alle davon; dies ist nämlich mein Leib, der für viele zerbrochen wird.'" – Sei aufmerksam! –

(22) „Ebenso nahm er auch den Kelch, nachdem das Mahl abgehalten worden war, am Tag, bevor er leiden sollte, blickte zum Himmel, zu dir, Heiliger Vater, allmächtiger, ewiger Gott, segnete es dankend und übergab es seinen Aposteln und Schülern mit den Worten: ‚Nehmt und trinkt alle daraus; dies ist nämlich mein Blut.'" [...]

(6,26) Erkenne schließlich, welch große Bedeutung das Sakrament hat. Sieh, was er sagt: „‚Sooft ihr dies tut, so tut es als Erinnerung an mich, bis ich wieder zurückkomme.'"

(27) Und der Priester sagt: „Daher bringen wir in Erinnerung an sein glorreichstes Leiden, seine Auferstehung von den Toten und seine Auffahrt in den Himmel dir diese unbefleckte Opfergabe, diese geistige Opfergabe, diese unblutige Opfergabe, dieses heilige Brot und den Kelch des ewigen Lebens dar. [...]"

Die Tauffragen: Traditio Apostolica 21 (4. Jh.?)

11

20

Sobald nun der, der getauft wird, in das Wasser hinabstiegen ist, soll jener, der tauft, die Hand auf ihn auflegen und folgendermaßen zu ihm sprechen: „Glaubst du an Gott, den allmächtigen Vater?" Und der, der getauft wird, soll auch sagen: „Ich glaube."

Und gleich darauf, seine Hand auf dessen Haupt gelegt haltend, soll er ihn einmal taufen.

Und danach soll er fragen: „Glaubst du an Christus Jesus, den Sohn Gottes, der geboren ist vom Heiligen Geist aus der Jungfrau Maria und gekreuzigt wurde unter Pontius Pilatus und gestorben ist und begraben und auferstanden am dritten Tage als Lebendiger von den Toten und aufgestiegen ist in die Himmel und zur Rechten des Vaters sitzt, der kommen wird, um zu richten die Lebenden und die Toten?" Und nachdem jener gesagt hat: „Ich glaube", dann soll er erneut getauft werden.

Und erneut soll er fragen: „Glaubst du an den heiligen Geist und die heilige Kirche und die Auferstehung des Fleisches?" Der, der getauft wird, soll also sagen: „Ich glaube." Und so soll er zum dritten Mal getauft werden.

Und nachdem er danach herausgestiegen ist, soll er von dem Presbyter mit jenem Öl, das geweiht ist, mit den Worten gesalbt werden: „Ich salbe dich mit dem heiligen Öl im Namen Jesu Christi." [...]

Danach sollen sie in die Kirche hineingehen. Der Bischof aber soll jenen die Hand auflegen und mit den Worten rufen: „Herr Gott, der du sie würdig gemacht hast, die Vergebung der Sünden zu verdienen durch des Heiligen Geistes Bad der Wiedergeburt, lasse deine Gnade in sie eingehen, damit sie dir dienen gemäß deinem Willen!"

I.5 Die Konstantinische Wende

12 Die Schlacht an der Milvischen Brücke, 312 n. Chr.: Lactanz, De mortibus persecutorum 44 (313–316 n. Chr.)

22

(44) Schon war zwischen ihnen der Bürgerkrieg begonnen worden. […] Die Soldaten des Maxentius waren solange überlegen, bis Konstantin, mit neu gefasstem Mut und bereit zu Leben und Tod, all seine Truppen nahe an die Stadt bewegte und sich jenseits der Milvischen Brücke niederließ. […] Im Schlaf wurde Konstantin ermahnt, dass er das himmlische Zeichen Gottes auf die Schilde malen und so die Schlacht beginnen solle. Er tat, wie er aufgefordert wurde, und mit dem gedrehten Buchstaben X, wobei dessen oberes Ende gebogen war, malte er Christus auf die Schilde. Mit diesem Zeichen bewaffnet, greift das Heer zu den Waffen. […]

⟨Maxentius⟩ kommt zur Schlachtlinie. Die Brücke wird hinter ihm abgerissen. Bei seinem Anblick wird der Kampf heftiger und die Hand Gottes waltete über der Schlacht. ⟨Das Heer⟩ des Maxentius wird in Schrecken versetzt, er selbst, zur Flucht gewandt, eilt zur Brücke, die abgebrochen war, und durch die Masse der Fliehenden bedrängt, wird er in den Tiber gestürzt.

Nachdem der höchst erbitterte Krieg schließlich beendet war, ⟨wurde⟩ mit großer Freude des Senats und des römischen Volks Konstantin als Kaiser empfangen. […] Der Senat beschloss, dem Konstantin seiner Tapferkeit wegen den Titel des ersten Namens zu verleihen.

13 Das Dreikaiseredikt „Cunctos Populos", 380 n. Chr.: Codex Theodosianus 16,1,2 (438 n. Chr.)

23

Die Kaiser und Augusti Gratian, Valentinian und Theodosius an das Volk der Stadt Konstantinopel.

Wir wollen, dass alle Völker, die das rechte Maß unserer Milde beherrscht, in demjenigen Glauben bleiben, von dem der Glaube – von ⟨Petrus⟩ selbst bis heute mitgeteilt – erklärt, dass ihn der göttliche Apostel Petrus den Römern überliefert hat, und von dem bekannt ist, dass ihm der Pontifex Damasus und Petrus, der Bischof Alexandrias, ein Mann von apostolischer Heiligkeit, folgen; das heißt, dass wir gemäß der apostolischen Weisung und der evangelischen Lehre an die eine Gottheit des Vaters, des Sohnes und des Heiligen Geistes in gleicher Würde und in frommer Trinität glauben.

Wir befehlen, dass (nur) diejenigen, die diesem Gesetz Folge leisten, die Bezeichnung „katholische Christen" annehmen; ⟨wir befehlen,⟩ dass die übrigen aber, die wir für verrückt und wahnsinnig halten, die Schande der häretischen Lehre tragen und dass ihre Versammlungsorte nicht die Bezeichnung „Kirchen" erhalten; ⟨wir befehlen, dass sie⟩ zuerst durch die göttliche Strafe, danach auch durch die Rache unserer kaiserlichen Kraft, die wir aufgrund himmlischen Willens erhalten haben, zu bestrafen sind.

I.6 Die Anfänge des Mönchtums

Das Eremitentum des Antonius, um 300 n. Chr.: Evagrius, Vita Antonii 1–3.7.14 (373 n. Chr.)

14

25

(1) Antonius stammte von adligen und frommen Eltern aus Ägypten. [...]
(2) Nach dem Tod der Eltern aber [...] betrat er eine Kirche und es geschah, dass genau zu diesem Zeitpunkt das Evangelium gelesen wurde, in dem der Herr zu dem Reichen sagt: „Wenn du vollkommen sein willst, geh, und verkaufe all deinen Besitz, den du hast, und gib den Armen und komm, folge mir nach, und du wirst einen Schatz in den Himmeln haben." [Mt 19,21] [...] Sofort ging er hinaus und schenkte den Besitz, den er hatte, [...] seinen Nachbarn. [...]
(3) [...] Er selbst, nun von allen Fesseln der Welt frei, packte ein hartes und anstrengendes Vorhaben an. Noch gab es aber nicht so zahlreiche Klöster in Ägypten und überhaupt niemand kannte die fernab gelegene Einsamkeit. [...]
(7) [...] Und jener, der durch das Wort der Schriften gelehrt worden war, dass es viele Fallstricke der Dämonen gab, blieb mit kluger Anstrengung bei seinem Plan. [...] Deswegen machte er sich mehr und mehr seinen Körper untertan [...]. Er durchwachte die Nächte sehr oft im Gebet, er aß einmal am Tag nach dem Sonnenuntergang [...].
(14) Auf diese Weise verbrachte er zwanzig Jahre in Einsamkeit und ⟨war⟩ von den Blicken der Menschen abgeschieden. Als eine große Menge von Personen, die seinen Plan nachahmen wollten, und von Bekannten (bei ihm) zusammenkam, [...] da erschien er wie ein Geweihter aus einer Art himmlischer Audienz heraus. [...] Viele befreite daher die Gnade Gottes durch Antonius von unreinen Geistern und verschiedenen Krankheiten. [...] Und ohne Zögern überzeugte diese seine Rede viele der Zuhörer von der Verachtung der menschlichen Dinge, und dies war der Beginn des Wohnens in der Wüste.

Das Koinobitentum des Pachomius, um 325 n. Chr.: Hieronymus, Praecepta Pachomii 49.143.144 (404 n. Chr.)

15

26

Die Regeln unseres Vaters Pachomius, eines Mannes Gottes, der am Anfang den Lebenswandel der Koinobien auf die Weisung Gottes hin gegründet hat. [...]
(49) Wenn sich jemand der Pforte des Monasteriums nähern sollte mit dem Willen, der Welt zu entsagen und sich der Zahl der Brüder anzuschließen, soll er nicht die Freiheit haben, einzutreten, sondern er soll zunächst dem Vater des Monasteriums angekündigt werden, und er soll einige Tage lang draußen vor der Tür bleiben, und er soll das Gebet des Herrn gelehrt werden und so viele Psalmen, wie er auswendig lernen kann, und er soll sorgfältig einen persönlichen Beweis erbringen, dass er nicht vielleicht irgendetwas Böses getan hat und verwirrt für den Moment aus Angst fortgegangen ist, oder dass er nicht unter irgendeiner Gewalt steht, und ob er seinen Eltern entsagen und sein eigenes Vermögen verachten kann.

Wenn sie sehen, dass er für all das geeignet ist, dann soll er auch die übrigen Vorschriften des Monasteriums gelehrt werden. [...] Dann sollen sie ihm seine weltlichen Kleider ausziehen und ihn mit dem Gewand der Mönche ankleiden. [...]

(143) Wir wollen auch über das Monasterium der Jungfrauen reden. Niemand soll zu ihnen gehen, um sie zu besuchen, außer er hat dort seine Mutter oder Schwester oder Tochter oder Verwandte [...].

(144) Wer auch immer ⟨eines⟩ von diesen Geboten übertritt, soll ohne Verzögerung für seine Unachtsamkeit und Gleichgültigkeit öffentlich Buße leisten, damit er einen Platz in den Reichen der Himmel zu erhalten vermag.

I.7 Der trinitarische Streit

16 Eine frühe Form der Trinitätslehre: Tertullian, Adversus Praxean 8,5–7 (213 n. Chr.)

□28

(8,5) Und ich möchte nicht zögern, den Sohn sowohl Schössling der Wurzel zu nennen als auch Fluss der Quelle und Strahl der Sonne, da jeder Ursprung ein Erzeuger ist und alles, was aus dem Ursprung hervorgebracht wird, ein Nachkomme ist; umso mehr das Wort Gottes, das im eigentlichen Sinne sogar den Namen des Sohnes erhalten hat. Weder wird aber der Schössling von der Wurzel unterschieden noch der Fluss von der Quelle noch der Strahl von der Sonne, wie auch von Gott nicht das Wort ⟨unterschieden wird⟩.

(6) Darum bekenne ich gemäß dem Bild dieser Beispiele, dass ich zwei benenne: Gott und sein Wort, den Vater und seinen eigenen Sohn. Denn auch die Wurzel und der Schössling sind zwei Dinge, aber verbunden [...].

(7) Es ist notwendig, dass alles, was aus irgendetwas anderem hervorgeht, ein zweites dessen ist, von dem es hervorgeht, es ist darum trotzdem nicht davon getrennt. Wo aber ein zweiter ist, da sind zwei, und wo ein dritter ist, da sind drei.

Der dritte ist nämlich der Geist von Gott und dem Sohn, so wie das dritte von der Wurzel aus dem Schössling die Frucht ist und das dritte von der Quelle aus dem Bach der Fluss ist und das dritte von der Sonne aus dem Strahl der Lichtfleck ist.

Nichts aber wird von dem Ursprung abgetrennt, aus dem es seine Eigentümlichkeiten zieht. Auf diese Weise stört die Trinität, über zusammengefügte und miteinander verbundene Grade vom Vater herabkommend, auch in nichts die Alleinherrschaft ⟨Gottes⟩ und bewahrt den Zustand der Heilsordnung.

Das Bekenntnis des Konzils von Nizäa, 325 n. Chr.: Hilarius von Poitiers, Collectanea Antiariana Parisina B II 10 (357/358 n. Chr.)

17 ▢29

Wir glauben an den einen Gott, Vater, Allmächtigen, Schöpfer der sichtbaren und unsichtbaren Dinge; und an den einen Herrn Jesus Christus, Sohn Gottes, geboren von dem Vater, das heißt von dem Wesen des Vaters, Gott von Gott, Licht von Licht, wahrer Gott von wahrem Gott, geboren, nicht geschaffen, eines Wesens mit dem Vater, was die Griechen „homousios“ (ὁμοούσιος) nennen, durch den alles geschaffen ist, sei es was im Himmel oder was auf der Erde ist, der wegen uns Menschen und wegen unseres Heils herabgestiegen ist, Fleisch geworden ist, Mensch geworden ist, gelitten hat und am dritten Tag auferstanden ist, aufgestiegen ist in die Himmel, und er wird kommen, zu richten die Lebenden und die Toten. Und an den Heiligen Geist.

Diejenigen aber, die sagen: „Es war (einmal), als er nicht war“, und: „Bevor er geboren wurde, war er nicht“, und dass er aus Nicht-Seiendem geschaffen worden ist – was die Griechen „ex uc onton“ (ἐξ οὐκ ὄντων) nennen – oder dass er ⟨aus⟩ einem anderen Wesen geschaffen worden ist, und diejenigen, die den Sohn Gottes als veränderlich und wandelbar bezeichnen, diese belegt die katholische und apostolische Kirche mit dem Anathema.

Das Bekenntnis des Konzils von Konstantinopel, 381 n. Chr.: Paulinus von Aquileja, Concilium Foroiuliense (796/797 n. Chr.)

18 ▢30

Ich glaube an den einen Gott, Vater, Allmächtigen, Schöpfer des Himmels und der Erde, aller sichtbaren und unsichtbaren Dinge.

Und an den einen Herrn Jesus Christus, den einziggeborenen Sohn Gottes, aus dem Vater geboren vor allen Zeiten, Gott von Gott, Licht von Licht, wahrer Gott von wahrem Gott, gezeugt, nicht geschaffen, wesenseins mit dem Vater, durch den alles geschaffen ist, der wegen uns Menschen und wegen unseres Heils von den Himmeln herabgestiegen ist und Fleisch geworden ist aus dem Heiligen Geist und der Jungfrau Maria und Mensch geworden ist. Sogar gekreuzigt wurde er für uns unter Pontius Pilatus, er hat gelitten und wurde begraben und er ist auferstanden am dritten Tag gemäß den Schriften. Er ist aufgestiegen in den Himmel, er sitzt zur Rechten des Vaters und wird wiederum kommen mit Herrlichkeit, zu richten die Lebenden und die Toten, er, dessen Reich kein Ende haben wird.

Und an den Heiligen Geist, den Herrn und Lebensspender, der aus dem Vater und dem Sohn hervorgeht, der mit dem Vater und dem Sohn zugleich angebetet und mitverherrlicht wird, der durch die Propheten gesprochen hat. Und die eine heilige katholische und apostolische Kirche. Ich bekenne die eine Taufe zur Vergebung der Sünden und ich erwarte die Auferstehung der Toten und das Leben der kommenden Zeit. Amen.

I.8 Augustin

19 Die Bekehrung Augustins – die „Gartenszene“: Augustinus, Confessiones 8,12,28–29 (397–401 n. Chr.)

□32

(12,28) [...] Ich warf mich unter einem Feigenbaum nieder – ich weiß gar nicht wie – und ließ meinen Tränen freien Lauf, und sie brachen hervor als Flüsse meiner Augen, ein angenehmes Opfer für dich, und zwar nicht in den folgenden Worten, aber in dem folgenden Sinn sagte ich vieles zu dir: „Und du, Herr, wie lange? [Ps 6,4] Wie lange, Herr, wirst du zürnen bis zum Ende? [Ps 79,5] Erinnere dich nicht an unsere alten Sünden! [Ps 79,8]“ Ich fühlte nämlich, dass ich von ihnen festgehalten wurde. Ich rief wiederholt klägliche Worte aus: „Wie lange, wie lange“, „morgen und (wieder) morgen?“, „Weshalb nicht gleich? Weshalb ist nicht in dieser Stunde ein Ende meiner Schande?“
(29) Ich sprach dies und weinte in bitterster Zerknirschung meines Herzens. Und siehe, ich höre eine Stimme aus dem benachbarten Haus von jemandem – als ob von einem Knaben oder einem Mädchen, ich weiß nicht –, der im Gesang sagt und häufig wiederholt: „Nimm und lies, nimm und lies.“

Und sofort begann ich mit verändertem Gesichtsausdruck sehr angestrengt zu überlegen, ob denn Kinder bei irgendeiner Art von Spiel etwas Derartiges zu singen pflegen, aber es kam mir nicht in den Sinn, dass ich es überhaupt irgendwo gehört hatte, und nachdem ich meinen Tränenfluss unterdrückt hatte, stand ich auf, dies ⟨so⟩ deutend, dass mir nichts anderes durch göttliche Fügung befohlen werde, als dass ich das Buch öffne und das Kapitel lese, welches ich als erstes gefunden hätte.

Ich hatte nämlich von Antonius gehört, dass er aufgrund der Evangeliumslesung, zu der er zufällig gestoßen war, aufgerüttelt worden sei, wie wenn zu ihm gesagt werden würde, was verlesen wurde: „Geh, verkaufe alles, was du hast, gib den Armen und du wirst einen Schatz in den Himmeln haben; und komm, folge mir nach.“ [Mt 19,21], und durch einen solchen Gottesspruch habe er sich sogleich zu dir bekehrt.

Deshalb kehrte ich aufgeregt an den Ort zurück, wo Alypius saß: dort nämlich hatte ich das Buch des Apostels niedergelegt, als ich mich von da erhoben hatte. Ich ergriff es, öffnete es und las im Stillen das Kapitel, auf das meine Augen als erstes stießen: „⟨Lasst uns wandeln⟩ nicht in Gelagen und Saufen, nicht in Schlafzimmern und in unzüchtigen Handlungen, nicht in Streit und Eifersucht, sondern zieht euch an den Herrn Jesus Christus und macht euch keine Sorgen um das Fleisch in Begierden!“ [Röm 13,13–14]

Und ich wollte nicht weiter lesen und es war auch nicht nötig. Sofort mit dem Ende genau dieses Satzes flüchteten, wie wenn das Licht der Gewissheit in mein Herz eingegossen worden wäre, alle Schatten des Zweifels. [...]

Daraufhin gehen wir zu meiner Mutter, wir berichten es; sie freut sich. Wir erzählen ihr, auf welche Weise es sich zugetragen hat; sie jubelt und triumphiert und pries dich immer wieder, der du mächtig bist mehr zu tun, als wir erbitten und erkennen [...].

Augustins Lehre von den zwei „Bürgerschaften": Augustinus, De civitate Dei 14,28; 15,1 (413–426 n. Chr.)

20
34

(14,28) Es haben also zwei Arten von Liebe zwei Bürgerschaften geschaffen, nämlich die Liebe zu sich selbst, die bis zur Verachtung Gottes reicht, die irdische ⟨Bürgerschaft⟩, die Liebe zu Gott aber, die bis zur Verachtung der eigenen Person reicht, die himmlische ⟨Bürgerschaft⟩. Kurz gesagt sucht jene Ruhm bei sich selbst, diese sucht Ruhm beim Herrn. [...] In dieser ⟨himmlischen Bürgerschaft⟩ aber gibt es keine menschliche Weisheit außer der Frömmigkeit, in der der wahre Gott auf richtige Weise verehrt wird, und die diesen Lohn in der Gemeinschaft nicht nur der heiligen Menschen, sondern auch der Engel erwartet, dass Gott alles in allem ist. [1 Kor 15,28] [...]
(15,1) [...] Wir teilen ⟨das Menschengeschlecht⟩ in zwei Klassen, in die eine ⟨Klasse⟩ derer, die gemäß dem Menschen leben, die zweite derer, die gemäß Gott leben. Diese bezeichnen wir in mystischer Weise auch als zwei Bürgerschaften, das heißt als zwei Gemeinschaften der Menschen, von denen die eine es ist, die vorherbestimmt ist, in Ewigkeit gemeinsam mit Gott zu herrschen, die andere, gemeinsam mit dem Teufel ewige Bestrafung auf sich zu ziehen. [...]

Als Erster ist nämlich Kain von jenen beiden Eltern des Menschengeschlechts geboren worden, der zur Bürgerschaft der Menschen gehört, als Späterer Abel, der zur Bürgerschaft Gottes ⟨gehört⟩ [Gen 4,1–2]. [...] Als Erster ist der Bürger dieser Welt geboren, später aber der Fremde in dieser Welt [vgl. Hebr 11,13] und der zur Bürgerschaft Gottes gehörende, aus Gnade vorherbestimmt, aus Gnade erwählt, aus Gnade ein Fremder hier unten, aus Gnade ein Bürger dort oben. Denn soweit es ihn an sich betrifft, entsteht er aus derselben Masse, die von Anfang an in ihrer Gesamtheit verdammt ist; aber wie ein Töpfer hat Gott aus derselben Masse das eine Gefäß zur Ehre, das andere zur Schande geschaffen [Röm 9,21] [...].

Augustins Sakramentenlehre: Augustinus, In Ioannis Evangelium tractatus 80,3 (414–417 n. Chr.)

21
35

(80,3) [...] Nimm das Wort weg, und was ist das Wasser, wenn nicht Wasser? Es tritt das Wort zum Element hinzu, und es wird zum Sakrament, und schon ⟨ist⟩ genau dieses wie ein sichtbares Wort. [...] Woher ist diese so große Kraft des Wassers, dass es den Körper berührt und das Herz reinwäscht, wenn nicht von dem wirkenden Wort, (und zwar) nicht weil es gesprochen wird, sondern weil es geglaubt wird? Denn auch im Wort selbst ist das eine der vorübergehende Klang, etwas anderes die bleibende Kraft. [...] Dieses Wort des Glaubens vermag so viel in der Kirche Gottes, dass es durch den Glaubenden selbst, den Darbringenden, den Segnenden und den Eintauchenden sogar ein so kleines Kind reinigt, obwohl es noch nicht in der Lage ist, mit dem Herzen zu glauben zur Gerechtigkeit und mit dem Mund zu bekennen zum Heil.

I.9 Der Pelagianische Streit

22 Die Kraft der menschlichen Natur: Pelagius, Epistula ad Demetriadem 2–3.11 (413/414 n. Chr.)

37

(2) Jedes Mal, wenn ich über die sittliche Erziehung und einen heiligen Lebenswandel reden muss, bin ich es gewohnt, zunächst die Kraft und Beschaffenheit der menschlichen Natur aufzuzeigen und zu zeigen, was sie bewirken kann. [...] Die besten Anreize für den Geist sind es nämlich, wenn jemand gelehrt wird, dass er ⟨vollbringen⟩ kann, was er sich wünscht. [...] (3) [...] Gott wollte nämlich auch das vernunftbegabte Geschöpf mit der Gabe des freiwilligen Guten und der Macht des freien Willensvermögens beschenken. [...] Es ist uns ja erlaubt auszuwählen, zurückzuweisen, zu billigen, zu verwerfen. Und es gibt nichts ⟨anderes⟩, wodurch das vernunftbegabte Geschöpf den übrigen mehr vorgezogen wird, als dass, während alle anderen seienden Dinge nur das ⟨Gut⟩ ihrer Schöpfung und das Gut ihrer notwendigen Bestimmung haben, dieses ⟨vernunftbegabte Geschöpf⟩ allein auch das ⟨Gut⟩ des Willens besitzt. [...]
(11) [...] Denn man sieht ein, dass die äußerliche, adlige Herkunft und der Reichtum von den Deinen stammen, (aber) nicht dein sind. Geistliche Reichtümer aber wird für dich keiner beschaffen können, außer dir selbst. In denjenigen Dingen bist du also zu Recht zu loben, in denjenigen Dingen bist du verdientermaßen den übrigen vorzuziehen, die – wenn sie nicht aus dir kommen – auch in dir nicht sein können.

23 Der Vorrang der Gnade: Augustinus, De natura et gratia 3–7 (413–417 n. Chr.)

38

(3) Die Natur des Menschen ist ja am Ursprung als schuldlose und ohne irgendeinen Fehler geschaffen worden; diese Natur des Menschen aber, in der ein jeder aus Adam geboren wird, benötigt nun einen Arzt, da sie nicht gesund ist. Alle Güter freilich, die sie in ihrer Gestaltung, in ihrem Leben, in Form von Sinnen und Verstand hat, hat sie vom höchsten Gott, ihrem Schöpfer und Bildner.

Der Fehler aber, der diese natürlichen Güter verdunkelt und schwächt, so dass ⟨die Natur⟩ Erleuchtung und Heilung nötig hat, ist nicht vom schuldlosen Bildner verursacht worden, sondern stammt aus der ursprünglichen Sünde, die mit freiem Willensvermögen begangen worden ist. Und dadurch führt die straffällige Natur zur gerechtesten Strafe. [...]
(4) Deshalb wird diese Gnade Christi, ohne die weder die Kinder noch die Erwachsenen unversehrt sein können, nicht durch Verdienste erstattet, sondern sie wird unentgeltlich verliehen. [...] Daher werden die, die nicht durch jene ⟨Gnade⟩ befreit werden, [...] durchaus zu Recht verurteilt, weil sie nicht ohne Sünde sind, entweder weil sie ⟨die Sünde⟩ von Anfang an mit sich geschleppt haben, oder weil sie sie durch schlechte Sitten vermehrt haben; alle haben nämlich gesündigt – sei es in Adam, sei es in sich selbst. [...]

(5) Die gesamte Masse schuldet daher Strafen, und wenn allen die geschuldete Strafe der Verdammung auferlegt würde, würde sie ohne Zweifel nicht zu Unrecht auferlegt werden. […]
(7) ⟨Das Kreuz⟩ aber wird entleert, wenn gesagt wird, dass man auf irgendeine Weise am Geheimnis jenes ⟨Kreuzes⟩ vorbei zur Gerechtigkeit und zum ewigen Leben gelangen kann.

Die Verwerfung des Pelagianismus: Generalkonzil von Karthago, Canones 2–3.5 (418 n. Chr.) 24

39

Can. 2. Ebenso haben ⟨die Bischöfe⟩ beschlossen, dass, wer auch immer leugnet, dass kleine Kinder unmittelbar vom Mutterleib her getauft werden müssen, oder sagt, dass sie zwar zur Vergebung der Sünden getauft werden, dass sie aber nichts von der Ursünde aus Adam mit sich schleppen, was durch das Bad der Wiedergeburt gesühnt werde – woraus folgt, dass bei ihnen die Form der Taufe zur Vergebung der Sünden nicht als wahr, sondern als falsch verstanden wird – mit dem Anathema belegt sei. […]
Can. 3. Ebenso haben sie beschlossen, dass, wer auch immer sagen sollte, dass die Gnade Gottes, durch die der Mensch gerechtfertigt wird um Jesu Christi willen, unseres Herrn, nur zur Vergebung der Sünden Kraft hat, die schon begangen worden sind, nicht auch zur Hilfe, dass sie nicht begangen werden, mit dem Anathema belegt sei. […]
Can. 5. Ebenso haben sie beschlossen, dass, wer auch immer sagen sollte, dass uns die Gnade der Rechtfertigung deswegen gegeben wird, damit wir das, was uns durch das freie Willensvermögen zu tun befohlen wird, leichter durch die Gnade erfüllen können, als ob wir, auch wenn die Gnade nicht gegeben würde, zwar nicht mit Leichtigkeit, dennoch aber in der Lage wären, ohne sie die göttlichen Gebote zu erfüllen, mit dem Anathema belegt sei.

I.10 Der christologische Streit

Der Lehrbrief des römischen Bischofs Leo I.: Tomus Leonis ad Flavianum 2–5 (449 n. Chr.) 25

41

(2) […] Derselbe aber ist als ewiger, einziggeborener ⟨Sohn⟩ des ewigen Erschaffers aus dem Heiligen Geist und der Jungfrau Maria geboren worden; diese zeitliche Geburt hat jener göttlichen und ewigen Geburt nichts weggenommen, nichts hinzugefügt […].
(3) Während also die Eigentümlichkeit jeder der beiden Naturen unversehrt blieb und in einer Person zusammenkam, ist von der Hoheit die Niedrigkeit aufgenommen worden, von der Kraft die Schwachheit, von der Ewigkeit die Sterblichkeit; und zur Tilgung der Schuld unseres Zustandes ist die unverletzliche Natur vereint worden mit der leidensfähigen Natur, damit, was für unsere Heilung notwendig war, ein und derselbe Mittler zwischen Gott und

den Menschen, der Mensch Jesus Christus, sowohl einerseits sterben als auch andererseits nicht sterben konnte. In der unversehrten und vollkommenen Natur des wahren Menschen ist folglich der wahre Gott geboren, vollständig im Seinen, vollständig im Unsrigen. [...]
(4) [...] Derselbe, der nämlich wahrer Gott ist, ist wahrer Mensch. Und keine Täuschung liegt in dieser Einheit, während sowohl die Niedrigkeit des Menschen als auch die Hoheit der Gottheit in Wechselseitigkeit stehen. Wie nämlich Gott sich nicht durch sein Mitleid verändert, so wird der Mensch nicht von der (göttlichen) Würde verschlungen. [...]
(5) Wegen dieser Einheit der Person also, die bei jeder der beiden Naturen zu bedenken ist, liest man einerseits, dass der Sohn des Menschen vom Himmel herabgestiegen ist [Joh. 3,13], während der Sohn Gottes das Fleisch aus der Jungfrau, aus der er geboren wurde, angenommen hat, und wiederum sagt man, dass der Sohn Gottes gekreuzigt und begraben ⟨wurde⟩, während er dies nicht in der Gottheit selbst, durch die er als Einziggeborener gleichewig und wesenseins mit dem Vater ist, sondern in der Schwachheit der menschlichen Natur erlitten hat.

26 Die Glaubensentscheidung des Konzils von Chalcedon, 451 n. Chr.: Rusticus, Gestorum Chalcedonensium versio V,34 (um 564–565 n. Chr.)

▢42

Den heiligen Vätern also folgend, lehren wir alle übereinstimmend, den einen und denselben Sohn zu bekennen, unseren Herrn Jesus Christus, denselben in seiner Gottheit vollkommenen, denselben in seiner Menschheit vollkommenen, wahrhaft Gott und wahrhaft Mensch, denselben aus einer Vernunftseele und einem Körper, denselben wesenseins mit dem Vater gemäß der Gottheit und wesenseins mit uns gemäß der Menschheit, durch alles uns ähnlich außer der Sünde, gewiss vor den Zeiten aus dem Vater gemäß der Gottheit gezeugt, denselben in den letzten Tagen aber unseretwegen und wegen unseres Heils aus der Jungfrau Maria, der Gottesgebärerin, gemäß der Menschheit (gezeugt), den einen und denselben Christus, Sohn, Herrn, Einziggeborenen, in zwei Naturen unvermischt, unverwandelt, ungetrennt, ungesondert zu erkennen, wobei die Unterscheidung der Naturen wegen der Einheit nirgends aufgehoben ist, und vielmehr die Eigentümlichkeit jeder der beiden Naturen unversehrt bleibt und zu einer Person und einer Hypostase zusammentritt, den nicht in zwei Personen geteilten oder getrennten, sondern den einen und denselben Sohn, Einziggeborenen, Gott, Wort, Herrn Jesus Christus, wie vorher die Propheten über ihn und Jesus Christus selbst uns unterrichtet haben und wie uns das Glaubenssymbol der Väter es überliefert hat.

I.11 Weitere altkirchliche Bekenntnisse

Das apostolische Glaubensbekenntnis: Pirmin, Scarapsus 10 (um 725–750 n. Chr.)

27

45

(10) Da kehrten die Schüler des Herrn nach Jerusalem zurück [Apg 1,12] [...]. Und es erschienen jenen zerteilte Zungen, wie von Feuer, und es sitzt über einem jeden einzelnen von ihnen, und sie wurden alle erfüllt vom Heiligen Geist und begannen in anderen Zungen zu reden, wie der Heilige Geist jenen eingab zu reden [Apg 2,4–5], und sie stellten ein Symbol zusammen, dieses lautet:

Petrus sagte: Ich glaube an Gott, den Vater, den Allmächtigen, den Schöpfer des Himmels und der Erde.
Johannes sagte: Und an Jesus Christus, seinen einzigen Sohn, unsern Herrn.
Jakobus sagte: Der empfangen wurde durch den Heiligen Geist, geboren aus der Jungfrau Maria.
Andreas sagte: Gelitten unter Pontius Pilatus, gekreuzigt, gestorben und begraben.
Philippus sagte: Er ist hinabgestiegen in die Unterwelt.
Thomas: Am dritten Tage ist er auferstanden von den Toten.
Bartholomäus sagte: Er ist aufgestiegen in die Himmel, er sitzt zur Rechten Gottes, des Vaters, des Allmächtigen.
Matthäus sagte: Von dort wird er kommen zu richten die Lebenden und die Toten.
Wiederum sagte Jakobus, der Sohn des Alphäus: Ich glaube an den Heiligen Geist.
Simon, der Zelot, sagte: Die heilige katholische Kirche.
Judas, der Sohn des Jakobus, sagte: Die Gemeinschaft der Heiligen, die Vergebung der Sünden.
Wiederum sagte Thomas: Die Auferstehung des Fleisches (und) das ewige Leben.

Das pseud-athanasianische Glaubensbekenntnis: Symbolum Quicumque 1–4.24–25.28–30 (530–679 n. Chr.)

28

46

(1) Wer auch immer selig sein will, ⟨für den⟩ ist es vor allem notwendig, dass er den katholischen Glauben hält; (2) jeder wird, wenn er diesen nicht unversehrt und unverletzt bewahrt, ohne Zweifel auf ewig verloren gehen.
(3) Der katholische Glaube aber ist der, dass wir den einen Gott in der Dreiheit und die Dreiheit in der Einheit verehren, (4) ohne die Personen zu vermischen oder das Wesen zu zertrennen. [...]
(24) ⟨Es ist⟩ also ein Vater, nicht drei Väter; ein Sohn, nicht drei Söhne; ein Heiliger Geist, nicht drei Heilige Geiste.
(25) In dieser Dreiheit ist nichts früher oder später, nichts größer oder kleiner, sondern alle drei Personen sind sich gleichewig und gleichrangig. [...]

(28) Wer also selig sein will, der habe eine solche Überzeugung von der Dreiheit.
(29) Aber es ist notwendig für das ewige Heil, dass er auch die Fleischwerdung unseres Herrn Jesus Christus ehrlich glaubt.
(30) Es ist also der rechte Glaube, dass wir glauben und bekennen, dass unser Herr Jesus Christus, Sohn Gottes, in gleicher Weise sowohl Gott als auch Mensch ist [...].

II. Mittelalter

II.1 Benedikt von Nursia

Das Leben des Benedikt: Gregor der Große, Dialogi, Prologus 1; 36 (593/594 n. Chr.)

29

51

(Prol. 1) Es gab einen Mann von ehrwürdiger Lebensführung, der Gnade und dem Namen nach gesegnet, der von der Zeit seiner Kindheit selbst an ein altehrwürdiges Herz trug. Ja, sein Alter mit seinem Charakter übertreffend, gab er seine Seele keiner Lust hin [...].

Dieser entstammte einem recht noblen Geschlecht aus der Provinz von Nursia und war in Rom den freien Studien der Wissenschaft anvertraut worden. Aber als er erkannte, dass bei diesen ⟨Studien⟩ viele in die Abgründe der Laster liefen, zog er seinen Fuß, den er gleichsam an den Eingang der Welt gesetzt hatte, zurück, damit er nicht auch selbst, wenn er etwas von dem Wissen um sie berührte, danach völlig in schreckliche Tiefe stürze.

Nachdem er daher die Studien der Wissenschaften verschmäht und das Haus und das Vermögen seines Vaters zurückgelassen hatte, begehrte er im Wunsch, allein Gott zu gefallen, das Gewand des heiligen Lebenswandels. Er zog sich daher zurück, wissend als Nichtwissender und weise als Ungelehrter. [...]

(36) Es würde mir gefallen, noch weiter über diesen ehrwürdigen Vater vieles zu erzählen, aber manche Dinge von ihm übergehe ich mit Absicht [...]. Das aber will ich nicht, dass dir verborgen ist, dass der Mann Gottes unter so vielen Wundern, mit denen er in der Welt berühmt wurde, auch durch das Wort der Lehre außergewöhnlich strahlte. Denn er schrieb eine Mönchsregel, die besonders ist durch ihre Unterscheidungsfähigkeit, klar in der Sprache.

Die Schule für den Herrendienst: Regula Benedicti, Prologus; 5.48 (um 540 n. Chr.)

30

52

(Prol. 1) Höre, mein Sohn, auf die Regeln des Meisters und neige das Ohr deines Herzens und nimm die Ermahnung des gütigen Vaters gern an und erfülle sie tatkräftig, (2) damit du durch die Anstrengung des Gehorsams zu dem zurückkehrst, von dem du dich durch die Trägheit des Ungehorsams entfernt hattest! [...] (45) Wir müssen also eine Schule des Dienstes an dem Herrn einrichten. (46) Wir hoffen, dass wir in dieser Einrichtung nichts Hartes, nichts Beschwerliches einrichten werden. [...] (50) Von Gottes Unterweisung niemals abweichend, (und) in seiner Lehre bis zum Tod im Kloster verharrend, wollen wir an den Leiden Christi mit Geduld teilhaben, damit wir auch verdienen, Teilhaber an seinem Reich zu sein. Amen.

Kapitel 5: Über den Gehorsam. Die erste Stufe der Demut ist Gehorsam ohne Zögern. Dies gehört sich für diejenigen, die für sich nichts als etwas Wertvolleres erachten als Christus. [...]
Kapitel 48: Über die tägliche Handarbeit. Müßiggang ist ein Feind der Seele, und daher sollen sich die Brüder zu festgelegten Zeiten mit der Handarbeit, zu wiederum festgelegten Stunden mit der göttlichen Lesung beschäftigen. [...] Wenn aber die Notwendigkeit des Ortes oder die Armut es erfordern sollte, dass sie selbst damit beschäftigt sind, die Früchte einzusammeln, sollen sie nicht traurig sein, da sie dann wahrhaft Mönche sind, wenn sie von der Arbeit ihrer eigenen Hände leben, so wie unsere Väter und auch die Apostel.

II.2 Das Verhältnis von West- und Ostkirche

31 Der Bilderstreit:
54 Libri Carolini, Prologus; 2,21; 3,16 (790 n. Chr.)

(Prol.) Im Namen unseres Herrn und Retters Jesus Christus beginnt das Werk des überaus berühmten und hervorragenden und angesehenen Mannes Karl, nach dem Willen Gottes König der Franken [...], gegen die Synode, die in den Gebieten Griechenlands zugunsten der Anbetung der Bilder auf törichte und anmaßende Weise abgehalten wurde. [...]
(2,21) Allein Gott ist also zu verehren, allein er ist anzubeten, allein er ist zu verherrlichen. [...] Auch seinen Heiligen, die nach dem Sieg über den Teufel mit ihm (sc. Gott) regieren, sei es, weil sie tapfer gekämpft haben, [...] oder weil man weiß, dass sie dieselbe Kirche mit Fürbitten und Vermittlung unterstützen, ist Ehrerbietung entgegenzubringen.

Die Bilder aber, weil ihre Verehrung und Anbetung gänzlich ausgeschlossen sind, ganz gleich, ob sie nun in den Kirchen wegen der Erinnerung an historische Ereignisse und als Zierde sind oder auch nicht sind, werden dem katholischen Glauben keinen Nachteil einbringen können, da man ja weiß, dass sie zum Vollziehen der Geheimnisse unseres Heils überhaupt keinen Beitrag leisten. [...]
(3,16) [...] Am gebräuchlichsten und bei weitem typischsten für diejenigen, die für die Anbetung der Bilder glühen, ist dies, dass sie glauben und behaupten, dass die Ehrung eines Bildes auf genau die Gestalt übergehen kann, dessen Abbild es ist. Wie dies allerdings geschehen könne und ob es geschehen könne, wird auf keine Weise erfasst und nicht durch Zeugnisse göttlicher Worte bewiesen. [...]

Das Schisma von 1054: Bannbulle des Humbert von Silva Candida gegen Michael Kerullarios (1054)

32

55

Humbert, von Gottes Gnaden Kardinal, Bischof der heiligen römischen Kirche, […] an alle Söhne der katholischen Kirche.

[…] Soweit es die Säulen des Reiches und ihre geehrten, weisen Bürger betrifft, ist ⟨die kaiserliche Stadt⟩ eine äußerst christliche und rechtgläubige Bürgerschaft. Soweit es aber Michael, unrechtmäßig Patriarch genannt, und die Förderer seiner Dummheit betrifft, wird allzu viel Unkraut der Häresien täglich in ihrer Mitte gesät. […] Wie die Nikolaiten erlauben und verteidigen sie die fleischliche Ehe für die Diener des heiligen Altars; […] wie die Pneumatomachen oder Theomachen haben sie vom (Glaubens-)Symbol das Hervorgehen des heiligen Geistes aus dem Sohn abgeschnitten; wie die Manichäer bekennen sie unter anderem, dass jegliches Gesäuertes beseelt sei. […]

Daher geben wir unsere Unterschrift – da wir natürlich die unerhörte Schmach und Beleidigung des heiligen, ersten apostolischen Stuhles nicht ertragen und da wir bemerken, dass der katholische Glaube auf vielerlei Weise untergraben wird, – mit der Macht der heiligen und ungeteilten Dreieinigkeit und des apostolischen Stuhles, dessen Auftrag wir als Gesandtschaft ausführen, und ⟨mit der Macht⟩ aller rechtgläubigen Väter der sieben Konzilien und der ganzen katholischen Kirche dem Anathema, das unser Herr, der ehrwürdigste Papst, auf gleiche Weise dem Michael und seinen Anhängern angedroht hat, wenn sie nicht wieder zur Vernunft kämen, auf folgende Weise:

Michael, unrechtmäßiger Patriarch, Neugetaufter, der auch nur durch menschliche Furcht das Mönchsgewand angenommen hat, nun auch durch schlimmste Vorwürfe von vielen in Verruf gebracht, […] und alle Anhänger […] seien mit dem Anathema „Maranatha“ belegt [1 Kor 16,22] […] zusammen mit allen Häretikern, ja sogar mit dem Teufel und seinen Engeln, wenn sie nicht etwa zur Vernunft kommen.

Amen. Amen. Amen.

Das Unionsdekret von Ferrara-Florenz: Bulle „Laetentur caeli“ i. A. (1439)

33

57

Freuen sollen sich die Himmel und die Erde soll jubeln [Ps 96,11]. Weggenommen ist nämlich aus der Mitte die Mauer, die die westliche und die östliche Kirche trennte, und der Friede und die Einheit sind zurückgekehrt. […]

Im Namen also der Heiligen Trinität, des Vaters und des Sohnes und des Heiligen Geistes, legen wir unter der Zustimmung dieses heiligen, allgemeinen Florenzer Konzils fest […], dass der Heilige Geist ewiglich aus dem Vater und dem Sohn ist, und dass er sein Wesen und sein selbständiges Sein zugleich aus dem Vater und dem Sohn hat, und dass er aus jedem von beiden ewiglich wie von einem Ursprung und einer einzigen Aushauchung hervorgeht.

Und wir erklären, dass das, was die heiligen Lehrer und Väter sagen, dass der Heilige Geist aus dem Vater durch den Sohn hervorgeht, auf ein solches Verständnis abzielt, dass dadurch gezeigt wird, dass auch der Sohn gemäß den Griechen zwar die Ursache sei, gemäß den Lateinern aber der Ursprung des Daseins des Heiligen Geistes, wie auch der Vater. [...]

Wir legen darüber hinaus fest, dass die Erklärung jener Worte „und vom Sohn" der Klärung der Wahrheit wegen und wegen der damals drängenden Notwendigkeit mit Recht und Vernunft dem Glaubenssymbol hinzugefügt worden ist.

Ebenso ⟨setzen wir fest⟩, dass im ungesäuerten und im gesäuerten Weizenbrot der Leib Christi wahrhaft bereitet wird.

II.3 Iroschottische und angelsächsische Mission

34 Die Klosterregel des Columban: Columban, Regula coenobialium fratrum 1,1–2 (um 595 n. Chr.)

60

Es beginnt diese gemeinschaftliche Regel der Brüder.
(1,1) Es ist, liebste Brüder, von den heiligen Vätern festgelegt worden, dass wir die Beichte ablegen sollen vor dem Essen oder vor dem Gang in die Betten oder wann auch immer es möglich ist, da die Beichte und die Buße vom Tode befreien. Darum dürfen selbst kleine Sünden von der Beichte nicht vernachlässigt werden, weil geschrieben steht: „Wer kleine Dinge vernachlässigt, gleitet allmählich hinab." [Sir 19,1] Darum wird festgelegt, denjenigen, der bei Tisch nicht den Segen abwartet und nicht „Amen" antwortet, mit sechs Schlägen zu züchtigen. Auf ähnliche Weise wird festgelegt, denjenigen, der beim gemeinsamen Essen außer in der Notlage eines anderen Bruders spricht, mit 6 ⟨Schlägen⟩ zu züchtigen. [...]
(2) Wenn er nicht über der Kerze das Kreuzzeichen macht, [...] soll er mit 6 Schlägen ⟨gezüchtigt werden⟩. [...] Auf ähnliche Weise soll derjenige, der Krümel verliert, mit Gebet in der Kirche gezüchtigt werden.

35 Bonifatius fällt die Donar-Eiche, 723 n. Chr.: Willibald, Vita Bonifatii 6 (vor 769 n. Chr.)

61

(6) [...] Damals aber, als bereits viele der Hessen, die sich dem katholischen Glauben unterworfen hatten [...], die Auflegung der Hand empfingen, haben sich einerseits die einen, die natürlich noch nicht im Geist gestärkt waren, geweigert, die Zeugnisse des unbefleckten Glaubens vollständig anzunehmen, andere opferten noch Bäumen und Quellen heimlich, andere hingegen öffentlich. [...] Wieder andere, in denen ein gesünderer Geist war, [...] unternahmen nichts davon.

Auf deren Rat und Beschluss hin ging ⟨Bonifatius⟩ daran, eine bestimmte Eiche von erstaunlicher Größe, die mit einem alten Wort der Heiden als Eiche des Jupiter (sc. Donar) bezeichnet wird, an einem Ort, der Gaesmar heißt, während die Diener des Herrn ihm zur Seite standen, anzuschneiden. Und als er, gestärkt durch die Standhaftigkeit seines Geistes, den Baum angeschnitten hatte, war allerdings auch eine große Menge Heiden anwesend, die aber den Feind ihrer Götter unter sich verfluchten. Aber als er den Baum gerade ein wenig angeschnitten hatte, da brach die riesige Masse der Eiche, ins Wanken gebracht durch einen göttlichen Wind von oben her, sofort [...] zusammen. [...]

Nachdem sie diese Sache gesehen hatten, brachten sogar die Heiden, die ihn vorher verfluchten, umgekehrt Gott den Lobgesang [...] als Glaubende dar. Daraufhin aber baute der Bischof von höchster Heiligkeit [...] ein hölzernes Bethaus aus dem Material des oben genannten Baumes und weihte ihn zu Ehren des heiligen Apostels Petrus.

II.4 Karl der Große

Die Kaiserkrönung Karls, 800 n. Chr.: Einhard, Vita Karoli Magni 28 (814 – ca. 836 n. Chr.) 36

63

(28) [...] Die Römer nötigten Papst Leo, dem viele Ungerechtigkeiten angetan worden waren, [...] dazu, den treuen Schutz des Königs zu erflehen. Deshalb kam er (sc. Karl) wegen der Wiederherstellung des Zustandes der Kirche, der allzu sehr zerrüttet war, nach Rom und verbrachte dort die gesamte Zeit des Winters.

In dieser Zeit erhielt er den Titel „Imperator" und „Augustus". Diesen wies er anfangs so sehr von sich, dass er bekräftigte, er hätte an diesem Tag, auch wenn es ein wichtiges Fest war, die Kirche nicht betreten, wenn er die Absicht des Papstes hätte vorherwissen können.

Die Missgunst aber angesichts des übernommenen Titels, da sich die (ost-)römischen Kaiser über diesen empörten, ertrug er mit großer Geduld. Er überwand ihren Widerwillen mit Großmut, in welchem er ohne Zweifel bei weitem vortrefflicher war als sie, indem er zahlreiche Gesandtschaften zu ihnen schickte und sie in Briefen „Brüder" nannte.

Die Karolingische Reform: Admonitio Generalis, Prologus; 68.70.80; Epilogus (789 n. Chr.) 37

64

(Prol.) Ich, Karl, durch die schenkende Gnade Gottes und seine (schenkende) Barmherzigkeit König und Lenker des Reichs der Franken und der heiligen Kirche ergebener Verteidiger und demütiger Helfer, grüße alle Stände kirchlicher Frömmigkeit und Würdenträger weltlicher Macht in Christus, dem Herrn [...].

[...] Wir haben unsere Gesandten zu euch geschickt, die aufgrund der Autorität unseres Namens gemeinsam mit euch korrigieren werden, was zu korrigieren wäre; aber auch einige Kapitel aus den kanonischen Unterweisungen [...] haben wir unten hinzugefügt.

Niemand soll bitte meinen, dass die Ermahnung zu dieser Frömmigkeit zu gewagt sei, mit der wir uns darum bemühen, Irrtümer zu korrigieren, Überflüssiges abzuschneiden, Richtiges zu unterstützen [...]. Denn wir lesen in den Büchern der Königreiche, wie der heilige Josia sich darum bemühte, das Reich, das ihm von Gott gegeben war, durch Reisen, Korrigieren und Ermahnen zur Verehrung des wahren Gottes zurückzurufen. [...]

Auch dazu ermahnt mit großem Eifer [...]:

68. An die Bischöfe: Dass die Bischöfe mit Sorgfalt die Priester in ihren Pfarreien prüfen sollen, deren Glauben, Taufe und Messfeiern, damit sie auch den rechten Glauben halten und die katholische Taufe beachten und die Messgebete richtig verstehen; und dass die Psalmen auf würdige Weise [...] melodisch gesungen werden und dass sie selbst das Herrengebet verstehen. [...]

70. [...] Und dass Schulen für die Knaben, die lesen, entstehen sollen. Verbessert ordentlich die Psalmen, Noten, Gesänge, Rechnen und Grammatik in den einzelnen Klöstern und Bistümern und die katholischen Bücher, weil oftmals manche, während sie ⟨zwar⟩ auf gute Weise Gott bitten wollen, dennoch durch unverbesserte Bücher auf falsche Weise bitten! [...]

80. An alle: Es ist aber auch eure Aufgabe, darauf zu achten, liebste und ehrwürdige Hirten und Lenker der Kirchen Gottes, dass ⟨die Priester⟩ [...] richtig und in ehrbarer Weise predigen; und ihr sollt nicht zulassen, dass irgendwelche Leute Neues oder Nicht-Kanonisches nach eigenem Verständnis und nicht gemäß den Heiligen Schriften erdichten und dem Volk predigen. [...]

Darum lasst uns, liebste (Brüder), uns mit ganzem Herzen im Wissen der Wahrheit bereit machen, dass wir denjenigen, die der Wahrheit widersprechen, Widerstand leisten können, und dass das Wort Gottes durch die schenkende göttliche Gnade wachse, fortschreite und sich vervielfältige zum Erfolg der heiligen Kirche Gottes, zum Heil unserer Seelen, zu Lob und Ehre des Namens unseres Herrn Jesus Christus.

II.5 Kaiser und Papst, Königtum und Priestertum

38 Die „Konstantinische Schenkung": Constitutum Constantini 1.10–18 (780–798 n. Chr.)

67

Imperator Caesar Flavius Konstantinus [...] an den heiligsten und seligsten Vater der Väter, Silvester, Bischof der Stadt Rom und Papst, und an alle seine Nachfolger, die auf dem Stuhl des seligen Petrus bis ans Ende der Zeit sitzen werden. [...]

(1,10) Am ersten Tag nach dem Empfang des Geheimnisses der heiligen Taufe und nach der Heilung meines Körpers vom Schmutz des Aussatzes habe ich daher erkannt, dass es keinen anderen Gott gibt außer dem Vater und dem Sohn und dem Heiligen Geist, den der seligste Papst Silvester als Dreiheit in der Einheit und Einheit in der Dreiheit predigt. [...]

(11) [...] Und wie unsere kaiserliche Macht eine irdische ist, haben wir beschlossen, seine (sc. Gottes) hochheilige römische Kirche gebührend zu ehren und dass weitreichender als unser Reich und irdische Thron der heiligste Stuhl des seligen Petrus ruhmvoll erhöht werde, indem wir ihm die Macht und ehrenvolle Würde und Kraft und Ehrerbietung, wie sie einem Kaiser gebührt, zusprechen.
(12) Und mit dieser Entscheidung legen wir fest, dass er die Herrschaft innehaben soll sowohl über die vier hervorragenden (Patriarchats-)Sitze – den von Antiochien, den von Alexandria, den von Konstantinopel und den von Jerusalem – als auch über alle Kirchen Gottes auf dem gesamten Erdkreis [...].
(14) [...] Dafür überlassen wir den heiligen Aposteln selbst, meinen Herren, dem seligsten Petrus und dem seligsten Paulus und durch sie auch dem seligen Silvester [...] und allen seinen Nachfolgern, (allen) Päpsten, [...] unseren kaiserlichen Lateranspalast [...].
(16) [...] Und indem wir den Zügel seines Pferdes führten, haben wir aus Ehrfurcht vor dem seligen Petrus jenem (sc. Silvester) den Stratordienst erwiesen. [...]
(17) [...] Indem wir sowohl unseren Palast [...] als auch den Bereich der Stadt Rom und sämtliche italische Provinzen sowie die der westlichen Gebiete, Gegenden und Städte dem häufig genannten, seligsten Pontifex, unserem Vater Silvester, dem allgemeinen Papst, übergeben, [...] entscheiden wir, dass sie zu ordnen sind, und überlassen sie dem Recht der heiligen römischen Kirche zum Verbleib.
(18) Darum haben wir es als angemessen vorausgesehen, dass unsere Herrschaft und die Reichsgewalt in die östlichen Gebiete übertragen und verlagert werden und dass in der Provinz Byzanz am geeignetsten Ort unserem Namen eine Stadt gebaut werde und dort unser Reich errichtet werde, da es ja nicht recht wäre, dass dort, wo die Herrschaft der Priester und das Haupt der christlichen Religion vom himmlischen Herrscher errichtet worden sind, der irdische Herrscher Macht habe.

Das Selbstverständnis von Papst Gregor VII.: Dictatus papae i. A. (ca. 1075)

39

69

I. Dass die römische Kirche vom Herrn allein gegründet worden sei.
II. Dass als Einziger der römische Papst zu Recht als allumfassend bezeichnet werde.
III. Dass jener als Einziger Bischöfe absetzen oder wieder aufnehmen könne.
IIII. Dass sein Legat allen Bischöfen auf einem Konzil übergeordnet sei, auch wenn er niedrigeren Weihegrades ist, und dass er gegen diese ein Urteil über die Absetzung fällen könne. [...]
VIII. Dass er als Einziger kaiserliche Ehrenzeichen gebrauchen könne.
VIIII. Dass alle Fürsten allein des Papstes Füße küssen sollen. [...]
XII. Dass ihm es erlaubt sei, Kaiser abzusetzen. [...]

XVII. Dass kein Rechtssatz und kein Buch als kirchenrechtlich verbindlich gelten solle ohne seine Autorität. [...]
XXII. Dass die römische Kirche niemals geirrt hat und, nach dem Zeugnis der Schrift, auf ewig nicht irren wird. [...]
XXVI. Dass nicht für katholisch gehalten werde, wer nicht mit der römischen Kirche übereinstimmt.
XXVII. Dass er Untergebene vom Treueid gegenüber Sündern lösen kann.

40 Die Rücktrittsaufforderung Kaiser Heinrichs IV. an Papst Gregor VII.: Heinrich IV., Epistula 12 (1076)

▢70

Heinrich, nicht durch Missbrauch, sondern durch die rechtmäßige Anordnung Gottes König, an Hildebrand, den nicht mehr apostolischen, sondern den falschen Mönch.

[...] Du hast gedacht, dass unsere Demut Furcht sein werde, und darum hast du dich nicht gescheut, sogar gegen ebendiese königliche Macht, die uns von Gott gewährt worden ist, aufzustehen; dass du uns diese nimmst, hast du gewagt, zu drohen. Als ob wir von dir die Königsherrschaft empfangen hätten, als ob in deiner und nicht in Gottes Hand die Königsherrschaft oder die kaiserliche Macht sei. [...]

Du, der du nun durch dieses Anathema und das Urteil aller unserer Bischöfe und auch unser eigenes verdammt bist, steig herab, verlasse den ⟨von dir⟩ beanspruchten apostolischen Stuhl! ein anderer soll den Thron des seligen Petrus besteigen, der Gewalt nicht hinter Frömmigkeit verbirgt, sondern die heilsame Lehre des seligen Petrus lehrt.

Ich, Heinrich, König von Gottes Gnaden, mit allen unseren Bischöfen, wir sagen dir: Steig herab, steig herab, du auf ewig zu Verdammender!

41 Die Exkommunikation Heinrichs IV.: Protokoll der Fastensynode (1076)

▢71

Seliger Petrus, Fürst der Apostel, neige, wir bitten dich, deine frommen Ohren zu uns und erhöre mich, deinen Knecht [...].

Mir ist durch deine Gnade von Gott die Macht gegeben zu binden und zu lösen im Himmel und auf der Erde. Darum, im Vertrauen auf diese Zuversicht, für die Ehre und Verteidigung deiner Kirche, im Namen des allmächtigen Gottes, des Vaters und des Sohnes und des Heiligen Geistes, durch deine Macht und Autorität, spreche ich König Heinrich, dem Sohn des Kaisers Heinrich, der sich gegen deine Kirche in unerhörtem Hochmut aufgelehnt hat, die Herrschaft über das gesamte Königreich der Deutschen und über Italien ab und alle Christen löse ich vom Band des Eides, den sie ihm leisteten oder leisten werden, und ich untersage, dass irgendeiner ihm wie einem König diene.

II.6 Die Kreuzzüge

Papst Urbans II. Aufruf zum Kreuzzug: Brief über die Beschlüsse der Synode von Clermont-Ferrand (1095)

42

73

Bischof Urban, Knecht der Knechte Gottes, ⟨sendet⟩ allen Gläubigen, Fürsten wie Untertanen, die sich in Flandern aufhalten, Heil und Gnade und apostolischen Segen.

Wir sind überzeugt, dass ihr Brüder schon längst durch die Berichterstattung vieler erfahren habt, dass ein barbarisches Wüten die Kirchen Gottes in den Erdteilen des Ostens in beklagenswerter Feindseligkeit verwüstet hat (und) darüber hinaus sogar die heilige Stadt, die durch Christi Passion und Auferstehung ausgezeichnet ist, mitsamt ihren Kirchen ihrer unerträglichen Knechtschaft [...] unterworfen hat.

Mit diesem Unglück in frommem Bedacht mitfühlend, haben wir die französischen Provinzen besucht und die Fürsten und Untertanen dieses Landes zur Befreiung der Kirchen des Ostens unter großer Beteiligung aufgerufen und wir haben für sie eine derartige Bereitschaft zum Kampf mit der Vergebung all ihrer Sünden auf dem Konzil in der Auvergne feierlich verknüpft.

Die Begegnung zwischen Franz von Assisi und Sultan al-Kamil, 1219: Jakob von Vitry, Historia occidentalis 32 (1219–1221)

43

74

(32) Wir haben gesehen, dass der erste Gründer und Lehrer dieses Ordens, dem alle anderen wie ihrem höchsten Vorsteher gehorchen, ein einfacher und ungebildeter Mann, geliebt von Gott und den Menschen, Bruder Franziskus genannt, zu solch großer berauschter Verzückung und glühendem Geist hingerissen war, dass er, als er zum Heer der Christen vor Damiette im Land Ägypten gelangt war, sich dem Lager des Sultans von Ägypten furchtlos und mit dem Schild des Glaubens gestärkt näherte.

Als die Sarazenen diesen auf dem Weg gefangen genommen hatten, sagte er: „Ich bin Christ. Führt mich zu eurem Herrn!" Als sie ihn vor genau diesen geschleppt hatten, blickte ihn das wilde Tier an und – beim Anblick des Mannes Gottes zu einem zahmen Wesen verwandelt – hörte er für einige Tage mit größter Aufmerksamkeit zu, wie ebendieser ihm und den Seinen den Glauben an Christus predigte.

Schließlich aber, da er fürchtete, dass einige aus seinem Heer, von der Wirksamkeit seiner (sc. Franziskus') Worte zum Herrn bekehrt, zum Heer der Christen überlaufen, befahl er, dass ⟨Franziskus⟩ mit aller Ehrerbietung und Sicherheit zum Lager der Unsrigen zurückgebracht werde, und er sagte zu ihm am Ende: „Bete für mich, dass Gott es für würdig erachte, mir jenes Gesetz und den Glauben, der ihm mehr gefällt, zu offenbaren."

II.7 Die Scholastik

44 Die mittelalterliche Satisfaktionslehre:
76
Anselm von Canterbury, Cur deus homo 1,1.11.20; 2,6 (1098)

(1,1) Kapitel I. Die Frage, von der das gesamte Werk abhängt

A.: […] Diese Frage pflegen sowohl die Ungläubigen, die die christliche Einfachheit als albern verspotten, uns vorzuwerfen als auch viele Gläubige im Herzen zu wenden: aus welchem Grund nämlich oder aus welcher Notwendigkeit heraus Gott Mensch geworden sei und er durch seinen Tod, wie wir glauben und bekennen, der Welt das Leben wiedergegeben habe, obwohl er das doch entweder durch eine andere Person, sei sie engelhaft oder menschlich, oder durch seinen bloßen Willen hätte tun können. […]

(11) Kapitel XI. Was Sündigen und für die Sünde Genugtuung leisten sei […]

A.: Es ist also Sündigen nichts anderes als Gott das Geschuldete nicht wiederzugeben.

B.: Was ist das Geschuldete, das wir Gott schulden?

A.: Jeglicher Wille des vernunftbegabten Geschöpfs muss dem Willen Gottes unterworfen sein. […] Dies ist die alleinige und ganze Ehre, die wir Gott schulden und die Gott von uns fordert. […] Wer diese geschuldete Ehre Gott nicht erweist, der nimmt Gott, was das Seinige ist, und er entehrt Gott, und das bedeutet „Sündigen". Solange er aber nicht erstattet, was er geraubt hat, bleibt er in der Schuld. Und es genügt nicht, nur zurückzugeben, was weggenommen wurde, sondern er muss wegen der zugefügten Ehrverletzung mehr zurückgeben, als er genommen hat. […]

(20) Kapitel XX. Dass die Genugtuung dem Ausmaß der Sünde gemäß sein müsse und dass der Mensch diese nicht durch sich leisten könne […]

A.: Sage also: Was wirst du Gott für deine Sünde erstatten?

B.: Buße, ein zerknirschtes Herz, Enthaltungen und vielerlei körperliche Leiden und die Barmherzigkeit im Geben und Verzeihen und Gehorsam. […]

A.: […] All das aber, was du nennst, schuldest du Gott. […]

B.: Wenn ich mich selbst und alles, was ich kann, auch wenn ich nicht sündige, jenem schulde, um nicht zu sündigen, dann habe ich nichts, was ich für meine Sünde erstatten könnte. […]

(2,6) Kapitel VI. Dass die Genugtuung, durch die der Mensch gerettet wird, niemand leisten könne außer der Gott-Mensch […]

A.: Also kann diese Genugtuung niemand leisten außer Gott. […] Aber niemand schuldet sie zu leisten außer der Mensch, andernfalls leistet nicht der Mensch Genugtuung. […] Wenn es also, wie es bekannt ist, notwendig ist, dass aus den Reihen der Menschen jene himmlische Stadt vollendet wird, und wenn dies nicht sein kann, außer dass die zuvor genannte Genugtuung erfolgt, die aber niemand leisten kann außer Gott und niemand zu leisten schuldet außer der Mensch: dann ist es notwendig, dass sie der Gott-Mensch leistet.

Der unbewegte Beweger: Thomas von Aquin, Summa Theologiae 1, quaestio 2, articulus 3 (zwischen 1265 und 1273)

45

78

Artikel III. Ob es Gott gibt?

[...] Ich antworte: Es muss gesagt werden, dass auf fünf Wegen bewiesen werden kann, dass Gott existiert.

Der erste und deutlichere Weg ist der, der von der Bewegung aus genommen wird. Sicher ist nämlich und durch die sinnliche Wahrnehmung steht es fest, dass Dinge in dieser Welt bewegt werden. Alles aber, was bewegt wird, wird von einem anderen bewegt.

Nichts nämlich wird bewegt, außer insofern, dass es in Möglichkeit zu jenem (Zustand) ist, zu dem es bewegt wird; etwas bewegt aber insofern, dass es in Wirklichkeit ist. Bewegen ist nämlich nichts anderes als aus Möglichkeit etwas in Wirklichkeit zu überführen; aus der Möglichkeit aber kann nichts in die Wirklichkeit geführt werden, außer durch irgendein in Wirklichkeit Seiendes. So bewirkt in Wirklichkeit Heißes – wie zum Beispiel Feuer –, dass Holz, welches heiß in Möglichkeit ist, auch in Wirklichkeit heiß ist, und dadurch bewegt und verändert es (sc. das Feuer) genau dieses ⟨Holz⟩.

Es ist aber nicht möglich, dass dasselbe gleichzeitig in Wirklichkeit und in Möglichkeit in Bezug auf dasselbe ist, sondern nur in Bezug auf unterschiedliche Dinge; was nämlich heiß in Wirklichkeit ist, kann nicht gleichzeitig heiß in Möglichkeit sein, sondern es ist gleichzeitig kalt in Möglichkeit.

Es ist folglich unmöglich, dass in Bezug auf dasselbe und im selben Maße etwas bewegend und bewegt ist, oder dass etwas sich selbst bewegt. Alles folglich, was bewegt wird, muss von einem anderen bewegt werden. Wenn folglich das, von dem (etwas) bewegt wird, (selbst) bewegt wird, muss es auch selbst von einem anderen bewegt werden und jenes (wieder) von einem anderen. Hier aber gibt es kein Fortschreiten ins Unendliche, da es so kein erstes Bewegendes gäbe; und demzufolge ⟨gäbe⟩ es auch nichts, was ein anderes bewegt, weil die zweiten Bewegenden nicht bewegen, außer dadurch, dass sie selbst bewegt sind von einem ersten Bewegenden – so wie ein Stock nichts bewegt, außer dadurch, dass er bewegt wird von einer Hand. Folglich ist es notwendig, zu einem ersten Bewegenden zu gelangen, das (selbst) von keinem (anderen) bewegt wird, und das begreifen alle als „Gott".

Die scholastische Gnadenlehre: Bonaventura, Breviloquium 5,2 (1257)

46

79

(5,2) Über die Gnade, inwieweit sie zum guten Verdiensterwerb beiträgt

[...] Im besonderen Sinn wird die Gnade als Hilfsmittel bezeichnet, das durch göttlichen Willen gegeben ist, damit man sich zur Annahme des Geschenks des Heiligen Geistes vorbereite, wodurch man in den Zustand des Verdienstes gelangen kann; und eine solche Gnade wird als „unentgeltlich gegebene Gnade" bezeichnet, und ohne diese vollbringt keiner in ausreichendem Maße, was in ihm ist, um sich für das Heil vorzubereiten.

Im eigentlichen Sinn aber wird die Gnade als Hilfsmittel bezeichnet, das durch göttlichen Willen zur Leistung von Verdiensten gegeben ist, was natürlich als Geschenk der „wohlgefällig machenden Gnade“ bezeichnet wird, ohne das keiner Verdienste leisten noch im Guten Fortschritte machen noch zum ewigen Heil gelangen kann. Sie selbst geht nämlich gleichsam als Wurzel des Verdienens allen Verdiensten voraus, weswegen gesagt worden ist, dass ⟨die wohlgefällig machende Gnade⟩ dem Willen zuvorkommt, damit ⟨der Wille⟩ will; ⟨Gnade⟩ folgt aber (auch) unmittelbar nach, damit er nicht vergeblich will.

Daher kann keiner ebendiese ⟨Gnade⟩ durch ein gleichwertiges Verdienst verdienen, sondern sie selbst verdient es, im Lauf ⟨des Lebens⟩ von Gott vergrößert zu werden, damit sie, nachdem sie vergrößert worden ist, es verdient, sowohl in der (himmlischen) Heimat als auch in der ewigen Herrlichkeit von Gott selbst vollendet zu werden, dem es zukommt, die Gnade einzugießen, zu vergrößern und zu vollenden gemäß der Mitwirkung unseres Willens und gemäß dem Plan oder dem Belieben seiner ewigen Vorherbestimmung. [...] Das freie Willensvermögen wirkt mit der Gnade zusammen und macht, was von der Gnade stammt, zu Seinem. Und darum verdient das freie Willensvermögen nicht nur durch die Gnade das Wachstum der Gnade auf dem Weg ⟨des Lebens⟩ durch ein gleichwertiges Verdienst, sondern auch die Vervollständigung ⟨der Gnade⟩ in der himmlischen Heimat durch ein gleichwertiges Verdienst.

II.8 Die mittelalterliche Mystik

47 Der mystische Aufstieg zur Gottesschau: Guigo, Scala Claustralium 1.5 (vor 1193)

82

(1) Als ich an einem bestimmten Tag, mit der körperlichen Arbeit meiner Hände beschäftigt, begann, über die Übung des geistlichen Menschen nachzudenken, da zeigten sich plötzlich meinem nachdenkenden Geist vier geistliche Stufen: nämlich Lesung, Meditation, Gebet und Kontemplation. Dies ist die Leiter der Mönche, auf der sie von der Erde in den Himmel emporgehoben werden. [...]

Die Lesung aber ist das emsige Anschauen der Schriften mit der Aufmerksamkeit des Denkens. Die Meditation ist die eifrige Tätigkeit des Geistes, die unter der Leitung der eigenen Vernunft nach der Kenntnis verborgener Wahrheit sucht. Das Gebet ist die ergebene Hinwendung des Herzens zu Gott, um Übel abzuwenden und Gutes zu erreichen. Kontemplation ist die Emporhebung des auf Gott gestützten Geistes, die die Freuden der ewigen Lieblichkeit kostet. [...]

(5) Der Herr aber [...] wartet nicht, bis ⟨die Seelen⟩ ihre Rede beendet haben, sondern, den Lauf des Gebets in der Mitte unterbrechend, drängt er sich eilend hinein und läuft der sich (nach ihm) sehnenden Seele eilend entgegen [...]; zu Recht werden in dieser vom Himmel herabkommenden Kontemplation die

fleischlichen Empfindungen so von der Seele genommen und verschlungen, dass in keinem ⟨Menschen⟩ das Fleisch mit dem Geist im Widerspruch ⟨steht⟩, und der Mensch wird gleichsam in seiner Gesamtheit geistig.

Schriftauslegung in Visionen: Hildegard von Bingen, Scivias, Protestificatio (1141–1150)

48

83

Und siehe, im 43. Jahr meiner Lebensbahn, als ich in großer Furcht und zitternder Anspannung einer himmlischen Vision verhaftet war, sah ich einen äußerst hellen Schein, in dem eine Stimme vom Himmel herab ertönte, die zu mir sagte: „O zerbrechlicher Mensch, und Asche von Asche, und Fäulnis von Fäulnis, sag und schreibe, was du siehst und hörst! […]"

Und plötzlich hatte ich eine tiefe Erkenntnis der Auslegung der Bücher, nämlich des Psalters, des Evangeliums und der anderen katholischen Schriften sowohl des Alten als auch des Neuen Testaments […].

Die Kraft aber und das Geheimnis der verborgenen und bewundernswerten Visionen hatte ich von Mädchenalter an […] in mir gespürt wie auch bis jetzt, was ich aber keinem Menschen – wenige bestimmte Ordensleute ausgenommen, die in demselben (klösterlichen) Lebenswandel ihr Leben verbrachten, nach dem auch ich lebte – offenbarte. […]

Die Visionen aber, die ich sah, die nahm ich nicht in Träumen und nicht schlafend […] wahr, sondern ich empfing sie wach und aufmerksam bei klarem Verstand, mit den Ohren und den Augen des inneren Menschen, in aller Öffentlichkeit, gemäß dem Willen Gottes. […]

Und ich sagte und schrieb diese Dinge nicht gemäß der Erfindung meines Herzens oder irgendeines Menschen, sondern wie ich sie in den himmlischen Sphären gesehen, gehört und durch die verborgenen Geheimnisse Gottes wahrgenommen habe.

Und erneut hörte ich die Stimme vom Himmel herab, die mir sagte: „Bezeuge es also laut und schreibe es so!"

Die Verurteilung der Beginen und Begarden in Vienne: Konstitution „Ad nostrum qui" (1311/1312)

49

84

Es ist uns, die wir es sehnsüchtig im Herzen tragen, dass der katholische Glaube in unseren Zeiten gedeihe und die häretische Verkommenheit aus dem Bereich der Glaubenden herausgerissen werde, nicht ohne großes Missfallen zu Ohren gekommen, dass eine bestimmte verabscheuungswürdige Sekte einiger bösartiger Männer, die Begarden, und einiger ungläubiger Frauen, die im Volksmund Beginen genannt werden, im Deutschen Reich unter der Fürsorge des Sämanns böser Werke auf verdammenswerte Weise aufgetreten ist, die in ihrer frevelhaften und verkehrten Lehre die unten beschriebenen Irrtümer behauptet und vertritt:

Erstens nämlich, dass der Mensch im gegenwärtigen Leben einen so großen und so gearteten Grad an Vollkommenheit erreichen kann, dass er völlig sündlos werden wird und in der Gnade zukünftig nicht noch weiter vorankommen kann. Denn, wie sie sagen, wenn jemand immer weiter vorankommen könnte, könnte einer gefunden werden, der vollkommener als Christus wäre. [...]

Zweitens, dass es nicht nötig ist, dass der Mensch fastet oder betet, nachdem er einen derartigen Grad an Vollkommenheit erreicht habe, da dann die Sinnlichkeit auf solch vollkommene Weise dem Geist und der Vernunft unterworfen ist, dass der Mensch seinem Körper ungehindert gewähren kann, was auch immer ihm gefällt.

Drittens, dass jene, die im vorhergenannten Grad an Vollkommenheit und im Geist der Freiheit sind, nicht menschlichem Gehorsam unterworfen sind und sich an keine Vorschriften der Kirche binden, weil, wie sie es vertreten, dort, wo der Geist des Herrn ist, Freiheit ⟨ist⟩ [2 Kor 3,17].

II.9 Kirchenkritik und Konzilien

50 Das Konzil von Konstanz: Dekret „Haec Sancta" (1415)

87

Diese heilige Synode von Konstanz, [...] zum Lobe des allmächtigen Gottes im Heiligen Geist rechtmäßig versammelt, [...] ordnet an, setzt fest, bestimmt, entscheidet und erklärt wie folgt:

Und zwar erklärt ⟨die Synode⟩ erstens, dass sie selbst, im Heiligen Geist rechtmäßig versammelt, ein allgemeines Konzil bildend und die streitende katholische Kirche repräsentierend, ihre Macht unmittelbar von Christus hat; dieser ⟨Synode⟩ gegenüber ist jeder, von welchem Stand und welcher Würde auch immer – auch wenn es päpstliche Würde sein sollte –, zu Gehorsam verpflichtet in den Dingen, die den Glauben und die Ausrottung des genannten Schismas und die allgemeine Reform der genannten Kirche Gottes an Haupt und Gliedern betreffen. [...]

Zweitens erklärt sie, dass jeder, von welchem Beruf, welchem Stand, welcher Würde auch immer – auch wenn es päpstliche Würde sein sollte –, der sich hartnäckig weigern sollte, den Weisungen, Bestimmungen oder Verordnungen oder Vorschriften dieser heiligen Synode und jedes anderen allgemeinen, rechtmäßig versammelten Konzils [...] zu gehorchen, wenn er nicht wieder zur Vernunft kommen sollte, der entsprechenden Buße unterworfen und gebührend bestraft wird.

Die Causa fidei von Konstanz – John Wyclif und Jan Hus: Bulle „Inter cunctas" 12–14 (1418)

51

88

(12) Inhalt der Artikel des John Wyclif
1. Die materielle Substanz des Brotes und ebenso die materielle Substanz des Weines bleiben im Sakrament des Altars erhalten.
2. Die Akzidentien des Brotes bleiben nicht in ebendiesem Sakrament ohne Subjekt.
3. Christus ist in ebendiesem Sakrament nicht auf identische und wirkliche Weise in eigener körperlicher Gegenwart vorhanden. [...]
10. Wider die Heilige Schrift ist es, dass Kirchenmänner Besitztümer haben. [...]
30. Die Exkommunikation durch den Papst oder welchen Kirchenführer auch immer muss man nicht fürchten, da sie ein Urteil des Antichristen ist.
31. Diejenigen, die Klöster gründen, sündigen und diejenigen, die eintreten, sind Männer des Teufels. [...]
(13) Inhalt der Artikel des Jan Hus
1. Die einzige Kirche ist die heilige allgemeine Kirche, die die Gesamtheit der Vorherbestimmten ist. [...]
11. Man darf nicht glauben, dass der, wer auch immer römischer Bischof ist, das Haupt jeder heiligen Teilkirche sei, wenn nicht Gott ihn vorherbestimmt. [...]
13. Der Papst ist nicht der wahre und offenbarte Nachfolger des Apostelfürsten Petrus, wenn er in Sitten lebt, die dem Petrus entgegenstehen; und wenn er nach Habgier strebt, dann ist er der Stellvertreter des Judas Iskarioth. [...]

(14) Inhalt der Fragebögen, gemäß denen Häretiker oder der Häresie verdächtigte Personen befragt werden sollen [...]:
8. [...] ob er glaubt, behauptet und vertritt, dass John Wyclif aus England, Jan Hus aus Böhmen und Hieronymus von Prag Häretiker gewesen sind und als Häretiker bezeichnet und angesehen werden müssen und dass ihre Bücher und Lehren verkehrt waren und sind, deretwegen und wegen ihrer Starrköpfigkeit sie durch das heilige Konstanzer Konzil als Häretiker verurteilt worden sind.

II.10 Die neue Welt

Die Legitimation der Conquista durch Papst Alexander VI.: Bulle „Inter cetera" II i. A. (1493)

52

91

Unter weiteren der göttlichen Majestät wohlgefälligen Werken und unter wünschenswerten Dingen unseres Herzens tritt jenes tatsächlich am stärksten hervor, dass der katholische Glaube und das christliche Gesetz, vor allem zu unseren Zeiten, erhöht werde und überall vermehrt und verbreitet werde, und dass für das Heil der Seelen gesorgt werde und die barbarischen Völker unterdrückt werden und zum eigentlichen Glauben geführt werden. [...]

Euren geliebten Sohn Christopher Columbus [...] habt ihr gesandt, damit er nach derartigen Ländern und Inseln, entfernten und unbekannten, über dem Meer sorgfältig suche, wo man bisher nicht gesegelt war. [...]

Die Völker selbst, die die zuvor genannten Inseln und Länder bewohnen, glauben, dass ein Gott, der Schöpfer, in den Himmeln ist, und sie scheinen zur Annahme des katholischen Glaubens und zur Unterweisung in den guten Sitten ausreichend geeignet zu sein. [...]

Alle Inseln und Länder, gefundene und zu findende, entdeckte und zu entdeckende, [...] schenken, gewähren und übereignen wir mit all ihren Besitztümern, Städten, Befestigungen, Siedlungen und Gehöften, sowohl mit den Rechten als auch mit den gerichtlichen Zuständigkeiten und allen dazugehörigen Dingen euch, euren Erben und euren Nachfolgern [...].

Und darüber hinaus geben wir euch kraft eures heiligen Gehorsams den Auftrag, dass ihr, wie ihr es versprecht, [...] zu den zuvor genannten Ländern und Inseln tugendhafte und gottesfürchtige, gelehrte, kundige und erfahrene Männer sendet sollt, um die zuvor genannten Eingeborenen und Bewohner im katholischen Glauben zu unterrichten und in den guten Sitten zu unterweisen [...].

53 Papst Paul III. über die Rechte der Indios: Bulle „Veritas Ipsa“ i. A. (1537)

▯92

Es ist bekannt, dass die Wahrheit selbst, die weder getäuscht werden noch täuschen kann, gesagt hat, als sie die Prediger des Glaubens zum Predigtdienst bestimmte: „Geht und lehrt alle Völker“ [Mt 28,19]. „Alle“ hat sie gesagt, ohne jede Ausnahme, da alle für die Lehre des Glaubens empfänglich sind. [...]

⟨Wir⟩ – da wir beachten, dass diese Indios, selbstverständlich wirkliche Menschen, nicht nur für den christlichen Glauben empfänglich sind, sondern, wie uns bekannt geworden ist, zum Glauben selbst mit größtem Eifer laufen, und da wir diese darüber hinaus mit den entsprechenden Heilmitteln versorgen wollen – entscheiden und erklären mit Apostolischer Autorität durch das vorliegende Schreiben, dass die zuvor genannten Indios und alle anderen Völker, die in Zukunft in Bekanntschaft mit Christen treten werden, wenn sie auch außerhalb des Glaubens sein sollten, dennoch ihre Freiheit und solche Verfügungsgewalt über ihren Besitz ausüben, innehaben und sich daran frei und mit Recht erfreuen können, und dass sie nicht in die Sklaverei geführt werden dürfen [...], und dass diese Indios und die anderen Völker durch die Predigt des Wortes Gottes und durch das Vorbild eines guten Lebens zum genannten Glauben an Christus eingeladen werden sollen [...].

III. Reformation

III.1 Der Ablassstreit

Die spätmittelalterliche Lehre vom Ablass: Albrecht von Brandenburg, Instructio Summaria 18–19.37 (1517)

54 97

Kurzgefasste Anweisung an die Subkommissare, Ablassprediger und Beichtväter für die Ausführung der vollständigen Gnadenablässe und anderer äußerst weitreichender Gnadenmittel zugunsten des Baus der Kirche beziehungsweise der Basilika des Apostelfürsten der Stadt Rom durch unseren heiligsten Herrn, Papst Leo X. […]

(18) […] Es folgen die vier Hauptgnaden, die durch die apostolische Bulle gewährt sind;

[…] die Prediger sollen ihre höchste Sorgfalt darauf verwenden und dafür sorgen, ⟨dass⟩ sie den Gläubigen ⟨die Gnadenmittel⟩ im Einzelnen durch eindringlichstes Zureden […] erklären.

(19) Die erste Gnade ist die vollständige Vergebung aller Sünden; gewiss kann nichts größer genannt werden als diese Gnade, deswegen, weil der Mensch als Sünder und der göttlichen Gnade beraubt durch jene ⟨Gnade⟩ die vollkommene Vergebung und Gottes Gnade von neuem erhält. […]

(37) Die vierte Hauptgnade ist die vollständige Vergebung aller Sünden für die Seelen, die im Fegefeuer sind. Diese Vergebung schenkt und räumt der Papst den genannten Seelen ein, die sich im Fegefeuer befinden, auf Art und Weise der Fürbitte, nämlich so, dass für sie in das Kästchen ein ⟨solcher⟩ Beitrag durch Lebende geleistet wird, wie ihn einer eigentlich für sich zu geben oder zu leisten hätte. […] Auch ist es nicht nötig, dass diejenigen, die für die Seelen (etwas) in den Geldkasten beitragen, im Herzen reuig sind und mündlich die Beichte abgelegt haben, da sich eine solche Gnade auf die Liebe, in der der Verstorbene fortgegangen ist, und auf den Beitrag des Lebenden stützt, so wie es aus dem Text der Bulle deutlich wird.

Die 95 Thesen: Martin Luther, Disputatio pro declaratione virtutis indulgentiarum i. A. (1517)

55 98

Aus Liebe und Verlangen zur Erhellung der Wahrheit: die folgenden untenstehenden Sätze werden in Wittenberg disputiert werden unter dem Vorsitz des ehrwürdigen Pater Martin Luther: Magister der Künste und der Heiligen Theologie: und am gleichen Ort ordentlicher Professor derselben. […]

1. Unser Herr und Meister Jesus Christus wollte durch sein Wort: „Tut Buße" usw. [Mt 4,17], dass das ganze Leben der Glaubenden Buße sei.
2. Dieses Wort kann nicht in Bezug auf die sakramentale Buße (das heißt ⟨in Bezug auf die Buße⟩ der Beichte und Genugtuung, die unter dem Amt der Priester feierlich vollzogen wird) verstanden werden. [...]
4. Daher bleibt die Strafe, solange der Selbsthass (das heißt die wahre innere Buße) bleibt, bis zum Eintritt in das Reich der Himmel.
5. Der Papst will und kann keinerlei Strafen erlassen, außer denen, die er nach dem eigenen oder nach dem Urteil der kirchlichen Gesetze auferlegt hat. [...]
62. Der wahre Schatz der Kirche ist das hochheilige Evangelium der Herrlichkeit und der Gnade Gottes. [...]
75. Zu meinen, die päpstlichen Ablässe seien so groß, dass sie einen Menschen (von seinen Sünden) freisprechen könnten, selbst wenn er – den unmöglichen Fall angenommen – die Gottesmutter vergewaltigt hätte, bedeutet, verrückt zu sein. [...]
94. Man muss die Christen ermutigen, dass sie darauf bedacht sind, ihrem Haupt Christus durch Leiden, Tod und Hölle nachzufolgen;
95. Und so sollen sie darauf vertrauen, eher durch viele Trübsale hindurch in den Himmel einzugehen als durch die Sicherheit des Friedens.

56 Die Bannandrohungsbulle Papst Leos X.: Bulle „Exsurge Domine" i. A. (1520)

100

Erhebe dich, Herr, und richte deine Sache [Ps 75,22 Vulgata] [...]: neige dein Ohr zu unseren Bitten [Ps 87,3 Vulgata], da sich Füchse erhoben haben, die den Weinberg zu verwüsten suchen [Hld 2,15]. [...] Manche ihrer Irrtümer aber glaubten wir in dem vorliegenden Schreiben anführen zu müssen, deren Inhalt folgt, und er ist folgendermaßen:
(I.) „Eine häretische, aber häufig geäußerte Meinung ist es, dass die Sakramente des Neuen Gesetzes die rechtfertigende Gnade jenen geben, die dagegen keinen Riegel vorschieben. [...]
(V.) Dass es drei Teile der Buße gibt – Reue, Beichte und Genugtuung – ist nicht in der Heiligen Schrift noch bei den alten heiligen christlichen Lehrern begründet. [...]
(XVIII.) Die Ablässe sind fromme Betrügereien an den Gläubigen und (bedeuten) ein Nachlassen in den guten Werken; und sie gehören zur Zahl der Dinge, die erlaubt sind, und nicht zur Zahl derer, die nützen [1 Kor 6,12; 10,23]. [...]"

Die zuvor genannten Artikel beziehungsweise Irrtümer [...] verdammen wir samt und sonders, weil sie der katholischen Wahrheit widerstreiten. [...]

Weil darüber hinaus die zuvor genannten und noch weitere andere Irrtümer in den Büchern und Schriften Martin Luthers enthalten sind, verdammen, verurteilen und verwerfen wir vollständig die genannten Bücher und alle Schriften beziehungsweise Predigten des genannten Martin auf gleiche Weise [...].

[...] Wir gebieten, dass [...] Martin selbst, seine Verbündeten, Unterstützer und Anhänger [...] von den zuvor genannten Irrtümern und deren Predigt,

Veröffentlichung und Behauptung, auch von der Verteidigung und der Drucklegung der Bücher oder Schriften über dieselben oder über irgendetwas anderes von ihnen vollständig ablassen und dass sie die Bücher und die Schriften samt und sonders, die die zuvor genannten Irrtümer [...] enthalten, verbrennen oder dafür sorgen, dass sie verbrannt werden.

III.2 Martin Luther und seine reformatorische Lehre

Luthers reformatorische Erkenntnis: Martin Luther, Vorrede zu den lateinischen Werken, WA 54,185–186 (1545)

57

103

Inzwischen war ich in diesem Jahr nun zum Buch der Psalmen zurückgekehrt, um es von neuem auszulegen, im Vertrauen darauf, dass ich geübter wäre, nachdem ich die Briefe des heiligen Paulus an die Römer, an die Galater und den, der an die Hebräer gerichtet ist, in Vorlesungen behandelt hatte. Ich war von einem doch wundersamen Feuer ergriffen worden, Paulus im Brief an die Römer kennenzulernen, aber bis dahin hatte mir nicht das kalte Blut rings um mein Herz im Wege gestanden, sondern ein einziges Wort, das im Kapitel 1 steht: „Die Gerechtigkeit Gottes wird in ihm (sc. dem Evangelium) offenbart" [Röm 1,17a]. Ich hasste nämlich dieses Wort „Gerechtigkeit Gottes", das ich durch den praktischen Gebrauch aller Gelehrten im philosophischen Sinne zu verstehen gelehrt worden war, als formale (wie man sagt) oder aktive Gerechtigkeit, durch die Gott gerecht ist und Sünder und Ungerechte bestraft. [...]

Ich aber, der ich fühlte, dass ich, wie untadelig ich als Mönch auch immer lebte, vor Gott ein Sünder mit äußerst unruhigem Gewissen bin, und nicht darauf vertrauen konnte, dass ⟨Gott⟩ durch meine Genugtuung versöhnt ist, liebte nicht, sondern im Gegenteil hasste den gerechten und den die Sünder bestrafenden Gott [...]. Ich tobte derart mit wütendem und verwirrtem Gewissen, klopfte dennoch unverschämt an dieser Stelle den Paulus ab, mit brennendem Durst, zu erfahren, was der heilige Paulus wolle.

Als ich schließlich durch die Barmherzigkeit Gottes, Tag und Nacht nachdenkend, meine Aufmerksamkeit auf die Verbindung der Wörter richtete: „Die Gerechtigkeit Gottes wird in ihm (sc. dem Evangelium) offenbart, so wie geschrieben ist: Der Gerechte lebt aus Glauben" [Röm 1,17 a+b mit Zitat Hab 2,4], da begann ich, die Gerechtigkeit Gottes als solche zu erkennen, durch die der Gerechte wie durch ein Geschenk Gottes lebt, nämlich aus Glauben; und ⟨ich begann zu erkennen,⟩ dass es dieser Sinn ist: dass durch das Evangelium die Gerechtigkeit Gottes offenbart wird, nämlich die passive, durch die uns der barmherzige Gott mittels des Glaubens rechtfertigt, „wie geschrieben ist: Der Gerechte lebt aus Glauben." Hier fühlte ich, dass ich völlig neu geboren war und dass ich durch offene Pforten das Paradies selbst betreten habe. Da zeigte sich mir sogleich ein anderes Gesicht der gesamten Schrift.

58 Von der christlichen Freiheit: Martin Luther, Tractatus de libertate Christiana, WA 7, 49.53 (1520)

104

Damit ich aber einen leichteren Weg den Ungelehrten (denn diesen allein diene ich) eröffne, schicke ich diese zwei Sätze über die Freiheit und die Knechtschaft des Geistes voraus.
Der Christenmensch ist ein völlig freier Herr über alle Dinge, niemandem untertan.
Der Christenmensch ist ein völlig dienstbarer Knecht aller Dinge, allen untertan. [...]

Der Mensch besteht nämlich aus einer zweifachen Natur, einer geistlichen und einer körperlichen. Gemäß der geistlichen Natur, die man Seele nennt, wird er geistlicher, innerlicher, neuer Mensch genannt; gemäß der körperlichen, die man Fleisch nennt, wird er fleischlicher, äußerer, alter Mensch genannt. [...]

⟨Es ist deutlich,⟩ dass dem Christenmenschen sein Glaube für alle Dinge ausreicht und dass er keine Werke nötig haben wird, um gerechtfertigt zu werden. Wenn er aber die Werke nicht nötig hat, hat er auch das Gesetz nicht nötig, wenn er das Gesetz nicht nötig hat, ist er gewiss frei vom Gesetz, und wahr ist: Dem Gerechten ist das Gesetz nicht auferlegt [1 Tim 1,9]. Und das ist jene christliche Freiheit.

III.3 Lutherische Reformation und katholische Reform

59 Luther auf dem Wormser Reichstag: Acta et res gestae D. Martini Lutheri, WA 7, 834–835.838 (1521)

106

Darum bitte ich bei der Barmherzigkeit Gottes, dass Eure durchlauchtigste Majestät, hervorragendste Herrschaften oder wer auch immer [...] es kann, Zeugnis gebe, die Irrtümer widerlege und (diese) mit prophetischen und evangelischen Schriften überwinde; ich werde nämlich völlig bereit sein – wenn ich belehrt werden sollte – jedweden Irrtum zu widerrufen, und ich werde der erste sein, der meine Bücher ins Feuer wirft.

Daher, meine ich, wird es klar, dass ich die gefährlichen Spaltungen und leidenschaftlichen Auseinandersetzungen, die aus Anlass meiner Lehre in der Welt erregt worden sind, genügend bedacht und abgewogen habe, über die ich gestern in strenger und nachdrücklicher Weise ermahnt worden bin. Mir ist geradezu der erfreulichste Anblick von allen, in der Wirklichkeit zu sehen, dass wegen Gottes Wort leidenschaftliche Auseinandersetzungen entstehen. [...]

Wenn also Eure durchlauchtigste Majestät und eure Herrschaften eine einfache Antwort fordern, werde ich jene ohne Hörner und ohne Zähne auf folgende Weise geben:

Wenn ich nicht durch die Zeugnisse der Schriften oder durch einen einleuchtenden Vernunftgrund überführt werde (denn weder dem Papst noch den Konzilien allein glaube ich, da es feststeht, dass sie sowohl häufiger geirrt haben als auch sich selbst widersprochen haben), bin ich durch die Schriften, die von mir angeführt worden sind, besiegt; und da mein Gewissen an die Worte Gottes gebunden ist, kann und will ich nichts widerrufen, da gegen das Gewissen zu handeln weder sicher noch redlich ist.

Das Schuldbekenntnis von Papst Hadrian VI.: Instruktion an den Legaten Franz Chieregati für den Reichstag zu Nürnberg i. A. (1522/1523)

60

107

Weil also Luther und die Seinen die Konzilien der heiligen Väter verdammen, das heilige kanonische Recht verbrennen und alles nach ihrem Willen durcheinanderbringen und die ganze Welt in Unruhe versetzen, liegt es auf der Hand, dass sie als Feinde des öffentlichen Friedens und Unruhestifter von allen Freunden desselben Friedens entfernt werden müssen. Ebenfalls sollst du sagen, dass wir aufrichtig bekennen, dass Gott wegen der Sünden der Menschen, vor allem der Priester und der Kirchenführer, zulässt, dass diese Verfolgung seiner Kirche beigebracht wird. [...]

Wir wissen, dass es an diesem Heiligen Stuhl schon einige Jahre lang viele verabscheuungswürdige Dinge gegeben hat, Missbräuche in geistlichen Angelegenheiten, Vergehen gegen die göttlichen Gebote, und dass überhaupt alles ins Verkehrte gewendet ⟨worden ist⟩. Und ⟨es ist⟩ nicht verwunderlich, wenn sich die Krankheit vom Haupt auf die Glieder, von den Päpsten auf andere, niedrigere Kirchenführer ausbreitet. Wir alle (das heißt die Kirchenführer) und die Kleriker sind abgewichen, ein jeder auf seine eigenen Wege, und schon lange ist keiner mehr da, der das Gute tut, es ist auch nicht einer da [Ps 14,3]. [...]

In dieser Sache sollst du, soweit es uns betrifft, versprechen, dass wir unsere ganze Mühe darauf verwenden werden, dass zuerst diese Kurie, woher wohl all dieses Übel hervorgegangen ist, reformiert wird: Damit, wie von dort die Verderbnis auf alle Niedrigeren herausgeflossen ist, so auch von derselben ⟨Kurie⟩ die Heilung und Reform aller herausfließt. Dafür zu sorgen, halten wir uns für umso fester verpflichtet, je erwartungsvoller sich die gesamte Welt, wie wir sehen, nach einer derartigen Reform sehnt. [...]

Wir haben daher unseren Nacken der höchsten Würde unterworfen, nicht wegen der Lust am Herrschen und nicht zur Bereicherung unserer Verwandten, sondern zum Gehorsam gegenüber dem göttlichen Willen, zur Reformierung seiner entstellten Braut, der katholischen Kirche, um den Unterdrückten beizustehen und um die Gelehrten und mit Tugend Ausgestatteten [...] zu ermutigen und zu ehren und schließlich all die anderen Dinge auszuführen, die ein guter Papst und rechtmäßiger Nachfolger des seligen Petrus tun muss.

III.4 Die Theologie der Reformatoren

61 Luthers Sakramentenlehre: Martin Luther, De captivitate Babylonica ecclesiae i. A. (1520)

110

Am Anfang muss ich verneinen, dass es sieben Sakramente gibt; nämlich nur drei sind für den Moment zu setzen: Taufe, Buße, Brot, und ⟨es ist zu setzen, dass⟩ diese alle für uns durch die römische Kurie in eine bedauernswerte Gefangenschaft geführt worden sind und dass die Kirche ihrer gesamten Freiheit beraubt worden ist. [...]

Was ⟨ist⟩ der Nutzen davon [...], dass den Laien beiderlei Gestalt (sc. des Abendmahls) verweigert wird, das heißt das sichtbare Zeichen, wenn alle ihnen die Sache des Sakraments zugestehen, ⟨aber⟩ ohne Zeichen? Wenn sie die Sache, die wichtiger ist, zugestehen, warum gestehen sie das Zeichen (sc. das Abendmahl in beiderlei Gestalt), das geringer ist, nicht zu? [...] Die erste Gefangenschaft also dieses Sakraments besteht hinsichtlich seiner Substanz beziehungsweise Gesamtheit, die uns die römische Tyrannei weggenommen hat. [...]

Die zweite Gefangenschaft ebendieses Sakraments ist milder [...]. Da die Evangelisten deutlich schreiben, dass Christus das Brot genommen und gesegnet hat [...], muss man dies als wirkliches Brot und wirklichen Wein verstehen, wie auch den wirklichen Kelch. Denn auch sie selbst sagen nicht, dass der Kelch verwandelt wird. Eine Transsubstantiation aber, vollbracht durch göttliche Kraft, ⟨muss man⟩, da es nicht notwendig ist, dass sie angenommen wird, für ein Gespinst menschlicher Einbildung halten, weil sie sich auf keinerlei Schriftargument, auf keinerlei Vernunftgrund stützt. [...] Aber auch die Kirche hat mehr als 1200 Jahre richtig geglaubt, und nirgends und niemals erwähnen die heiligen Väter diese Transsubstantiation (ein freilich missgestaltetes Wort und ein Albtraum), bis die geheuchelte Philosophie des Aristoteles in der Kirche zu wüten begann [...].

Die dritte Gefangenschaft ebendieses Sakraments ist jener bei weitem frevelhafteste Missbrauch, durch den es geschehen ist, dass es heute fast nichts in der Kirche gibt, das weiter verbreitet und stärker eingeredet ist, als dass die Messe ein gutes Werk und ein Opfer sei. [...]

Du siehst, um eine Messe würdig abzuhalten, wird nichts anderes gefordert als ein Glaube, der sich treu auf diese Verheißung stützt und Christus in diesen seinen Worten für wahrhaftig hält und nicht zweifelt, dass ihm diese unermesslichen Güter geschenkt sind. [...]

Es schien richtig, dass im eigentlichen Sinne jedoch (nur) diejenigen als Sakramente bezeichnet werden, die in Verbindung mit Zeichen verheißen sind. Die übrigen sind, da sie nicht mit Zeichen verknüpft sind, leeres Verheißenes. Daraus folgt, dass es, wenn wir streng sprechen wollen, nur zwei Sakramente in der Kirche Gottes gibt, die Taufe und das Brot, weil wir in diesen allein sowohl das durch göttliche Fügung eingesetzte Zeichen als auch die Verheißung der Vergebung der Sünden erkennen.

Denn das Sakrament der Buße, das ich zu diesen beiden hinzugezählt habe, hat kein sichtbares und durch göttliche Fügung eingesetztes Zeichen, und ich habe gesagt, dass es nichts anderes ist als ein Weg und eine Rückkehr zur Taufe.

Gesetz und Evangelium, Sünde und Gnade: Philipp Melanchthon, Loci communes, Introductio; 4,4–5.10.46–47 (1521)

62

112

In den einzelnen Wissenschaften pflegt man bestimmte Grundbegriffe herauszusuchen, durch die der Hauptgegenstand einer jeden Wissenschaft erfasst wird, die als Ziel angesehen werden, auf das wir all unsere Studien ausrichten sollen. [...]

Dies schließlich ist die christliche Erkenntnis: zu wissen, was das Gesetz fordert, woher du die Kraft zur Erfüllung des Gesetzes, woher du die Gnade für die Sünde erbittest, wie du den schwankenden Geist gegen den Dämon, das Fleisch und die Welt aufrichtest, wie du das beschwerte Gewissen tröstest.

Lehren diese Dinge allerdings die Scholastiker? Hat etwa Paulus im Brief, den er den Römern gewidmet hat, als er einen Abriss der christlichen Lehre verfasste, über die Geheimnisse der Trinität, über die Art der Fleischwerdung, über die aktive Schöpfung und die passive Schöpfung philosophiert? Aber was behandelt er? ⟨Er handelt⟩ doch wohl von Gesetz, von Sünde, von Gnade – von Grundbegriffen, von denen allein die Erkenntnis Christi abhängt. [...]

4. Über das Evangelium [...]

(4,4) Im Ganzen gibt es zwei Teile der Schrift, das Gesetz und das Evangelium.

Das Gesetz zeigt die Sünde, das Evangelium die Gnade. Das Gesetz zeigt die Krankheit auf, das Evangelium das Heilmittel. [...]

(5) Aber verstreut ist die Lehre des Evangeliums, verstreut sind die Verheißungen auf alle Bücher des Alten und des Neuen Testaments. [...].

(10) Wie das Gesetz (dasjenige) ist, durch das das Richtige geboten wird, durch das die Sünde gezeigt wird, so ist das Evangelium die Verheißung der Gnade und der Barmherzigkeit Gottes und insofern Vergebung der Sünde und Zeugnis des Wohlwollens Gottes uns gegenüber. [...]

(46) [...] Das Gesetz verurteilt, da ihm ja durch uns nicht Genugtuung geleistet werden kann, Christus schenkt den Glaubenden die Gnade für die Sünde.

(47) Oft predigt Christus freilich auch das Gesetz, weil ohne das Gesetz die Sünde nicht erkannt werden kann, weil wir, wenn wir ⟨die Sünde⟩ nicht wahrnehmen, die Kraft und die Größe der Gnade nicht verstehen. Deswegen müssen zugleich sowohl das Gesetz als auch das Evangelium gepredigt werden, es müssen sowohl Sünde als auch Gnade gezeigt werden.

63 Zwinglis Abendmahlsverständnis: Huldrych Zwingli, Commentarius de vera et falsa religione i. A. (1525)

113

Es ist zu beachten, sage ich, welcher der ursprüngliche Sinn dieser Worte Christi ist; denn diesen körperlichen und groben (Sinn) können sie nicht haben. [...] Die ganze Schwierigkeit also besteht nicht in dem Pronomen „dies", sondern in dem Wort [...] „ist". Denn in den Heiligen Schriften wird es an nicht nur einer Stelle anstelle von „bedeutet" gesetzt. [...]

Zu beachten ist also nun vor allem, dass alle Dinge zusammenpassen, wenn wir auf diese Weise „ist" anstelle „bedeutet" setzen. [...] So also hat Lukas [...]: „Und nachdem er das Brot genommen hatte, dankte er, brach es und gab es ihnen mit den Worten: Dies bedeutet meinen Leib, der für euch gegeben wird: Dies tut zu meinem Gedächtnis" [Lk 22,19].

Sieh, o gläubige, aber von unsinnigen Ansichten gefangen genommene Seele, dass hier alles zusammenpasst, dass hier nichts, auch nicht gewaltsam, weggenommen, nichts hinzugefügt wird, sondern alles so zusammenpasst, dass du dich wunderst, dass du nicht schon immer diesen Sinn gesehen hast. [...]

Das Herrenmahl ist darum, wie Paulus es nennt, das Gedächtnis des Todes Christi [1 Kor 11,25–26], nicht die Vergebung der Sünden; denn sie (sc. die Vergebung) ist Sache allein des Todes Christi. [...]

Falsch also ist die Religion, die gelehrt hat, dass der Gebrauch dieses symbolischen Brotes die Sünden auslöscht; denn Christus allein löscht die Sünden aus, indem er stirbt. Gestorben aber ist er nur einmal [...].

III.5 Der reformatorische Streit um die Willensfreiheit

64 Erasmus von Rotterdam und der freie Wille: Erasmus, Diatribe de libero arbitrio 4,16 (1524)

116

(4,16) Mir gefällt die Meinung derer, die dem freien Willensvermögen manches zugestehen, aber der Gnade das meiste. [...]

Warum, wirst du fragen, wird dem freien Willensvermögen etwas zugewiesen? Damit es ⟨etwas⟩ gibt, was zu Recht den Gottlosen angerechnet wird, die an der Gnade Gottes willentlich nicht teilhaben, damit von Gott die falsche Anklage der Grausamkeit und Ungerechtigkeit ferngehalten werde, damit von uns die Verzweiflung ferngehalten werde, damit das Sich-in-Sicherheit-Wiegen ferngehalten werde, damit wir zur Anstrengung angespornt werden. Aus diesen Gründen wird von fast allen das freie Willensvermögen festgestellt – aber ein unwirksames ohne die unendliche Gnade Gottes, damit wir uns nichts anmaßen.

Es mag einer sagen: Wozu ist das freie Willensvermögen nützlich, wenn es nichts bewirkt? Ich antworte: Wozu ist der gesamte Mensch nützlich, wenn Gott in ihm so handelt, wie der Töpfer im Ton handelt [vgl. Jer 18,1–6; Röm 9,21] und wie er im Stein handeln konnte?

Luther und der unfreie Wille: Martin Luther, De servo arbitrio, WA 18, 634–635.685–686.783 (1525)

65

117

Wenn Gott in uns wirkt, dann will und handelt der Wille, verwandelt und (uns) zärtlich eingehaucht durch den Geist Gottes, wiederum aus reinem Vergnügen und Neigung und aus eigenem Antrieb, nicht unter Zwang. [...] So ist der menschliche Wille in die Mitte gestellt, wie ein Lasttier; wenn Gott darauf sitzt, will und läuft es, wohin Gott will [...]. Wenn der Satan darauf sitzt, will und läuft es, wohin der Satan will, und es liegt nicht in seinem Willensvermögen, zu einem der beiden Reiter zu laufen [...], sondern die Reiter selbst streiten darum, ebendieses (Lasttier) einzunehmen und zu besitzen. [...]

Auf die eine Weise muss man über Gott oder über den Willen Gottes, der uns verkündigt, offenbart, dargeboten, ⟨von uns⟩ verehrt ist, und auf eine andere Weise über Gott, der nicht verkündigt, nicht offenbart, nicht dargeboten, nicht verehrt ist, disputieren. Insofern Gott sich also verbirgt ⟨und⟩ von uns nicht erkannt werden will, geht er uns nichts an. [...]

Gott muss daher in seiner Majestät und Natur belassen werden, denn auf diese Weise haben wir nichts mit ihm zu handeln, und er wollte nicht, dass von uns mit ihm auf diese Weise gehandelt wird. Sondern insofern er mitgeteilt und bekannt gemacht ist durch sein Wort, durch das er sich uns darbot, haben wir mit ihm zu handeln. [...] So sagen wir: Der gütige Gott beweint nicht einen Tod des Volkes, den er in ihm bewirkt, sondern er beweint den Tod, den er im Volk findet und sich bemüht abzuwenden. Dies nämlich tut der verkündigte Gott, dass wir, nachdem er Sünde und Tod aufgehoben hat, gerettet sind. Er schickte nämlich sein Wort und heilte sie [Ps 106,20 Vulgata]. Im Übrigen beweint der verborgene Gott in seiner Majestät nicht den Tod noch hebt er ihn auf, sondern er bewirkt das Leben, den Tod und alles in allem. Nichts hat er durch sein Wort da nämlich festgelegt, sondern er hat sich als frei über allem bewahrt. [...]

Aber da nun Gott mein Heil, es aus meinem Willensvermögen nehmend, in seines aufgenommen hat und verheißen hat, mich nicht durch mein Werk oder mein Laufen, sondern durch seine Gnade und Barmherzigkeit zu retten, bin ich sorglos und sicher, dass jener treu sei und mich nicht täuschen wird [...]. So geschieht es, dass – wenn nicht alle – dennoch einige und viele gerettet werden, während durch die Kraft des freien Willensvermögens überhaupt niemand gerettet wurde, sondern wir alle gemeinsam zugrunde gerichtet würden.

III.6 Der Augsburger Reichstag 1530

66 Das Augsburger Bekenntnis: Confessio Augustana, Articuli 4.6–7.10.13 (1530)

119

Artikel 4 Von der Rechtfertigung
Ebenso lehren ⟨die Gemeinden bei uns⟩, dass die Menschen vor Gott nicht gerechtfertigt werden können durch eigene Kräfte, Verdienste oder Werke, sondern dass sie unentgeltlich gerechtfertigt werden um Christi willen durch den Glauben, wenn sie glauben, dass sie in die Gnade aufgenommen werden und ihre Sünden vergeben werden um Christi willen, der durch seinen Tod für unsere Sünden Genugtuung geleistet hat. Diesen Glauben rechnet Gott als Gerechtigkeit vor sich selbst an, Röm 3[,21 ff.] und 4[,5]. [...]

Artikel 6 Vom neuen Gehorsam
Ebenso lehren ⟨die Gemeinden bei uns⟩, dass jener Glaube gute Früchte hervorbringen muss und dass es notwendig ist, die von Gott gebotenen, guten Werke wegen des Willens Gottes zu tun, (jedoch) nicht, damit wir darauf vertrauen, durch die Werke die Rechtfertigung vor Gott zu verdienen. Denn die Vergebung der Sünden und die Rechtfertigung werden durch den Glauben erlangt.

Artikel 7 Von der Kirche
Ebenso lehren ⟨die Gemeinden bei uns⟩, dass es eine heilige Kirche gibt, die für immer bleiben wird. Die Kirche aber ist die Versammlung der Heiligen, in der das Evangelium auf richtige Weise gelehrt wird und die Sakramente auf richtige Weise verwaltet werden. Und für die wahre Einheit der Kirche ist es ausreichend, in der Lehre des Evangeliums und der Verwaltung der Sakramente übereinzustimmen. Auch ist es nicht notwendig, dass es überall die gleichen menschlichen Bräuche oder Riten oder Zeremonien gibt, die von Menschen eingerichtet sind. Wie Paulus sagt: „Ein Glaube, eine Taufe, ein Gott und Vater aller“ usw. [Eph 4,5–6]. [...]

Artikel 10 Vom Mahl des Herrn
Vom Mahl des Herrn lehren ⟨die Gemeinden bei uns⟩, dass der Leib und das Blut Christi wahrhaft anwesend sind und unter den Essenden im Mahl des Herrn verteilt werden; und sie lehnen die ab, die anders lehren. [...]

Artikel 13 Vom Empfang der Sakramente
Vom Empfang der Sakramente lehren ⟨die Gemeinden bei uns⟩, dass die Sakramente eingesetzt sind, nicht nur damit sie Erkennungszeichen für das Bekenntnis unter den Menschen sind, sondern vielmehr damit sie Zeichen und Zeugnisse des Willens Gottes uns gegenüber sind, gegeben zur Weckung und Stärkung des Glaubens in denen, die sie empfangen. Darum sind die Sakramente auf solche Weise zu empfangen, dass der Glaube hinzutritt, der auf die Verheißungen vertraut, die durch die Sakramente vor Augen gestellt und gezeigt werden. Sie verdammen jene, die lehren, dass die Sakramente auf-

grund des vollzogenen Werkes rechtfertigen, und (dabei) nicht lehren, dass der Glaube beim Empfang der Sakramente verlangt wird, der darauf vertraut, dass die Sünden vergeben werden.

Die katholische Widerlegung der Confessio Augustana: Confutatio Confessionis Augustanae, Articuli 6.7.10 (1530) 67

121

Auf die Dinge, die durch den Kurfürsten und einige Fürsten und Städte des Heiligen Römischen Reiches in der Sache und den Angelegenheiten des christlichen und orthodoxen Glaubens der heiligen kaiserlichen Majestät vorgelegt worden sind, kann folgende christliche Antwort gegeben werden.

VI. Vom neuen Gehorsam
[...] Dass sie aber in ebendiesem (sechsten) Artikel die Rechtfertigung allein dem Glauben zugestehen, widerspricht völlig der evangelischen Wahrheit, die die Werke nicht ausschließt [...]. Denn sowohl der Glaube als auch die guten Werke sind Geschenke Gottes, durch die mittels der Barmherzigkeit Gottes das ewige Leben gegeben wird. [...]

VII. Von der Kirche
Der siebte Artikel des Bekenntnisses, mit dem bekräftigt wird, dass die Kirche die Versammlung der Heiligen sei, kann nicht ohne Nachteil für den Glauben angenommen werden, wenn dadurch die Bösen und die Sünder ausgesondert werden. Denn jener Artikel ist auf dem Konstanzer Konzil unter den Irrtümern des Jan Hus, verdammten Angedenkens, verurteilt worden und widerspricht klar dem Evangelium. [...]

X. Vom Mahl des Herrn
Der zehnte Artikel hat in seinen Worten nichts Anstößiges, wenn sie bekennen, dass in der Eucharistie nach der rechtmäßig durchgeführten Weihe der Leib und das Blut Christi wesenhaft und wahrhaft anwesend sind, solange sie glauben, dass unter jeder Gestalt der vollständige Christus anwesend ist, sodass das Blut Christi nicht weniger unter der Gestalt des Brotes, der Konkomitanz entsprechend, sei als es unter der Gestalt des Weines ist und umgekehrt. [...] Hinzugefügt wird ein gleichsam für den Artikel dieses Bekenntnisses sehr Notwendiges, dass sie [...] glauben sollen, dass durch das allmächtige Wort Gottes in der Konsekration der Eucharistie die Substanz des Brotes in den Leib Christi verwandelt wird.

III.7 Der reformierte Protestantismus

68 Zwinglis Rechenschaft über den Glauben: Huldrych Zwingli, Fidei Ratio, Articuli 5.7 (1530)

123

An Karl, den Kaiser der Römer, der den Reichstag Deutschlands in Augsburg feierlich begeht, die Rechenschaft Huldrych Zwinglis über den Glauben. [...]
(5) Fünftens steht dann fest, dass wir, wenn wir in Christus, dem zweiten Adam, dem Leben zurückgegeben werden, so wie wir im ersten Adam dem Tod ausgeliefert worden sind [1 Kor 15,45–49], ohne Grund die (sc. ungetauften) Kinder verdammen, die christlichen Eltern geboren sind, ja sogar auch die Kinder der Heiden. [...] Dies behaupten wir entschieden wegen der Kraft des Heils, das durch Christus gewährt worden ist, dass ⟨diejenigen⟩, welche die ⟨Kinder der Heiden⟩ der ewigen Verfluchung zusprechen, wider die Tatsache predigen, einerseits wegen des genannten Grundes der Wiederherstellung, andererseits wegen der freien Erwählung Gottes, die nicht dem Glauben folgt; sondern der Glaube folgt der Erwählung. [...] Es sollen darum von uns nicht ohne Grund verdammt werden, die den Glauben aufgrund des Alters noch nicht haben. [...]
(7) [...] Ich glaube auch, dass die Wiedertäufer, wenn sie die Taufe für die Kleinkinder von Gläubigen leugnen, grob irren, und nicht nur hier, sondern auch in vielen anderen Dingen, über die hier zu reden nicht der Ort ist. Und um mich sei es vor ihrer Dummheit, sei es vor ihrer Bosheit zu hüten, habe ich als erster gegen genau sie – nicht ohne Gefahr, im Vertrauen auf Gottes Hilfe – sowohl gelehrt als auch geschrieben, damit nun durch seine Güte diese Seuche bei den Unsrigen stark nachlassen möge. Solchermaßen liegt es mir fern, dass ich irgendetwas von dieser aufrührerischen Sekte übernehmen, lehren oder verteidigen würde.

69 Calvins Christologie und Prädestinationslehre: Johannes Calvin, Christianae religionis institutio II 13,4; III 21,5.7; 23,12 (1559)

124

(II 13,4) [...] Auch wenn das unermessliche Wesen des Wortes mit der Natur des Menschen zu einer Person zusammengewachsen ist, erdichten wir dennoch keine Einschließung. Auf wundersame Weise nämlich ist der Sohn Gottes aus dem Himmel (in solcher Art) herabgestiegen, dass er den Himmel dennoch nicht verlassen hat. Auf wundersame Weise wollte er (in solcher Art) im Bauch der Jungfrau getragen werden, auf Erden wandeln und am Kreuz hängen, dass er ⟨dennoch⟩ allezeit die Welt erfüllte, so wie vom Beginn an. [...]

(III 21,5) [...] Vorherbestimmung nennen wir den ewigen Beschluss Gottes, mit dem er bei sich entschieden hatte, was nach seinem Willen aus jedem einzelnen Menschen werde. Nicht alle nämlich werden nach der gleichen Bestimmung geschaffen: sondern den einen wird das ewige Leben, den anderen die ewige Verdammnis vorher zugeordnet. Wie deshalb jeder zu einem der

beiden Ziele hin geschaffen ist, so, sagen wir, ist er entweder zum Leben oder zum Tod vorherbestimmt. [...]
(7) [...] Was also die Schrift deutlich zeigt, sagen (auch) wir: dass in einem ewigen und unveränderlichen Ratschluss Gott einmal entschieden hat, welche er einst einmal annehmen will zum Heil, (und) welche er wiederum dem Verderben preisgeben will. Wir behaupten, dass dieser Ratschluss in Bezug auf die Erwählten auf seiner unentgeltlichen Barmherzigkeit gegründet ist, ohne Rücksicht auf die menschliche Würdigkeit. [...]
(III 23,12) [...] Wenn das Ziel der Erwählung die Heiligkeit des Lebens ist, dann muss ⟨die Erwählung⟩ uns eher zur eifrigen Einübung einer solchen ⟨Heiligkeit⟩ ermuntern und anspornen statt als Vorwand für Faulheit zu gelten.

Ein reformiertes Bekenntnis: Confessio Helvetica posterior 12.30 (1561) 70

125

Vom Gesetz Gottes. 12.
Wir lehren, dass durch das Gesetz Gottes uns der Wille Gottes aufgezeigt wird, was er will oder nicht will, das von uns getan werde, was gut und gerecht, oder was böse und ungerecht ist. Dass es also ein gutes und heiliges Gesetz ist, bekennen wir. [...] Wir glauben, dass durch dieses Gesetz Gottes der gesamte Wille Gottes und alle notwendigen Gebote für jeden Teil des Lebens vollumfänglich überliefert werden. [...]

Von der Obrigkeit. 30.
(1) Die Obrigkeit jeglicher Art ist von Gott selbst eingesetzt worden zum Frieden und zur Ruhe des menschlichen Geschlechts, und zwar so, dass sie den ersten Rang in der Welt innehat. [...]
(2) [...] Dies kann sie allerdings niemals auf fruchtbarere Weise tun, als wenn sie wahrhaft gottesfürchtig und fromm sei [...], die Predigt der Wahrheit und den reinen Glauben vorantreibe, Lügen und jeglichen Aberglauben mit allem Unglauben und Götzendienst ausrotte und die Kirche Gottes verteidige. Wir jedenfalls lehren, dass die Sorge um die Religion vor allem die heilige Obrigkeit angeht.
(3) Folglich soll ⟨die Obrigkeit⟩ selbst das Wort Gottes in Händen halten und dafür sorgen, dass nicht ihm Entgegenstehendes gelehrt wird; ebenso soll sie mit guten Gesetzen, die auf das Wort Gottes hin zusammengestellt sind, das Volk, das ihr von Gott anvertraut worden ist, lenken und dasselbe in Zucht, Pflicht und Gehorsam halten.

IV. Das konfessionelle Zeitalter

IV.1 Das Konzil von Trient

71
Schrift und Tradition: Sessio IV, Dekrete 1.2 (1546)
131

Das hochheilige ökumenische und allgemeine Konzil von Trient, das im Heiligen Geist rechtmäßig versammelt ist, [...] stellt sich dies für alle Zeit vor Augen, dass nach der Entfernung der Irrtümer die eigentliche Reinheit des Evangeliums in der Kirche bewahrt wird, welches – zuvor durch die Propheten in den heiligen Schriften verheißen – unser Herr Jesus Christus, der Sohn Gottes, mit eigenem Mund zuerst bekannt gemacht hat; dann hat er befohlen, dass ⟨das Evangelium⟩ durch seine Apostel gleichsam als Quell jeglicher heilsamer Wahrheit und Lehre der Sitten jedem Geschöpf verkündigt werde; und es ist sich klar darin, dass diese Wahrheit und Lehre enthalten ist in den geschriebenen Büchern und in den ungeschriebenen Überlieferungen, die, aus Christi eigenem Munde von den Aposteln empfangen oder von den Aposteln selbst durch das Diktat des Heiligen Geistes wie von Hand zu Hand überliefert, bis zu uns gekommen sind. [...]

Darüber hinaus beschließt und verkündet [...] dasselbe hochheilige Konzil, dass genau diese alte und gebräuchliche/Vulgata-Ausgabe, die durch den langen Gebrauch so vieler Jahrhunderte in ebendieser Kirche gutgeheißen wurde, bei öffentlichen Lesungen, Disputationen, Predigten und Auslegungen als die authentische anerkannt werden soll [...].

Außerdem beschließt ⟨das Konzil⟩, um freche Geister zu zügeln, dass niemand – sich auf die eigene Klugheit stützend, in Angelegenheiten des Glaubens und der Sitten [...] die Heilige Schrift nach den eigenen Ansichten verdrehend – es wagen soll, gegen den Sinn, den die heilige Mutter Kirche festgehalten hat und festhält, der es zukommt, über den wahren Sinn und die Auslegung der Heiligen Schriften zu urteilen, oder auch gegen die einmütige Übereinstimmung der Väter ebendiese Heilige Schrift auszulegen, auch wenn die Auslegungen zu keinem Zeitpunkt je zur Veröffentlichung gedacht sein sollten.

72
Das Dekret über die Rechtfertigung: Sessio VI, Capitula 5.7 und Canon 9 (1547)
132

Kapitel 5. Von der Notwendigkeit der Vorbereitung zur Rechtfertigung bei Erwachsenen und woher sie kommt
⟨Das Konzil⟩ erklärt außerdem, dass der Anfang dieser Rechtfertigung bei Erwachsenen bei Gottes zuvorkommender Gnade durch Christus Jesus gemacht

werden muss [...], sodass ⟨die⟩, die durch die Sünden von Gott abgewandt waren, durch dessen erweckende und helfende Gnade dafür zugerüstet werden, sich umzuwenden zur Rechtfertigung ihrer selbst, indem sie aus freien Stücken derselben Gnade zustimmen und mit ihr mitwirken [...].

Kapitel 7. Was die Rechtfertigung des Gottlosen ist und was ihre Gründe sind
Auf diese Zurüstung oder Vorbereitung folgt die eigentliche Rechtfertigung, die nicht nur die Vergebung der Sünden, sondern auch die Heiligung und Erneuerung des inneren Menschen ist durch die freiwillige Annahme der Gnade und der Gaben, wodurch aus dem ungerechten ein gerechter Mensch wird und aus dem Feind ein Freund. [...]

Kanon 9
Wenn jemand sagen sollte, dass allein durch den Glauben der Gottlose auf solche Weise gerechtfertigt werde, dass er meint, dass nichts anderes gebraucht werde, wodurch er zur Erlangung der Gnade der Rechtfertigung mitwirke, und ⟨wenn jemand sagen sollte,⟩ dass es auf keinen Fall nötig sei, dass er sich durch die Regung seines Willens vorbereite und zurüste: der sei mit dem Anathema belegt.

Das Dekret über die Sakramente
Sessio VII, Prooemium; Canones 1.8 (1547)

73

133

(Prooem.) Zur Vollendung der heilsamen Lehre von der Rechtfertigung, die in der vorhergehenden letzten Sitzung in einmütiger Übereinstimmung mit allen Kirchenvätern bekannt gegeben worden ist, schien es passend, über die heiligsten Sakramente der Kirche zu verhandeln, durch die jede wahre Gerechtigkeit entweder beginnt oder, wenn sie begonnen ist, vergrößert wird, oder, wenn sie verloren ist, wiederhergestellt wird. [...]

Kanon 1
Wenn jemand sagen sollte, dass die Sakramente des neuen Bundes nicht alle von Jesus Christus, unserem Herrn, eingesetzt worden seien oder es mehr oder weniger als sieben gebe, nämlich Taufe, Firmung, Eucharistie, Buße, letzte Ölung, Weihe und Ehe, oder auch dass eines dieser sieben nicht wahrhaft und im eigentlichen Sinn Sakrament sei: der sei mit dem Anathema belegt. [...]

Kanon 8
Wenn jemand sagen sollte, dass nicht durch ebendiese Sakramente des neuen Bundes aufgrund der vollzogenen Handlung die Gnade übertragen werde, sondern dass allein der Glaube an die göttliche Verheißung zum Erreichen der Gnade ausreiche: der sei mit dem Anathema belegt.

IV.2 Katholische Erneuerung

74 Die Gründung der Societas Jesu: Bulle „Regimini militantis ecclesiae" 1.4.6 (1540)

136

(1) Vor kurzem haben wir ja erfahren, dass unsere geliebten Söhne, Ignatius von Loyola und Petrus Faber und Jacob Laynez [...], vom Heiligen Geist, wie man auf fromme Weise glaubt, beseelt, sich schon lange Zeit aus verschiedenen Gegenden der Welt zurückgezogen habend, an einem Ort zusammengekommen sind und, nachdem sie zu Gefährten geworden waren und den Verlockungen dieser Welt abgeschworen hatten, ihr Leben auf ewig dem Dienst an unserem Herrn Jesus Christus und an uns und unseren anderen Nachfolgern als römischen Bischöfen gewidmet haben. [...]
(4) Der Inhalt aber [...] der Regel folgt nun, und lautet so:

Wer auch immer in unserer Gesellschaft, von der wir wollen, dass sie mit dem Namen Jesu bezeichnet wird, unter der Standarte des Kreuzes für Gott kämpfen will und allein dem Herrn und dem römischen Bischof, dessen Stellvertreter auf Erden, dienen will, soll sich nach dem feierlichen Gelübde zu ewiger Keuschheit vor Augen halten, dass er Teil einer Gesellschaft ist, die hauptsächlich dazu eingerichtet ist, dass sie nach dem Vorankommen der Seelen im Leben und in der christlichen Lehre, nach der Verbreitung des Glaubens durch öffentliche Predigten und den Dienst am Wort Gottes, durch geistliche Übungen und Werke der Nächstenliebe und namentlich durch den Unterricht von Kindern und Ungebildeten im Christentum und durch geistliche Tröstung der Christusgläubigen beim Hören der Beichten vor allem strebt. [...]
(6) [...] Zur größeren Demut unserer Gesellschaft aber und zur vollkommenen Abtötung eines jeden und zur Verleugnung unserer Wünsche haben wir entschieden, dass es äußerst nützlich sei, dass wir uns als Einzelne über jenes gemeinsame Band hinaus mit einem besonderen Gelübde binden: und zwar so, dass wir uns verpflichten, was auch immer der derzeitige und die anderen, je zu ihrer Zeit lebenden, römischen Bischöfe, was das Vorankommen der Seelen und die Verbreitung des Glaubens betrifft, befehlen und in welche Gegenden sie uns auch immer schicken wollen, ohne jegliches Zögern oder Ausflucht, auf der Stelle, soweit es uns möglich ist, auszuführen; sei es, sie schicken uns zu den Türken, sei es, zu welchen anderen Ungläubigen auch immer, selbst wenn sie in den Regionen leben, die man „Indische" nennt, sei es, zu welchen Häretikern auch immer, sei es zu Schismatikern, sei es zu jedweden Gläubigen.

75 Ein römisch-katholischer Katechismus: Petrus Canisius, Summa Doctrinae Christianae 65.70.73 (1555)

138

(65) Wohlan aber, was ist die Kirche?
Die Kirche ist die Gesamtheit all derer, die den Glauben an und die Lehre von Christus bekennen, die jener Erste unter den Hirten alsdann dem Apostel

Petrus, hierauf dessen Nachfolgern übergeben hat, um sie zu hüten und zu lenken. […]

(70) Was sind die Gebote der Kirche?
Als hauptsächliche werden fünf ⟨Gebote⟩ aufgezählt, für einen jeden Christen gewiss notwendig sowohl zu wissen als auch zu beachten.
I. Die festgelegten Festtage der Kirche sollst du feiern.
II. Das heilige Amt der Messe sollst du an den Festtagen mit Ehrfurcht hören.
III. Die Fastentage, die für bestimmte Tage und Zeiten angeordnet sind, sollst du beachten […].
IIII. Deine Sünden sollst du jedes Jahr deinem eigenen Priester beichten.
V. Du sollst die hochheilige Eucharistie zumindest einmal im Jahr, und dies um das Osterfest, einnehmen. […]

(73) Welcher ist der Nutzen und der Ertrag der gesamten Lehre über die Gebote und Überlieferungen der Kirche?
Tatsächlich groß und unter den übrigen der erste ⟨Nutzen⟩ ist der, dass wir einsehen, dass wir keinesfalls allein an die Bücher oder die Schriften gebunden sind.

[…] Glänzend sprach Basilius: „Die Glaubenslehren, die in der Kirche bewahrt und verkündigt werden, haben wir zum Teil aus der aufgeschriebenen Lehre, zum Teil haben wir sie aus der Überlieferung der Apostel, die uns auf dem Weg des Geheimnisses überliefert worden ist, empfangen. Diese beiden haben die gleiche Bedeutung für die Frömmigkeit […]".

Katholische Kontroverstheologie: Robert Bellarmin, Disputationes de controversiis christianae fidei tom. III, c. 2 De militante ecclesia 2 (1593) 76

139

(2) […] Unsere Meinung aber ist es, dass es nur eine Kirche gibt, nicht zwei; und dass jene eine und wahre der Zusammenschluss von Menschen ist, der durch das Bekenntnis desselben christlichen Glaubens und durch die Gemeinschaft derselben Sakramente verbunden ist, unter der Leitung der rechtmäßigen Hirten und vor allem des einen Stellvertreters Christi auf Erden, des römischen Bischofs.

Aufgrund dieser Definition kann leicht zusammengefasst werden, welche Menschen zur Kirche gehören, welche aber zu ihr nicht gehören. […] Ausgeschlossen werden die Schismatiker, die den Glauben und die Sakramente haben, aber sich nicht dem rechtmäßigen Hirten unterwerfen und darum außerhalb den Glauben bekennen und die Sakramente empfangen. Eingeschlossen aber werden all die anderen, auch wenn sie schlecht, verbrecherisch und frevelhaft sind.

Und darin besteht der Unterschied zwischen unserer Meinung und allen anderen, dass alle anderen innere Kräfte verlangen, um jemanden in die Kirche aufzunehmen, und deswegen machen sie die wahre Kirche zu einer unsichtbaren; wir aber glauben auch, dass in der Kirche alle Kräfte gefunden werden,

Glaube, Hoffnung, Liebe und die übrigen. Dennoch glauben wir nicht, dass irgendeine innere Kraft verlangt wird, damit jemand auf irgendeine Weise als Teil der wahren Kirche bezeichnet werden kann, über die die Schriften sprechen, sondern dass nur das äußere Bekenntnis des Glaubens ⟨verlangt wird⟩ und die Gemeinschaft der Sakramente, die mit eigener Wahrnehmung erfasst wird. Die Kirche ist nämlich ein so sichtbarer und berührbarer Zusammenschluss von Menschen, wie es der Zusammenschluss des römischen Volkes ist oder das Königreich Frankreich oder die Republik der Venezianer.

IV.3 Innerlutherische Streitigkeiten und ihre Überwindung

77 Die Bewahrung der reinen lutherischen Lehre: Statuta Collegii facultatis theologicae, in Academia Jenensi, Lex Secunda (1558)

141

Es sei also die erste Sorge dieses Kollegiums, die reine und unverfälschte Lehre über alle Artikel zu schützen und zu verbreiten, die geschöpft ist aus den heiligsten und erhabensten Quellen Israels, das heißt aus den Schriften der Propheten, der Evangelisten und der Apostel; deren Hauptinhalt ist zusammengefasst in den Glaubenssymbolen, dem Apostolicum, dem Nizänum und dem Athanasianum, und im Bekenntnis unserer Kirchen, das in Augsburg dem Imperator Augustus Karl V. im Jahr des Herrn 1530 vorgelegt wurde, und ⟨in⟩ der Apologie ebendieser und in den Schmalkaldischen Artikeln, die im Jahre Christi 1537 durch das Urteil der Theologen anerkannt wurden.

Wir wollen, dass diese eine wahre und unveränderliche Art der Lehre, die gewiss ewiger Konsens der wahren Kirche Gottes ist, gelehrt und verteidigt wird, und mit größtem Ernst verhindern wir, dass die Saat von Meinungen ausgestreut und verteidigt wird, die gegen die prophetischen und apostolischen Schriften kämpfen, gegen die Glaubenssymbole und gegen die Bekenntnisse unserer Kirchen [...]. Denn auch die Einrichtung der Schule, die zu Beginn von unseren ehrenwertesten Fürsten unternommen wurde, achtet als ganze darauf, dass sowohl die Reinheit der himmlischen Lehre bewahrt werden als auch allen gänzlich fanatischen Glaubenslehren entgegengetreten werden kann.

78 Die Konkordienformel: Formula Concordiae, Epitome 1,1 (1577)

142

Summarischer Auszug der Artikel, über die Streitigkeiten entstanden zwischen den Theologen des Augsburger Bekenntnisses. Diese ⟨Artikel⟩ sind in der nachfolgenden Wiederholung gemäß der Anleitung des Wortes Gottes in frommer Weise erklärt und zur Einigung gebracht worden. [...]
(1,1) Wir glauben, bekennen und lehren, dass die einzige Regel und Richtschnur, gemäß der alle Glaubenslehren und alle Lehrer beurteilt und gerichtet

werden sollen, überhaupt keine andere ist als die prophetischen und apostolischen Schriften sowohl des Alten als auch des Neuen Testaments [...].

Die übrigen Glaubenssymbole aber und die anderen Schriften [...] haben nicht die Autorität eines Richters inne; diese Würde wird nämlich allein den Heiligen Schriften geschuldet. Legen sie doch lediglich ein Zeugnis für unsere Religion ab und erklären sie und zeigen, wie in den einzelnen Zeiten die Heiligen Schriften in strittigen Artikeln in der Kirche Gottes von den Gelehrten, die damals lebten, verstanden und ausgelegt worden sind und aus welchen Beweggründen die Lehren, die der Heiligen Schrift widerstreiten, verworfen und verdammt worden sind.

Das Schriftprinzip der altlutherischen Orthodoxie: Johann Gerhard, Loci theologici 1,1.12.18.538–539 (1610) 79

143

Erster Grundbegriff: Von der Heiligen Schrift
(1) Da die Heilige Schrift die einzige und eigentliche Grundlage der Theologie ist, darum fangen wir zu Recht bei ihr an. [...]
(12) Die Wirkursache der Schrift ist einerseits eine grundlegende, andererseits eine instrumentelle. Die grundlegende Ursache ist der wahre Gott, in der Substanz einer, in den Personen dreifach, Vater, Sohn und Heiliger Geist. Bewiesen wird dies durch die Materie der Schrift. Die Schrift in materieller Form empfangen ist nichts anderes als das Wort Gottes. [...]
(18) Die instrumentellen Ursachen der Heiligen Schrift waren heilige Menschen Gottes [2 Petr 1,21], das heißt Menschen, die in besonderer Weise und unmittelbar von Gott dazu berufen und auserwählt worden sind, die göttlichen Offenbarungen schriftlich niederzulegen, wie es die Propheten im Alten und die Evangelisten und Apostel im Neuen Testament waren, die wir deswegen zu Recht Gottes Sekretäre, Christi Hände und des Heiligen Geistes Notare nennen, da sie weder nach menschlichem oder eigenem Willen geredet noch geschrieben haben, sondern [...] getrieben, geführt, bewegt, inspiriert und gesteuert vom Heiligen Geist. Sie haben nicht wie Menschen, sondern wie Gottes Menschen geschrieben. [...]
(538) [...] Der praktische Gebrauch besteht darin [...], dass wir uns die Heilige Schrift durch tägliche Lektüre und Meditation vertraut machen. Sie ist nämlich ein Brief Gottes, vom Himmel zu uns geschickt, der uns über sein Wesen und seinen Willen unterrichtet und uns den Weg zum Himmel zeigt. [...]
(539) Eine Definition der Heiligen Schrift kann folgendermaßen gegeben werden: Die Heilige Schrift ist das Wort Gottes, das nach ebenseinem Willen von den Propheten, Evangelisten und Aposteln zu Buchstaben gemacht worden ist, das die Lehre vom Wesen und Willen Gottes in vollkommener und klarer Weise erläutert, damit dadurch die Menschen zum ewigen Leben erzogen werden.

IV.4 Religionsfrieden

80 Der Westfälische Frieden: Instrumentum Pacis Osnabrugensis, Articulum V,1–2.34 (1648)

146

(Art. V) Da aber für den gegenwärtigen Krieg großenteils die Beschwerden, die unter den Kurfürsten, Fürsten und Reichsständen beider Konfessionen eingereicht wurden, Grund und Anlass boten, wurde über diese, wie folgt, eine Übereinkunft getroffen und ausgehandelt:
(1) Der Vertrag, der im Jahr 1552 in Passau eingegangen wurde, und der auf diesen im Jahr 1555 folgende Religionsfrieden [...] sollen für gültig erachtet werden und heilig und unverletzlich eingehalten werden. [...] In allen verbleibenden Dingen aber soll unter den Kurfürsten, Fürsten und Ständen samt und sonders beider Konfessionen vollkommene und wechselseitige Gleichheit bestehen [...], so dass, was für die eine Partei gerecht ist, auch für die andere gerecht sei, wobei jegliche Gewalt und Tätlichkeit [...] zwischen den beiden Parteien auf ewig verboten ist.
(2) Der Referenztag für die Wiederherstellung in kirchlichen Angelegenheiten und ⟨jener Dinge⟩, die in Rücksicht auf die ⟨kirchlichen Angelegenheiten⟩ in den politischen Angelegenheiten verändert worden sind, soll der 1. Januar des Jahres 1624 sein. [...]
(34) Ferner wurde beschlossen, dass die Untertanen katholischer ⟨Stände⟩, die dem Augsburger Bekenntnis zugehörig sind, wie auch die katholischen Untertanen von Ständen des Augsburger Bekenntnisses, [...] mit Verständnis geduldet werden sollen, und dass man sie nicht daran hindern soll, sich mit freiem Gewissen zu Hause ihrer Frömmigkeit ohne Nachforschung und Beunruhigung im Privaten zu widmen, in ihrem Umfeld sogar, wo und sooft sie wollen, an der öffentlichen Religionsausübung teilzunehmen [...].

81 Das ökumenische Konzil: Comenius, Panorthosia 25,1–3 (1656)

147

25. Die Weltversammlung oder das Ökumenische Konzil – Garant für eine allgemeine Reform
(1) Ökumenisch werden gewöhnlicherweise Konzilien genannt, auf denen sich, versammelt aus allen christlichen Ländern, Bischöfe über die Angelegenheiten der gesamten Kirche berieten. Aber wahrhaft ökumenisch wird ein Konzil doch erst dann sein, wenn aus der gesamten Welt (wo auch immer sie bewohnt wird) die Erleuchteten, die an Weisheit und Frömmigkeit und Klugheit die übrigen Sterblichen übertreffenden Männer, Philosophen, Theologen und Politiker sich versammeln, um dann schließlich Beschlüsse zur vollständigen Vorsorge, Sicherung und Verbreitung des Heils des gesamten menschlichen Geschlechts zu fassen.

(2) Das heiligste Ziel dieser allgemeinsten Versammlung wird es sein, das uns in solch großem Glanz durch göttliche Fügung gezeigte Licht, den Frieden und das Heil der gesamten übrigen Welt zu zeigen und dadurch den Verwirrungen der Dinge ein Ende zu setzen und überall einen besseren Zustand der Dinge einzuleiten. […]
(3) […] Und auf dem Konzil, das wir fordern, soll sich nicht ein Teil der Kirche versammeln oder ⟨ein Teil⟩ der Welt gegen die übrigen Teile […], sondern alle sollen mit allen für alle zusammenkommen, um in gemeinsamen Beratungen einmütig für das gemeinsame Gut zu sorgen.

IV.5 Der Rationalismus

Die vernünftige Gotteserkenntnis: Descartes, Meditationes 1,10; 2,3; 3,22.38 (1641) 82

150

(1,10) Ich sehe mich gezwungen zu bekennen, dass es nichts gibt von den Dingen, die ich einst für wahr hielt, an denen man nicht zweifeln darf. […]
(2,3) […] Und ich werde weiter fortschreiten, bis ich etwas Gewisses erkenne, oder, wenn nichts anderes, wenigstens genau dies als gewiss erkenne, dass es nichts Gewisses gibt. […] Soweit ⟨werde ich fortschreiten⟩, dass, nachdem alle Dinge mehr als genug durchdacht worden sind, schließlich festzustellen ist, dass dieser Grundsatz: „Ich bin, ich existiere", immer wenn er von mir ausgesprochen oder im Geist gefasst wird, notwendigerweise wahr ist. […]
(3,22) Unter dem Begriff „Gott" verstehe ich eine gewisse Substanz, die unendlich, unabhängig, in höchstem Maße verstehend, in höchstem Maße mächtig ist, und von der einerseits ich selbst, andererseits alles andere, sofern etwas anderes existiert, geschaffen ist. All diese Dinge sind ja von solcher Art, dass, je sorgfältiger ich sie betrachte, sie umso weniger von mir allein ihren Ursprung genommen zu haben scheinen; und deswegen ist aus dem Vorhergesagten der Schluss zu ziehen, dass Gott notwendigerweise existiert. […]
(3,38) Die gesamte Kraft des Arguments liegt darin, dass ich erkenne, dass es nicht sein kann, dass ich von solcher Natur bin, von der ich bin, nämlich die Vorstellung Gottes in mir habend, wenn nicht Gott auch tatsächlich existierte – genau jener Gott, sage ich, dessen Vorstellung in mir ist, das heißt der all jene Vollkommenheiten besitzt, die ich nicht erfassen, sondern auf welche Weise auch immer mit dem Denken (nur) streifen kann, und der überhaupt keinen Fehlern unterworfen ist.

83 Lebensführung und Glaubensfreiheit: Spinoza, Tractatus theologico-politicus 14,10; 20,1 (1670)

151

14. Was der Glaube ist [...]

(10) Und ich werde mich nicht mehr scheuen, die Lehren des allgemeingültigen Glaubens, das heißt die für die Absicht der gesamten Schrift grundlegenden Dinge aufzuzählen [...]:

I. dass Gott, das bedeutet das höchste Seiende, der in höchstem Maße Gerechte und Barmherzige, das heißt ein Vorbild für das wahre Leben, existiert. [...]

II. dass er einzig ist. [...]

III. dass er überall anwesend ist, beziehungsweise ihm alle Dinge offenbar sind. [...]

IV. dass er selbst gegenüber allen Dingen das höchste Recht und die Herrschaft hat und nichts durch ein Recht gezwungen tut, sondern aus uneingeschränktem Wohlgefallen und einzigartiger Gnade. [...]

V. dass die Verehrung Gottes und der Gehorsam ihm gegenüber in Gerechtigkeit und Nächstenliebe allein, das heißt der Liebe gegenüber dem Nächsten, bestehen.

VI. dass (nur) all die, die mit dieser Lebensführung Gott gehorchen, gerettet sind, die übrigen aber, die unter der Herrschaft der Lüste leben, verloren sind. [...]

VII. dass schließlich Gott denen, die ihre Sünden bereuen, vergibt. [...]

Was Sonstiges Gott, das heißt jenes Vorbild eines wahren Lebens, sei, ob es etwa Feuer, Geist, Licht, Gedanke usw. sei, das tut nichts zum Glauben. [...]

Wie ein jeder diese und ähnliche Dinge versteht, sage ich, ist nicht wichtig in Hinblick auf den Glauben, solange er nicht zu dem Schluss kommt, dass er sich größere Freiheit zum Sündigen herausnehmen kann oder dass er Gott gegenüber weniger gehorsam werden kann. Ja im Gegenteil, ein jeder [...] ist dazu gehalten, diese Lehren des Glaubens an seine Auffassungskraft anzupassen und sie für sich in der Art zu interpretieren, durch die es ihm erscheint, dieselben leichter, ohne jegliche Bedenken, sondern mit vollständiger Zustimmung des Geistes annehmen zu können, um Gott in der Folge mit voller Zustimmung des Geistes zu gehorchen. [...]

20. Es zeigt sich, dass es in einem freien Staat einem jeden erlaubt ist, zu meinen, was er will, und zu sagen, was er meint.

(1) [...] Es kann nicht geschehen, dass der Geist ⟨eines Menschen⟩ etwa unumschränkt unter dem Recht eines anderen stehe; niemand ⟨kann⟩ ja sein natürliches Recht oder seine Fähigkeit, frei seinen Verstand zu gebrauchen und über sämtliche Dinge zu urteilen, auf einen anderen übertragen, er kann dazu auch nicht gezwungen werden.

Daher geschieht es also, dass eine solche Herrschaft für gewaltsam gehalten wird, [...] wenn sie einem jeden vorschreiben will, was er als wahr annehmen und als falsch zurückweisen ⟨soll⟩, und von welchen Ansichten außerdem eines jeden Geist in der Verehrung Gottes bestimmt werden soll.

Diese Dinge stehen nämlich unter dem Recht eines jeden einzelnen, dem sich niemand, auch wenn er will, entziehen kann.

IV.6 Aufklärungstheologie

Natürliche Religion und die Seligkeit der Heiden: Johann Christoph Döderlein, Institutio Theologi Christiani 3.312 (1780/1781)

84

154

(3) Die Teilung der Religion in die natürliche und die offenbarte
Die Wahrheit jeder Religion wird nach der Quelle beurteilt, woher die Kenntnisse, die wir genannt haben, geschöpft werden. Wenn nun ⟨die Kenntnisse⟩ durch die gewissermaßen natürliche Kraft des menschlichen Verstandes den Menschen zuteil werden, bilden sie die natürliche ⟨Religion⟩, wenn sie anderswoher von Gott den Menschen mitgeteilt werden, dann bilden sie [...] die offenbarte Religion. [...]
Bem⟨erkung⟩ 4: Weniges möchten wir über die Würde der natürlichen Religion anmerken. [...] Paulus hat selbstverständlich eine großartige Meinung von der Urteilsfähigkeit in den göttlichen Dingen in Röm. 1,19, und er ermahnt dazu, dass wir sie anwenden. [...]

Daher darf man hoffen, dass es Gott gefällt, dass jeder, solange er nichts Besseres hat, der Einrichtung des reinen Verstandes folgend, die Gottheit achtet und mit Taten auf fromme Weise ehrt. [...]

(312) Von der Art und Weise der Erlangung der christlichen Seligkeit
Hinlänglich wird an einer solchen Größe und einem solchen Ausmaß an Wohltaten [...] die göttliche Güte erkannt. [...]
Bem⟨erkung⟩ 1: [...] Auch wird man nicht an der Seligkeit der Heiden zweifeln dürfen, derer freilich, denen sich keinerlei Gelegenheit bietet, das Evangelium I⟨esu⟩ C⟨hristi⟩ zu hören und seine Vortrefflichkeit zu erforschen und zu reineren Kenntnissen und Erfahrungen voranzuschreiten, und ⟨denen⟩ dennoch die Bemühungen, auf rechte Weise zu leben, und der Versuch, die Geisteshaltung zu korrigieren, nicht völlig fehlen; nicht damit sie Teilhaber an der vollständigen christlichen Glückseligkeit sein können, sondern soweit, dass Gott um Christi willen, des gemeinsamen Retters aller, von seiner Strenge ablässt, ihren Sünden Nachsicht gewährt und diejenigen, die seinen Weisungen nicht Widerstand leisten, einst Zutritt zu den himmlischen Wohnsitzen gewährt.

Historische Bibelkritik: Johann Salomo Semler, Apparatus ad liberalem Novi Testamenti interpretationem 36.41.72 (1767)

85

155

(36) Alle heiligen Autoren gelehrter ⟨Schriften⟩ standen mit ihren Büchern in unmittelbarem Zusammenhang mit dem öffentlichen Wirkungskreis, den sie vertraten – ein jeder entsprechend seiner Zeit und seinem Ort, auf seine Weise und mit seiner Absicht. [...]

(41) Uns fehlen aber heute bestimmte Hilfsmittel, die zur Erklärung der historischen Situation des ersten Jahrhunderts (wie die der Juden sowohl in Palästina als auch im übrigen Römischen Reich war) ungemein beitragen könnten. Auf diese ⟨Situation⟩ bezieht sich auch die gesamte Lehrweise, der Christus gefolgt ist und auch die Apostel ⟨gefolgt sind⟩, und auch die Struktur der meisten Briefe.

Daher ist es leicht erkennbar, dass aus diesen gleichsam historischen Dokumenten vom Exegeten vieles auf richtige Weise über die Meinungen und üblichen Denkweisen der Menschen dieser Zeit gesammelt wird, auf die [...] Rücksicht zu nehmen erst Christus, dann die Apostel nicht umhin konnten. Nach menschlichen Maßstäben wurden folglich viele Dinge formuliert, welche von uns nicht an die höchste Stelle emporgehoben werden dürfen, wegen der Eigenart der (jeweiligen) Zeit. [...]

(72) [...] Wir müssen zurückgehen zu dem Zustand jener Zeiten und gleichsam in die Gesellschaft Jesu und der Apostel [...]. Christus und die Apostel haben diejenige Sprechweise benutzt, die den Menschen auf leichtere Weise entgegenkam. Darum sind nicht alle Sätze allumfassend geltend, mit der Autorität des Herrn und vollständig wahr gesprochen; viele sind nach menschlichen Maßstäben ⟨gesprochen⟩.

IV.7 Der Pietismus

86 Das Collegium pietatis: Philipp Jakob Spener, Epistula 84 (1670)

158

Seit einigen Monaten beklagten sich einige Leute, die es gewohnt waren, sich recht vertraut mit mir zu unterhalten unter anderem über dieses Anzeichen einer völlig erkaltenden Frömmigkeit, dass in allen Zusammenkünften [...] kaum jemals jemand auch nur daran denkt, die Dinge, die auf eine Erbauung des Christentums abzielen, zu erwähnen. [...] Sie wünschten sich, dass wenigstens jene, denen solche Dinge am Herzen liegen, die Gelegenheit hätten, bisweilen zusammenzukommen und sich in frommen Unterhaltungen zu erbauen.

[...] Weil sie vor den Augen des (Prediger-)Ministeriums verborgen wären, habe ich selbst mich dafür zur Verfügung gestellt, dass sie, wobei ich oder auch andere unseres Kollegiums, die es wollten, den Vorsitz hätten, zweimal in der Woche in meinem Studierzimmer zusammenkämen, damit wir dadurch untereinander über die Dinge, die auf das gegenseitige Voranbringen abzielen, vertraute Gespräche führten. Diese haben die Bedingung angenommen, und so ist ein Anfang dieser Übung gemacht, in der wir nichts anderes suchen, als dass wir uns gegenseitig mit frommen Unterhaltungen bilden und uns zum Eifer nach Frömmigkeit, zur Liebe Gottes und zum daraus hervorfließenden Gehorsam brüderlich anspornen [...].

Es nehmen aber der Anzahl nach gar nicht so viele teil, allerdings Männer nicht nur eines Standes, (sondern) Gelehrte und Ungelehrte. Ich scheue mich gewiss nicht zu gestehen, dass wir uns niemals unterhalten haben, ohne dass ich mich zu irgendeinem Zeitpunkt auch durch die Worte von denjenigen, die einfacher schienen, erbaut gefühlt hätte.

Aufgrund dieses schmucklosen Berichts siehst du schon ohne Zweifel, dass nichts von uns unternommen wird, was jenem Gerücht oder den Verdächtigungen einen gerechtfertigten Grund geliefert hätte. Es stellt der Apostel an die Kolosser ⟨Kapitel⟩ 3 die Forderung, dass das göttliche Wort in uns reichlich wohnen soll [Kol 3,15]. [...]

Es fordert das priesterliche Amt, zu dem wir alle durch Christus erlöst sind und das unser seliger Luther so oft einschärft, auch dies, dass ein jeder eifrig darin sei, über das Gesetz des Herrn nachzusinnen und seinen Glauben dadurch zu stärken [...].

Das pietistische Programm zur Kirchenreform: Philipp Jakob Spener, Pia Desideria i. A. (1675)

87

159

[...] Diese Ratschläge rate ich unmittelbar an: dass sicherlich unserer gesamten Kirche [...] auf folgende Weise vor allem durch die Mittlerschaft der göttlichen Gnade geholfen werde und dass ihr Zustand besser gemacht werde könne:
(I.) Wenn wir eifrig daran arbeiten würden, dass das Wort Gottes reichlicher unter uns wohne [vgl. Kol 3,16]. [...] Daher wäre es angebracht, dass die ganze Schrift sogar, wobei kein Teil von ihr ausgelassen wird, dem Volk bekannt gemacht wird, wenn wir unser Ziel erreichen sollen. [...] Ferner [...] wäre es zukünftig vielleicht nicht ohne großen Nutzen, wenn die alte und apostolische Methode der kirchlichen Versammlungen in unserem Zeitalter wiedereingeführt würde [...], dass sich nicht ein einzelner zum Unterrichten erhebe, [...] sondern auch andere, die vom Himmel her mit Gaben und Erkenntnis reich ausgestattet sind, [...] ihre Gespräche miteinbringen und über die vorgelegten Inhalte ihre Meinungen auf fromme Weise vortragen und die übrigen über das Gehörte ein Urteil fällen würden. [...]

Unser oft erwähnter Luther, wenn er um Rat gefragt würde, wird in den Mittelpunkt stellen, was nun das zweite ⟨Mittel⟩ sein soll:
(II.) die Wiederherstellung und eifrige Übung des geistlichen Priestertums. [...]

Diesen zwei Mitteln ⟨ist⟩ ein drittes hinzuzufügen:
(III.) Wenn man mit großer Sorgfalt es den Menschen einschärft und sie von früher Kindheit an dazu bewegen würde, dass sie daran glauben, dass das Wissen für das Christsein nicht ausreicht, sondern dass es vielmehr in der Praxis besteht. [...]

Diesem müsste man (IV.) etwas anderes hinzufügen, ⟨nämlich⟩ dass wir sorgfältig darauf achten, wie wir uns gegenüber den Religionsstreitigkeiten und denen, die Ungläubige oder Andersgläubige sind, zu verhalten haben. [...]
(V.) Wie aber in allen Dingen, die auf die Besserung der Kirche abzielen, die Rolle der Kirchendiener die wichtigste ist, [...] so ist umso mehr auch daran gelegen, dass dieses Amt jene tragen, die vor allem selbst wahre Christen und

mit göttlicher Weisheit begabt sind, mit der sie andere auf dem Weg des Herrn klug an der Hand führen können. [...]

(VI.) Ebendieses füge ich den übrigen ja als sechstes Mittel hinzu, wodurch die Besserung der Kirche unterstützt werde: wenn von allen die Predigten so eingerichtet werden, dass deren Ziel, der Glaube und dessen Früchte, bei den Zuhörern auf bestmögliche Weise befördert würden.

V. Moderne

V.1 Neue Dogmen der römisch-katholischen Kirche

Der Jurisdiktionsprimat und die Unfehlbarkeit des Papstes: Dogmatische Konstitution „Pastor Aeternus" 3–4 (1870)

88

165

(3) […] Wir lehren daher und erklären, dass die römische Kirche gemäß der Anordnung des Herrn über alle anderen ⟨Kirchen⟩ den Vorrang der ordentlichen Vollmacht innehat und dass diese Vollmacht der Jurisdiktion des römischen Bischofs, die wahrhaft bischöflich ist, unmittelbar ist. […]

Und da durch das göttliche Recht des Apostolischen Primats der römische Bischof der gesamten Kirche vorsteht, lehren wir auch und erklären, dass er der höchste Richter der Gläubigen ist […].

(4) […] Daher, im treuen Festhalten an der Überlieferung, die vom Beginn des christlichen Glaubens an empfangen worden ist, – zur Ehre Gottes, unseres Retters, zur Erhöhung der katholischen Religion und zum Heil der christlichen Völker – mit der Zustimmung des heiligen Konzils, lehren wir und setzen wir fest, dass es ein von Gott offenbartes Dogma ist:

Dass der römische Bischof, wenn er *ex cathedra* (= vom Stuhl aus) spricht, das heißt, wenn er, das Amt des Hirten und Lehrers aller Christen ausübend, kraft seiner höchsten Apostolischen Autorität eine Lehre über Glaube oder Sitten als von der gesamten Kirche einzuhaltend festsetzt, dann verfügt er durch den göttlichen Beistand, der ihm selbst im seligen Petrus verheißen worden ist, über diejenige Unfehlbarkeit, von welcher der göttliche Erlöser wollte, dass mit ihr seine Kirche in der Festsetzung der Lehre über Glaube und Sitten ausgestattet ist. Und daher ⟨setzen wir fest,⟩ dass derartige Festsetzungen des römischen Bischofs aus sich, nicht aber aufgrund der Zustimmung der Kirche, unabänderlich sind.

Das Dogma der leiblichen Aufnahme Mariens in den Himmel: Apostolische Konstitution „Munificentissimus Deus" (1950)

89

166

Deswegen, nachdem wir immer wieder flehende Bitten an Gott gerichtet haben und das Licht des Geistes der Wahrheit angerufen haben, verkünden, erklären und setzen wir fest – zur Herrlichkeit des allmächtigen Gottes, der sein besonderes Wohlwollen der Jungfrau Maria geschenkt hat, zur Ehre seines Sohnes, des unsterblichen Königs der Zeiten und des Siegers über Sünde und Tod, zur Vergrößerung der Herrlichkeit seiner erhabenen Mutter und zur Freude und zum Jubel der gesamten Kirche – kraft der Autorität unseres Herrn Jesus Christus, der seligen Apostel Petrus und Paulus und unserer eigenen, dass es ein von Gott offenbartes Dogma ist: Dass die unbefleckte Gottesmutter, immer Jungfrau Maria, nachdem sie den Lauf ihres irdischen Lebens vollendet hatte, hinsichtlich Leib und Seele in die himmlische Herrlichkeit aufgenommen worden ist.

Daher, wenn jemand – was Gott abwenden möge – dies entweder zu leugnen oder absichtlich in Zweifel zu ziehen wagen sollte, was von uns festgesetzt worden ist, soll wissen, dass er vom göttlichen und katholischen Glauben ganz und gar abgefallen ist.

V.2 Die römisch-katholische Kirche und die Moderne

90 Der Antimodernisteneid: Motu Proprio „Sacrorum antistitum" i. A. (1910)

168

Ich [...] erkenne fest an und nehme samt und sonders an, was von dem nicht irrenden Lehramt der Kirche festgesetzt, behauptet und erklärt worden ist, vor allem die Kapitel der Lehre, die den Irrtümern dieser Zeit unmittelbar entgegenstehen.

Und zwar bekenne ich erstens, dass Gott, Ursprung und Ziel aller Dinge, mit dem natürlichen Licht der Vernunft durch die Dinge, die geschaffen sind, – das heißt durch die sichtbaren Werke der Schöpfung [vgl. Röm 1,20] – gleichsam als Ursache durch die Wirkungen sicher erkannt werden und ja sogar bewiesen werden kann.

Dass die Glaubenslehre von den Aposteln durch die rechtgläubigen Väter in demselben Sinn und stets derselben Bedeutung bis zu uns überliefert worden ⟨ist⟩, nehme ich aufrichtig an; und deshalb verwerfe ich völlig die häretische Lüge von einer Entwicklung der Dogmen, die von einem ⟨Sinn⟩ in einen anderen Sinn übergehen, der abweicht von dem, den die Kirche vorher vertrat. [...]

Ich verwerfe in gleicher Weise diejenige Methode der Beurteilung und Interpretation der Heiligen Schrift, die [...] den Lügen der Rationalisten anhaftet und die Textkritik als einzige und höchste Regel [...] anerkennt. [...]

Im Allgemeinen schließlich bekenne ich, dass ich völlig fernstehend ⟨bin⟩ von dem Irrtum, in dem die Modernisten behaupten, dass sich in der heiligen Überlieferung nichts Göttliches befinde, oder – was bei weitem schlimmer ⟨ist⟩ – jenes in einem pantheistischen Sinn zulassen [...].

Darum halte ich den Glauben der Väter unumstößlich fest und bis zum letzten Atemzug meines Lebens werde ich ⟨ihn⟩ halten bezüglich des sicheren Gnadengeschenks der Wahrheit, das ist, war und immer sein wird in der Nachfolge des Bischofamts von den Aposteln her.

Die „Pillen-Enzyklika": Enzyklika „Humanae vitae" 11.14.16 (1968)

91

169

(11) [...] Die Kirche aber [...] lehrt, dass es notwendig ist, dass jeglicher Vollzug der Ehe per se zur Zeugung menschlichen Lebens bestimmt bleibt. [...]
(14) Deswegen müssen wir, gestützt auf diese grundlegenden Prinzipien der menschlichen und christlichen Lehre von der Ehe, erneut verkünden, dass als legitimer Weg der Beschränkung der Zahl der Kinder die zielgerichtete Unterbrechung einer bereits begonnenen Zeugung und vor allem die zielgerichtete Abtreibung vollkommen abzulehnen ist, auch wenn es der Heilung wegen erfolgt ⟨ist⟩. In gleicher Weise [...] ist es zu verurteilen, Männer oder Frauen mit einer zielgerichteten Sterilisierung entweder dauernd oder auf Zeit zu versehen.

Ebenso ist jegliche Handlung abzulehnen, die, wenn der eheliche Geschlechtsverkehr entweder vorausgesehen oder vollzogen wird oder zu seinem natürlichen Ausgang führt, darauf [...] abzielt, dass die Zeugung verhindert wird. [...]
(16) [...] Wenn nun aber plausible Gründe vorliegen sollten, [...] lehrt die Kirche, dass es dann den Ehepartnern gestattet ist, dem natürlichen Zyklus zu folgen, der den Anlagen der Zeugung immanent ist.

V.3 Die römisch-katholische Kirche in der NS-Zeit

Papst Pius XI. gegen den Kommunismus: Enzyklika „Divini Redemptoris" i. A. (1937)

92

172

(I,3) Ihr habt es ohne Zweifel, ehrwürdige Brüder, bereits bemerkt, von welcher drohenden Gefahr wir sprechen; vom bolschewistischen Kommunismus natürlich, den man ebenso auch „atheistisch" nennt, dessen besonderer Plan darauf abzielt, dass er die Ordnung der Gesellschaft von Grund auf durcheinanderbringt und die eigentlichen Fundamente der christlichen Kultur umstürzt.
(II,8) [...] Und eine ganz falsche Form von Gerechtigkeit, Gleichheit und brüderlicher Verbundenheit aller in der Arbeit durchdringt ihre Programme und ihr Treiben mit einem vorgetäuschten mystischen Sinn auf solche Weise, dass ⟨der Kommunismus⟩ die mit falschen Versprechungen gelockten Massen [...] heftig entbrennt.
(9) [...] Diese Programme lehren, dass es nur eine und allgemeine Wirklichkeit gebe; die Materie nämlich, von blinden und verborgenen Kräften angetrieben, die durch die Evolution ihrer Natur zu Baum, Tier, Mensch wird. [...]
(14) Ihr habt, vor eure geistigen Augen gesetzt, ehrwürdige Brüder, jene Lehre, die die bolschewistischen und atheistischen Kommunisten wie ein neues Evangelium und wie eine heilbringende Botschaft der Erlösung dem Menschengeschlecht predigen. Eine Erfindung ⟨ist es⟩ offensichtlich, voll von Irrtümern und Täuschungen, die den Wahrheiten, die durch göttlichen Willen offenbart sind, wie auch der menschlichen Vernunft widerspricht, [...] die den wahren

Ursprung und das wahre Wesen des Staates und seinen wahren Zweck nicht anerkennt, die schließlich die Rechte, die Würde und die Freiheit der menschlichen Persönlichkeit ablehnt und leugnet. [...]
(22) [...] Zum ersten Mal ja seit Menschengedenken sehen wir eine Rebellion, die akribisch von vorn bis hinten mit Berechnung organisiert ist, gegen „alles, was Gott heißt" [2 Thess 2,4]. Denn die Lehre des Kommunismus widerspricht ihrer Natur nach jeglicher Religion und hält sie darum für eine Art „einschläferndes Opium des proletarischen Volks", weil deren Anweisungen und Vorschriften, da sie ein ewiges Leben nach dem Tod des sterblichen Lebens lehren, die Menschen von der Ordnung jener künftigen Glückseligkeit ablenken, die auf Erden zu erreichen sie angehalten seien.

93 Papst Pius XII. gegen Rassenideologie und den totalen Staat: Enzyklika „Summi Pontificatus" i. A. (1939)

174

(23) Während wir, ehrwürdige Brüder, diese Zeilen schreiben, wird uns die Schrecken erregende Nachricht gebracht, dass nun das frevelhafte Feuer des Krieges, das wir inständig mit Bitten abzuwenden versucht haben, auf elendeste Weise entfacht worden ist. [...]
(35) Erstens besteht ⟨der Irrtum⟩ [...] in dem Vergessen ⟨des Gesetzes⟩ jener gegenseitigen Beziehung der Menschen und der Nächstenliebe, das ja sowohl der gemeinsame Ursprung fordert und besonders die Gleichheit der vernunftbegabten Natur aller Menschen – zu welchen Völkern dieselben auch immer gehören – als auch das Opfer der Erlösung vorschreibt. [...]
(52) [...] Aber ohne Zweifel bringt allen Nationen und der ganzen Menschenfamilie, welchen Volkes auch immer, der Irrtum derjenigen Leute noch größere Schäden, die [...] die Staatsgewalt von jeglicher Verbindung mit der ewigen Gottheit trennen. [...] (53) Indem die göttliche Autorität und die Herrschaft seines Gesetzes hintangestellt worden sind, folgt daher notwendigerweise, dass die staatliche Gewalt völlig unbeschränkt und von nichts gehindert sich der Rechte bemächtigt, die einzig dem höchsten Schöpfer zustehen. [...]
(106) Während wir euch, ehrwürdige Brüder, dieses erste Rundschreiben geben, scheint uns nicht nur aus einem Grund über die Menschen eine Stunde der Finsternis [Lk 22,53] hereinzubrechen, in der die Stürme der Gewalt und der Zwietracht wie aus einem blutigen Kelch unzählige Trauer und unzählige Schmerzen ausgießen. [...] Und das Blut so vieler Menschen [...] scheint traurige Klage aus dieser besonders geliebten Nation zu erheben, Polen meinen wir, das wegen seiner beharrlichen Treue zur Kirche [...] zu Recht und verdientermaßen menschliches und brüderliches Mitgefühl von allen einfordert.

Papst Pius XII. gegen „Euthanasie“: Dekret des Heiligen Offiziums (1940) 94 175

Es wurde diese Oberste Heilige Kongregation gefragt:
Ist es erlaubt, auf Befehl der öffentlichen Autorität diejenigen ohne weiteres zu töten, die, obwohl sie kein todeswürdiges Verbrechen begangen haben, dennoch wegen psychischer oder physischer Schädigungen der Nation nicht mehr nützen können und von denen man meint, dass sie diese ⟨Nation⟩ eher belasten und deren Kraft und Stärke im Weg stehen?
[…] Die Kardinäle […] geboten, dass zu antworten ⟨ist⟩:
Nein, weil es dem natürlichen und dem göttlichen positiven Recht entgegengesetzt ist.
Und am folgenden Sonntag, dem 1. Dezember desselben Jahres (sc. 1940), hat unser heiligster Herr, Pius XII., durch göttliche Vorsehung Papst, […] die Erklärung anerkannt, bestätigt und veröffentlichen lassen.

V.4 Das Zweite Vatikanische Konzil

Über die Kirche: Dogmatische Konstitution „Lumen gentium“ I 8; II 13.15 (1964) 95 177

(I,8) Der alleinige Mittler Christus hat seine heilige Kirche, die Gemeinschaft des Glaubens, der Hoffnung und der Liebe, auf dieser Erde als sichtbares Gefüge eingerichtet und trägt sie ohne Unterlass, durch die er Wahrheit und Gnade auf alle ausgießt. Die Gesellschaft aber, mit hierarchischen Organen ausgestattet, und der mystische Leib Christi […] sind nicht als zwei Sachen zu betrachten, sondern bilden eine komplexe Realität […].

Diese Kirche, in dieser Welt als Gesellschaft eingerichtet und geordnet, ist in der katholischen Kirche verwirklicht, vom Nachfolger Petri und den Bischöfen in Gemeinschaft mit ihm gelenkt, auch wenn sich außerhalb ihres Gefüges mehrere Elemente der Heiligung und der Wahrheit finden lassen, die als eigene Gaben der Kirche Christi zur katholischen Einheit antreiben. […]

(II,13) […] Zu dieser katholischen Einheit des Volkes Gottes also, die den universalen Frieden vorzeichnet und voranbringt, werden alle Menschen gerufen und zu ihr gehören auf verschiedene Weisen oder ihr sind zugeordnet sowohl die katholischen Gläubigen als auch die anderen an Christus Glaubenden als auch schließlich alle Menschen insgesamt, durch die Gnade Gottes zum Heil gerufen. […]

(15) Mit jenen, die als Getaufte mit dem christlichen Namen geschmückt sind, den vollen Glauben aber nicht bekennen oder die Einheit der Gemeinschaft unter dem Nachfolger Petri nicht wahren, weiß sich die Kirche selbst aus mehreren Gründen verbunden. Es gibt nämlich viele, die die heilige Schrift als Norm des Glaubens und Lebens in Ehre halten und echten religiösen Eifer zeigen, liebend an Gott glauben […], mit dem Zeichen der Taufe versehen werden,

wodurch sie mit Christus verbunden werden, ja sogar auch andere Sakramente in ihren eigenen Kirchen oder kirchlichen Gemeinschaften anerkennen und empfangen.

96 Über das Verhältnis der Kirche zu den nichtchristlichen Religionen: Declaratio „Nostra aetate" 1.3–4 (1965)

▯178

(1) In unserer Zeit, in der sich das menschliche Geschlecht täglich enger vereint und die Bindungen unter den unterschiedlichen Völkern wachsen, nimmt die Kirche noch aufmerksamer in den Blick, welche ihre Haltung gegenüber den nichtchristlichen Religionen ist. [...] Eine Gemeinschaft nämlich sind alle Völker, einen Ursprung haben sie, da Gott bewirkt hat, dass das ganze Menschengeschlecht auf dem gesamten Angesicht der Erde wohnt [Apg 17,26] [...].
(3) Die Kirche blickt auch mit Wertschätzung auf die Muslime, die den alleinigen Gott anbeten [...]. Jesus, den sie natürlich nicht als Gott anerkennen, verehren sie dennoch als Propheten, auch seiner jungfräulichen Mutter Maria erweisen sie Ehre und rufen sie bisweilen sogar andächtig an. [...]
(4) Das Geheimnis der Kirche erforschend, erinnert sich dieses Heilige Konzil des Bandes, durch welches das Volk des Neuen Bundes mit dem Stamm Abrahams auf geistliche Weise verbunden ist. Die Kirche Christi erkennt nämlich an, dass sich die Anfänge ihres Glaubens und ihrer Erwählung bereits bei den Patriarchen, Mose und den Propheten gemäß dem heilsbringenden Geheimnis Gottes finden lassen. Sie bekennt, dass alle Christusgläubigen, Söhne Abrahams gemäß dem Glauben, in die Berufung eben dieses Patriarchen eingeschlossen sind und dass das Heil der Kirche im Auszug des erwählten Volkes aus dem Land der Knechtschaft in geheimnisvoller Weise vorgezeichnet ist.

Daher kann die Kirche nicht vergessen, dass sie durch jenes Volk, mit welchem Gott aufgrund seines unaussprechlichen Erbarmens den Alten Bund einzugehen für würdig erachtet hat, die Offenbarung des Alten Testaments empfangen hat und genährt wird von der Wurzel des guten Ölbaums, in den eingepfropft sind die Zweige des wilden Ölbaums der Heiden [Röm 11,17–24]. Es glaubt nämlich die Kirche, dass Christus, unser Friede, durch das Kreuz Juden und Heiden versöhnt hat und beide in sich selbst zu einem gemacht hat [Eph 2,14–16].

97 Über die Religionsfreiheit: Erklärung „Dignitatis humanae" 2.12 (1965)

▯180

(2) Dieses Vatikanische Konzil erklärt, dass die menschliche Person ein Recht auf religiöse Freiheit hat. Die derartige Freiheit besteht darin, dass alle Menschen frei von Zwang sein müssen, sei es von Seiten Einzelner, sei es von Seiten gesellschaftlicher Gruppen und jedweder menschlichen Macht, und zwar so, dass im religiösen Bereich weder jemand gezwungen wird, gegen sein

Gewissen zu handeln, noch daran gehindert wird, dass er im privaten oder öffentlichen Rahmen seinem Gewissen gemäß entweder allein oder in Verbindung mit anderen innerhalb der gebotenen Grenzen handelt.

Darüber hinaus erklärt ⟨das Konzil⟩, dass das Recht auf religiöse Freiheit wirklich in der Würde der menschlichen Person selbst gegründet ist, als welche sie sowohl durch das offenbarte Wort Gottes als auch durch die Vernunft selbst erkannt wird. Dieses Recht der menschlichen Person auf religiöse Freiheit ist in der Rechtsordnung der Gesellschaft auf solche Weise anzuerkennen, dass es sich zu bürgerlichem Recht entwickelt. [...]

(12) [...] Auch wenn im Leben des Volkes Gottes, das durch die Wechselfälle der menschlichen Geschichte pilgert, bisweilen eine dem evangelischen Geist weniger entsprechende, ja sogar widersprechende Handlungsweise entstanden ist, so blieb die Lehre der Kirche dennoch immer dabei, dass niemand zum Glauben gezwungen werden darf.

Über die Kirche in der Welt von heute: Pastoralkonstitution „Gaudium et spes" 1.4.44 (1965) 98

181

(1) Freude und Hoffnung, Trauer und Angst der Menschen dieser Zeit, insbesondere der Armen und jedweder Niedergeschlagenen, sind Freude und Hoffnung, Trauer und Angst auch der Jünger Christi, und nichts wahrhaft Menschliches lässt sich finden, das in ihrem Herzen nicht widerhallt.

Ihre eigene Gemeinschaft nämlich wächst aus Menschen zusammen, die, in Christus vereinigt, vom Heiligen Geist geleitet werden auf ihrer Pilgerschaft zum Reich des Vaters und die die Botschaft des Heils empfangen haben, die allen auszurichten ist. Daher weiß sich diese ⟨Gemeinschaft⟩ selbst mit dem menschlichen Geschlecht und seiner Geschichte wirklich aufs engste verbunden. [...]

(4) Um einen solchen Dienst auszuführen, fällt der Kirche für alle Zeit die Pflicht zu, die Zeichen der Zeit zu ergründen und im Lichte des Evangeliums zu interpretieren. [...]

(44) Wie es aber für die Welt wichtig ist, die Kirche als soziale Wirklichkeit der Geschichte und als Sauerteig ebenderselben anzuerkennen, so weiß die Kirche selbst genau, wie viel sie von der Geschichte und der Entwicklung des menschlichen Geschlechts erhalten hat:

Die Erfahrung vergangener Zeitalter, der Fortschritt der Wissenschaften, die Schätze, verborgen in den unterschiedlichen Formen menschlicher Kultur, durch welche die Natur des Menschen selbst reichlicher offenbart wird und neue Wege zur Wahrheit eröffnet werden, nützen auch der Kirche.

V.5 Die Kirchen in der Gegenwart

99 Die ökumenische Bewegung: Enzyklika „Ut unum sint" 1–3.95 (1995)

184

(1) Dass sie eins seien [vgl. Joh 17,21 Vulgata]! Dieser Aufruf zur Einheit der Christen, den das II. Vatikanische Ökumenische Konzil mit so großem Engagement vorgebracht hat, hallt in den Herzen der Gläubigen immer stärker wider, besonders angesichts des nahe bevorstehenden Jahres 2000 […].

Das entschlossene Zeugnis so vieler Märtyrer dieses Jahrhunderts, die auch zu anderen Kirchen und kirchlichen Gemeinschaften gehören, die nicht in voller Gemeinschaft mit der katholischen Kirche stehen, flößt dem konziliaren Aufruf neue Kraft ein und lässt uns an die Verpflichtung denken, ebendiesen Aufruf anzunehmen und umzusetzen. […]

(2) […] Daher muss sich der ökumenische Dienst auf die Umkehr der Herzen stützen und auf das Gebet, was auch zur notwendigen Läuterung des historischen Gedächtnisses führt. […]

(3) […] Die katholische Kirche erkennt und bekennt die Schwächen ihrer Kinder, wissend, dass deren Sünden ebenso viel Verrat und Hindernisse, der Durchführung des Plans des Erlösers in den Weg gelegt, bedeuten. Da sie also bemerkt, dass sie beständig zur evangelischen Erneuerung aufgerufen wird, lässt sie nicht davon ab, Buße zu tun. […]

(95) […] Was die Einheit aller christlichen Gemeinschaften betrifft, liegt, wie es deutlich ist, im Bereich der Anliegen des Primats. Als römischer Bischof wissen wir genau, und das haben wir in diesem Rundschreiben bekräftigt, dass von Christus die volle und sichtbare Gemeinschaft aller Gemeinschaften ausdrücklich gewünscht wird, in denen wegen der Treue Gottes sein Geist wohnt. Wir sind überzeugt, dass wir durch eine besondere Verantwortung verpflichtet sind, da wir vor allem sehen, dass die meisten christlichen Gemeinschaften in ökumenischer Leidenschaft brennen, und da wir die uns überbrachte Bitte hören, dass wir irgendeine Form der Ausübung des Primats finden, die, auf nichts von ihrem Wesen verzichtend, sich dennoch einer neuen Situation öffnet.

100 Der Rücktritt von Papst Benedikt XVI.: Declaratio „De muneris Episcopi Romae, Successoris Sancti Petri abdicatio" (2013)

186

Liebste Brüder,
nicht nur wegen drei Heiligsprechungen habe ich euch zu diesem Konsistorium zusammengerufen, sondern auch, damit ich euch eine Entscheidung von großer Bedeutung für das Leben der Kirche mitteile. Nachdem ich mein Gewissen wieder und wieder vor Gott erforscht habe, bin ich zu der sicheren Erkenntnis gelangt, dass meine Kräfte durch mein beschwerlicher werdendes Alter nicht mehr ausreichend sind für die angemessene Ausübung des Petrusdienstes. […]

Ich bin mir wohl bewusst, dass ich diesen Dienst wegen seines geistlichen Wesens nicht nur durch Handeln und Reden auszuführen schuldig bin, sondern nicht weniger durch Leiden und Beten. Aber in der Welt unserer Zeit, die rapiden Veränderungen unterworfen und durch Fragestellungen von großem Gewicht für das Leben des Glaubens in Verwirrung gebracht ist, ist zur Steuerung des Schiffes des heiligen Petrus und zur Verkündigung des Evangeliums auch eine gewisse körperliche und seelische Kraft notwendig, die in den letzten Monaten in mir auf solche Weise abnimmt, dass ich mein Unvermögen, den mir anvertrauten Dienst gut auszuführen, anerkennen muss. [...]

Aus diesem Grund erkläre ich, der Bedeutung dieses Aktes mir wohl bewusst, in voller Freiheit, dass ich auf den Dienst des Bischofs von Rom, des Nachfolgers des heiligen Petrus, der mir durch die Hände der Kardinäle am 19. April 2005 anvertraut worden ist, verzichte, sodass vom 28. Februar 2013, 20 Uhr, der Bischofssitz Roms, der Stuhl des heiligen Petrus, vakant ist und das Konklave zur Wahl des neuen Papstes von denen, denen es zukommt, einzuberufen ist.

Liebste Brüder, aus ganzem Herzen danke ich euch für alle Liebe und Arbeit, mit der ihr gemeinsam mit mir das Gewicht meines Dienstes getragen habt, und ich bitte um Verzeihung für alle meine Schwächen. Jetzt aber vertrauen wir die heilige Kirche Gottes der Sorge ihres höchsten Hirten, unseres Herrn Jesus Christus, an und wir bitten seine heilige Mutter Maria inständig, dass sie den Vätern Kardinälen bei der Wahl des neuen Papstes mit ihrer mütterlichen Güte beisteht.

Was mich betrifft, möchte ich auch in Zukunft mit einem Leben, das dem Gebet gewidmet ist, der heiligen Kirche Gottes aus ganzem Herzen dienen.

Aus dem Vatikan, am 10. Februar 2013

Verzeichnisse

Index

Der Index versammelt Stichworte und Themen, die in den 100 Texten vorkommen. Angegeben werden die Nummern der Texte, in denen Stichworte explizit genannt oder implizit gemeint sind.

Abbildungen

Cover:

Titulus der Martina, Trier St. Matthias, 4. Jh., Inv. G. 115c, © GDKE/Rheinisches Landesmuseum Trier, Foto: Th. Zühmer.

Aurelius Augustinus schreibt sein Werk *De civitate Dei*. Illumination. Universitätsbibliothek Basel, Aleph H III 32:1 (1439). – Abdruck mit freundlicher Genehmigung der Universitätsbibliothek Basel.

Papst Benedikt XVI. unterzeichnet am 3. Dezember 2007 seine zweite Enzyklika mit dem Titel „Spe salvi", © KNA-Bild.

Abb. 1: Fresko in der sog. Sakramentskapelle der Katakombe S. Callisto, Rom, 3. Jh., entnommen aus: Joseph Wilpert (Hg.), Die Malereien der Katakomben Roms. Tafelband, Freiburg i.Br. 1903, Tafel 41.3.

Abb. 2: Thüringer Universitäts- und Landesbibliothek Jena, Ms. Bos. q. 6: Otto Frisingensis, Annales Marbacenes, Neuburg bei Hagenau im Elsass, 2. Hälfte 12. Jh./1. Hälfte 13. Jh., fol. 79r (Detail). – Abdruck mit freundlicher Genehmigung der Thüringer Universitäts- und Landesbibliothek.

Abb. 3: Lukas Cranach d. J.: Christus am Kreuz, 1554/55. Flügelaltar in der Stadtkirche St. Peter und Paul (Herderkirche) Weimar, Mitteltafel. Foto: Constantin Beyer. – Abdruck mit freundlicher Genehmigung der Evangelisch-Lutherischen Kirchengemeinde Weimar.

Abb. 4: Flugblatt 1648. Papier, Holzschnitt, Gedicht in Typendruck, HB711 Detail. – Abdruck mit freundlicher Genehmigung des Germanischen Nationalmuseums Nürnberg.

Abb. 5: Zweites Vatikanisches Konzil: Auszug von Papst Johannes XXIII. durch die Reihen der Konzilsväter aus dem Petersdom (Fotograf und Aufnahmedatum unbekannt), © KNA-Bild.